デザインに
関わる人のための
知的
財産法

プロダクト
パッケージ
グラフィック
ファッション
建築・空間
インターフェース
キャラクター

入門

麻生　典
Tsukasa Aso

弘文堂

目次

Part 1 Chapter 2

著作権法 <small>50</small>

商標法　79

Part 1　Chapter 4

不正競争防止法　97

Part 1　Chapter 5

特許法　106

Part 2　さまざまなデザインの保護　113

Part 2　Chapter 1

プロダクトデザイン　115

パッケージデザイン　153

Part 2　Chapter 5

建築・空間デザイン　240

インターフェースデザイン　267

Part 2　Chapter 7

キャラクターデザイン　297

本書の構成

本書の構成は次のとおりです。

　本書では本文の右側に側注を設け、以下のカテゴリーに分けて記載しています。本文では側注を読まなくても理解ができるように説明していますので、必ず側注の内容に目を通さなくてはいけない、ということはありません。必要な場合に参考にしてください。

★【用語説明】法律用語は通常の日本語とは異なる意味を持っていることがありますので、その内容を説明しています。

▶【補　　足】法律がなぜそうなっているかや、裁判所の判決で示された本文で紹介した内容とは別の内容などを補足しています。

↑【一歩先へ】法律の理論的問題や諸外国の状況などを取り上げ、

より詳しい説明をしています。

● 【参　　照】関係する内容の本書内での参照先を示しています。

◇ 【裁　判　例】裁判例を特定するための情報（事件番号など）を載せています。

✛ 【公　　報】特許庁が発行した意匠、商標、特許に関する公報の番号を載せています。

　さらに、本文には、☺ コラム として、たとえばAI技術、メタバース空間、パロディなど、デザインに関係する話題を提供しています。こちらは箸休め的なものですので、興味がある場合にだけ読んでいただければと思います。

　また、本文での解説などに出てくる内容がどの法律のどの条文に書いてあるかを知りたいときのために、各法律の条文を行間に示しています。

裁判例の探し方

　裁判例の探し方にはいくつか方法があります。有料のデータベース（LEX/DB、Westlawなど）もありますが、まずは無料で利用できる裁判所のホームページから検索してみるのがよいでしょう。本書では、検索しやすいよう事件番号なども載せていますので、実際に判決文を読んでみたい場合にはこちらから検索してみてください。

https://www.courts.go.jp/app/hanrei_jp/search1

公報の閲覧方法

　独立行政法人工業所有権情報・研修館（INPIT）が提供している特許情報プラットフォーム（J-PlatPat）を使うと、公報を無料で閲覧することができます。本書では、J-PlatPatに掲載されている公報を載せていますが、拡大して見たい場合にはこちらから検索してみてください。

https://www.j-platpat.inpit.go.jp/

はじめに

　本書は、**デザインを創作した場合にどのような保護が受けられるのか、デザインを利用したい場合にどこに注意しなければならないか**を、デザイナーやクリエイター、企業の法務担当者など広くデザインに関わる方々がおおまかにつかめるように書かれたものです●1。

　デザインについて〈模倣ではないか〉と話題になったものとして、2021年に開催された東京オリンピックのエンブレムを記憶している方も多いのではないでしょうか。

●1【参照】本書の「おわりに」で、より詳しくデザインの保護や知的財産法を知りたい人のために、いくつか書籍を紹介しています（325頁）。

リエージュ劇場のロゴとデザイナーのオリビエ・ドビ氏

発表した東京オリンピックのエンブレムについて記者会見する佐野研二郎氏

最終的に採用されたエンブレム

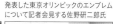

AP／アフロ　　　　　　ロイター／アフロ　　　　Rodrigo Reyes Marin／アフロ

　佐野研二郎氏によって発表されたエンブレムは、ベルギーのリエージュ劇場のロゴと類似していると指摘されました。エンブレムの赤い円の存在、構成要素の配色の違いなどから似ていないともいえるかもしれませんが、最終的にこのエンブレムは取り下げられ、全く別のエンブレムが採用されました。裁判所で両者が類似しているかどうかが判断されたわけではありませんが、近しい感じがして似ていそうだというだけで、模倣ではないかと大きな問題になったわけです▶2。

　他方で、パロディのようにあえて似せるというデザインもあります。北海道のお土産として定番の石屋製菓株式会社の〈白い恋人〉というお菓子に対して、吉本興業株式会社が〈面白い恋人〉という商品を販売したことで、石屋製菓株式会社から権利の侵害だと訴えられたニュースが報じられました▶3。吉本興業株式会社はお笑い事業としてのユーモアの一環だと考えたのかもしれませんが、権利者から訴えられてしまったのです▶4。

▶2【補足】問題となったのは著作権です（【参照】202頁）。

▶3【補足】問題となったのは商標権で、石屋製菓は不正競争防止法違反でも訴えていました（【参照】168頁）。

▶4【補足】事件は両者の和解で終わっています。和解後の商品は次頁の右側の商品で、販売地域を関西地域に限定して販売されています。和解後の商品の図柄が変更されている点も含めてパッケージデザインの章で説明します（【参照】168頁）。

石屋製菓の
パッケージデザイン✚5

商標公報

石屋製菓の販売していた商品と
吉本興業の販売していた商品

毎日新聞社／アフロ

両社和解後の吉本興業の商品

筆者撮影

✚5【公報】商標登録
4778317号。石屋製菓株式
会社の登録商標です。

　このように、**デザインの創作も利用も、注意しないと大きな問題を引き起こします。**そこで、本書では、どのようにデザインが法律で保護されていて、どのようにすればデザインを創作し利用できるかのおおまかな相場観をお伝えしたいと思っています。

　まずは、プロダクトデザインに関する実際の裁判例をもとに、**デザインを保護する法律はたくさんある、**ということをお話ししましょう。

巫　クレーン車の例——自走式クレーン事件◇6

　まず自走式クレーン（クレーン車のこと）の例を見てみましょう。この事件では、自走式クレーンの権利者が、被告が製造・販売するクレーン車を侵害だと訴えました。被告は原告から権利の侵害だと訴えられていますが、被告は原告の**どのような権利を侵害したの**でしょうか▶7。

◇6【裁判例】東京高判平成
10年6月18日平成9（ネ）
404号・平成9（ネ）2586
号。

▶7【補足】先出ししてしま
うと、問題となったのは意
匠権です。結論としては侵
害だとされています【参照】
123頁。

原告（神戸製鋼所）の自走式クレーン✚8　　被告（加藤製作所）のクレーン

意匠公報 ▶9

判決別紙（1審）▶10

✚8【公報】意匠登録
766928号（すでに消滅）。株
式会社神戸製鋼所の登録意
匠です。

▶9【補足】これは出典を意
味しており、意匠公報等か
らの引用という意味です（本
書では以下すべて同じ）。

▶10【補足】これも出典を
意味しており、判決別紙と
は判決についている別紙か
らの引用という意味です（本
書では以下すべて同じ）。

巫　照明器具の例——フラワーシェード事件◇11

　次に、照明器具の例を見てみましょう。原告らが制作した照明用シェードに基づいて、被告らの照明用シェードを訴えた事件では、上のクレーン車の事件とは**異なる権利に基づいて**訴訟が起こされました▶12。異なる権利に基づいて訴訟を起こせるということは、**デザインを保護する権利は1つではない、**ということになりそうです。

◇11【裁判例】東京地判令
和2年1月29日平成30（ワ）
30795号。

▶12【補足】先出ししてし
まうと、問題となったのは
著作権です。結論としては
侵害ではないとされていま
す【参照】147頁。

原告ら（個人）の
照明用シェード

被告ら（丹青社および
ルーセント）のシェード

判決別紙　　　　　　　判決別紙

Ⅶ　ユニットシェルフの例──ユニットシェルフ事件◇13

　最後に、ユニットシェルフの例を見てみましょう。左側が原告が販売していたユニットシェルフ、右側が被告が販売していたユニットシェルフです。この事件では、上の２つの例と異なり、**原告は権利に基づかず訴訟を起こしました**▶14。**権利に基づかなくても訴えることができる**とはどういうことでしょうか。

◇13【裁判例】知財高判平成30年3月29日平成29（ネ）10083号。

▶14【補足】先出ししてしまうと、問題となったのは不正競争防止法です。結論としては不正競争行為だとされています【参照】132頁。

原告（良品計画）のユニットシェルフ

被告（カインズ）のユニットシェルフ

判決別紙（1審）　　　判決別紙（1審）

　これらの例を見てみると、**デザインを保護する権利はいくつかありそうで、かつ、何らかの権利がなくても保護してもらえる場合までありそうだ**、ということがわかります。そして、これらの実際の訴訟からは、原告は場面に合わせて権利などをうまく利用し、市場の模倣品を排除しようとしていることが伝わってきます。そうすると、やはり、それらの**権利や保護の内容を理解する**ことは非常に**大切だ**ということになります。

　それでは、**デザインはどのような法律（権利）で守られているの**でしょうか。
　結論からいえば、**意匠法をはじめとして、著作権法、商標法、不正競争防止法、特許法など、実に多くの法律がデザインの保護に関わっています**▶15。なぜこれほど多いのか。それはデザインが持つさ

▶15【補足】本書で説明するのは日本の法律です。日本の法律は、原則として日本国内の領土にしか効力がおよびません。そのため、他国で権利を取得する場合などには、他国の法律を確認することが必要です。

まざまな側面を考えれば、わかっていただけると思います。

　まず、デザインの持つ典型的な役割は、その美しい見た目が人々の感性に訴えかけるという点でしょう。製品が持つ機能や価格が同じならデザインがよいものを買いたい、そう思うのではないでしょうか。むしろ、多少機能が劣っても、そして価格が高くとも、デザインがよい方を選ぶということもあるかもしれません。そうした**デザインの見た目の美感を保護する制度**として、**意匠法**という法律があります。

　また、デザインはイラストや写真、ホームページの画面のように創作的に表現された作品である場合があります。こうした創作的表現の保護については、絵画や音楽、映像などを保護する法律として皆さんがご存知であろう著作権法という法律があります▶16。

　さらに、あるデザインが使い続けられることによって、それが広く知られるようになり、そのデザインを見れば〈あの会社の製品だ〉と人々がイメージできる、ということが起こります。たとえば、〈Yチェアは、カール・ハンセン＆サンの椅子だ〉といった具合です。このような場合、もしあの会社のものだ、と思って購入したにもかかわらず粗悪な偽物だったらどうなるでしょうか。もうこの会社の製品は二度と買わない、となってしまうかもしれません。そこで、**商品を〈あの人やあの会社のものだ〉と識別するマーク（商標）を保護する制度**として、**商標法**が設けられています。

　そして、デザインは、技術的な側面から設計されることもあります。たとえば、長時間座っても疲れにくい椅子というのは人間工学を前提とした技術に裏付けられています。その**技術を保護する法律**として、**特許法**という法律があります。

　また、デザインを保護するための権利を有していなくても、有名なデザインを真似て販売などを行う行為や、商品の形態を完全に模倣して販売するような場合には、**市場における不正な行為**であるとして、**不正競争防止法**という法律が適用される場合があります。

　このように、**デザインはさまざまな法律で保護される**可能性があります。そしてその中には、権利を取得するために手続が必要な場合もあれば▶17（意匠権、特許権、商標権）、そうでない場合（著作権）もあります。さらには、権利がなくても保護される場合（不正競争防止法による保護）もあるのです。

▶16【補足】先に述べたように、デザインの保護については意匠法という法律があります。では、1つのデザインに意匠権と著作権の両方を認めることは必要でしょうか。どのようなデザインであれば著作物として著作権法で保護されるかについては、〈応用美術の保護〉の問題として非常に激しく議論がなされています【参照】143頁）。

▶17【補足】意匠権などの取得には弁理士という専門家がいますので、権利取得を考えるときは相談しましょう。

ここまで主にプロダクトデザインを例にしてきましたが、デザインにはさまざまな種類があります。パッケージデザインやグラフィックデザイン、ファッションデザインや建築・空間デザイン、インターフェースデザインやキャラクターデザインなど、以下の例はすべて裁判で問題となったデザインの例です。それぞれのデザインにはそれぞれの特徴がありますので、**各デザインの特性を踏まえながら保護や利用を考える必要が**あります。

大幸薬品の正露丸の
パッケージデザイン◇18

判決別紙

SNYのチラシのデザイン◇19

判決別紙

リーバイスのステッチのデザイン◇20

判決別紙（2審）

積水ハウスの住宅のデザイン◇21

判決別紙

サイボウズのソフトウェアのインターフェースデザイン◇22

判決別紙

任天堂のキャラクターデザイン◇23

判決別紙（1審）

　もうすでにいろいろと複雑そうだな、と思われたかもしれません。
　そこで本書では、まずはPart 1で、全デザインに共通することとして、各法律がデザインをどう保護しているのかを簡単に確認するところから始めたいと思います。その意味でPart 1は、デザインを保護する法律の基本的な解説になります。そこで説明する各法律は本書Part 2以下で扱う各デザインの保護に関係してくるので、少しむずかしい話も出てきますが、おおまかに内容をつかんでいただければ大丈夫です。
　そして、Part 2で、プロダクトデザインやファッションデザインといったさまざまなデザインを取り上げます▶24。それぞれのデザインの特性によって、その保護の中心となる法律が変わってきます。次頁の表はあくまでも保護の中心となるというだけですが、私が思う重要度順にならべてみました（重要度に差がない場合や個別具体的なデザインによって順序が変わる場合も多くあります）。

◇18【裁判例】大阪地判平成18年7月27日平成17（ワ）11663号、大阪高判平成19年10月11日平成18（ネ）2387号。

◇19【裁判例】大阪地判平成31年1月24日平成29（ワ）6322号、大阪高判令和元年7月25日平成31（ネ）500号。

◇20【裁判例】東京地判平成12年6月28日平成8（ワ）12929号、東京高判平成13年12月26日平成12（ネ）3882号。

◇21【裁判例】大阪地決平成15年10月30日平成14（ワ）1989号・平成14（ワ）6312号、大阪高判平成16年9月29日平成15（ネ）3575号。

◇22【裁判例】東京地決平成13年6月13日平成13（ヨ）22014号、東京地判平成14年9月5日平成13（ワ）16440号。

◇23【裁判例】知財高判令和2年1月29日平成30（ネ）10081号・平成30（ネ）10091号。

▶24【補足】ここでのデザインの分類は、デザイン学における学術的な分類のように正確に分類しているわけではなく、保護対象との関係でおおまかに分類しています。そのため、各デザインで重なる部分もでてきますが、おおまかな分類ということで読み進めていただければと思います。

プロダクトデザイン	意匠法、不正競争防止法、商標法、著作権法
パッケージデザイン	意匠法、商標法、不正競争防止法、著作権法
グラフィックデザイン	著作権法、商標法、意匠法、不正競争防止法
ファッションデザイン	不正競争防止法、意匠法、商標法、著作権法
建築・空間デザイン	意匠法、商標法、著作権法、不正競争防止法
インターフェースデザイン	意匠法、商標法、著作権法、不正競争防止法
キャラクターデザイン	著作権法、商標法、意匠法、不正競争防止法

　このように、本書ではPart 1の後に、Part 2で各デザイン分野について、それぞれの保護を説明しています。Part 1と、Part 2の各デザイン分野の章を読めば、各デザインに関わる方々（たとえばその分野を専門としているデザイナーやクリエイター、デザインに関わる企業法務担当者といった方々など）には、**自分のデザインがどのような保護が受けられ、どのような場合に他人のデザインが利用できるのか**おおまかにわかるように構成しています。そのため、たとえばプロダクトデザインに関心がある方は、Part 1の基本的な解説とPart 2のプロダクトデザインの章をあわせてお読みいただければと思います。

Part 1

各法律の基本的な解説

「はじめに」では、デザインに関わる法律がたくさんあることをお話ししました。そこで、Part 1では、デザインに関わる法律についておおまかに説明します。

イメージとして再度デザインに関わる法律を、携帯電話を例にしてあげておきましょう。

[デザインの保護に関わるさまざまな法律]

意匠法
・美しい曲面がある携帯電話機のデザイン
・携帯電話機を操作するための画面デザイン(画像)

商標法
・携帯電話機メーカーが自社製品の出所や品質などの信用保持のために製品や包装に表示するマーク

著作権法
・イラスト、絵、写真、ゲーム、音楽、プログラムなどの創作(表現)

不正競争防止法
・マークや商品の包装、形態(商品等表示)の保護
・携帯電話の形態(商品形態)の保護

特許法
・リチウムイオン電池に関する発明
・携帯電話の液晶ディスプレイの発明

特許庁「デザイナーが身につけておくべき知財の基本」をもとに筆者作成

このようにデザインの保護にはいくつかの法律が関わりますが、最初にデザインの保護に最も重要な意匠法、次にイラストや写真などが関わる著作権法、さらにブランドに関わるデザインの保護に重要な商標法、そして何らかの権利がなくとも保護を受けられる場合がある不正競争防止法、最後にデザインの技術的な側面を保護する特許法について説明していきたいと思います。

デザインを保護する法律として中心となるのはデザインの保護を目的としている意匠法です。そこで、まずは意匠法の説明から始めましょう。

Part 1　Chapter 1

意匠法

デザインを保護する法律の中でも主役といえるのが、意匠法です▶1。では、意匠法ではどのようなデザインが保護されるのか、まずはその要件を確認していきましょう。

▶1【補足】Chapter 1の目次。
Ⅰ　意匠
Ⅱ　意匠登録の要件
Ⅲ　権利を取得できる人
Ⅳ　手続的要件
Ⅴ　意匠権の効力と意匠権の侵害
Ⅵ　権利の活用
Ⅶ　特殊な意匠制度

Ⅰ　意匠

デザインが意匠法で保護されるためには、そのデザインが〈意匠〉でなければなりません。しかし、そもそも意匠とは何でしょうか。実は、この意匠については意匠法に定義があります【意2条1項】。そこに含まれているのは、3種類の意匠です。

[意匠の種類]

物品の意匠　　　　　　建築物の意匠　　　　　画像の意匠

このように意匠法には物品の意匠、建築物の意匠、画像の意匠の3種類の意匠が規定されていますが、ここではプロダクトデザインの典型である〈物品の意匠〉の保護を例に説明しましょう●2。

物品の意匠となるためには、**〈物品の形状、模様もしくは色彩、もしくはこれらの結合であって、視覚を通じて美感を起こさせるもの〉**である必要があります。この短い定義の中に、いくつもの要件が含まれていて、これらすべてを満たして初めて物品の意匠と認められます。

●2【参照】建築物については240頁、画像については267頁で詳しく説明しています。

[物品の意匠であるための要件]

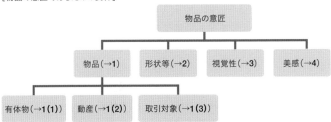

Chapter 1　意匠法　　9

　まず、物品の意匠は物品でなければなりません。物品とは、〈**有体物のうち、市場で流通する動産**〉とされています▶3。物品の定義の中にもいくつもの要件があってマトリョーシカのようですが、ここは大事なところなので少し我慢して読み進めていただければと思います。

　なお、物品であるためには、それが**一定の形状等を持つものである必要**があります。よって、有体物であっても液体や気体、粒状物などは物品になりません。ただし、砂糖のような粒状物であっても、角砂糖のように一定の形状等を有する場合は物品となります。

(1) 有体物

　有体物というのは無体物★4に対する概念で、空間の一部を占める有形的なものを意味しています。簡単にいえば〈形があるもの〉ということですので、光や電気は有体物ではなく、物品にはなりません▶5。椅子や乗用車といったプロダクトデザインは有体物ですので、この要件を満たします。

(2) 動産

　さらに、物品は**動産**に限定されます。動産とは不動産★6以外のもので、建築物などの不動産は物品には含まれません●7。ただし、門扉や組み立て式家屋、電話ボックスなど、販売時に動産として扱われるものは物品に含まれます▶8。

(3) 取引対象

　次に、物品であるためには、それ自体が**市場で流通して独立して取引の対象となるもの**でなければなりません。つまり、交換可能であって通常の状態で独立して取引の対象となることが必要です。そのため、〈靴下のかかと〉、〈ペットボトルの底〉のようなものは、それ自体は独立して取引されていませんので物品にはなりません▶9。

　具体的な意匠の登録例を見てみましょう。トヨタ自動車株式会社の乗用自動車や自動車用フロントバンパーは、それ自体が独立して取引の対象となりますので、物品となり意匠登録されています。

　他方で、乗用自動車の前面の一部分は、市場で流通して独立して取引の対象にはなりませんので、物品とはなりません。そのため、物品の意匠としては意匠登録できません。そのような場合には、（物

▶3【補足】建築物も有体物ですが、動産ではなく不動産なので物品の意匠とはなりません。

★4【用語説明】無体物とは、有体物以外の物のことです。

▶5【補足】ただし、照明器具など物品の点灯部を点灯させることで物品自体に模様や色彩が表れる場合には、意匠を構成する要素と扱われます。この例では、物品自体に当たっている光の部分は模様や色彩と意匠の要素となります。

▼個人の螺旋階段の意匠
（意匠登録1588204号
（すでに消滅））

意匠公報

★6【用語説明】不動産とは、土地とその定着物のことです。

●7【参照】ただし、不動産である建築物の意匠として保護されることがあります（240頁）。

▶8【補足】移動式の売店のようなものも、動産として意匠登録の対象とされてきました。

▼個人の移動売店の意匠
（意匠登録1184219号
（すでに消滅））

意匠公報

▶9【補足】取引されているのは〈靴下〉、〈ペットボトル〉です。〈靴下のかかと〉、〈ペットボトルの底〉は後述のように部分意匠として登録可能です【参照】39頁）。

品の）部分意匠制度が利用可能です●10。

トヨタ自動車の乗用自動車の
意匠✛11

トヨタ自動車の乗用自動車用
フロントバンパーの意匠✛12

トヨタ自動車の乗用自動車の
部分意匠✛13

意匠公報 　　　　　　　　意匠公報 　　　　　　　　意匠公報

2　形状・模様・色彩

　次に、意匠は**物品の形状、模様もしくは色彩、もしくはこれらの結合（形状等）である必要**があります。形状がない物品というのは考えられませんから、形状は必須の要素といえます。他方で、模様や色彩はなくてもかまいません▶14。

　そして、この形状等は、**物品それ自体の形状等**でなければなりません。なお、販売を目的とした形状等についても、その形状等を維持できるものについては、物品の形状等と扱うことになっています。下の左図のタオルは、りんごを切った形に成形されていますが、水に浸すと通常のハンドタオルの大きさになります。タオルとしては平面の形状ですが、販売時にはりんごを切った形状になっていますので、こうした形状についても登録を受けることが可能です。

物品等自体の形状等と判断するものの例　　物品等自体の形状等と判断しないものの例

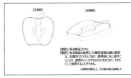

意匠審査基準第Ⅲ部第1章2.2 ▶15 　　　　　意匠審査基準第Ⅲ部第1章2.2

3　視覚性

　次の要件は〈視覚的に認識できるものであること（視覚性）〉です。プロダクトデザインが意匠となるためには、それが物品の形状等であることだけでは足りず、**目で見て認識できる**ものでなければなりません▶16。

　ただし、ダイヤモンドのように取引でルーペを用いて観察することが通常であったり、拡大写真や拡大図がカタログに掲載されることが通常である場合などにおいては、肉眼で見えなくとも、この要件を満たすとされています▶17。

●10【参照】39頁。

✛11【公報】意匠登録
1327677号（すでに消滅）。
車体全体を登録し、自動車
全体の模倣に対応できるよ
うにしています。

✛12【公報】意匠登録
1330786号（すでに消滅）。
フロントバンパーを登録し、
フロントバンパーの模倣に
対応できるようにしていま
す。

✛13【公報】意匠登録
1327678号（すでに消滅）。
自動車前面部分の特徴的な
デザインを登録し、そこを
含む模倣に対応できるよう
にしています。上の2つの
意匠登録も含め、トヨタ自
動車株式会社は複数種類の
意匠登録を使い総合的に自
動車のデザインを保護して
います。

▶14【補足】文字について
は、〈専ら情報伝達のためだ
けに使用されている文字〉は
意匠を構成しない、つまり
模様とはならないとされて
います。具体的には「新聞
や書籍の文章部分」や「成
分表示や使用説明などを普
通の態様で表した表示」が、
専ら情報伝達のためだけに
使用されている文字だとさ
れています。よって、それ
以外の文字は意匠を構成し
ます。

▶15【補足】意匠審査基準
とは、意匠登録を受ける際
にはこのような基準で審査
を行います、と特許庁が公
表しているものです。この
基準に基づいて審査が行わ
れますので、実務上は非常
に重要な基準です。本書で
もしばしば意匠審査基準を
引用します（【参照】48頁）。

▶16【補足】粉砂糖の一粒
のようなものは視覚性要件
を満たしません。

▶17【補足】分解しなけれ
ば見えないような内部の部
分は、この要件を満たさな
いとされています。他方で、
ピアノの鍵盤などは通常の
使用時に視覚を通じて認識
できる形状であるとして、視
覚性ありと考えられます。

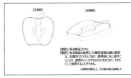

最後の要件が〈美感〉です。すなわち、意匠は**人に美を感じさせるもの**でなければなりません。ただし、デザインに美感があるかどうかというのは非常に主観的な判断になりますので、デザイナーが美感ありと考えて出願してきたデザインに対して、特許庁の審査官が美感があるかないかを判断することはむずかしいと考えられます▶18。そのため、意匠の出願においては、この美感という要件はほぼ問題となることはありません。

最後に、実際にさまざまなプロダクトデザインの出願例について、特許庁が作成して紹介している出願例の図を引用しておきましょう▶19。このように、機器や移動車両、包装容器やファッション製品、さらには即席麺なども意匠登録出願されています▶20。

さまざまな意匠の出願例

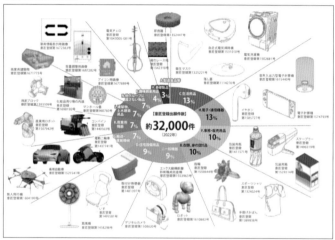

特許庁「みんなの意匠権 十人十色のつかいかた」16頁

😊 **コラム** **感染症とデザイン**

　新型コロナウイルス（COVID-19）の影響で、インターネットを通じた購入がこれまで以上に多くなりました。実際に実物を店頭で確認する場合には、実際の色、質感、手触り、大きさなどを確認できるメリットだけでなく、他社製品ともその場で見比べるということができます。他方で、インターネットを通じた購入の場合には、そのような他社製品と並べて画面上で細かく比較するということはできない（もしくはしない）のが一般的です。

▶18【補足】意匠審査基準では、美感があるものの例を記載しておらず、美感を起こさせないものの例をあげています。具体的には、「機能・作用効果を主目的としたもので美感をほとんど起こさせないもの」、「意匠としてまとまりがなく煩雑な感じを与えるだけで美感をほとんど起こさせないもの」、を美感を起こさせないものとしています。

▶19【補足】建築物や画像などプロダクトデザイン以外の意匠も含まれています。
　特許庁が紹介している左図について簡単に見ておきましょう。
　右上からですが、いわゆる電化製品などの生活用品、電子・通信機器の出願例が示されており、これらで意匠登録出願の4分の1を占めています。さらに、右下には事務、販売用品として文房具などの出願例が、さらに衣類等としてファッションデザインの出願例があります。これらもそれぞれ意匠登録出願の1割を占めています。そのほかにも、一般機器や住宅関連用品（家具等）、さらには輸送機械などの出願が多く見られます。令和元年改正で建築物と画像が新しく保護対象とされてからそれほど時間は経過していませんが、建築物や画像の出願も意匠登録出願において一定の割合を占めるようになってきています。プロダクトデザインを中心としつつ、新しい意匠（建築物、画像）の出願も増えてきていることがわかります。

▶20【補足】意匠は物品などの見た目の外観なので、外観を真似されていればその形が使われているとして意匠権を権利行使ができます。そのため、技術的な部分について特許権をとりつつ、その外観についても意匠権をとっておくということが行われています。

そうなると、デザインにも変化が生じるかもしれません。家電量販店ではズラッと同じ製品が並ぶため他社との差別化のデザインが必要になりますが、インターネットではそうした点に気を配る必要がなくなるからです。結果として、デザインがよりシンプルなものとなっていく可能性もあるでしょう。

同じ現象はパッケージデザインにも起こるかもしれません。商品を買ってもらうための説明文や他社との差別化のデザインはインターネット販売ではそれほど重要ではないかもしれないからです。

新型コロナウイルスは（少なくともパンデミックとしては）ほぼ収束したように思われますが、一度変わった購買行動は、さまざまなデザインに影響を与え（てい）るのかもしれません。

Ⅱ　意匠登録の要件

さまざまな意匠の登録例があるわけですが、意匠を作ったというだけで意匠権を取得できるわけではありません。

意匠権を取得するためには、特許庁に対して出願という手続を行うことが必要です。意匠登録出願後は**特許庁の審査官によって審査**がされるため、すぐに権利は取得できません[21]。

▶21【補足】権利化までの平均期間はおおよそ7ヶ月程度のようです。

意匠登録を受けるためにはさまざまな要件が審査されます。多くの要件があり、少し複雑な要件もあるのですが、これらの要件を満たさなければ意匠権を取得できません。

具体的には、意匠であることに加え、**工業上利用可能性、新規性、創作非容易性、先に他人がした意匠登録出願の一部に自己の意匠が含まれていないこと、先願、意匠登録を受けることができない意匠でないこと**、という要件が課されています[22]

▶22【補足】このほかに、手続的な要件（出願形式など）も満たさないと意匠登録はされません。

［意匠登録の要件］

意匠であること

意匠が複数製造できること（工業上利用可能性）（→1）

意匠が新しいものであること（新規性）（→2）

意匠が簡単に創作できたものでないこと（創作非容易性）（→3）

先に他人がした意匠登録出願の一部に自分の意匠が含まれていないこと（→4）

一番最初に出願すること（先願）（→5）

意匠登録を受けることができない意匠でないこと（不登録事由）（→6）

1 工業上利用可能性

意匠であることに加え、まず意匠権を取得するため必要な要件が、**意匠が工業的に利用できること**です[意3条1項]。これは、**同一のものを複数製造できることを意味しており、逆にいえば、1つしか作れないような〈一点もの〉は除かれます**。〈一点もの〉の典型例は、絵画や彫刻のような純粋美術といわれるものです●23。また、貝殻などの自然の物も、それ自体は自然が作り出したもので人が量産できないので、工業上利用できる意匠にはあたりません▶24。

2 新規性

次に、**意匠は世界で最も新しい（新規な）ものでなければなりません**[意3条1項各号]。これは、デザイナーが主観的に新しいものができたと思えばよいという意味ではなく、意匠が**客観的に新規なものである必要があります**▶25。

新規性がない（新しくない）とされる場合には、3つの場合があります。

[新規性がないとされる意匠]

公然知られた意匠 （→(1)）	刊行物やインターネットで知られた意匠（→(2)）	公然知られた意匠,刊行物やインターネットで知られた意匠に類似する意匠（→(3)）

まずは、すべてに共通する点をお話ししておきましょう。

新規性が判断される基準時は特許庁への意匠の出願時で、時分まで考慮されます。そのため、意匠の出願前であっても、自分の意匠を何らかの形で公開してしまうと新規性を失ってしまいます。よって、新規性を失わないためには、自分の意匠の公開よりも先に出願しておく必要があります▶26。極端な話、23時59分に〈これが自分の作ったデザインです！〉とホームページで公開して、24時ちょうどに特許庁に出願した（電子出願できます）という場合には、新規性はないと判断されるのです。

また、地域的な基準は日本国内または外国とされており、**世界のどこかで知られていれば新規性はありません**。

では、これらを踏まえたうえで、どのような場合に新規性がないとされてしまうかを確認していきましょう。

(1) 公然知られた意匠（公知意匠）

1つ目が、〈公然知られた意匠〉▶27で、これは**秘密にしておく義務**（秘密保持義務★28）**のない人に意匠が知られた状態**を意味していま

●23【参照】ただし、著作物として保護されます（50頁）。

▶24【補足】ただし、農作物などで加工を施しほぼ同一のものが作れる場合は工業上利用可能性があります。実際に下記のようなスイカが意匠登録されています。

▼個人のスイカの登録意匠
（意匠登録1304011号
（すでに消滅））

意匠公報

▶25【補足】もし、新しくないデザインに権利を与えてしまったらどうなるでしょうか。今まで誰もが使うことのできたデザインが、ある日突然誰も使えなくなってしまいます。そのため、意匠は新しいものでなければなりません。

▶26【補足】デザイナーの方はこうした要件を知らずに、何らかの形で世に公開してしまうこともありえます。意匠登録出願前に自分のデザインを公開してしまったら、もはや意匠権を取得することはできないのでしょうか。

実は、例外的に、新規性を喪失しなかった（＝新規性がある）とされる制度が存在しています。〈新規性喪失の例外〉と呼ばれる手続です（意匠法4条）。たとえば、知らない間に意匠が盗まれて公表されてしまった場合や、自ら販売するなどして意匠を公表した場合に、この新規性喪失の例外という手続によって新規性を失わなかったものとされます。自ら公表した場合も例外規定の適用を受けることができるのは、デザインはいったん市場に投入して売れ行きを観測してから意匠権の取得を考えるという場合もあるからです。

この新規性喪失の例外の適用を受けるためには、意匠が公開された日から1年以内に出願して、新規性喪失の例外の手続を行うことが必要です。なお、意匠を盗まれてしまった場合は、意匠登録出願のときには気づいていない場合もあるので、

す。ここでは、知られた人数は問題となりません。たとえ少人数であっても、そのデザインを秘密にする義務がない人に知られてしまうと、新規性を失ってしまいます。

　たとえば、大学の講義などで、教員が学生に自分のデザインを見せた場合、学生には通常は秘密保持義務はありませんので、教員の意匠は新規性を失ってしまいます。他方で、会社の従業員は、その業務で知りえた内容について秘密保持義務がありますから、インハウスデザイナーが創作したデザインが同僚に知られたからといって、公然知られた意匠には該当しません。しかし、そのデザインを販売するために、営業先で相手の人と話をするときは事前に秘密にすることを約束しておかないと、そのデザインは新規性を失ってしまう可能性もあります。

　よって、デザインに意匠権を取得したいと考えている場合には、デザイン案などを安易に人に見せてはいけないということになります▶29。

(2) 頒布された刊行物やインターネットで公衆に知られた意匠

　次に、**雑誌や書籍に掲載されたデザインや、インターネットで公開されたデザインについては、新しい意匠とはなりません。** 現実に誰かがその雑誌などを見たことまでは必要なく、その雑誌が図書館に配架されて誰でも見られるようになった段階で、頒布された刊行物に記載された意匠となります。同じように、インターネットで誰でもそのデザインが載っているホームページにアクセスできるような場合には、たとえ誰もそのホームページにアクセスしていなかったとしても、新規性はありません▶30。

(3) これらの意匠に類似する意匠

　そして、これらの意匠に加えて、**公然知られた意匠や刊行物・インターネットで公開された意匠に類似する意匠についても、新しい意匠ではない**とされています。

　すでに知られているデザインと全く同じものを出願するということはあまりないでしょうが、すでに知られているデザインに似ているデザインが出願されることはあるでしょう。その場合にも、そのデザインに新規性はないとされているのです。

　よって、創作したデザインがすでに知られているデザインと類似しているかどうかは、意匠権を取得するために大きな問題となりま

その状況を把握したとき（たとえば新規性がないという拒絶理由通知を受けたとき）に証明すればよいとされています。

　そして、この規定の適用が認められると、その意匠は新規性を失った意匠でないものとされます。

　ただし、気をつけなければならないのは、新規性喪失の例外はあくまで自分の意匠の公表が問題となるので、他人が創作した意匠の公表には適用されません。そのため、出願までに無関係な他人が独自に創作した意匠を公表してしまうと、自分の意匠は新規性がないものとされてしまいます。新規性喪失の例外規定があるから大丈夫、と考えるのではなく、権利取得をしたい場合はやはり一刻も早く出願しておく方がよいでしょう。

▶27【補足】しばしば〈公知意匠〉と呼ばれています。

★28【用語説明】秘密保持義務とは、業務に関して知りえた秘密を保持する義務のことです。

▶29【補足】意匠登録出願の相談をする弁理士には秘密保持義務がありますので、デザインを見せながら相談することが可能です。

▶30【補足】公衆に利用可能であることが必要ですので、個人間のメールなどでは公衆に利用可能とはいえません。その場合でも秘密保持義務がない人にメールで意匠を送ってしまえば、公然知られた意匠として新規性を失ってしまいます。

す。では、デザインが類似しているかどうかはどのように決まるのでしょうか。この点は非常に重要な問題なので、別のところで詳しく説明したいと思います●31。ここでは先に別の意匠登録の要件を確認しましょう。

●31【参照】28頁。

3　創作非容易性

　次に意匠登録のために必要とされる要件が、創作されたデザインが簡単に創作できたものでないことです。新しい意匠でも、既存のデザインの組み合わせなど、**すでに知られた形状等から、デザイナーのような専門家が容易に創作できるものは、意匠登録を受けることができない**［意3条2項］とされています。この要件も、意匠登録出願のときに判断されます。また、日本だけでなく世界で知られている形状等が対象です。

　では、創作非容易性は、誰を基準に判断するのでしょうか。これは条文に書かれていて、〈**その意匠の属する分野における通常の知識を有する者**〉（〈**当業者**〉と呼ばれています）を基準に判断されます。おおまかなイメージとしてはその分野におけるデザイナーのことだと思っていただければと思います。そのため、その分野のデザインを購入する消費者よりは、そのデザインに関する知識レベルは高い人、ということになります。たとえば、乗用自動車であれば、乗用自動車を買う人ではなく、乗用自動車のデザイナーが当業者となります。

　こうした当業者が、公然知られた形状等に基づいて容易に意匠を創作できたといえる場合には、意匠登録は受けられません。公然知られているものは意匠に限らず、モチーフなどを含みます。よって、たとえば〈りんごをそのまま表したペーパーウェイト〉の意匠も登録を受けることができません。

　どのような場合に創作が容易とされるかのイメージをつかんでいただくために、意匠審査基準の例を見てみましょう。

公知のなべの蓋を、ほとんどそのまま他の
なべ用蓋に置き換えて表したにすぎない意匠

公知のスピーカーを寄せ集めて
表したにすぎない意匠

意匠審査基準第III部第2章第2節6.1

意匠審査基準第III部第2章第2節6.2

公知の室内灯用スイッチプレートのボタンの
配置を変更したにすぎない意匠

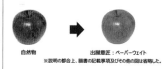

公知意匠：室内灯用スイッチプレート　　出願意匠：室内灯用スイッチプレート
※説明の都合上、願書の記載事項及びその他の図を省略した。

意匠審査基準第Ⅲ部第2章第2節6.4

自然物等を、ほとんどそのまま
ペーパーウェイトとして表したにすぎない意匠

自然物　　　　　　出願意匠：ペーパーウェイト
※説明の都合上、願書の記載事項及びその他の図を省略した。

意匠審査基準第Ⅲ部第2章第2節6.7

こうしてみると、創作が容易でないとされる（＝保護が認められる）レベルはそれほど高くないと思ったのではないでしょうか。実際、この要件を満たすのはむずかしくないと考えられます。そのため、〈この程度ものはデザイナーなら誰でもできそうだな…〉と諦めるのではなく、専門家と相談しながら意匠登録出願するかを決めましょう。

4　先に他人がした意匠登録出願の一部に自分の意匠が含まれていないこと

　次に求められる要件が、**先に他人が出願し登録された意匠公報に掲載された意匠の一部と同一・類似の意匠でないこと**【意3条の2】です。この要件は、自分がした出願との関係では問題にはならず▶32、先に他人が出願していた場合に問題となります▶33。

　わかりづらそうな要件だなと感じたと思いますので、イメージから理解しましょう。

　他人がした自分より先の出願意匠が〈洗面化粧台〉で、自分の出願意匠が〈洗面化粧棚〉だったとしましょう（図を参照）▶34。他人がした先の出願の〈洗面化粧台〉には、自分が出願した〈洗面化粧棚〉とほぼ同一（類似）の〈洗面化粧棚〉が含まれています▶35。この要件が適用されるのは、このように、先の他人の出願意匠が、後の自分の出願意匠を含む場合です。こうした場合には、自分が他人の出願よりも後に出願した〈洗面化粧棚〉について意匠登録は受けられません▶36。

[先に他人がした意匠登録に含まれる意匠として登録を受けられない場合]

先願に係る意匠として開示された
他人の意匠〈洗面化粧台〉

意匠審査基準第Ⅲ部第4章10.

自分の全体意匠の意匠登録出願
〈洗面化粧棚〉

意匠審査基準第Ⅲ部第4章10.

▶32【補足】ただし、先の自分の出願意匠の意匠公報発行前に出願する必要があります（意匠法3条の2ただし書き）。

▶33【補足】なお、意匠全体が比較される場合は、次にお話しする〈先願〉という規定が問題となります（ただし、全体意匠と部分意匠の場合も先願が判断され、意匠法3条の2にも該当する場合は実務上3条の2が適用されます）。そのため、先願の場合は同一人の出願であっても後願は拒絶されます。

▶34【補足】そのほかの例としてたとえば、先の出願意匠が〈自転車〉、自分の出願意匠が〈自転車のハンドル〉だったような場合が考えられます。

▶35【補足】もちろん、〈洗面化粧台〉がすでに公に知られていれば、〈洗面化粧棚〉の意匠がすでに公知なものとして新規性がありませんので、新規性なしとして出願は拒絶されます。そのため、ここで想定されている場面は、〈洗面化粧台〉が公知になっていない場合、すなわち他人の先にした出願の〈洗面化粧台〉が登録されて意匠公報が発行される前に、自分が〈洗面化粧棚〉の出願をした場合、ということになります。

▼この要件の適用場面

特許庁「デザイナーが身につけておくべき知財の基本」をもとに筆者作成

▶36【補足】すでに〈洗面化粧棚〉を含んだ〈洗面化粧台〉が出願されているので、〈洗面化粧棚〉を登録しても世の中に何も新しい意匠を公開することにはならないため、意匠権を与える意味がないからです。

次に満たさなければならない要件として、先願という要件があります[意9条]。これは、**同一・類似の意匠については、一番最初に出願した人のみが権利を取得できる**というものです▶37。要するに、一番最初にそのデザインを出願した人だけが意匠権を取得できるのです。一番最初にデザインを創作した人ではありません。そのため、創作したデザインに権利を取得しようと考えるのであれば、**誰よりも先に出願しなければなりません**。

先願かどうかの判断は、出願日が違う日なのか、同じ日なのかで扱いが異なります。

(1)　出願日が違う場合

同一・類似のデザインについて異なる日に出願があった場合は、一番先に出願した人のみが権利を取得することができます▶38。

これは、出願人が同じであっても同様です。〈同じ人が違う日に似たデザインを出願することなどありえないのでは〉と思うかもしれませんが、出願人の主観としてはデザインが異なっている場合でも、客観的にはデザインが類似している場合はありえますので●39、出願人が同一の場合でも適用があります。

(2)　出願日が同じ場合

では、出願の日が異なる日ではなく、同じ日に同一・類似のデザインについて出願があった場合はどうでしょうか。たとえば、AとBが、同じ乗用自動車のデザインを同じ日に出願したというような場合です。この場合は、出願人同士（AとB）の協議によって決めた人だけが登録を受けることができます▶40。AとBが協議をして、出願人をAもしくはBに決めるか、その出願についてAとBの共有にします★41。もし協議ができなかったり、協議が成立しない場合には、AもBも意匠登録を受けることができません▶42。

> ☺ **コラム**　**アップルのiPadの意匠登録**
>
> 　アップル インコーポレイテッドの初代iPadの発売日は2010年5月です。他方で、アップル インコーポレイテッドの欧州共同体意匠登録の例を見ると、2004年5月にiPadのタブレットのデザインについて意匠出願を行っています。当時主流だったのはノート型PCの画面をタブレットのようにも使えるというPCで、今でいうタブレット端末とは大きくデ

▶37【補足】同じデザインについて複数の人に権利が存在してしまう、ということを防ぐものです。

▶38【補足】このように、後の出願が登録を受けることができない状態のことを、先の出願には〈先願の地位〉があるといいます。よって、意匠登録を受けた出願には、先願の地位があります。一方、取り下げられた出願、却下された出願などには先願の地位がありません。そのため、自分がした出願であっても、自分の出願を登録前に取り下げて再度同じ意匠を出願すれば、再出願の意匠について権利を取得することが可能です。ただし、その再出願までの間に他人が同じ意匠を出願して意匠登録がされてしまうと、他人の出願が先願の地位を持つことになるので、自分の再出願は意匠登録を受けることができなくなってしまいます。そのため、先願の地位がないからといって、登録前に出願を取り下げて再出願するかは、そうしたリスクを考えたうえで検討すべきようです。

●39【参照】なお、同一人の場合には関連意匠という制度を利用できる場合があります（41頁）。

▶40【補足】出願人同士ではわからないので、特許庁長官から協議命令がきます。

★41【用語説明】共有とは、複数の人が同じ物を同時に所有することです。

▶42【補足】協議が成立しなかった場合は、その後に誰かが同一・類似の意匠についても出願しても、誰も登録を受けることができません（意匠法9条3項ただし書）。協議した出願人ら（A、B）が権利を取得できないのに、ほかの誰かが権利を取得できてしまうのはおかしいからです。もちろん、協議をした出願人ら（A、B）が再度出願しても、権利を得ることはできません。言い換えれば、AとBの出願には〈先願の地位〉が認められているということになります。

ザインも発想も異なるものでした。アッ
プル インコーポレイテッドは、その時代
に今のようなインターネット環境などの
未来を想定し、さまざまなコネクター類
が付いていないこのようなタブレット端
末を想起していたということになります。

アップルのタブレットの意匠✦43

欧州共同体意匠公報

✦43【公報】意匠登録
000181607-0001号。

6 意匠登録を受けることができない意匠でないこと

　これまで、意匠登録を受けるための要件について説明してきまし
たが、次にお話しするのが審査される最後の要件です。**これまで説
明してきた要件を満たしても、意匠登録を受けることができない意
匠が3つあります**[意5条]。

［意匠登録を受けることができない意匠］

公序良俗に　　　　　　　他人の業務に係る物品等と　　　　　　機能に基づいて形が
反する意匠(→(1))　　　混同を生ずるおそれがある意匠(→(2))　　決まってしまう意匠(→(3))

(1) 公の秩序・善良の風俗を害するおそれがある意匠

　まず、公の秩序・善良の風俗★44を害するおそれがある意匠は登録
を受けることができません。たとえば、国旗や皇室の菊花紋章など
は、国や皇室または王室に対する尊厳を
害するおそれがあるため、公の秩序に反
し登録を受けることができません▶45。ま
た、わいせつ物を表した意匠についても、
善良の風俗を害するおそれがあるとして
登録を受けることができません。

菊花紋章

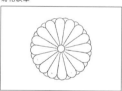

https://dl.ndl.go.jp/info/ndljp/
pid/2956399

★44【用語説明】公の秩序
は国家・社会の一般的利益、
善良の風俗は社会の一般的
道徳観念のことです。両者
を特に区別する必要はなく、
両者を合わせて公序良俗と
いわれます。

▶45【補足】運動会の万国
旗のようなものは組み合わ
せに自由度があり、特定の
国に対する尊厳を害するも
のでないので公序を害する
おそれがある意匠とは判断
しないとされています（意
匠審査基準第Ⅲ部第6章
3.1.)。

(2) 他人の業務に係る物品等と混同を生ずるおそれがある意匠

　次に、他人の業務に係る物品と混同を生ずるおそれがある意匠は
登録を受けることができません▶46。たとえば、ザ コカ・コーラ カ
ンパニーのコーラの瓶の形状について、同社と無関係の人が意匠権
を取得し、その瓶を使ってコーラを販売していたらどうでしょうか。
その瓶の形の印象を強く抱いている消費者は、間違ってザ コカ・
コーラ カンパニーのコーラだと思って買ってしまうかもしれませ
ん。また、ミッキーマウスのキャラクターの形状をした包装用容器
について、ディズニー エンタープライゼズ インクとは無関係の人

▶46【補足】ただし、現実
的にはそのような意匠は公
知になっていて新規性がな
いと判断されることが多い
でしょう。また、その他人
はすでに意匠登録出願を
している可能性も高く、先願
の要件も満たさないことが
多いでしょう。

が意匠権を取得してその包装用容器を販売すると、消費者はディズニーのものだと思って買ってしまうかもしれません。そのような事態を防ぐために、他人の業務に係る物品等と混同を生ずるおそれがある意匠は登録を受けることができないとされています▶47。

(3) 機能に基づいて形が決まってしまう意匠

最後に、物品の機能を確保するために不可欠な形状、つまり、その機能を確保するには〈その形でしかできない〉というような形状のみからなる意匠は登録を受けることができません▶48。

必然的形状に該当するものの例▶50

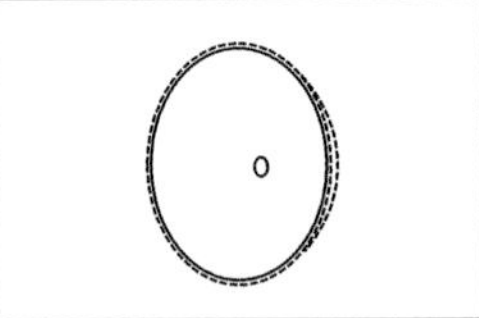

意匠審査基準第Ⅲ部第6章3.4

ここでは、意匠審査基準の例を見てみましょう。たとえば、丸くせざるを得ないようなパラボラアンテナの内側部分の形状（必然的形状）がこれに該当します⬆49。

また、JISやISOなどの規格化または標準化などがなされた形状や、寸法などにより正確に再製せざるを得ない形状（準必然的形状）からなる意匠についても、物品の機能を確保するために不可欠な形状のみからなる意匠とされています▶51。

準必然的形状に該当するものの例▶52

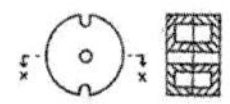

（例：JIS C2516 4.4 により規格化された磁心）

意匠審査基準第Ⅲ部第6章3.4

Ⅲ 権利を取得できる人

ここまで意匠登録を受けられる要件について説明してきましたが、その意匠権を取得できるのは誰でしょうか。〈当然デザインを創作した人〉だろう、と思うかもしれませんが、必ずしもそうではありません。たとえば、フリーランスの個人デザイナーと、会社に属するインハウスのデザイナーとではその扱いが異なってきます。

ここでは意匠権を取得できる人を確認しておきましょう。

1 フリーランス（個人）デザイナー

【意3条1項、17条4号等】

意匠権は〈意匠登録を受ける権利を有する者〉が取得できます。ここで、意匠登録を受ける権利を有する者とはデザインの創作者▶53、つまりデザイナーのことです。

〈意匠登録を受ける権利〉は、意匠の創作と同時に、意匠の創作者が有します。そのため、通常は〈意匠を創作した人、つまりデザイナーが、意匠登録を受ける権利を有する者〉となります。よくいわ

▶47【補足】条文には「他人の」と書かれていますので、ザ コカ・コーラ カンパニー自身がコーラの瓶の形状について意匠権を取得することは可能です。ただし、今では新規性などの要件を満たしませんので意匠権の取得はできません。その場合でも、立体商標として保護を受けることは可能です（【参照】79頁、164頁）。

▶48【補足】そのような意匠に権利を与えてしまうと、その機能を発揮するデザインについて権利が独占されてしまい、他人がその形状を実施することができなくなるからです。

⬆49【一歩先へ】必然的形状かどうかはどうやって判断するのか

では、〈物品の技術的機能を確保するために必然的に定まる形状〉である必然的形状かどうかは、どうやって判断するのでしょうか。

意匠審査基準では、「その機能を確保できる代替的形状がほかに存在するか否か」と「必然的形状以外の意匠評価上考慮すべき形状を含むか否か」を特に考慮するとしています（意匠審査基準第Ⅲ部第6章3.4）。前者は、〈形態の多様性基準〉と呼ばれるもので、その機能を発揮するほかの代替的形状があれば、「物品の技術的機能を確保するために必然的に定まる形状」にあたらない、とする基準です。実際、特許庁の審決（特許庁で行われる審判の判断）では、形態の多様性基準を基にして機能を確保するために不可欠な形状にあたるかを検討したものが見られます。

しかし、この形態の多様性基準は欧州では支持を得ていません。欧州では、その形態が機能によってのみ基礎づけられているのではなくて、機能とは関係ない美的要素などが考慮された形態であるかどうかで必然的形状にあたるかが判断されています。

▶50【補足】物品の機能を確保するために必然的に定まる形状のみからなる「パラボラアンテナ」の内面側部分のみについて意匠登録を受けようとする意匠です。

▶51【補足】標準化された意匠について、特定の人に独占されないようにするためです。

れる〈デザイナーは意匠権を取得できます〉というのは、この法的な説明を、簡単に示したものです。そのため、フリーランスのデザイナーが創作したデザインは、そのデザイナーが意匠登録を受ける権利を有して、それに基づいて意匠権を取得できます▶54。

　他方で、フリーランスのデザイナーでも、自分のためにデザインを創作することは基本的になく、他人から依頼を受けてデザインを創作することがほとんどではないでしょうか。

　実は、この意匠登録を受ける権利は、他人に譲渡することができます▶55。そのため、デザイナーが意匠を創作して、そのデザインについて意匠登録を受ける権利を他人に譲渡することもできるのです。一般に、他人から依頼を受けてデザインを創作した場合には、その意匠登録を受ける権利を依頼者に譲渡することが契約に含まれているでしょう。この場合、デザイナーは意匠権者とはなりません。最初は〈意匠を創作した人＝デザイナー（創作者）＝意匠登録を受ける権利を有する者〉ですが、その後に〈意匠登録を受ける権利を譲り受けた者＝依頼者＝意匠登録を受ける権利を有する者〉となるわけです▶56▶57。

2　インハウスデザイナー（職務創作意匠）

　次に、インハウスデザイナーの場合を考えてみましょう。会社（法人）で従業員として働いているインハウスデザイナーが意匠登録を受ける権利を有する者となり、会社ではなくその従業員であるデザイナーが意匠権を取得するというのは現実とは違うのではないか、〈普通は会社が権利を取得しているのではないか〉と思うのではないでしょうか。

　実は、法律は、フリーランスのデザイナーとは異なる扱いをしています。この扱いは、**職務創作意匠**と呼ばれており、インハウスデザイナーとしてデザインを行っている場合にも、デザイナーを従業員として雇用している場合にも非常に重要です。

　職務創作意匠というシステムは、簡単にいえば、**インハウスデザイナーの所属する会社が意匠登録を受ける権利を有し、従業員であるデザイナーは意匠登録を受ける権利を持てない代わりに一定の経済的利益（金銭的利益）を受け取れる**、というものです。会社としては従業員としてデザイナーを雇用していますが、デザイナーの創作意欲も重要ですので、両者のバランスをはかるためのシステムになっています。

▶52【補足】公的な標準化機関により全体の形状が規格化された「磁心」の意匠です。

▶53【補足】デザインの創作者は誰でしょうか。通常は、デザインの創作に実質的に関与する人が創作者となるとされています。そのため、補助として模型を製作しただけであったり、製作費を出しただけ、あるいは単にアドバイスをした程度では、実質的に創作に関与したとはいえません。プロダクトデザインであれば、そのプロダクトデザインの形態の創造やその創出に直接的にその意思を反映し、形態の形成に参画していることが必要となります。

　他方で、現実的には複数の者が関与してデザインを創作するということが多いかもしれません。その場合には、デザインは共同創作ということになり、意匠登録を受ける権利は共有ということになります。この場合には、共有者全員で出願しなければ意匠登録出願をすることができません（意匠法15条で準用する特許法38条）。全員で出願しないと拒絶されてしまいますので注意が必要です。では、どのような場合に、共同創作となるのでしょうか。これも、基本的には創作者は誰かという判断と同じで、デザインの創作に実質的に関与した人だけが創作者となります。

▶54【補足】学生も同じです。

▶55【補足】意匠登録を受ける権利は財産権です【**用語説明**】財産権とは経済的取引の対象（財産）を目的とする権利のことです。

▶56【補足】依頼によってデザイン創作が行われる場合で、その依頼者側となるときには契約書において明確に〈意匠登録を受ける権利の譲渡を受ける〉旨を記載しておくことを忘れないようにしましょう。デザイン創作を依頼したときに、創作を依頼してお金を払っているのだから当然にすべての権利が自分のものになると思っていると落とし穴がありますので、必要な事項は契約書に明示しておくことが大切です。

▶57【補足】もし、自分の創作したデザインが盗まれてしまい、他人に先に出願されてしまった場合にはどうしたらいいでしょうか（新規性喪失の例外は、デザインが盗まれて〈公表〉され

意匠法には、職務創作意匠に関する直接的な規定があるわけではなく、特許法の規定が準用★58されています。それでは、職務創作意匠の要件を見ていきましょう。

(1) 職務創作意匠の要件

職務創作意匠に該当するには以下の要件を満たすことが必要です。

[職務創作意匠の要件]

① 従業員等が創作した意匠であること

まず、デザイナーが従業員等であることが必要です▶59。その法人の社員であれば従業員に該当します。正社員でなくアルバイトや派遣社員であっても、その法人で働いていることから、その法人の従業員と扱われます。

② 使用者等の業務範囲に属する意匠であること

次に、創作された意匠の性質上その使用者等（法人など）▶60の業務範囲に属するものであることが必要です。使用者とはたとえば法人（会社）のことで、その法人の業務範囲に属する意匠であればよいことになります。プロダクトデザインを創作している法人であれば、その業務として作られたプロダクトデザインは使用者（法人）の業務範囲に属することになります。この業務範囲については、現に行っている業務だけでなく将来行う具体的予定のある業務も含まれます。

③ 意匠の創作行為が、使用者等における従業員等の現在行っているまたは過去に行っていた職務にあたること

そして、デザインの創作行為がその法人のもとで従業者が行ってきた職務、もしくは、今行っている職務にあたることが必要です▶61。たとえば、現在職務としてそのデザインを創作している場合や、今は管理職だけれども、その法人で過去に職務としてそのデザインを創作していた場合に、この要件を満たします▶62。

そして、職務については、法人や上司からの具体的な命令は必要とされません。そのため、インハウスデザイナーとしてそのデザイン創作が期待されている状況にあれば、デザインの創作行為は従業員等の職務に属するといえます。

てしまった場合の対処で、ここは盗まれて出願されてしまった場合の対応の話です。

もちろん法律は、盗んだ者の味方はしません。意匠登録を受ける権利を有しないが者が出願した場合、その出願は拒絶されます。しかし、実際には、特許庁の審査官がその登録が盗まれたものかを判断することは困難ですので、普通はそのまま登録されてしまいます（盗まれた人は、意匠登録がされて公報が発行されたり、自分の意匠登録出願が拒絶されて、盗まれたことに気づくのが普通でしょう）。そのような場合には、真の権利者、すなわち意匠登録を受ける権利を有する者は、その意匠権を自己のもとへと移転することを請求することができます（意匠法26条の2）。

なお、特許庁に出願されている段階で盗まれたということに気づいた場合はどのような手続をとればいいのでしょうか。この場合は、裁判所に意匠登録を受ける権利を有することの訴えを提起して（確認訴訟）、その確認判決書と判決が確定していることの証明書を添付して、出願人名義変更届を特許庁に提出して出願人の名義変更を行ってもらうことになります。この手続をとると、盗んだ人の出願を自分の出願とすることができます【用語説明】確認訴訟とは、特定の権利の存在または不存在を確認する判決を求める訴訟のことです）。

なお、共同出願違反の場合、たとえば共同創作者の1人が勝手に出願した場合には、盗まれた場合と同様に、自己の持分については意匠権の移転登録請求が可能です。

★58【用語説明】準用とは、その事柄に類似するある別の事柄についての規定を必要な修正を行ってあてはめることです。

▶59【補足】従業者、法人の役員、国家公務員、地方公務員が含まれます。

▶60【補足】使用者、法人、国、地方公共団体が含まれます。

▶61【補足】デザイナーが職務ではなく自分の趣味として行った職務と関係のないデザインは職務創作意匠

(2) 職務創作意匠の効果

では、職務創作意匠となった場合の効果はどのようなものでしょうか。

① 使用者等が権利を欲しない場合

あまり想定されないかもしれませんが、法人が権利（意匠登録を受ける権利or意匠権）を欲しないという場合もあります。その場合は、〈デザインの創作者＝インハウスデザイナー（従業員）〉が意匠登録を受ける権利を有したままとなります。要するに、原則的な取り扱いのままです。

ただ、この場合でも法人は従業員を雇用するという一定の投資をしていることに変わりありません。そこで、このような場合でも、その意匠について従業員が意匠権を取得した場合には、法人には無料のライセンス（通常実施権）●63 ▶64 が与えられます。よって、法人は従業員が創作したデザインを、無償で使うことが可能です（法人に意匠権はありませんので、法人は他人の意匠権侵害行為を止めることはできません）。

② 使用者等が権利を欲する場合

普通は、従業員が創作した意匠について法人は権利を欲するでしょう▶65。そのため、**職務創作意匠の場合には、使用者は職務創作意匠について、従業員が意匠を創作したのと同時に、意匠登録を受ける権利を法人に帰属させるように、前もって契約や勤務規則で決めておくことができます**（予約承継と呼ばれます）。多くの場合、法人の勤務規則などにはこのような規定が存在しており、法人が意匠登録を受ける権利（または意匠権）を取得できるようになっています。

他方で、この場合には、従業員の手元には何も権利は残りません。そうすると、従業員の意匠の創作へのやる気が削がれてしまう可能性があります。そこで、**従業員は〈相当の利益〉を法人から受け取ることができる**とされています。これは、金銭そのものに限られるわけではなく、昇給を伴う社内での昇進や海外留学の機会付与などでも構いません▶66。

なお、法人と従業員で〈相当の利益〉に関する内容を事前に決めておくことができ、その定めたところによる相当の利益の付与が不合理でなければ、そのまま相当の利益として認められることになっています。手続が不合理な場合や、たとえば金銭的な対価が１円な

とはなりません。会社では車のデザインをしているが、趣味でファッションデザインを行っているような場合

▶62【補足】なお、この過去の職務には、過去の法人（退職した法人）での職務は含まれません。そこまで職務創作意匠とすると権利関係が複雑になるからです。

●63【参照】通常実施権については38頁。

▶64【補足】ライセンスとは、その意匠を使ってもいいという許可のことです。そのため、権利者は変わらず、デザインを使っている人が増えるだけです。他方で、譲渡は意匠権を他人に譲り渡すことですので、権利者が変わることになります。意匠権の譲渡を受けた場合には、譲り受けた人は自由に意匠を実施できますが、元の意匠権者は逆に意匠を使うことができなくなります。

▶65【補足】法人には無料のライセンスがあるとはいえ、（あまり考えられなくとも理論上は）従業員がライバル会社にライセンスしてしまい、自社が独占的な実施ができないこともあるからです。

▶66【補足】単なる表彰などの名誉的なものではだめで、経済的な利益であることが前提です。

ど実際の金額が不合理であるような場合には、インハウスデザイナーである従業員はこの不合理性について裁判所に訴えることができ、裁判所が相当の利益について決めることになります▶67。

Ⅳ 手続的要件

次に、意匠権を取得するための手続について説明します。**意匠権は、特許庁に出願手続を行って初めて取得することができます**▶68。

1 出願書類

出願の際には、願書を提出しますが、**意匠登録を受けようとする意匠を記載した図面も添付しなければなりません。**デザインの場合は、文章ではなく、その外観でデザインを把握することが容易なので、図面が出願の際の必須の添付書類となっています▶69。

図面は形状等が正しく理解されるように、定められた作図方法で記載します。

意匠の願書と図面の例

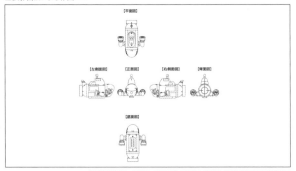

意匠登録出願の願書及び図面等の記載の手引き
（令和3年3月改訂）1頁

正投影図法による作図▶70

意匠登録出願の願書及び図面等の記載の手引き（令和3年3月改訂）18頁

さらに、写真、ひな型または見本（大きさは、縦26cm、横19cm、厚さが7mm以下のもの）でも問題ない場合には、それらを図面の代わりに提出することも可能です。実際に、宮城レース株式会社の写真やトヨタ紡織株式会社の見本などで出願されている例もあります。

▶67【補足】なお、相当の利益をいつまでも請求しないで放置しておくと、〈時効〉によって請求することができなくなります。時効は相当の利益を請求することができるようになったとき（意匠登録を受ける権利の権利承継時、勤務規則などに定めがある場合はその請求可能な時期）から10年です。ただし、従業員が権利を行使できることを知ったときから5年たってしまうと、10年以内でも時効が成立してしまいます（民法166条1項）。

勤務規則などに職務創作意匠の取り扱いが書いてあり、相当の利益について権利行使できる時期を従業員であるインハウスデザイナーが知っていると、そのときから5年で時効となってしまうでしょう。

とはいえ、その法人に在籍しながら相当の利益の不合理性について法人相手に訴訟を提起するということは、なかなかできないはずです。どうしても争いたいという場合には、退職して争うということになってしまうことが多いようです。

▶68【補足】意匠登録出願は、誰でも可能です（未成年者や日本国内に住んでいない人については代理人や管理人を置く必要があります）。しかし、自分で書類を整えて出願するというのは非常に大変です。また、本当に権利が取得できるかどうかもわかりません。そのため、一般的には弁理士という専門家に権利が取得できるかも含めて相談して決めることになります。出願書類も弁理士が作成してくれます。ただ、それも無料というわけではないので、個人デザイナーには、やはり金銭的な負担となるでしょう。

▶69【補足】後述のように、図面に代えて写真、ひな形、見本を提出することもできます。

▶70【補足】また、形状等の全体が特定されたものと理解できるように必要な図を記載します（そのため、必ずしも6面図である必要はありません）。

細幅レース地（写真）＊71

意匠公報

自動車シート用玉縁（見本）＊72

意匠公報

2　意匠ごとの出願

　意匠登録出願は、経済産業省令★73で定めるところにより、意匠ごとにしなければなりません▶74。つまり、それぞれの出願には１つの意匠のみを含める（一意匠一出願）ということになっています。

　ただし、これは物理的に１つでなければならないという意味ではなく、願書の記載と図面から認定される物品と形態から、社会通念に照らして、つまり社会的な常識から判断されます▶75。

　たとえば、同じ図柄が表面に付されたトランプは、物理的にはたくさんの枚数が含まれるわけですが、スペードの１、ダイヤの６、ハートのジャック……とすべてのカードについて意匠登録しなければならないとしたら、それはあまりに一般常識から外れるでしょう。したがってこの場合は、トランプ一組で１つの意匠と扱われます▶76。

一の物品等と判断するものの例（トランプ）

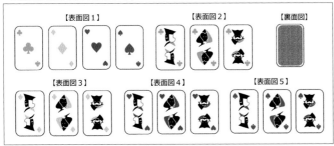

意匠審査基準第Ⅱ部第2章2.1

　また、複数の包装用容器からなるような詰め合わせについても、１つの意匠と扱われ、実際にも登録例があります。

　以上のように、これらのような出願も例外的には可能ですが、やはり原則は一意匠一出願です。そのため、複数物品を組み合わせて出願したい場合には、組物

詰め合わせクッキー及び食卓用皿入り包装用容器　　包装用容器登録例＊77

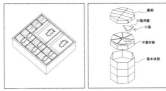

意匠審査基準第Ⅱ部第2章2.1　　意匠公報

＊71【公報】意匠登録1169510号（すでに消滅）。宮城レース株式会社の登録意匠です。

＊72【公報】意匠登録1622192号。トヨタ紡織株式会社の登録意匠です。右図は実際の使い方を示すものです。

★73【用語説明】省令とは、各省庁大臣が法律もしくは政令を施行などするために、行うその機関の命令のことです。

▶74【補足】なお、複数の意匠登録出願を1つの願書により一括して行う手続（複数意匠一括出願手続）も可能です。

▶75【補足】形状が変化するものの場合は、その変化の前後にわたる形態として1つの意匠権での保護を受けることができます。たとえば、ロボットから車に変化するおもちゃについて意匠登録がされています。

▼タカラトミーのロボットから車へ変化する意匠（意匠登録1218033号）（すでに消滅）

意匠公報

▶76【補足】たとえば、お餅と餡と容器からなる容器付冷菓が1つの意匠として登録されています。

▼井村屋のお餅と餡と容器からなる容器付冷菓（意匠登録1571832号）

意匠公報

＊77【公報】意匠登録1417266号（すでに消滅）。株式会社播磨屋茶舗の登録意匠です。

の意匠[78]、内装の意匠[79]という制度を利用することになります。

出願から登録までの流れは以下のようになります。

[出願から意匠権取得までの流れ[80]]

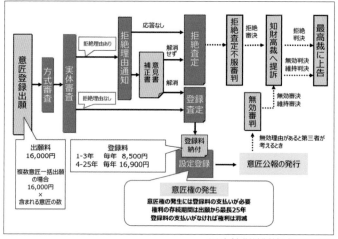

2023年度知的財産権制度入門テキスト65頁

●78【参照】43頁。

●79【参照】240頁。

▶80【補足】左図を参考に簡単に意匠権取得までの流れを説明しておきましょう。

意匠登録出願を行うと、まず様式チェックである方式審査がなされます。その後、審査官による実体審査が行われ、審査を通過したもの（拒絶理由がなかったもの）のみが登録査定を受けることができます。

拒絶理由があると拒絶査定がなされ、その判断に不服がある場合は拒絶査定不服審判を請求することができます。そこでも拒絶審決がされた場合には、知的財産高等裁判所に審決取消訴訟を提起することができます。そこでも拒絶が維持された場合には、最高裁判所まで争うことも可能です。

もちろん、出願や登録には所定の費用がかかります（審判や裁判にも費用がかかります）。

なお、図に記載はありませんが、拒絶査定不服審判において請求認容審決（意匠登録を認める審決）がされると、意匠権の取得が可能です。また、裁判所の判決によって拒絶査定不服審判の拒絶審決が覆った場合にも、特許庁が請求認容審決を行い、意匠権の取得が可能となります。

V 意匠権の効力と意匠権の侵害

では、こうして取得した意匠権は、どのような効力を持っているのでしょうか。意匠権に基づいて他人の模倣行為などを止めることができますが、意匠権の効力はいかなるときも絶対ということにはなっていません。それらを確認していきましょう。

1 意匠権の効力と意匠権の侵害

意匠権を取得すると、他人が意匠権者に無断でその意匠を実施することを排除することができます。意匠権の効力については、「意匠権者は、業として登録意匠及びこれに類似する意匠の実施をする権利を専有する」と条文に書かれています。[第23条] よって、この条文に示されている要件を満たすことが他人の無断実施の排除の前提になります。とても重要な規定ですので、その内容を確認しておきましょう。

(1) 意匠権の効力

[意匠権の効力]

まず、「業として」の実施にしか意匠権の効力がおよびません。会社がそのデザインを再現して販売してしまうと、会社による〈業として〉の実施なので意匠権の侵害となります。しかし、**個人的なまたは家庭内における実施は〈業として〉ではないので意匠権の効力はおよびません**。そのため、よいデザインだなと思ってそれを家で個人的に作ってみるという行為は、意匠権の侵害にはなりません。

次に、意匠を〈実施する〉とは具体的にどのような行為でしょうか。実は実施については意匠法に定義があります。たとえば、**物品の意匠については、その物を製造したり、使用したり、譲渡したり、輸入したりといった行為が実施に該当します**▶81。【意2条2項1号】

また、条文においては「登録意匠及びこれに類似する意匠」とありますので、意匠権の効力は、同一の意匠だけでなく、**登録意匠と類似の意匠にまでおよびます**。逆にいえば、意匠が非類似であると意匠権の効力はおよびません●82。

そして、意匠権者は「実施する権利を専有する」とありますので、**意匠権者の許諾なく意匠を実施した場合で法律などで権利侵害とならないとされている場合を除き、意匠権の侵害**となります。

このように、他人が自由に実施することを禁止することによって、意匠権者は独占的な実施が可能となります。

① 意匠権の効力のおよぶ地域

もっとも、この**意匠権の効力は日本国内にしかおよびません**。そのため、日本以外でもそのデザインを守りたいと思う場合には、各国で権利を取得することが必要です▶83。

② 意匠権の発生時期と存続期間

また、**意匠権は、設定登録されるまで発生しません**。意匠登録出願をしてから登録まで平均7ヶ月ほどかかりますが、その間は意匠権は発生しないので、他人が同じ意匠を真似して販売などをしていても、意匠権を行使してそれをやめさせることはできないということになります●84。また、**意匠権の発生は設定登録時ですが、意匠権の存続期間は意匠登録出願の日から25年**です▶85。

意匠権の効力について簡単に説明してきましたが、意匠権の効力で最も問題となるのは、意匠の類似です。

▶81【補足】建築物の意匠については建築や使用など、画像の意匠については画像の作成やインターネットを通じた提供などが実施にあたります。

●82【参照】そのため、意匠が類似しているかというのは非常に重要です。この点は後述します（28頁）。

▶83【補足】ほかの国での保護などについては、その国の法律が適用されます。海外で権利を取得するのはかなりの専門的知識が必要になりますので、専門家である弁理士に相談してください。

●84【参照】不正競争防止法の保護はありえます（102頁）。

▶85【補足】もちろん途中で権利がいらない、ということになれば権利の放棄も可能です。権利を維持するためには毎年お金を特許庁に納めなければなりませんので、費用も考えて権利の維持を考えることになります。

(2) 意匠の類似

　意匠権の効力がおよぶ範囲は**登録意匠およびこれに類似する意匠**です。よって、意匠権の効力は、登録意匠と同一の意匠だけでなく、登録意匠に類似する意匠にまでおよびます▶86↑87。

　登録意匠と同一もしくは類似する意匠かどうかの判断のためには、登録意匠の範囲が決まらないと判断できません。そこで、登録意匠の範囲は、「願書の記載及び願書に添附した図面に記載され又は願書に添附した写真、ひな形若しくは見本により現わされた意匠に基いて」定められることになっています。【意24条1項】

　では、登録意匠と同一・類似の意匠かどうかは、どのように判断されるのでしょうか。意匠が類似しているかどうかは新規性や権利の範囲に大きく影響を与えますので、概念的でむずかしい話が続きますが、やはり知っておかなければならないことですので、少し我慢して読み進めていただければと思います。

① 意匠の類似を判断する際に基準となる人

　意匠法は類似の判断について、「登録意匠とそれ以外の意匠が類似であるか否かの判断は、需要者の視覚を通じて起こさせる美感に基づいて行うものとする」としています。【意24条2項】ここからわかるように、**意匠が類似するかどうかを判断する基準となる人は需要者**、つまりデザイナー（当業者）よりはそのデザインについて詳しくないものの、そのデザインを購入したり取引したりする者であって、それなりの知識をそのデザインについて持っている人、ということになります。もちろん、実際に争いが審理されるのは裁判所ですので、裁判官が需要者の視点から判断します。

　では、具体的にどのように意匠の類似は判断されるのでしょうか。ここでも、物品の意匠を例にとって考えてみましょう●88。**物品の意匠の類似が認められるためには**、まず、**物品が類似すること**▶89、そして、**形態が類似することの両方が必要**とされています。

② 物品の類似

　まず、物品が類似するとは、どのような意味なのでしょうか。**物品が類似するかどうかは、物品の〈用途〉と〈機能〉から判断されます。**

　具体的に考えてみましょう。たとえば〈革靴〉と〈スニーカー〉は〈人が履く〉という用途やその機能が類似しているといえるの

▶86【補足】デザインを創作する際には、一定のアイデアに基づいて具体的なデザインの形態に落とし込んでいるはずです。そのため、その形態と同一のものしか保護されないとなれば、その保護は狭すぎるということになりますので、登録意匠に類似するデザインにまで保護がおよぶとしています。

↑87【一歩先へ】機能的部分を含む意匠が登録された場合

　それでは、機能的部分（物品の機能を果たすために必然的に定まる形状）を含む意匠が登録された場合は、そのような部分についても他人は実施できないのでしょうか。裁判例では、ラック用カバー（屋外に配設した冷媒管などを収納するカバー）について、この点が争われたものがあります（東京地判平成13年8月30日平成11（ワ）13242号）。

　屋外で冷媒管などの配管を行う場合、90度に曲げることがよくあり、その意味でLやT字型のラック用カバーというのは必然的に定まってしまう形状といえます。そのため、裁判所は、ラック用カバーという物品の機能を果たすためにはL字状およびT字状の形状は必然的なものであるとして、その部分は特徴的部分とはいえず意匠の要部とはならないとしました。言い換えれば、機能的部分は意匠の要部とはならないので、その部分が共通したとしても、意匠の類否に意味を持たないということになりました。結論としても、意匠権侵害にはならないとしたのです。

　そのため、機能的部分が登録されていても、その部分は自由に実施してよいということになります。ただし、理論的にはそうであっても、実際に裁判になっていることからも、機能的部分かどうかの判断は非常にむずかしいでしょう。

▼ラック用カバー正面図
（意匠登録998342号（すでに消滅））

意匠公報

で、物品として類似します。では〈乗用自動車〉と〈乗用自動車のおもちゃ〉は、物品として類似するでしょうか。乗用自動車の〈人や物を運ぶという用途や機能〉は、乗用自動車のおもちゃの〈遊ぶという用途や機能〉とは明らかに異なります。そのため、乗用自動車と乗用自動車のおもちゃは物品として類似しません。

　以上から、乗用自動車と、乗用自動車のおもちゃの一方にしか意匠権を持っていない場合には、他人による他方の無断実施に対して権利行使できません。もし、どちらの無断実施にも権利行使をしたいと思うのであれば、〈乗用自動車〉と〈乗用自動車のおもちゃ〉の両方の意匠について意匠権を取得する必要があります。

　実際の登録例を見てみると、たとえばフェラーリ・ソシエタ・ペル・アチオニは同じ形態の乗用自動車と車のおもちゃについて、それぞれ意匠権を取得しています。

▼ラック用カバー使用状態を示す参考図
（意匠登録998342号（すでに消滅））

意匠公報
これらは株式会社プレスト工業研究所（原告）の意匠登録です。

●88【参照】建築物の意匠の類似は244頁、画像の類似は275頁で説明します。

▶89【補足】物品の意匠の類似に、なぜ物品の類似が前提とされるのかはさまざまな議論があります。最高裁判所の判決（最判昭和49年3月19日昭和45（行ツ）45号）は、意匠の類似の前提として物品の類似が必要であるとしたと一般に理解されています。
　なお、物品が非類似でも意匠権の侵害と呼ばれる利用と呼ばれるケースもあります（【参照】120頁、223頁）。

＋90【公報】意匠登録1668991号（乗用自動車）、1675338号（乗用自動車のおもちゃ）。

フェラーリの乗用自動車＋90

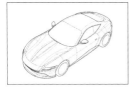

意匠公報

2021 Ferrari Roma S-A 3.9

©John K https://commons.wikimedia.org/wiki/File:2021_Ferrari_Roma_S-A_3.9.jpg CC BY-SA 4.0

③　形態の類似

　次に、形態の類似についてです。形態というのは、意匠の形状・模様・色彩のことです。形態の類似については、以下のような手法で判断されています。

　形態が類似するかは、まず両意匠の基本的構成態様と具体的構成態様を明らかにします▶91。そして、**両意匠の共通点と差異点を認定し、両意匠の需要者の最も注意を惹く部分を意匠の〈要部（重要な部分）〉として把握して、要部において構成態様が共通しているかを観察し、両意匠が全体として需要者に共通の美感を与えるかどうかに**基づいて判断します。要部の把握の際には、意匠に係る物品の性質、用途、使用態様▶92、さらに、公知意匠にはない新規な創作部分などが考慮されます。

　このような抽象的な記述ではわかりづらいと思いますので、実際の裁判例を見てみましょう。

▶91【補足】基本的構成態様は意匠のおおまかな態様、具体的構成態様は意匠を詳細に観察して把握される態様です。基本的構成態様が判断されるのは、基本的構成態様が異なればその時点で形態は非類似と考えられるからです（たとえばリュックサックとハンドバッグは基本的な構成態様からして異なることが多いでしょう）。

▶92【補足】たとえばテレビの裏側など、使用の際に見えない部分は需要者の注意を惹く部分とはならないでしょう。

被告の物品は、〈増幅器付スピーカー〉です。他方、意匠権の侵害かが問題となった原告の製品は〈増幅器（いわゆるアンプ）〉です▶94。これらの意匠の形態が類似しているかが問題となりました▶95。裁判所は両意匠の形態は類似するとしています。

具体的には、裁判所は認定した基本的構成態様と具体的構成態様をもとに、登録意匠（ソニーの増幅器付スピーカー）の要部を、おおまかにいえば、正三角形柱の本体部と、その正面に連設された円弧状のドック部を有し、三角柱の長方形の各面の短辺と長辺の比が1対4の長方形である形状としました。そのうえで、両意匠を比較すると、両意匠の要部は共通し、ドック部の形状やドック部の端子の突起、本体部に透明な部分があり内部に真空管が設けられているなどの差異はあるものの、両意匠は全体として需要者に同一の美感を与えるので、意匠として類似すると判断しています。

被告（ソニー株式会社）の
増幅器付スピーカー ＋96

問題となった増幅器（原告製品）▶97

意匠公報　　　　　　　　　判決別紙

④　意匠の類似のまとめ

物品の類似と形態の類似に基づいて、意匠権侵害か否か（うすい網掛け部分が意匠権の侵害となる部分で網かけのないところは侵害でない部分）についてまとめると、この表のようになります。

[意匠権の効力がおよぶ範囲]

	物品同一	物品類似	物品非類似
形態同一	同一の意匠	類似の意匠	非類似の意匠
形態類似	類似の意匠	類似の意匠	非類似の意匠
形態非類似	非類似の意匠	非類似の意匠	非類似の意匠

（3）　意匠そのものの実施でない場合の意匠権侵害（間接侵害）

以上が、意匠そのものの実施によって意匠権が侵害されているという場合ですが▶98、その手前の行為、まだ実際にはその意匠を作っていない場合でも意匠権の侵害とみなされることがあります▶99。これは**間接侵害**と呼ばれています。

たとえば、意匠登録された椅子にのみ使う部品があったとしましょ

◇93【裁判例】東京地判平成19年4月18日平成18（ワ）19650号。

▶94【補足】原告のサンコー株式会社が、意匠権者である被告のソニー株式会社が有する差止請求権が存在しない（＝意匠権を侵害しない）ことを確認する訴訟だったので、意匠権者であるソニー株式会社が原告ではなく被告となっています。

▶95【補足】この増幅器付スピーカーは、「増幅器の機能とスピーカーの機能とを一体の製品としたものであって、再生装置（音源）からの音声の信号を増幅する増幅器としての機能と、音を出すというスピーカーとしての機能とを1つの物品に併せ持つもの」です。〈増幅器付スピーカー〉と〈増幅器〉が、そもそも「物品として類似するのか」と思った方もいらっしゃるかもしれませんが、裁判所は〈増幅器付スピーカー〉は〈増幅器〉と〈スピーカー〉の2つの機能を有する多機能物品であり、増幅器という機能において共通しているため物品は類似するとしています。

＋96【公報】意匠登録1276011号（すでに消滅）。

▶97【補足】写真の中の赤線は判決別紙において各部分を示すために挿入されているもので、形態に関するものではありません。

▶98【補足】直接侵害と呼ばれます。

▶99【補足】実はほかにも〈利用〉という概念を用いて意匠権の侵害だとされることもあります【参照】120頁、223頁）。

う。その部品は意匠登録された椅子にしか使えないのですから、その部品が作られた時点で、意匠登録された椅子が製造されることがほぼ確実な状態といえます▶100。

　そこで、そのような場合には、〈まだ椅子は作られていないけれども、その部品を作った時点で意匠権の侵害としよう〉というのが、間接侵害の考え方です。細かい規定ですのでここでは紹介はしませんが、限定的な場合ではあるものの、意匠自体の実施でなくとも侵害となってしまう可能性があることはしっかりと意識しておきましょう。

(4) 侵害に対する措置

　では、意匠権が侵害された場合には、意匠権者はどのような対応をとれるのでしょうか▶101。おおまかには以下の2つの対応が可能です▶102。

①　現在および将来の行為に対する措置

　市場でそのデザインが売られているなど、侵害が実際に行われているというのであれば、まずはその販売を止めなければなりません。そのため、**意匠権者は侵害行為を差し止めることができます**[意37条]▶103。さらに、差止請求の際には、あわせて、**侵害品の廃棄請求や侵害品を作る設備を取り除くことを請求することも可能**です。こうした措置によって、将来にわたって侵害が生じないようにすることができます。

　なお、日本国外から意匠権を侵害する物品が輸入されてくる場合には、税関で意匠権に基づいて輸入差止を行うことができます。[関税法69条の13]

税関における輸入差止の例

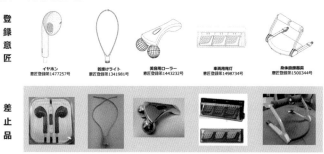

| 登録意匠 | イヤホン
意匠登録第1477257号 | 首掛けライト
意匠登録第1341981号 | 美容用ローラー
意匠登録第1443232号 | 車両用尾灯
意匠登録第1498734号 | 身体鍛錬器具
意匠登録第1500344号 |

特許・商標専門家のための意匠制度説明会資料27頁

②　過去の行為に対する措置

　他方で、すでに侵害が行われてしまった場合については、これを

▶100【補足】実際の事例では、データ記憶機（外付けハードディスク）の登録意匠に基づいて、被告が製造するデータ記憶機のケース（そのケースにハードディスクドライブなどを組み込みデータ記憶機を作る）の製造などについて、そのケースが原告の意匠に類似する被告製品の製造にのみ用いられることから、間接侵害だと認めた例があります（大阪地判令和2年5月28日平成30（ワ）6029号、大阪高判令和3年2月18日令和2（ネ）1492号）。

▼原告（株式会社バッファロー）の意匠
（意匠登録1409214号）

意匠公報

▼被告製品の例

判決別紙（1審）

▶101【補足】侵害者は、物理的な行為を行った人に限られません。従業員が会社の指示に従って製品を生産している場合、従業員が物理的に生産を行っていますが、従業員は会社の手足として生産しているので、その生産は会社の行為と考えることができます。そのため、意匠権の侵害者は会社になります。

▶102【補足】なお、意匠権侵害者には刑事罰の適用もあり、10年以下の拘禁刑もしくは1000万円以下の罰金（両方科せられることもある）に処せられます（意匠法69条）。

▶103【補足】〈侵害するおそれ〉がある場合にも侵害の予防を請求することができます。たとえば、1台しか侵害品を製作していなくても技術力と設備からすれば量産可能という状況であった場合には、侵害のおそれがあるとして予防請求が可能です。

過去に遡ってなかったことにすることはできません。そこで、すでに行われてしまった侵害については、**金銭的な賠償を請求することができます**。損害賠償請求と呼ばれるものです。

なお、どのくらいの損害額が発生したのかは計算が困難な場合も多いので、意匠法には損害額を推定する規定も設けられています。

2　意匠権侵害とならない場合

このように意匠権の効力は強力ですが、**いかなる場合でも意匠権の行使ができるわけではありません**。これは、意匠権者でない人からすれば、意匠権の侵害とはならない場合があるということです。その意味で、権利者にとっても、その意匠を実施する者にとっても、意匠権の侵害とならない場合を知ることは重要です。

(1) ライセンス（実施許諾）

当然ですが、〈この登録意匠を実施してもよい〉というライセンスを権利者が与えると、そのライセンスを受けた人に対しては意匠権を行使できません▶104。ライセンス契約というのは、まさに権利行使をしませんという、権利者本人による約束だからです●105。

(2) 試験または研究のためにする実施

新しい意匠を創作するために、実際にデザインを再現するなど他人の登録意匠を作ってみることがあります。意匠の創作を促すためにはそのような意匠の試験や研究は認める必要があるので、そのような行為に対しては権利行使できないとされています。

(3) 意匠登録出願前からの実施

意匠権者の意匠登録出願の前から意匠を実施もしくはその実施である事業の準備をしていた人に対しては、意匠権者は意匠権を取得しても権利行使ができません。これは**先使用権**と呼ばれています。もちろん、その実施（たとえば販売）によって意匠が公開されていれば、その意匠は公知になっているので、意匠権者が出願した意匠には新規性がなく意匠登録されることはないはずです▶106。しかし、すでに実施していたからといってその意匠が公知になっていない場合もあります。たとえば、意匠の製造が工場内で秘密裏に行われて、その意匠が販売前であったり、意匠の製造の準備段階で工場のラインを建設中だったという場合には、まだ意匠は公知になっていませ

▶104【補足】自分が権利を持っているのに実施できない場合として、他人がすでに権利を持っている場合があります（抵触と呼ばれます。意匠法26条）。たとえば、同じデザインに先に他人が商標権や著作権を持っている場合には、たとえ自分がそのデザインに意匠権を有していても、その他人の許諾がなければそのデザインを実施できません。

●105【参照】ライセンスについては権利の活用のところでお話しします（38頁）。

▶106【補足】登録要件を満たさない意匠が間違って登録されてしまったという場合には、それを無効とするための無効審判という手続があり、特許庁に対して無効審判を請求することが可能です（意匠法48条）。無効だと認められた場合には、その意匠権は最初から存在しなかったものとされます。無効理由がある場合は、そのことを訴訟でも主張することができます（無効の抗弁と呼ばれます。意匠法41条で準用する特許法104条の3。【参照】37頁）。

ん。そのため、意匠権者の意匠は新規性があり、問題なく登録されていることになります。

　そこで、そのような場合には、意匠登録出願の際に意匠の製造やその事業の準備をしていた人に先使用権という権利が与えられ、意匠権者は権利行使できないということになっています[107]。

▶107【補足】もちろん、先使用権者から意匠製品を購入した人に対しても、意匠権者は権利行使できません。

　この先使用権は、意匠権者から侵害だと訴えられた訴訟において、よく被告から主張されます。事業の準備をしていたとして先使用権が認められた例を見てみましょう。

巫　先使用権が認められた例——電子タバコケース事件◇[108]

◇108【裁判例】大阪地判平成31年3月28日平成29（ワ）849号。

　この事件では電子タバコケースの意匠権者が自身の意匠権に基づいて、同じく電子タバコケースを販売する被告を訴えましたが、裁判所は被告に先使用権を認めて、被告のタバコケースの販売などの行為は意匠権侵害ではないとしました[109]。

▶109【補足】裁判所は原告の電子タバコケースと被告のIQOSケースは意匠として類似しているとしています。

　具体的には、被告は原告の意匠登録の出願日までに、その意匠を知らないで意匠を創作し、製品の製造委託の発注を中国の会社に行い、他社から製品販売の受注もしていたことから、被告は日本国内において被告意匠の実施である事業の準備を行っていたとして、被告に先使用権を認めています。

原告の意匠

被告の電子タバコケースの例

判決別紙　　　　　　　　　　　　　　　　　　　　　判決別紙

(4) 意匠権者が販売した製品（意匠）の実施

　次は意匠権者から、その意匠にかかる製品を購入した後の行為についてのお話です。

①　国内での取引の場合

　意匠権者から製品を購入した場合には、その後その製品の販売などは自由に行えます。そうでなければインテリアショップや家電量販店などでプロダクトデザインを販売することができなくなってしまうので、感覚的には当然だろうと思うかもしれませんが、法律上は説明に若干のテクニックが用いられます。

　というのも、先に説明したように、インテリアショップなどでの

販売などは、業としての意匠の実施になってしまうので、意匠権者から製品を買ってきても、それを使用したり譲渡したりすると、条文をそのまま適用すれば業としての意匠の実施となってしまう、すなわち意匠権の侵害となってしまうからです▶110。

▶110【補足】個人で使うのであれば、〈業として〉の実施になりませんので問題なく可能です。

しかし、そのような結論は誰にもメリットはありません。もしそのような行為に意匠権が行使できるとなれば、いつ意匠権が行使されるかわからないので、誰もそのデザインが施された製品を買わなくなってしまいます。それでは、意匠権者にとってもデメリットしかありません。

そこで、正当な権利者（意匠権者など）が、その意匠にかかる製品を譲渡した場合には、意匠権の効力は、その製品の使用や再譲渡にはおよばないとしています◇111。これは意匠法には規定されていないのですが、**消尽論**（しょうじん）と呼ばれています。

◇111【裁判例】最判平成9年7月1日平成7（オ）1988号、最判平成19年11月8日平成18（受）826号。

②　意匠にかかる製品の修理

では、購入した製品が破損などした場合には、業としてその製品の修理を行うことは許されるでしょうか。洋服が破れてしまったのを、意匠権者ではない〈お直し屋〉のような業者がお直しして、もう一度着られるようにしたときに、その洋服に意匠権があったら、お直し屋は意匠権の侵害となってしまうのかという問題です▶112。消尽の効果は、その製品をそのまま販売する行為などにはおよびますが、その意匠を新たに製造していいということではありません。その意匠にかかる製品が作れるのは、意匠権者だけだからです。

▶112【補足】個人で修理することは、〈業として〉の実施になりませんので問題なく可能です。

意匠権ではなく特許権に関する事例ですが、リサイクル製品についてこの点が問題となった例があります。結論からいってしまえば、こうした修理が意匠権の侵害となるかはケースバイケースだといわざるを得ません。

巫　リサイクル品が消尽の範囲か問題となった例──インクタンク事件◇113

◇113【裁判例】最判平成19年11月8日平成18（受）826号。

インクジェットプリンタのインクは高い、と感じたことがあるかもしれません。プリンタ本体は安く、消耗品で利益を出すビジネスモデルですので、インクの値段は利益を出せる値段設定になっています。そうすると、使い終わったインクタンクに、イ

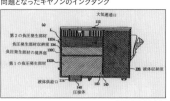

問題となったキヤノンのインクタンク

判決別紙（2審）

ンクを再充填して正規品よりも安く販売する業者が出てきます。

　この事件は、そうしたプリンタのリサイクルインクタンク（特許権者の販売したインクタンクの使用済みのものを洗浄してインクを再充填したもの）が、消尽の範囲内か、すなわち特許権を侵害するかが問題となった事件です。

　おおまかにいえば、裁判所は、**新しい製品が作られる場合は消尽の範囲外（＝権利侵害）**としました▶114。

　意匠にあてはめると、〈**意匠権者が譲渡した意匠製品に加工などがされ、それによって意匠製品と同一性を欠く意匠製品が新たに製造されたときには、消尽の範囲外**〉とされています。その判断の際にはさまざまな考慮要素があり、意匠の内容、加工および部材の交換の態様のほか、取引の実情などが考慮されることになっています。そのため、現実に、どの程度の修理であれば新たな意匠製品を製造したことになるのかの判断は、非常に困難です。

　よって、洋服を例にとれば、とれたボタンをつけ直す、空いた穴を塞ぐ程度であれば問題なさそうですが、袖や襟を取り外し新しい素材で作り直して再度縫製するという場合には、そこが要部（重要な部分）であったりすると、新たな製造とされてしまうかもしれません。

▶114【補足】正確には、「特許権者等が我が国において譲渡した特許製品につき加工や部材の交換がされ、それにより当該特許製品と同一性を欠く特許製品が新たに製造されたものと認められるときは、特許権者は、その特許製品について、特許権を行使することが許される」と判示されています。

☺ コラム　スペアパーツ

　自動車を運転していたら事故でバンパーを破損してしまった、ということがあるかもしれません。大きく破損したバンパーはもはや修理では対応できず、バンパー自体を交換しなければならない状況になってしまったとしましょう。

　このとき、普通はその自動車メーカーが提供している純正部品を用いてバンパーを交換します。しかし、消費者はその自動車メーカーの純正部品（純正バンパー）は高額だと感じることもあるかもしれません。その場合、消費者は、純正部品よりも価格が安い同じ形態のバンパーを修理用部品提供メーカーが販売していないかと探すこともあるでしょう。こうした事情のもとでも、そのバンパーに自動車メーカーが意匠権を取得していれば、修理用部品提供メーカーは同じ形態のバンパーを製造販売できないので、消費者としては自動車メーカーの純正部品を買って交換するしかないという状況になります。

　このような状況は消費者にとって好ましくないかもしれませんが、自動車メーカーもバンパーのデザイン開発などには投資しています。日本

では、産業構造として自動車産業が重要産業であり、デザイン開発など
への投資の回収を重視する観点から、修理用部品（スペアパーツと呼ば
れます）について意匠登録が可能であり、さらに、その修理用部品に意
匠権の効力がおよぶとされています。

　他方で、欧州では違う立場も見られます。欧州では、欧州全域におよ
ぶ欧州共同体登録意匠と、欧州内の各国の国内意匠法の2本立ての保護
になっています。この欧州共同体登録意匠については、スペアパーツに
は意匠権の効力はおよばないという規定があります（欧州共同体意匠規
則110条1項）。そのため、欧州全域におよぶ欧州共同体登録意匠の権利
を取得しても、スペアパーツに権利行使をすることはできません。

　一方、欧州各国の国内の意匠法についてはスペアパーツに権利がおよ
ばないとする国（イギリス）と、権利がおよぶとする国（フランス、ド
イツ）が混在していました。しかし、フランスでもドイツでもスペア
パーツには意匠法の保護はおよばないという法改正が行われています。
フランスでの改正は「気候変動との闘いとその影響に対する回復力の強
化に関する2021年8月22日の法律第2021-1104号」によって行われてお
り、スペアパーツが自由に入手できることで自動車の修理期間が短くな
り、その結果、自動車の持続性が向上し、新車製造に伴う気候変動への
影響が大幅に軽減される、と理由づけられています。

③　並行輸入

　先の消尽論の説明は、日本国内で意匠権者が製品を販売した場合
ですが、国外で意匠権者が製品を販売した場合はどうでしょうか。
iPhoneなどを見れば明らかですが、海外展開している企業は、日本
だけでなく多くの国でそのデザインが施された製品を販売していま
す。その場合に、日本よりも物価が安い国で日本よりも安価に同じ
プロダクトデザインが販売されていると、その製品をその国で購入
して、日本に輸入してきてもまだ日本の販売価格よりも安い、とい
うことが起こりえます。

　こうした国内の直営店や正規代理店以外のルートを利用した輸入
行為は一般に**真正商品の並行輸入**と呼ばれますが、日本の意匠権者
は、この輸入行為を止めることができるのでしょうか。なお、並行
輸入品は外国でも日本と同じ意匠権者もしくは意匠権者と同視しう
る者から販売されたと考えてください。

[並行輸入のイメージ]

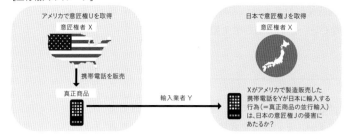

筆者作成

Ⅶ 並行輸入が問題となった例——BBS事件◇115

◇115【裁判例】最判平成9年7月1日平成7（オ）1988号。

　並行輸入が問題となったのも実は特許権の例でした。輸入された製品は、自動車用アルミホイールで、BBS社は日独両方で特許権を有していました。ドイツでBBS社が販売したホイールを並行輸入業者が日本に輸入して他者に販売し、他者が日本国内で販売していたという事例です。裁判所は**原則として並行輸入は許される**としています。ただし、**一定の場合には並行輸入を阻止できる**ともしました。

　この裁判例は特許権に関する裁判例ですが、意匠権でも同じです。ここでは先にあげた携帯電話の例を使って説明しましょう。

　おおまかにいえば、裁判所は、意匠権者が外国で携帯電話を販売した際に、その購入者との間で販売先から日本を除くという合意をし、かつ携帯電話にその旨を明示していた場合にだけ、輸入業者の輸入や日本での販売行為は意匠権侵害にあたるとしました（＝並行輸入は認められない）▶116。言い換えれば、そうした事情がない場合には、輸入業者の輸入や日本での販売行為は意匠権侵害にあたりません（＝並行輸入が認められる）。

　真正商品の並行輸入については、製品に日本での販売などを禁ずる旨が記載されていた場合には、その製品を日本で販売などしてしまうと日本の意匠権の侵害となる可能性がある、逆に意匠権者としては、外国での購入者との間で販売先から日本を除くという合意をし、製品にその旨を明示していれば並行輸入を防げる、ということになります▶117。

(5) 意匠権が誤って登録された場合

　たとえば、新規性がない意匠が誤って登録された場合に意匠権の

▶116【補足】正確には、裁判所は「我が国の特許権者又はこれと同視し得る者が国外において特許製品を譲渡した場合においては、特許権者は、譲受人に対しては、当該製品について販売先ないし使用地域から我が国を除外する旨を譲受人との間で合意した場合を除き、譲受人から特許製品を譲り受けた第三者及びその後の転得者に対しては、譲受人との間で右の旨を合意したうえ特許製品にこれを明確に表示した場合を除いて、当該製品について我が国において特許権を行使することは許されないものと解するのが相当である」と判示しています。

▶117【補足】製品のどこに記載されているかも問題となりますが、椅子に意匠権がある場合は椅子の裏、洋服に意匠権がある場合は洗濯タグなどに記載してあるということがありうるかもしれません。

行使を認めるのは適切とはいえません。そうした本来無効とされるべき意匠権に基づく権利行使に対しては、その意匠権は無効だから意匠権侵害は認められないと、訴訟において主張することが可能です。【意41条で準用する特104条の3】

Ⅵ 権利の活用

　次に、意匠権の経済的活用についてです。意匠権は他人の無断実施を禁止できる権利ですが、その性質を利用して経済的な収入を得ることもできます。

1 ライセンス（実施許諾）

　意匠権者は他人にライセンスが可能です。意匠権者自身が登録意匠を実施しない場合でも、ライセンスをすることによって対価として経済的利益を得ることができます。

　ライセンスには２種類あります。**専用実施権**と**通常実施権**です。

　専用実施権は意匠権者に成り代わるようなもので、専用実施権を設定すると意匠権者も自分のデザインを実施できなくなってしまいます。ただし、専用実施権を設定した人と全く関係ない人が侵害行為を行っている場合には、専用実施権を設定しても、意匠権者は差し止めなどの権利行使ができます。

　通常実施権は、〈登録意匠を実施していいですよ〉という許諾を意匠権者が意匠権者以外の人に与えることです。専用実施権との違いは、専用実施権が意匠権者に成り代わるのに対し、通常実施権は、〈どうぞ実施してください、その実施には差し止めや損害賠償は請求しません〉という点にあります。意匠権者自身も実施可能ですし、多くの人に対し通常実施権を同時に許諾することができ、意匠権者は無断で実施する人に対して権利行使もできます。他方で、通常実施権者は、全く関係ない人が侵害行為を行っていても、差し止めなどの権利行使はできません。

　意匠権者に成り代わるという意味で専用実施権は強力すぎるので▶118、一般的に通常実施権が使われています▶119。

2 権利譲渡

　また、**意匠権を他人に売ることもできます**。ライセンスではなく意匠権自体を他人に譲渡することで、その代金を得ることもできます。

▶118【補足】そのため、通常実施権を許諾しつつ他人にはライセンスしませんという独占的なライセンスを許諾する場合もあります。これを独占的通常実施権といいます。専用実施権と通常実施権の中間的なライセンス形態といえます。

▶119【補足】そのため、一般にライセンスと呼ばれるものは、通常実施権を意味しています。

VII 特殊な意匠制度 ────────────

これまでおおまかに意匠制度を説明してきました。しかし、意匠法では、デザインのさまざまな特性にあわせて、特殊な制度をいくつか用意しています。

具体的には、特徴的部分のデザインについて保護する**部分意匠制度**、バリエーションのデザインを保護する**関連意匠制度**、いくつかの物品などのセット全体として意匠的価値があるデザインを保護する**組物の意匠制度**[120]、一定期間登録意匠を秘密にしておく**秘密意匠制度**です。

それぞれ重要な制度ですので、順番に見ていきましょう。

1 部分意匠制度

部分意匠制度とは、**物品の意匠の特徴的な部分について登録を認める制度です**。物品は独立して取引の対象となるものですから、独立して取引の対象とならない部分（たとえば靴下のかかと、ペットボトルの底）は物品の意匠とはなりませんでした。

しかし、物品の部分についても独創的なデザインが施される場合があり、それを含めるものの意匠全体としては類似しないような模倣が行われる場合もあります。そこで、意匠法では部分意匠という制度を設けて、特徴的な部分の保護を認めることにしています[121]。部分意匠制度は、建築物の意匠にも画像の意匠にも認められていますが、物品の意匠を例にとって説明していきましょう。

具体例を見てみましょう。ダイソン テクノロジー リミテッドの電気掃除機の部分意匠の例です。ダイソンの掃除機の特徴的なデザインは、掃除機の中の実線のサイクロンの部分です[122]。このように特徴的なデザインの部分意匠を登録しておくと、このサイクロン部分を含んだ掃除機に対して侵害として権利行使ができるようになります。同じように、アサヒ飲料株式会社のペットボトルの例ですが、部分意匠として登録されているのはペットボトルの下部の実線部分です。

ダイソンの電気掃除機本体[123]

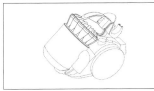

意匠公報

アサヒ飲料の包装用容器[124]

意匠公報

●120【参照】これ以外に内装の意匠もあるのですが、それは258頁でお話しします。

▶121【補足】そのため、特徴的な形態でない部分に変更の可能性がある場合にも部分意匠制度を用いることが有効です。下記のアップル インコーポレイテッドの携帯情報端末の部分意匠は、側面のボタン部分は部分意匠として登録せず、そのボタンの位置が変わったとしても部分意匠の意匠権の効力がおよぶようになっています。

▼アップルの携帯情報端末の部分意匠
（意匠登録1539672号）

意匠公報

逆に、ボタン部分を保護するためにボタン部分だけの意匠登録もされています。

▼アップルの携帯情報端末のボタンの部分意匠
（意匠登録1539666号）

意匠公報

▶122【補足】部分意匠制度は、実線部分について部分意匠として登録を受けます。

＋123【公報】意匠登録1364277号（すでに消滅）。

＋124【公報】意匠登録1075336号（すでに消滅）。

[部分意匠の意匠登録の要件]

(1) 部分意匠の意匠登録の要件

部分意匠として登録を受けるためには、物品等（の部分）であること、物品等（の部分）自体の形状等であること、視覚に訴えるものであること、美感を起こさせるものであること▶125、ほかの意匠と対比の対象となりうる一定の範囲を占める部分であること、が必要です。

これ以外にも、新規性や創作非容易性などの意匠登録の要件を満たす必要があります。

▶125【補足】ここまでは、物品全体の意匠と同じ要件です。

(2) 部分意匠の類似

それでは、部分意匠が類似しているかの判断はどのように行われるのでしょうか。基本的には物品の意匠と同じように判断されます●126。ただし、部分意匠はその物品の一部なので、先のダイソンテクノロジー リミテッドの掃除機のように、登録を受けようとする部分を実線で記載し、そのほかの部分を破線で記載しています。

そうなると問題となるのが、その実線部分の破線部分に対する位置・大きさ・範囲が違ったら意匠は類似していないとなるのか、という点です。たとえば、位置でいえば、ダイソンの掃除機のサイクロンが、掃除機の上部ではなく、掃除機の後部についていたらどうでしょうか。大きさでいえば、そのサイクロンの大きさがもっと小さかったらどうでしょうか。このように、位置・大きさ・範囲がさまざまに異なっても、部分意匠の権利がおよぶのでしょうか。

●126【参照】28頁。

巫 部分意匠の位置・大きさ・範囲を考慮する例——プーリー事件◇127

この点、裁判例では部分意匠の類似について、部分意匠の位置・大きさ・範囲を考慮する立場が一般的です。たとえば、プーリー（滑車のこと）の部分意匠について争われた例がありますが、裁判所は部分意匠の類似の判断において部分意匠の位置・大きさ・範囲を考慮するとしました。

具体的には出願意匠では、意匠登録を受けようとする部分（中心

◇127【裁判例】知財高判平成19年1月31日平成18（行ケ）10317号。

の実線部分）は、ディスク部に凹んだ部分があるプーリーの、ディスク部の凹んだ部分の底面にあるのに対し、引用意匠の意匠登録を受けようとする部分に相当する部分は、ディスク部に凹んだ部分がないプーリーの、全面が平坦なディスク部のほぼ中央部分にあることから、両意匠は位置に差があり、美感が異なるため、類似しないと判断しています。

出願意匠╬128

引用意匠╬129

判決別紙
（LEX/DB文献番号28130361）

意匠公報

╬128【公報】意匠登録出願
2004-7546号。

╬129【公報】意匠登録
908556号（すでに消滅）。
日本イスエード株式会社の
登録意匠です。

ダイソンの掃除機の例に戻ると、たとえば実線部分のサイクロンの形態が、侵害として訴えられた掃除機全体の後部についているような場合には、実線部分の位置などまで考慮して、部分意匠にかかる意匠権の効力もおよばないと判断されると考えられます。

2　関連意匠制度

次にお話しする特殊な制度が、関連意匠制度です【意10条】。少し複雑な制度ですので、まずはイメージからつかみましょう。

これはスズキ株式会社の乗用自動車です。左の乗用自動車は本意匠（基礎意匠）として登録されています▶130。そして、関連意匠として登録されているのが右の乗用自動車です▶131。

スズキの乗用自動車╬132

意匠公報

▶130【補足】本意匠は、関
連意匠の元となる意匠だと
思ってください。基礎意匠
は、出願人が最初に本意匠
として選択した意匠のこと
です。

▶131【補足】関連意匠は本
意匠に類似している意匠で
す。

╬132【公報】左が意匠登録
1681454号：基礎意匠、右
が意匠登録1681556号：関
連意匠。

▶133【補足】建築物の意匠
や画像の意匠でも関連意匠
制度を利用可能です。たと
えば、部分意匠制度も同時
に用いられていますが、株
式会社良品計画の無印良品
の店舗の建築物について関
連意匠制度が用いられてい
ます。

▼意匠登録1698993号
（本意匠）

意匠公報

意匠公報

▼意匠登録1729272号
（関連意匠）

意匠公報

意匠公報

これらの乗用車は非常にデザインが似ていると思いませんか。それもそのはずで、**関連意匠制度はこうした類似するバリエーションのデザインを保護することを目的としている**からです▶133。

ここで、少し戻って意匠登録の要件を思い出してみましょう。意匠制度は、同一・類似のデザインについては最初に出願した人しか権利を取得できないという先願主義を採用していました●134。そして、それは同一人の出願でも同じ扱いでした。そのため、本来はこの２つの類似する乗用自動車のデザインはどちらか一方しか権利取

●134【参照】18頁。

得ができないはずです。関連意匠制度は、この先願の規定を適用しないとすることで、複数の類似する意匠の登録を可能としています▶135。関連意匠制度を利用することで、バリエーションの意匠を保護することが可能となるのです▶136。

それでは、関連意匠制度の要件と効力を確認しておきましょう。

▶135【補足】実は、自己の意匠との関係では新規性（【参照】14頁）なども問題とならないとされています。そのため、すでに自身が出願した登録意匠をもとに関連意匠制度を利用できます。

▶136【補足】関連意匠登録を受けることで、意匠権の効力は関連意匠に類似する意匠にまでおよぶことになります。

[関連意匠の意匠登録の要件]

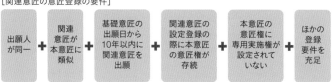

出願人が同一 ＋ 関連意匠が本意匠に類似 ＋ 基礎意匠の出願日から10年以内に関連意匠を出願 ＋ 関連意匠の設定登録の際に本意匠の意匠権が存続 ＋ 本意匠の意匠権に専用実施権が設定されていない ＋ ほかの登録要件を充足

（1）関連意匠の意匠登録の要件

① 出願人同一

関連意匠と本意匠の出願人が同一であることが必要です▶137。

▶137【補足】類似するデザインについて権利を認める制度であるため、異なる人に権利の重複が生じないようにするためです。

② 本意匠に類似する関連意匠

次に、関連意匠は本意匠に類似しなければなりません。本意匠は、関連意匠に類似するものとして選択した意匠のことで、関連意匠の願書に「本意匠の表示」の欄を設けて本意匠を明らかにします。この表示によって、この意匠（関連意匠）が類似している意匠（本意匠）です、ということがわかるようになるわけです。

なお、本意匠（基礎意匠）に類似しない関連意匠、すなわち関連意匠にのみ類似する関連意匠も登録可能です。関連意匠に数の制限はありませんので、必要だと思う数だけ出願することが可能です。

[本意匠（基礎意匠）と関連意匠の関係]

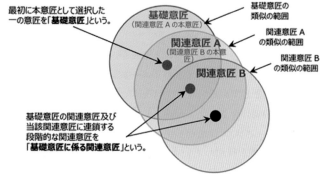

最初に本意匠として選択した一の意匠を「**基礎意匠**」という。

基礎意匠（関連意匠Aの本意匠）

基礎意匠の類似の範囲

関連意匠A（関連意匠Bの本意匠）

関連意匠Aの類似の範囲

関連意匠B

関連意匠Bの類似の範囲

基礎意匠の関連意匠及び当該関連意匠に連鎖する段階的な関連意匠を「**基礎意匠に係る関連意匠**」という。

意匠審査基準第Ⅴ部3.1

③　基礎意匠の出願日から10年以内

関連意匠の出願は、基礎意匠（一番最初に本意匠として選択した意匠）の出願日から10年以内に行う必要があります。

[関連意匠の出願可能な期間と権利期間]

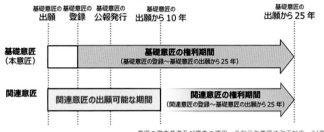

意匠の審査基準及び審査の運用〜令和元年意匠法改正対応〜74頁

④　その他の要件

そのほか、関連意匠の設定登録時に本意匠の意匠権が消滅していないこと、本意匠の意匠権に専用実施権が設定されていないことが必要です▶138。

さらに、関連意匠にかかる意匠権は本意匠にかかる意匠権からは独立した権利であることから、通常の意匠と同じ登録要件を満たす必要があります。ただし、新規性、創作非容易性、先願などについては、自己が過去に出願し登録された基礎意匠などに基づいて拒絶されないようにするため、適用されないことになっています▶139。

(2)　関連意匠の意匠権の効力

こうして取得された本意匠にかかる意匠権も、関連意匠にかかる意匠権も、それぞれ通常の意匠権としての効力を有することになります。

ただし、関連意匠の意匠権の存続期間は、基礎意匠の出願日から25年です。よって、基礎意匠の出願日から25年で関連意匠の意匠権も消滅することになります。

3　組物の意匠制度　【意8条】

次は組物（くみもの）の意匠制度です。**組物の意匠制度は、同時に使用される2以上の物品などについて、1つの意匠として出願できる制度**ですが、ここもイメージからつかんでいきましょう。

これは、TOTO株式会社の一組の台所セット▶140、株式会社内田洋行の一組のいすセットです。

▶138【補足】本意匠の意匠権が消滅すると、他人はその意匠権が誰でも利用可能となったと判断します。それにもかかわらず、関連意匠にかかる意匠の登録を認めてしまうと、本意匠と関連意匠が重なっていた部分について権利が復活してしまうことになります。他人からすれば権利が突然復活することになりますので、そのような状況は認めないとしています。

専用実施権が設定されていないことが求められるのは、本意匠に専用実施権が設定された状態で関連意匠登録を認めると、関連意匠の意匠権者と本意匠の意匠権者が別の人になるからです。それを認めると、両意匠が重なっていた部分について、別々の人が権利を持つことになってしまいます。複数の人の権利の重複が生じないように、本意匠に専用実施権が設定されていないことが求められています。

▶139【補足】基礎意匠などは、すでに登録されて公開されていることが多いので、新規性などは失わないということにしておかないと、自分の意匠（基礎意匠と関連意匠）に基づいて新規性要件などを満たさないこととなってしまうからです。もちろん、その間に他人が類似する意匠を公開してしまえば、通常どおり新規性を喪失して、関連意匠にかかる意匠権を取得することはできません。

▶140【補足】関連意匠も登録されています。
▼TOTOの一組の台所セット（意匠登録1618020号）

意匠公報

TOTOの一組の台所セット◆141　　　　内田洋行の一組のいすセット◆142

意匠公報　　　　　　　　　意匠公報

◆141【公報】意匠登録
1617636号。

◆142【公報】意匠登録
1695373号。

　台所セットはいわゆるシステムキッチンと呼ばれるものですが、システムキッチンは1つの物品ではなく、さまざまな物品から構成されています。そのため、意匠権を取得しようとすると、一意匠一出願の原則から[143]、シンク、カップボードなどそれぞれの物品に意匠登録を受けなければなりません。もちろん、それぞれの物品のデザインも重要ですので個別に意匠権を取得することに意味はあります。しかし、TOTO株式会社の台所セットのデザインの価値は、それらをまとめた統一感があるところにあります。株式会社内田洋行のいすセットについても、複数のいすが組み合わさって1つのソファのような形態になっていますので、こうした統一感に価値があります。

●143【参照】25頁。

　そこで、組物の意匠制度は、いくつかの物品などを組み合わせたものを1つの意匠として登録できることにしています。

　組物の意匠として認められるためには、以下の要件を満たすことが必要です。

[組物の意匠の意匠登録の要件]

経済産業省令で定められる43の組物　＋　同時に使用される2以上の物品、建築物または画像　＋　組物全体として統一　＋　ほかの登録要件を充足

（1）組物の意匠の意匠登録の要件

①　経済産業省令で定められる43の組物

　組物として出願する場合には、次頁の表に掲げられている組物のどれか1つを出願するときに指定して出願することになります。逆に、この表の43の組物のどれかにあたらないと出願することはできません。

　たとえば、一組の飲食用具セットであれば、ナイフ、スプーン、フォークなどをまとめてセットとして出願することになります。一組の嗜好品セットであれば、たばこ、ライター、灰皿などをセット

として出願することになります。

[経済産業省令で定められる組物の意匠と構成物品等の例]

	組物の意匠	構成物品等の例
1	一組の食品セット	・チョコレート（二以上）
2	一組の嗜好品セット	・たばこ、ライター、灰皿
3	一組の衣服セット	・ジャケット、ベスト、スラックス
4	一組の身の回り品セット	・指輪、ネックレス、ブレスレット、イヤリング ・カフスボタン、ネクタイ止め
5	一組の美容用品セット	・化粧用ブラシ（二以上）
6	一組の寝装飾品セット	・まくら、掛け布団、敷き布団 ・クッション（二以上）
7	一組の室内装飾品セット	・置物（二以上）
8	一組の清掃用具セット	・ほうき、ちり取り
9	一組の洗濯用具セット	・電気洗濯機、衣服乾燥機
10	一組の保健衛生用品セット	・歯ブラシ立て、コップ ・電気歯ブラシ、電気歯ブラシホルダー
11	一組の飲食用容器セット	・コップ（二以上） ・皿、ティーポット、ティーカップ
12	一組の調理器具セット	・鍋、フライパン
13	一組の食事用具セット	・スプーン、フォーク、ナイフ
14	一組の慶弔用品セット	・葬祭用花瓶、香炉
15	一組の照明器具セット	・天井灯、壁灯
16	一組の空調機器セット	・エアーコンディショナー、扇風機 ・エアーコンディショナー、エアーコンディショナー用室外機
17	一組の厨房設備用品セット	・こんろ台、調理台、流し台、収納棚
18	一組の衛生設備用品セット	・洗面化粧台、化粧鏡、収納棚
19	一組の整理用品セット	・ハンガー、スカートハンガー
20	一組の家具セット	・テーブル、いす、子ども用いす ・本棚（二以上）
21	一組のペット用品セット	・ペット用服、ペット用首輪
22	一組の遊戯娯楽用品セット	・懸垂、将棋盤
23	一組の運動競技用品セット	・ゴルフクラブ（二以上） ・野球用グローブ、野球用ミット
24	一組の楽器セット	・ドラム、シンバル ・楽譜スタンド、椅子
25	一組の教養用品セット	・地球儀（二以上）
26	一組の事務用品セット	・シャープペンシル、ボールペン、万年筆
27	一組の事務用品セット	・包装用容器（二以上）
28	一組の運搬機器セット	・エレベーター、住宅用エレベーター
29	一組の運搬車両セット	・乗用自動車、自動二輪車 ・インテリアパネル、フロントランプ ・自動車用フロアマット（二以上）
30	一組の電気・電子機器セット	・電球（二以上） ・コネクタ（二以上）
31	一組の電子情報処理機器セット	・スマートフォン、スマートフォン用充電器 ・ワイヤレスイヤホン、キーボード、マウス
32	一組の測定機器セット	・温度計、湿度計
33	一組の光学機器セット	・カメラ、カメラ用ケース
34	一組の事務用機器セット	・ファクシミリ、複写機、プリンター
35	一組の販売機器セット	・飲料自動販売機、たばこ自動販売機
36	一組の保安機器セット	・消火器、消火器スタンド
37	一組の医療機器セット	・手術用メス（二以上）
38	一組の利器、工具セット	・ドライバー（二以上） ・理髪はさみ、理髪用梳きばさみ
39	一組の産業用機械器具セット	・工業用ロボット（二以上）
40	一組の土木建築用品セット	・コンクリート型枠、外装材パネル ・タイルカーペット、壁紙
41	一組の基礎製品セット	・板材（二以上） ・バルブ、電磁弁
42	一組の建築物	・幼稚園、小学校、中学校、高等学校
43	一組の画像セット	・銀行預け込み用画像、現金預い払い機操作用画像

意匠審査基準別添

② **同時に使用される2以上の物品など**

また、組物となるためには、同時に使用される2以上の物品、建築物または画像が含まれていることが必要です。

先に紹介したのは物品の組物でしたが、建築物や、下記の能美防災株式会社の画像セットのように画像も組物として登録することが可能です▶144。

能美防災の一組の画像セット✛145

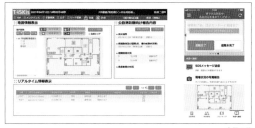

意匠公報

③ **組物全体としての統一**

さらに、組物として保護を受けるためには、組物全体として統一がなければなりません。組物の制度が、そうした全体の統一感を保護する制度だからです。意匠審査基準にさまざまな例があがっていますが、同じような造形処理がなされていたり、全体としてまとまった形状または模様が表されていたり、物語性など観念的に関連がある印象を与えるような場合に、組物全体として統一があるとされています。

▶144【補足】さらに、物品だけを2以上ということではなく、物品と建築物、物品と画像、建築物と画像などの組み合わせも可能です。建築物と画像の組物の例（一組の建築物：形状・模様に統一がある例）
▼太陽光発電パネル付き家屋

▼発電量表示用画像

意匠審査基準
第Ⅳ部第3章3.3.1

✛145【公報】意匠登録1715828号。

[同じ造形処理が施されている場合]

一組の飲食用具セット

意匠審査基準IV部第3章3.3.1

一組の建築物

【意匠に係る物品の説明】
この一組の建築物は、商業用建築物、ホテル、美術館から構成されるものである。

意匠審査基準IV部第3章3.3.1

[全体としてまとまった形状又は模様が表われている場合]

一組の家具セット

意匠審査基準IV部第3章3.3.2

[物語性など観念的に関連がある印象を与えるような場合]

一組の飲食用容器セット

意匠審査基準IV部第3章3.3.3

（2）登録要件と権利の効力

　組物として出願すると、**登録要件は組物全体で判断される**こととなり、その組物を構成する個々の物品ごとに判断されるわけではありません。その一方で、**権利の効力としても、組物全体としてしか効力がありません**。

　組物全体で登録要件が判断されるという点で権利がとりやすくなるというメリットがありますが、権利行使がしにくくなるというデメリットがあります。組物でしか権利を取得していない場合、構成物品の1つを他人が実施したとしても、その行為に対して権利行使はできない可能性が高いため、構成物品ごとに権利行使をしたければ、手間と金銭的負担はかかりますが、その個々の構成物品についても意匠権を取得しておく必要があります。

4　秘密意匠制度

　最後にお話しするのが秘密意匠制度です。[意14条]**秘密意匠制度とは、意匠権の設定登録の日から最長3年間、その意匠を秘密にすることを請求できる制度**です。この制度を利用すると、意匠権は存在しているけれども、その内容は公開されていないため、意匠権者以外の人にはどのようなデザインが意匠登録されているかわからないという状態になります。

　通常、意匠は、出願して登録されると意匠公報によりその意匠が公開されます。しかし、その公開の時期は出願人が自由に決めるこ

とはできません。意匠を出願すると審査が開始されますが、いつ意匠登録がされるかは出願人の意思に関係なく特許庁による審査によって決まるからです。

　他方で、日本は先願主義を採用しています●146　【参照】18頁。。そのためデザインを意匠権で保護しようと思うと、誰よりも先に出願しなければなりません。出願を急ぐ必要がある一方、審査が終了してしまえば登録したデザインが自動的に公開されてしまいます。そうすると、販売はまだ先なのに、登録とともに公開されたくないデザインも公表されてしまうことで、他社にデザインの出願動向、つまりあの会社は今後こうしたデザインを販売する予定だ、ということがわかってしまいます。

　そこで、**秘密意匠制度は、デザインが公表される時期とデザインを実施する時期のタイムラグを調整する**ことを可能としています。

(1) 秘密意匠の手続とその期間

　秘密にすることを請求する場合は、意匠登録出願と同時または第1年分の登録料の納付のときに請求します。秘密にできる期間は意匠の設定登録の日から最長3年で、その期間内であれば延長も短縮もできます。秘密の期間中には、下記の日産自動車株式会社の自動車用フロントバンパーの例のように意匠公報では願書の記載事項以外は何も公開されず、請求期間経過後に意匠が意匠公報に掲載されます。

秘密意匠が請求されている意匠公報　秘密解除後の意匠公報

```
(19)【発行国・地域】日本国特許庁（JP）
(45)【発行日】令和3年5月10日（2021.5.10）
(12)【公報種別】意匠公報（S）
(11)【登録番号】意匠登録第1684661号（D1684661）
(24)【登録日】令和3年4月14日（2021.4.14）
(21)【出願番号】意願2020-17082（D2020-17082）
(22)【出願日】令和2年8月17日（2020.8.17）
(73)【意匠権者】
【識別番号】000003997
【氏名又は名称】日産自動車株式会社
【氏名又は名称原語表記】
NISSAN　MOTOR　CO.,LTD.
【住所又は居所】神奈川県横浜市神奈川区宝町2番地
【住所又は居所原語表記】
2,Takara-cho,Kanagawa-ku,Yokohama-shi,
Kanagawa　221-0023　JAPAN
【審査官】宮本　純
　　　　　　　　　　　　　　意匠公報
```

```
(19)【発行国】日本国特許庁（JP）
(45)【発行日】令和4年4月22日（2022.4.22）
(12)【公報種別】意匠公報（S）
(11)【登録番号】意匠登録第1684661号（01684661）
(24)【登録日】令和3年4月14日（2021.4.14）
(54)【意匠に係る物品】自動車用フロントバンパー
(52)【意匠分類】G2-29110
(51)【国際意匠分類】Loc（12）Cl.12-16
【Dターム】G2-29110AA
(21)【出願番号】意願2020-17082（02020-17082）
(22)【出願日】令和2年8月17日（2020.8.17）
(72)【創作者】
【氏名】中川 伸一
【住所又は居所】神奈川県横浜市神奈川区宝町2番地日産自動車株式会社内（72）〔創作者〕
【氏名】呂 揚
【住所又は居所】神奈川県横浜市神奈川区宝町2番地 日産自動車株式会社内
(73)【意匠権者】
【識別番号】000003997
【氏名又は名称】日産自動車株式会社
【氏名又は名称原語表記】NISSAN MOTOR CO. , LTD.
【住所又は居所】神奈川県横浜市神奈川区宝町2番地
【住所又は居所原語表記】2, Takara-cho, Kanagawa-ku, Yokohama-shi i, Kanagawa 221-0023
JAPA
【審査官】宮本 純
(55)【意匠の説明】各図の表面部全体に表された濃淡は立体表面の形状を表す濃淡である。
【図面】
```

意匠公報

(2) 秘密にすることを請求した意匠権の効力

　秘密を請求した場合でも、意匠権自体は有効なものとして成立しますので、それを侵害する行為に対しては、通常の意匠権と同じように差止請求や損害賠償請求が可能です。

① 差止請求権の制限

　しかし、秘密請求がされている意匠権に基づいて意匠権の侵害だと訴えられた側としては、どんなデザインが登録されているかもわからない（＝チェックできない）のにいきなり権利行使されることには、納得がいかないでしょう。

　そのため、秘密にすることを請求した意匠権に基づいて差止請求をする場合には、秘密にした意匠の詳細を記載した書面で特許庁長官の証明を受けたものを提示してその意匠の実施者に警告しなければなりません。^{［意37条3項］}その意匠を実施している者は、その警告に基づいて意匠の実施をやめれば差止請求を受けません↑147。

② 損害賠償請求における過失の推定の制限

　損害賠償請求についても、意匠公報に意匠が掲載されていませんので、意匠の実施者はその公報をチェックしておく必要があった（のにそれをしなかった）という過失はないことから、過失の推定▶148が認められていません。^{［意40条ただし書き］}そのため、意匠権者は侵害者に過失があることを立証しないと損害賠償請求は認められません。もっとも、警告されて秘密意匠の内容を認識した後に実施を継続すると、過失がある（むしろ故意がある）とされるでしょう。

意匠権の取得などに関わるさまざまな資料

　ここでは、意匠権の取得などに関わる資料をあげておきましょう。

　まずは、本文でしばしば言及した「意匠審査基準」です。

https://www.jpo.go.jp/system/laws/rule/guideline/design/shinsa_kijun/index.html

↑147【一歩先へ】秘密意匠制度は本当に適切な制度？

　以上のように秘密意匠の場合、権利行使には一定の制限があるとはいえ、実際にこのような制限で十分かはわからないところです。

　差し止めについては警告が必要であるとはいっても、警告を受けた後は差し止めの対象となってしまいます。実際にその意匠を製造・販売などしているということは、すでに製造ラインなどを作っているということになり、多くの設備投資がなされている可能性があります。それを止めることは大きな経済的損失ですし、秘密意匠と類似しないようにデザインを変更することも容易でない場合も多いでしょう。そうすると、そうした危険をおかさないように、ライバル会社が秘密意匠を取得しているような場合には、それだけでデザインの実施に二の足を踏むことにもつながります。それは、意匠法の目的とする産業の発達とは逆方向の結果をもたらしかねません。

　そうすると、秘密意匠制度は廃止しないとしても、デザイン開発の実態を見極めながら、秘密意匠制度の期間を3年より短くしたり、著作権のように他人のデザインを知っているような場合だけ権利行使ができるとしたり、という方法もあるのかもしれません。

▶148【補足】損害賠償が認められるためには、侵害者に〈故意または過失〉が必要です。すなわち、意匠権が存在していることを知っているにもかかわらず実施して意匠権を侵害している（故意）、もしくは、意匠権の存在を知っているべきだったのに知らないで侵害してしまっている（過失）、という状態です。

　意匠権については登録された意匠が公報に掲載されており、意匠公報は業として意匠を実施する者であれば確認する義務があるとして、確認していない場合にも過失があるとされています。これが〈過失の推定〉と呼ばれるものです（意匠法40条）。しかし、秘密意匠の場合には公報に意匠が掲載されていないので、それを見てもどのようなデザインに権利があるかわかりません。そこで、秘密意匠にか

電子出願については、「初心者のための電子出願ガイド」を参照してください。

https://www.jpo.go.jp/system/process/shutugan/pcinfo/hajimete/index.html

書面で出願したい場合には、「初めてだったらここを読む～意匠出願のいろは～」を参照してください。

https://www.jpo.go.jp/system/basic/design/index.html

願書に記載する項目や手続きについては、「意匠登録出願等の手続のガイドライン」を参照してください。

https://www.jpo.go.jp/system/laws/rule/guideline/design/isyou_guideline.html

その他の図面の表現方法については、「意匠登録出願の願書及び図面等の記載の手引き」を参照してください。

https://www.jpo.go.jp/system/laws/rule/guideline/design/h23_zumen_guideline.html

もし出願前に意匠を公開してしまった場合の手続きについては、「意匠の新規性喪失の例外規定の適用を受けるための手続について（出願前にデザインを公開した場合の手続について）」を参照してください。

https://www.jpo.go.jp/system/design/shutugan/tetuzuki/ishou-reigai-tetsuduki/index.html

意匠登録出願後に拒絶理由通知を受けた場合には、「意匠の拒絶理由通知書を受け取った方へ」を参照してください。

https://www.jpo.go.jp/system/basic/otasuke-n/isho/kyozetsu/

デザインにかかる契約書のサンプルについては、「デザイナーにとってのデザイン契約」を参照してください。

https://www.jpaa.or.jp/cms/wp-content/uploads/2017/03/contractfordesigner20150421.pdf

かる意匠権の場合には、公報にはデザインが掲載されていないので、過失の推定は認められないとしています。秘密意匠の場合には秘密意匠が請求されている期間については通常は過失を証明できず、損害賠償請求はできないでしょう。

著作権法

　意匠法によるデザインの保護をこれまで見てきましたが、**デザインを保護する法律は意匠法だけではありません。著作権法という法律もデザインに関わり、とても重要です。**本章では、著作権法の概要を見ていきましょう[1]。

I　著作物

　著作権法で保護対象とされているのは〈著作物〉です。デザインであれば何でも著作権で保護されるわけではなく、著作物であることが必要です。そのため、まず、この〈著作物とは何か〉から確認していきましょう。

1　著作物

　著作権法は、著作物を「**思想又は感情を創作的に表現したものであつて、文芸、学術、美術又は音楽の範囲に属するもの**」と定義しています。
【著2条1項1号】

[著作物の要件]

思想または感情 ＋ 表現 ＋ 創作性 ＋ 文芸、学術、美術または音楽の範囲に属する

　定義はとても抽象的ですが、著作権法には著作物の例が具体的にあげられています。言語の著作物（小説、論文など）、音楽の著作物
【著10条】
（交響曲、ジャズなど）、舞踊または無言劇の著作物（ダンス、パントマイムなど）、美術の著作物（絵画、彫刻など）、建築の著作物（宮殿、城など）、図形の著作物（設計図など）、映画の著作物（劇場用映画、ゲームソフト、アニメ番組など）、写真の著作物（フィルム写真など）、プログラムの著作物（PCソフトなど）です。デザインに関わる多くの著作物があるように感じたのではないでしょうか。

　ただ、これらはあくまで著作物の例にすぎません。これ以外の著作物も、先の定義にあたれば保護を受けることができるのです。では、定義内容を見ていきましょう。

(1) 思想または感情

　まず、著作物となるためには、それが**人の精神活動の成果、すなわち人の〈思想または感情〉を含むものでなければなりません。**そのため、自然に存在している物や、動物が描いた絵などは著作物にはなりません。また、単なる事実（たとえば、ある年の平均気温や雨量）についても人の精神活動の成果ではないので、著作物となることはありません。

☺ コラム　AI生成デザイン

　人がAIを道具として創作に利用している場合には、ペンやPCを使って創作することと変わりませんので、人の思想または感情があらわれた著作物といえます（The Next Rembrandtプロジェクトの作品はAIを用いつつも人の創作的寄与がある例だと考えられます）。

　では、人は単に〈生成しろ〉という指示をだすだけで（たとえばクリックするだけで）AIが勝手に生成するような、AIが自律的に生成した場合はどのように考えられるでしょうか。この点は、人の創作的な寄与がないので、思想または感情が表れているとはいえないでしょう。よって著作物とは認められません。他方で、クリックするだけでなく、長いプロンプトを入力したり、好みの画像がでてくるまで試行錯誤した場合に、人の創作的

The Next Rembrandt
プロジェクトの最終的な作品

ANP Photo／アフロ

寄与があったといえるか（人間の著作物となるか）は、議論の対象となっています。

　いずれにしても、こうした生成がさらに容易となる場合には、AI生成物の保護の問題がでてくるでしょう。AIが生成した作品だけを見ると人の創作なのか、AIの創作なのかわからないからです。ただし、日本では今後の状況を見守るということで、今のところ、クリックするだけで生成される自律的なAI生成物について保護を創設しようという動きにはなっていません▶2。

---

(2) 表現

　次に、著作物であるためには、**人の思想、感情が認識できるように表現されていることが必要**です。そのため、頭の中にあるだけでは表現されているとはいえず、それが外部から認識できるように表現されていることが必要です▶3。また、**表現であることが必要で、**

▶2【補足】AI開発のために他人の著作物を読み込ませることは基本的に著作権侵害となりません（著作権法30条の4第2号【参照】62頁）。

▶3【補足】映画の著作物を除いて何らかの媒体などにその表現が固定されている必要もないので即興演奏なども保護されますが、即興演奏などの場合は、スマホで撮影されていたり、ライブ音源として発表されるなどの場合を除いては、実際に著作物が存在したことが証明できないことも多いでしょう。

表現とはいえないような〈アイデアそのもの〉は保護されません。たとえば、典型的な少女漫画のストーリーの展開（主人公、主人公が想いを寄せる相手、ライバルの登場など）は、アイデアの領域です▶4。そのようなアイデアは著作権法では保護されず、実際に描かれた少女漫画（これが表現です）が保護対象です。同じようなストーリーでも、アイデアは保護しないことで、たくさんの少女漫画が生まれます。それにより、国民が多くの文化に触れることができるようになっているのです▶5。

(3) 創作性

次に、著作物であるためには、**創作的に表現されたことが必要**です。創作性と呼ばれる要件ですが、簡単にいうと、著作者の**何らかの個性が現れていること**です⬆6。創作性については、その創作レベルが高いことは必要なく、たとえ幼稚園児の絵であっても、個性が現れていれば（むしろそれがほとんどでしょう）保護されます。

創作性が否定されるのは、**文字数の制限などによりほかに表現する余地がないような場合**や、**ありふれた表現**のような場合です▶7。

(4) 文芸、学術、美術または音楽の範囲に属する

著作権法は文化的所産の保護を目的とすることから、著作物であるためには**表現物が文芸、学術、美術または音楽の範囲に属するものであることが必要**です。

ここで問題となるのが、デザインとの関係です。グラフィックデザインは美術の範囲に近いものがあるでしょう。ファッションデザインだと、オートクチュールのようなものは美術の範囲といえるかもしれませんが、ファストファッションの量産品を美術の範囲というのはむずかしいかもしれません。この点、プロダクトデザイン、たとえば家電や車を考えると、それらは美術の範囲には入らないのではないか、とも思えます。

このように、デザインが著作物として認められるかは、デザインの種類によっても変わってきます。この点は〈応用美術の問題〉として広く議論されていますのでここでは触れず、Part 2のそれぞれのデザインの章で説明します。

▶4【補足】ほかにも、画風や、登場人物の性格やキャラクターの設定などの抽象的な要素などはアイデアです。

▶5【補足】たとえば、ゲームでも、携帯電話機向けの魚釣りゲームについて、水中を真横から水平方向に描き、魚影が動き回る際にも背景の画像は静止しているような手法で水中の様子を描くこと自体は、アイデアであるとされています（知財高判平成24年8月8日平成24（ネ）10027号）。結論としては著作権侵害ではないとされています（【参照】286頁）。

▼原告と被告のゲーム画面

判決別紙（1審）

⬆6【一歩先へ】表現の選択の幅

最近では、この創作性は〈表現の選択の幅〉と考えるべきともいわれています。すなわち、その表現を行うのに選択の幅がどの程度他人に残されているかで創作性の有無を考えるということです。〈表現の選択の幅〉の理論に従っても、ありふれた表現などは創作性がないことになります。

▶7【補足】たとえば、実際の裁判例では、「マナー知らず大学教授、マナー本海賊版作り販売」という記事の見出しについて、ありふれた表現としたものがあります（東京地判平成16年3月24日平成14（ワ）28035号、知財高判平成17年10月6日平成17（ネ）10049号）。

☺ **コラム** **香りまで保護？**

　香水のボトルのパッケージデザインは各社が非常に工夫していること
はよく知られていると思いますが、実は、香水の香りについて著作権で
保護されるべきだという主張があります。香水に含まれる芳香物質につ
いては、それを発明として特許権を取得することはできますが、異なる
物質で同じ香りを発するものがあれば、物質が変わってしまうので、特
許権の効力はおよびません。そこで、芳香物質が異なっても同じ香りで
あれば保護できる著作権によって保護したいという要望がでてきたわけ
です（なお、商標法や不正競争防止法での保護の議論もあります）。

　香りが著作権によって保護されるかについて日本では議論は活発では
ありませんが（ただし、その保護を否定する立場が有力かと思います）、
フランスだと、破毀院（日本でいう最高裁だと思ってください）では認
められていませんが、学説や高等裁判所レベルでは幾度となく香水の香
りの著作権による保護が認められています。いかにもフランス的、なの
かもしれませんが、日本にも香道の文化などがありますので、議論を深
めていってもよさそうです。

2　二次的著作物

　著作物は、他人の著作物に新たな創作的価値を加えて創作される
ことがあります。**二次的著作物**と呼ばれるもので、著作物を翻訳、
編曲、変形、脚色、映画化、その他翻案[8]することにより作られた
【著2条1項11号】
著作物です。クラシック調の音楽をジャズ調にしたり、漫画をアニ
メ化、小説を映画化するというのが二次的著作物の典型です[9]。

　このように、**二次的著作物であるためには、原著作物に新たな創
作的表現を加えつつ、二次的著作物においてその元になった原著作
物の創作的表現が使われている**ことが必要です。たとえば、「ドラえ
もん」のアニメを見れば、原作の「ドラえもん」の漫画の表現を認
識できるはずです。元の著作物の表現がわからなければ、それはも
はや別の著作物です。「ドラえもん」のアニメを見ても、「SPY ×
FAMILY」の漫画の表現を認識することはできませんので、「ドラ
えもん」のアニメが「SPY × FAMILY」の漫画の二次的著作物にな
ることはありません。

　また、二次的著作物となるためには、曲をアレンジするような元
の著作物（原著作物）に対して創作的な表現が分離できない形で加え
られている必要があります[10]。

●8【参照】二次的著作物を
創作する行為は、著作権の
対象です（60頁）。

▶9【補足】小説を漫画化
し、その漫画が映画化され、
その映画がゲーム化された
ような、三次的、四次的な
著作物も二次的著作物と呼
ばれます。

▶10【補足】創作的表現が
付加されていない場合には、
複製になります。また、小
説における挿絵のように分
離できるなら別の著作物で
す。

Ⅱ　著作者と著作権者

　次に、著作者と著作権者についてです。著作者と著作権者は異なる概念で、その区別はとても大切です。また、著作権法では、法人（会社）なども著作者となることがある点が重要です。

1　著作者

　著作者は著作物を創作した人です。実際に創作行為を行った人が著作者になるので、創作を依頼した人や、アイデアを提供しただけの人（たとえば、〈～というイメージでイラストを作成してほしい〉と頼んだ人）は、著作者とはなりません。資金面の援助や資料の提供なども著作物に対する創作的行為でありませんので、資金や資料の提供者が著作者となることはありません▶11。要するに、著作物に創作するという行為を行った人でなければ著作者とはならないのです。

　そして、著作物の創作者は、通常は著作者であると同時に著作権者となります▶12。

2　複数人で著作物を創作した場合

　1つの著作物を2人以上で創作する場合もあります。この場合は、複数の人が、その1つの著作物に対して共同著作者となります▶13。そして、著作権は共同著作者の全員での共有となります。

3　法人等の業務従事者が創作した著作物の扱い

　意匠法においては職務創作意匠の規定がありましたが●14、著作権法においても職務著作の規定があります。**【著15条】職務著作の要件を満たすと、従業員ではなく、法人等（たとえば会社）が〈著作者〉となります**▶15。よって、**職務著作に該当すると、法人等が著作権も著作者人格権も有する**ことになります●16。

　このように、意匠法の職務創作意匠の規定とは少し違いがあります。**著作権法においては、法人等が著作者になること**（意匠法では創作者はあくまで創作を行った人＝デザイナーです）、**職務著作を行った従業員は法人等に対して経済的利益は請求できないこと**（意匠法では従業員は相当の利益を請求できます）です。

　職務著作が職務創作意匠と異なる制度となっているのは、著作者人格権も含めて法人等に権利を集中させるためのシステムになっているからです。従業員が著作権・著作者人格権を有してしまうと、

▶11【補足】映画の著作物は多くの人が関わることから、著作者は「映画の著作物の全体的形成に創作的に寄与した者」とされています（著作権法16条）。ただし、職務著作にあたる場合には、映画製作会社が著作者となることがあります（【参照】56頁）。

▶12【補足】著作権は譲渡できるので、他人に著作権を譲渡した場合、著作者と著作権者は別の人となります。著作者は著作者人格権（【参照】71頁）も有しますが、著作者人格権は他人に譲渡することはできません。

▶13【補足】著作権法2条1項12号は共同著作物を、「二人以上の者が共同して創作した著作物であつて、その各人の寄与を分離して個別的に利用することができないもの」と規定しています。そのため、共同著作物にあたるためには、まず、複数の者がその著作物の創作を行うことが必要で、単独の創作者となるかの場合と同じように、創作的関与が必要です。そして、2人で1つの彫刻を作成するような、創作行為における共同性が必要です。最後に、そうして作られた彫刻のように、各人の寄与を分離して利用できないことが必要です。以上の要件を満たして初めて共同著作物となります。

　そのため、J-POPのように曲と歌詞によって構成されている音楽であれば分離して利用できますので、共同著作物とはなりません。これは曲という著作物と歌詞という著作物が結合した結合著作物と呼ばれています。書籍についても、各章を別の著者が書いた場合は結合著作物となります。

●14【参照】21頁。

▶15【補足】著作権法の法人には、法人格を有しない社団や財団で代表者や管理人の定めがあるものが含まれます（著作権法2条6項）。また、条文に「法人その他使用者」と書かれているので（著作権法15条1項）、ほかの使用者も職務著作の規定を利用できます。

●16【参照】71頁。

法人はその著作物を利用するためにそのつど従業員に許諾を得なければなりません。また、その著作物を利用する側からしても、従業員個人ではなく法人に許諾を得るとされていた方が、何かと便利です。そして、その著作物の社会的評価も法人が受けることが通常でしょう。そのため、法人等を著作者とする制度になっているのです。

では、職務著作の要件を確認していきましょう。

[職務著作の要件]

(1) 法人等の発意

まず、職務著作に該当するためには、著作物の創作への意思決定が法人等の判断（**発意**と呼ばれます）にかかることが必要です。法人の従業員で職務として著作物の創作を行っている場合には、この要件を問題なく満たします。

(2) 法人等における業務従事者

また、著作物の作成を行う者が法人等の業務に従事する人であることが必要です。たとえば法人の従業員であれば、この要件を満たします▶17。反対にフリーランスのデザイナーに法人がデザインを委託する場合は、この要件を満たさず職務著作とはなりません▶18。

(3) 業務従事者が職務上作成

著作物を従業員などが職務上作成することが必要です。これは、その著作物作成が従業者などの直接の職務内容としてなされたことを意味しています。そのため、職務外で個人的な趣味として創作した場合は、職務著作とはなりません▶19。

(4) 著作物の公表名義が法人等

職務著作にあたるためには、その法人等が法人等の著作の名義で公表するものであることが必要です。典型的には、会社のホームページやパンフレットなどです。法人等がその社会的評価への責任を負うのは、その法人名で著作物が公表されるからこそです。そのため、職務著作にあたるためには法人名義で公表されるという要件が求められています▶20。

▶17【補足】法人がほかの法人（会社）に発注した場合は、その法人とは別の外部の人（他社）が独立して創作を行っていることになりますので、発注した法人の業務従事者にはあたりません。

▶18【補足】その場合は、法人から委任や請負という形でデザイン創作を行っているということになります。そして、契約書でデザインの知的財産権を誰が持つかを決めることになります（法人がお金を出したから当然知的財産権も法人が持つ、ということにはなりません）。

▶19【補足】従業員がプログラマーとしての職務とは関係ない趣味で小説を書いている場合に、その小説が職務著作となることはありません。

▶20【補足】プログラムの著作物は社内だけで利用して公表しないこともあるので、公表名義の要件は職務著作として求められていません。そのため社内のエンジニアが創作したプログラムは、公表せずとも職務著作となります。

(5) 契約等で特別な定めがない

　もし著作物の作成時に、契約などで職務著作の規定は適用しない約束をしていた場合には、職務著作とはなりません。すなわち、従業員と法人との間で、この著作物については職務著作とはしませんという契約などがある場合には、その著作物は職務著作とはなりません。その場合には、著作者は従業員のままです。あまり考えられない状況かもしれませんが、このような扱いも可能です。

4　映画の著作物の特別な扱い

　読者の皆さんの中には、映像作品などを創作する方や関係者もいるかと思います。そのため、著作権法で特別な扱いをされている映画の著作物の取り扱いについて説明しておきましょう[21]。

　著作権法では映画の著作物と規定されていますが、映画の著作物は劇場用映画のみを意味するわけではなく、テレビ番組なども映画の著作物と扱われ、また、ゲームソフトも映画の著作物とされることがあります[22]。

　映画の著作物については、**著作者は映画の著作物の全体的形成に創作的に寄与した者**とされています[著16条]。映画の著作物の全体的形成に創作的に寄与した人としては、たとえば、映画プロデューサーや監督、ディレクターなどが該当します。他方、その映画の著作物で使われている原作小説の著作者や音楽の著作者は、映画の著作物の著作者にはなりません[23]。

　なお、映画の著作物の著作権者については、映画の著作物の著作者が映画製作者に対して映画の著作物の製作への参加約束をしている場合には、**映画製作者に著作権がある**と扱われます[著29条]。映画製作者とは、「映画の著作物の製作に発意と責任を有する者」[著2条1項10号]とされており、映画会社や放送会社などがこれにあたります。

III　著作権 ——————————

　では、著作権とはどのような権利なのでしょうか[24]。著作権法においては、大きく2つの権利が定められています。**著作権と著作者人格権**です。普段、著作権と呼ばれているのは前者の著作権の方で、財産的な権利を意味しています[25]。著作者人格権は後ほど説明するとして、ここでは著作権について説明しましょう。

　著作者のところでもお話ししましたが、**著作権は著作物を創作し**

▶21【補足】ただし、映画の著作物が職務著作にあたる場合には、職務著作の規定が優先適用されます（著作権法16条）。

▶22【補足】映画の著作物には「映画の効果に類似する視覚的又は視聴覚的効果を生じさせる方法で表現され、かつ、物に固定されている著作物」が含まれるためです（著作権法2条3項）。

▶23【補足】もちろん、映画における小説や音楽の無断使用に対しては、小説や音楽にかかる自分の著作権を行使できます。

▶24【補足】実は著作権法は、著作物を創作した人だけでなく著作物を世の中に伝達する人（実演家やレコード製作者、放送事業者）に対する著作隣接権や実演家人格権も定めています。

▶25【補足】意匠権と呼ばれている権利も同じように財産的権利を意味しています。

た瞬間に著作者に発生します⬆26。意匠法と違って、特許庁など国の機関に出願するなどの手続は必要ありません▶27。

[著作者の権利]

著作権　　　　　　　著作者人格権

1　著作権に含まれる権利

では、著作権とはどのような権利なのでしょうか。ややこしいですが、実は、**著作権というのはさまざまな行為を規制する権利（支分権と呼ばれます）の束**（集まり）です。要するに、著作物の利用行為に関するいろいろな個別の権利が集まっていて、それらをまとめて著作権と呼んでいるのです。そのため、〈著作権を侵害します〉という表現は、著作権に含まれる複製権や上映権といった、何らかの支分権を侵害していることを意味しており、ケースごとに問題となる支分権は違います▶28。つまり、複製という行為には複製権、上演という行為には上演権、譲渡という行為には譲渡権といった具合です▶29。そこから、著作権は〈権利の束〉と呼ばれているのです。

その結果、著作権法には著作権に含まれる権利として非常に多くの権利が規定されています。これらの権利をすべて侵害しないようにしないと、〈私は著作権を侵害していません〉とはいえないのです▶30。各権利の内容を知ることは、権利者にとっても、他人の著作物を利用しようとする人にとっても、大切です。

[著作権に含まれる権利の種類]

複製権（→(1)）	ex.複写、写真撮影、コピペ、ダウンロード
上映権（→(2)）	ex.映画の劇場上映、スライドの映写
上演権・演奏権（→(3)）	ex.演劇、ダンス、落語、ライブ、CDの再生
公衆送信権・公衆伝達権（→(4)）	ex.テレビ放送、アップロード、ラジオで流れている音楽をスピーカーで伝達
口述権（→(5)）	ex.小説の朗読会、講演、授業
展示権（→(6)）	ex.絵の原作品の展示、未発行写真の展示
頒布権（→(7)）	ex.映画レンタル、映画の譲渡
譲渡権（→(8)）	ex.書籍の譲渡、CDの譲渡
貸与権（→(9)）	ex.CDレンタル、DVDレンタル
翻訳権、翻案権など（→(10)）	ex.小説の翻訳、漫画のアニメ化
二次的著作物の利用に関する原著作者の権利（→(11)）	ex.アニメ化された漫画の原著作者の権利

⬆26【一歩先へ】著作権と著作者人格権の発生時期

日本では著作物の創作と同時に著作権も著作者人格権も発生します。しかし、国によっては異なる扱いもあります。たとえばフランスでは、著作物の創作によって著作者人格権が発生しますが、著作権はその著作物の公表後に発生すると理解されています。これは、著作物は公表されて初めて経済的価値が生まれるからだと説明されています。なお、日本と同じように同時に発生するという立場もあります。

▶27【補足】しばしば〈©マーク〉を見かけることがあると思いますが、日本では著作権の発生に〈©マーク〉は何も影響しません。なお、著作権については2023年2月末で179か国が加盟（日本も加盟）しているベルヌ条約という条約があり、たとえば日本ではフランス人（ベルヌ条約同盟の国民）の著作物は日本の著作権法で保護され、フランスでは日本人の著作物はフランス著作権法によって保護されます。

▶28【補足】意匠権の場合は、〈意匠の実施〉の定義があり（意匠法2条2項）、製造、使用、輸入、輸出などが意匠に係る物品の実施行為だとされていました。〈製造などの行為を全部ひっくるめて実施です〉としているので、〈意匠権は何か〉と問われたら〈他人の実施を禁止する権利です〉と、一言ですみました。

▶29【補足】本を読む、音楽を聴く、映画を観るなどは、著作物を利用ではなく使用する行為として、著作権を侵害する行為とはされていません。

▶30【補足】しかも、すべての著作物に存在する権利と、一部の著作物にしか存在しない権利があります。

(1) 複製権

まずは複製権から始めましょう。著作権は英語ではcopyrightですが、まさにコピーを禁止するのが複製権です。**複製とは、有形的に再製すること**、つまり形あるものに再製（新たに固定）することです。本をコピーすることは、コピー用紙という記録媒体に言語の著作物を再製することです。音楽をPCのSSDにダウンロードして記録することは、SSDという記録媒体に音楽の著作物を再製することです。手書きの正確な模写も有形的な再製です。なお、建築の著作物については、その図面に基づいて建築物を作ることも建築物の複製です。

他方で、著作物をスクリーンに映したり、絵画や彫刻など著作物の原作品を展示する行為は、著作物を有形的に再製していないことから複製ではありません。スクリーンに映す行為は次にお話しする上映権が問題となります。絵や彫刻の原作品を展示する行為は、いくつかの権利の後で説明する展示権が問題となります。

(2) 上映権

上映とは、**公に（＝公衆に直接見せまたは聞かせる目的で）著作物を映写幕やスクリーン、液晶画面に映写**することです。映画の上映が典型ですが、それだけでなくプロジェクターを使ったスライドや写真の映写も、上映にあたります▶31。

(3) 上演権・演奏権

次に、上演権・演奏権です。**公に、音楽を演奏すると演奏に、演奏以外の方法で著作物を演ずると上演**となります。上演の典型例は人々の前で行う演劇、ダンス、歌唱です。公に行うことが必要ですので、誰に聞かせるためでもなく1人で部屋で歌っている場合には、この権利の侵害にはなりません▶32。

(4) 公衆送信権・公衆伝達権

次が、公衆送信権・公衆伝達権です。公衆送信というのは聞き慣れない表現だと思いますが、〈**公衆によって直接受信されることを目的として行われる著作物の通信**〉です。これでも抽象的すぎてよくわからないと思いますので、具体例を見てみましょう。

公衆送信の典型例は、放送（無線）やケーブルテレビ放送（有線）です。テレビ放送は公衆にテレビを通じて直接受信されるための著

▶31【補足】放送など公衆送信される著作物を映写する行為は、上映権ではなく公衆伝達権の問題となります（著作権法2条1項17号）。

▶32【補足】公衆に直接見せたり聞かせる目的とされているので、実際に誰もいない場合（路上で公衆に対して歌っているけれども聴衆がいないような場合）でも、上演・演奏権の侵害になります。

なお、著作権法における「公衆」とは〈特定少数者以外すべて〉を意味します。すなわち、特定少数だけが除かれ、不特定少数、不特定多数が公衆にあたります（著作権法2条5項）。

作物の通信といえるので、公衆送信になります。また、公衆送信には、インターネットのウェブサイトのように公衆がアクセスしたときに自動的に情報が送信されるものも含まれます▶33。

　このように、公衆送信の典型は著作物の放送やウェブサイトへの著作物のアップロードだと理解してもらえればと思います。

　もう1つ、公衆伝達権という権利があります。公衆伝達権は、公衆送信されている著作物をテレビなどを用いてリアルタイムで公衆に対して提示する行為です。よく病院の待合室にテレビを設置し放送された番組を流していますが、この行為は公に著作物を伝達する行為にあたります▶34。

▶33【補足】これは自動公衆送信という概念になります（著作権法2条1項9号の4）。よくいわれる違法アップロードとは、著作権者の許諾なく著作物を公衆送信することにより公衆送信権を侵害していることを意味しています。そして、実際に誰もアクセスしていなくても、サーバーにアップロードなどを行った時点で送信可能化したとして著作権侵害となります（著作権法2条1項9号の5）。

▶34【補足】そうすると、そのようなテレビの設置で番組を伝達している病院などは公衆伝達権侵害なのかと思うかもしれません。しかし、そのような行為については、著作権が制限されて公衆伝達権侵害とはならないとされています（著作権法38条3項）。

●35【参照】56頁注24。

> ☺ **コラム　歌ってみた**
>
> 　あるアーティストの曲を歌ってそれを動画投稿サイトにアップロードするという行為が行われています。YouTubeなどはJASRACなどの音楽著作権管理事業者と包括利用許諾を結んでいますので、音楽著作権管理事業者が管理している音楽で配信可となっていれば公衆送信権の侵害とはならず適法ということになります。
>
> 　ただ、音楽と歌詞は使ってよくても、CDなどのカラオケ音源は著作隣接権という権利が問題となります●35。もちろん、音源の権利者から許諾をとれるとよいのですが、許諾がとれない場合には音源を自作するか誰かに依頼して作ってもらうことになります（誰かに音源を作ってもらうと、そこでも実演をした人に著作隣接権が発生します）。歌ってみるだけなのに、配信しようとするとハードルが結構高く、誰でも簡単にできるというわけではないのです（踊ってみただと、振付に関する著作権も問題となります）。

(5) 口述権

　口述権は、公に言語の著作物を口頭で伝達する権利です【著24条】。口述権の対象は言語の著作物に限定されています。演劇は上演権の方に入りますので、口述としては、小説の朗読や講演などが該当します。

(6) 展示権

　展示権は、美術の著作物と、未発行の写真の著作物について、その原作品を公に展示する権利です【著25条】。この展示権の対象は美術の著作物と未発行の写真の著作物に限定されていて、さらには原作品でな

ければなりません。たとえば、美術館で美術の著作物（絵画や彫刻）の原作品を展示する行為が、展示権の対象です▶36。

(7) 頒布権

映画の著作物には、複製物を譲渡または貸与する頒布権という権利が特別に認められています【著26条】。頒布権は、次にお話しする譲渡権と貸与権の両方を含む概念です。よって、著作権者に無断で映画の著作物の複製物を譲渡したり、貸したりすることはできません。

(8) 譲渡権

映画以外の著作物の原作品または複製物を公衆に譲渡する場合には譲渡権の侵害となります【著26条の2】。たとえば、著作権者に無断で音楽のCDや書籍を譲渡すると譲渡権の侵害です▶37。

(9) 貸与権

映画以外の著作物について、その複製物を公衆に貸与することは貸与権を侵害します【著26条の3】。貸しても返却されるのであれば著作物の数は増えませんが、レンタルで需要が満たされてしまう場合もありますので、貸与権が規定されています。よって、たとえば、著作権者から許諾を得ないで公衆に音楽CDのレンタルを行うことは、たとえ著作権者からCDを購入していても貸与権の侵害となります▶38。

(10) 二次的著作物を作成する行為に対する権利（翻訳権、翻案権など）

これまでは、著作物をそのまま利用する行為に対する権利でしたが、著作権法は、それだけでなく、**著作物に新たな創作を施す行為についても規制**しています【著27条】▶39。

具体的には、著作物について、翻訳、編曲、変形、脚色、映画化、翻案という行為を行うことはできません。英語の小説を日本語に翻訳する、クラシック調の音楽をジャズ調にする、漫画をアニメ化するなどの行為です。

こうした、先に存在している著作物に新たな創作を施した著作物を、**二次的著作物**●40といいます。

(11) 二次的著作物の利用に関する原著作者の権利

最後が〈二次的著作物の利用に関する原著作者の権利〉です【著28条】。少しむずかしい表現ですが、要するに、二次的著作物の原著作物の著

▶36【補足】ただし、美術の著作物または写真の著作物の〈原作品〉を所有している者は、それを公に展示することができるという著作権の制限規定があります（著作権法45条1項）【参照】65頁）。

▶37【補足】もちろん正当な権利者からの複製物の譲渡は消尽の対象となり譲渡権の侵害とはなりません（【参照】67頁）。ただし、著作物の原作品や複製物は有体物が想定されているので、ダウンロードで販売されるプログラムや電子書籍については譲渡権の問題ではなく、公衆送信権（と複製権）の問題となり、公衆送信権（と複製権）が消尽するかが問題となります【参照】67頁）。

▶38【補足】美容室や漫画喫茶ではお客さんに雑誌や漫画を読ませていますが、これは、美容室や漫画喫茶が所有している雑誌や本をその場で読ませているだけで貸与ではないとされています。図書館は本を館外貸出していますので貸与にあたりますが、図書館についてはその場合でも貸与権が制限されているので侵害とはなりません（著作権法38条4項）。

▶39【補足】もちろん、元の著作物の創作的表現が残っていないほどの改変であれば翻案権侵害にならず（複製権の侵害にもなりません）、適法な行為となります。また、創作性がないほどのささいな改変（である調をですます調に変換など）は、複製です。

●40【参照】53頁。

作者は、二次的著作物の利用について、二次的著作物の著作者と同一の種類の権利を有します。

たとえば、小説を漫画にした二次的著作物がある場合、小説の著作者は漫画の著作物の利用について漫画の著作物の著作者と同一の種類の権利を持つという意味です。よって小説の著作者は、その漫画の違法アップロードなどに対して著作権侵害だということができます▶41⬆42。

> ☺ **コラム** **フリー素材は本当にフリーなのか**
>
> ウェブ上にあるフリー素材をデザイン作成の際に使うことがあるかもしれません。通常そうした素材には著作権がありますので複製などを自由に行うことはできないはずですが、フリー素材はそうした複製などが可能となっていたりすることから、著作権フリーのような意味合いでフリー素材と呼ばれたりしています。
>
> しかし、実際には、商業的に利用する場合には有料であったり、フリー素材と銘打たれているものが他人の著作権を侵害するものであったりということもあります。フリー素材と書かれていても、必ず利用条件やその素材が他人の著作権を侵害していないものかを確認することが大切です。

2 著作権の制限

以上のように、著作権は〈権利の束〉ですが、これらの**権利の効力については一定の制限があります**。どこまでも著作権による権利行使を認めてしまうと、他人による著作物の利用が大きく制限されてしまうからです。権利者の側からすれば、この制限にあたってしまえば権利行使できない、利用者側からすれば、この制限にあたれば他人の著作物を利用できる、ということになります。この制限規定は非常に細かく規定されており、すべてを取り上げることはむずかしいことから、デザインに関係する代表的なものだけ説明しておきましょう。

[著作権のさまざまな制限]

私的使用のための複製(→**(1)**)	営利を目的としない上演など(→**(6)**)
写り込み(→**(2)**)	美術・写真の著作物の原作品の展示(→**(7)**)
検討過程における利用(→**(3)**)	屋外に恒常的に設置された原作品の美術の著作物や建築の著作物の利用(→**(8)**)
著作物に表現された思想・感情を享受しない利用(→**(4)**)	そのほかの利用(→**(9)**)
引用(→**(5)**)	

▶41【補足】もちろん、漫画の著作権者も違法アップロードを行う人に対して公衆送信権侵害として訴えることができます。

⬆42【一歩先へ】二次的著作物の中で初めて加えられた要素にも、原著作者の権利はおよぶのか

小説の著作者の原著作者の権利は二次的著作物である漫画の著作物全体におよびますが、漫画の中で新たに付加された要素にも権利はおよぶのでしょうか。たとえば、他人の小説をもとに漫画家がその小説の主人公を絵として描き起こしたものがあるとします。そして、その漫画家が、主人公の絵のみが描かれたキャラクターグッズを販売することについて、小説の著作者は何かいえるでしょうか。キャンディ・キャンディに関する事件で、最高裁判所は、そうした場合にも小説家の権利をおよぼしてもよいとしています(最判平成13年10月25日平成12(受)798号)。ただし、小説の著作者が創作した表現(ストーリー)が利用されていない部分にまで小説の著作者の権利がおよぶのはおかしいということで、学説からは批判も大きいところです。

▼実際に販売しようとしたキャンディ・キャンディのリトグラフなどの原画

判決別紙(1番)

(1) 私的使用のための複製

　最初にお話しする権利制限が、私的使用のための複製です。[著30条]**個人的な範囲で使用するためであれば、著作物を複製することができます**。たとえば、個人や家族で利用するために▶43、本をコピーしたり、デザインを勉強するためにデザインを個人的に模写する行為は複製権侵害とはなりません。個人的な利用にまで著作権をおよぼすのは行き過ぎだからです。

　しかし、私的使用のためであっても、一定の場合には複製権の侵害となります。たとえば、CDなどに施されているコピープロテクション▶44などを回避することで可能となった複製をその事実を知りながら行うことは、私的使用だとしても複製権を侵害します。また、違法に配信されている音楽や動画、画像や漫画▶45のダウンロードについても、違法にアップロードされたものであることを知っている場合には、私的使用の目的でも複製権を侵害します▶46。

(2) 写り込み

　写真の撮影や、番組の放送では、他人の著作物（たとえば街頭インタビューで通行人が着ている服に描かれたキャラクター）が写り込むことがあります。また、スクリーンショットの際に、違法にアップロードされた画像（たとえばアニメのキャラクターのアイコン）が写り込んでしまうこともあります。そこで、複製・伝達の際に写り込んでしまったような他人の著作物の利用は、一定の要件のもとで著作権侵害とはならないとされています。[著30条の2]

(3) 検討過程における利用

　権利者の許諾を得て著作物を利用するかどうかを検討する過程で行われる著作物の利用は、それに必要な限度なら許されます。[著32条]会社内の会議で、著作物であるキャラクターの絵を用いた洋服をデザインして販売しようと検討する際には、イメージサンプルでさまざまなデザインとしてキャラクターを描いたものを使わなければ具体的な検討ができません。そこで、そうした行為は著作権侵害とはならないとされています。なお、結果として企画が実現しなかった場合でも、この規定は適用されます。

(4) 著作物に表現された思想・感情を享受しない利用

　著作物は、そこに表現された思想・感情を享受させることによっ

▶43【補足】私的使用であれば著作権者の利益を害しないことから複製が可能ですが、会社内で業務上利用するための複製は私的使用とはいえず、権利者の許諾がない限りできないとされています。

▶44【補足】著作物の複製を妨げる技術のことです。

▶45【補足】違法アップロードされた静止画のダウンロードについては、二次創作・パロディ作品のダウンロードや、漫画の1コマ～数コマなど作品のごく一部だけなどの軽微なダウンロードであれば私的使用のための複製として許容されます。ただし、どこまでがセーフかどうかという裁判所での具体的判断はこれから積み重なっていくという状況です。

▶46【補足】侵害コンテンツをダウンロードすると複製にあたりますが、インターネット上で視聴・閲覧するだけであれば複製とはなりません。

て人の感性に訴えかけるものです。音楽であれば音楽を聴いて、美術であればそれを鑑賞して、という形です。

ということは、逆にいえば、そうした著作物の内容を享受する利用でなければ、著作物を利用しても基本的に著作権者に不利益はありません。たとえば、音響技術開発のために他人の著作物である音楽を複製するとか、機械学習として他人の著作物である大量のイラストをAIに読みこませるといった著作物の利用方法は、著作物に表現された思想・感情の享受を目的とした利用とはいえないため、著作権侵害とならないとされています。【著30条の4】

(5) 引用

公表された著作物は、公正な慣行に合致し、報道、批評、研究その他の引用の目的上正当な範囲内であれば、引用して利用することができます【著32条】▶47。たとえば、学術研究で他人の論文を批判するためには、その論文という著作物を正確にそのまま引用する必要がある場合があります。そこで、そのような利用は著作権を侵害しないとされているのです。

引用にあたるかどうかは、他人の著作物の利用目的、その方法、利用される著作物の種類や性質、著作権者におよぼす影響の有無・程度などが総合的に考慮されます。ただ、総合考慮といっても、具体的にどのようにすれば引用と認められるのかは判断するのはむずかしいのが現実です。少なくとも以下のようにしておく方がよいと考えられます。

まず、**他人の著作物と自分の表現物が明確に区別**できるようにして（**明瞭区別性**と呼ばれます）、さらに、**自分の著作物を主にする**ことです（**主従関係**と呼ばれます）。たとえば、他人のデザインを講評する場合に、引用した他人のデザイン画にキャプションをつけるなどして、それは他人のデザイン画です（他人の著作物です）と示し、自分の書いたそのデザインの解説と明瞭に区別ができるようにします。また、他人のデザイン画を鑑賞させるような大きさ（書籍での全ページ掲載など）では、他人の著作物が主になっているので、自分の解説が主になるように（他人のデザイン画を解説に必要な大きさで掲載するにとどめる）すべきでしょう。論文などでは、他人の著作物をかっこでくくり、自分の文章の量がそれよりも充分に多くなるようにすべきでしょう。公正な慣行は業界によって異なるでしょうが、個人攻撃するためだけにデザイン画を引用するような場合は公正な慣行に

▶47【補足】著作権法の引用の範囲を超えて他人の著作物を利用することを転載といいます。よく、〈無断転載禁止〉という表記がありますが、そもそも転載は複製権の侵害となりますので、そのような表記がなくても転載は著作権法上は違法な行為です。他方で、無断転載禁止という表記があっても、著作権法で認められる引用は可能です。そのほか、転載であっても、国などの周知目的資料は、転載がそれらによって禁止されていない限り説明の材料として刊行物に転載できることになっています（著作権法32条2項）。

合致しないでしょう。また、引用した著作物の出典を明示しないことが公正な慣行要件を満たさないとした判決もあるので◇48、出典は明示しておくのが無難です。そして、引用の目的上正当な範囲は、社会通念に照らして合理的な範囲内であることが必要とされているので、明らかに著作権者に経済的打撃を与えるような場合は、引用の目的上正当な範囲とされない可能性もあります。

　この引用の規定を使うことで、たとえば他社のデザインに対する優位性を説明するために他社のデザイン画やデザインの写真を使ってプレゼンテーションすることなどができます。

Ⅻ　（節録）引用の要件が示された例——モンタージュ写真事件◇49

　今の著作権法ではない1つ前の著作権法の時代の「（節録）引用」が問題となった例ですが▶50、その要件が示された裁判例を見てみましょう。この事件は原告の写真に合成した写真を作り被告が世相の風刺のためだから著作権侵害ではないと主張したことから、モンタージュ写真事件として有名な事件です。

　事件としては、写真の著作者の同意を得ないで、いわゆるモンタージュ写真を作成・発表したことにつき、著作権と著作者人格権の侵害に基づく損害賠償と謝罪広告の掲載を著作者が求めた事件です。裁判所は、同一性保持権侵害にあたると判断しました▶51。

　具体的には、引用にあたるというためには、明瞭区別性、主従関係を満たし、著作者人格権を侵害しないことが必要であるとし、被告のモンタージュ写真の中に原告の写真の表現形式における本質的な特徴を直接感得できるから、このモンタージュ写真は原告の写真の同一性保持権を侵害する改変であって、従たる引用でもないとしています。

原告の写真（本来はカラー）

判決別紙（2審）

被告のモンタージュ写真（白黒）

判決別紙（2審）

◇48【裁判例】東京高判平成14年4月11日平成13（ネ）3677号・5920号、知財高判平成30年8月23日平成30（ネ）10023号。

◇49【裁判例】最判昭和55年3月28日昭和51（オ）923号。

▶50【補足】前の著作権法では節録引用という表現が用いられていました。

▶51【補足】この判決で問題となったのは同一性保持権（【参照】72頁）で、引用の規定も旧法の規定を前提とするものであったため、引用の要件の判示として価値があるかについてはさまざまな議論があります。ここでは、こうしたパロディ要素を含むデザインについては〈引用だから問題ない〉という主張は認められない可能性が高いということを意識してもらえればと思います。

コラム パロディ

　パロディという言葉を聞いたことがあると思います。漫画や映画などではさまざまなパロディ作品が存在しています。映画「スターウォーズ」のパロディである映画の「親指ウォーズ」などはまさにパロディの典型です。そのほかにも、たとえば漫画の「銀魂」などはパロディの登場が多い作品として有名かと思います。

　パロディは元の作品を面白おかしくするなどして作られますが、パロディはパロディ作品を見て元となった作品がわからなければ、パロディとして認識してもらえません。そうすると、パロディ作品からは元の作品の表現上の本質的特徴が直接感得されてしまうので、元の作品の著作権を侵害してしまいますし、そうした改変は著作者の意に反するものとして同一性保持権の侵害ともなります。

　もちろん元の作品の権利者から許諾を得ればいいのですが、元の作品を面白おかしくするような作品を制作したいとライセンスを申し込んでも、普通は許諾してもらえるとは思えません。そのため、現実には、元の作品の権利者の黙認や、同人イベントなどの際は1日だけライセンスを与えるなどの対応がとられたりしているようです。

　なお、外国ではパロディを認める国もあり、たとえばフランスでは著作権法にパロディは著作権の制限の対象であると明示されていて、広くパロディが認められています●52。

●52【参照】ほかのパロディについて、168頁、228頁。

(6) 営利を目的としない上演など

　著作物が公表されており、非営利・無料・無報酬であれば、その著作物を公に上演・演奏・上映・口述することができます。たとえば、小学校の学芸会での劇や歌などは、非営利で、聴衆からお金をとらず、小学生も無報酬で行っていますので、著作権侵害に該当しません。ただし、この権利制限には公衆送信が入っていませんので、その劇をインターネットで配信することは公衆送信権を侵害します。【著38条】

　そのため、著作物であるデザイン画を説明のために非営利・無料・無報酬で上映する行為は著作権侵害となりませんが、それをインターネットで配信したりすると著作権侵害となってしまいます▶53。

▶53【補足】そうすると、オンライン会議や講演では利用できないということになりそうですが、引用の場合は公衆送信権も権利制限の対象ですので、引用の範囲であれば利用可能です。

(7) 美術・写真の著作物の原作品の展示

　たとえば、美術の著作物の原作品を購入したら、それを人に見せたいと思うのではないでしょうか。そのため、美術の著作物の所有

者は著作権者の許諾なく原作品を公衆に対して展示することができます。絵を買ったら、それを飾ってさまざまな人に見せることができるのです。[著45条]

ただし、美術の著作物の原作品の公園などの屋外での恒常的な設置は著作権者に経済的な影響があることから、所有者でも許されないとされています。よって、買った原作品の銅像を一般公衆の見やすい屋外に恒常的に設置したいという場合には、著作権者から許諾を得ないといけません。

(8) 屋外に恒常的に設置された原作品の美術の著作物や建築の著作物の利用

一般公衆の見やすい屋外に恒常的に設置されている原作品の美術の著作物や建築の著作物は、著作権者に経済的打撃が大きい場合を除き利用可能です[著46条]▶54。そのため、デザインの参考のために、建築の著作物の写真を撮る（＝複製）などは自由に行うことができます。

▶54【補足】たとえば、彫刻を増製したり、全く同じ建築物を建てたり、美術品について複製物の販売を目的とするような場合は、権利制限の対象になりません（著作権法46条）。

😊 **コラム** **メタバースにおける街の再現**

仮想空間において現実に存在する街を再現することが行われています。たとえば、未来大阪プロジェクトでは、バーチャルで大阪府内各地域の街並みを仮想空間に再現しています（右下図）。大阪の街には、さまざまなデザインがありますが、たとえそれが著作物であるとしても、前述した写り込みの規定、恒常的に設置された原作品の美術の著作物や建築の著作物の利用の規定がありますので、著作権はかなり制限されています。そのため、これらの規定を利用することで、大阪の街を著作権の侵害をすることなく仮想空間にかなりの部分を再現することができると考えられます。ただし、写り込みの規定の対象となるかについては議論もあります。

ちなみに、バーチャル大阪は各社に許諾を得るという対策を講じ、仮想空間で現実感ある大阪を再現しています。

バーチャル大阪

©未来大阪プロジェクト

---

(9) その他の利用

そのほか、教育・試験のための利用▶55、障害者のための利用、時事事件の報道のための利用、公的なアーカイブのための利用、放送事業者による一時的固定、電子計算機における著作物の利用に付随する利用などが著作権の権利制限の対象とされています。

▶55【補足】デザイナーの方々の中には、専門学校や大学などでデザインの授業を担当していることがあるかもしれません。その場合、教室にいる学生に教科書の1頁をコピーして配布したり、オンライン授業で画面に他人の著作物を映して見せたりすることができます（著作権法35条1項）。

3 譲渡権の侵害とならない場合（譲渡権の消尽）

【著26条の2第2項】

著作権法は譲渡権の消尽を規定しています●56。この規定があるため、**漫画や小説を購入して読み終わった後に、中古本としてその漫画などを古本屋に売ることが可能**です。

では、映画の著作物にのみ認められている頒布権はどうでしょうか。頒布権については著作権法に消尽の規定がなく、解釈に委ねられています。映画の著作物にあたるゲームソフトについて頒布権が消尽するかが争われた事例では、配給制度という取引実態のある劇場用映画とは異なるゲームソフトの複製物については、頒布権のうちの譲渡権は消尽するとされました▶57◇58。

●56【参照】33頁。

▶57【補足】よって、観賞用のパッケージソフト（DVDなど）についても、頒布権のうちの譲渡権が消尽すると考えられます。

◇58【裁判例】最判平成14年4月25日平成13（受）952号。

😊 **コラム　ダウンロード販売物の消尽**

譲渡権は著作物の原作品と複製物の譲渡を対象とする権利ですが、この複製物は〈有体物〉を意味しています。そうすると、電子書籍やゲームのデータをダウンロード購入して、使い終わったので電子ファイルのまま中古販売したいという場合には、そのデータは有体物ではないので譲渡権の問題とはならず、公衆送信権の問題となります（複製が行われる場合には複製権も問題となります）。しかし、公衆送信権には譲渡権と違い消尽の規定が著作権法にはありませんので、紙媒体やCD-ROMは街の中古屋で売れるのに（譲渡権は消尽する）、データのダウンロードだとデジタル中古屋では売れない（公衆送信権は消尽しない）、ということになってしまいます。ダウンロード販売されたかどうかで中古で売ることができるかどうかが決まるというのはおかしいとなると、公衆送信権の消尽を認めるべき、すなわちデジタルでの中古販売も認めるべきということになります。

ただ、消尽が認められると著作権者には不利益になる可能性もあるので、最近では、購入者の手元にデータをダウンロードしないで、すなわち消尽が問題となることがないように、著作権者のサイトにアクセスして音楽を聴く、電子書籍を読む、ゲームをするという〈使用権を買っている〉ような形態が見られます。この使用権もそのサイトの提供者との利用契約から他人に譲渡できないのが普通でしょう。

著作権者が発達した技術をうまく利用してビジネスを行っているといえるのかもしれませんが、有体物としての本などの著作物が中古として安く転々流通して人々の目に多くとまり、そこから着想を得て新しい表現が生まれることもあったように思います。そうすると、そのような流通が実質的に減ってしまうのは、社会全体から見るとよいことではないのかもしれません。

4　著作権の保護期間

次に、著作権の保護期間を確認しておきましょう。

(1) 保護期間の原則

著作権は著作物の創作と同時に発生しますが、いつまで続くのでしょうか。**著作権の保護期間は、著作者の死後70年**【著51条】とされています。そのため、著作物の創作から著作者が死亡するまで、そして亡くなってから70年保護されるということになりますので、全体で見れば100年以上保護が続くというのもよくあることです。

また、その70年の保護期間の満了の計算は、死亡した年の翌年の1月1日から始まるとされています▶59。すなわち、その1月1日から70年後の12月31日まで著作権は続きます。よって、毎年12月31日には膨大な量の著作権が消滅しています。

(2) 保護期間の例外

保護期間についてはいくつか例外があります【著52条】。

著作者の名前がつけられていない著作物やペンネームの著作物は、著作者がいつ死亡したかわかりませんので、著作物の公表から70年の保護となっています▶60。また、法人など団体名義の著作物（職務著作）についても、団体は死にませんので、保護期間は公表から70年とされています【著53条】。そして、映画の著作物についても保護期間は公表から70年とされています▶61。

5　著作権の活用

著作権も、他人にライセンスすることが可能です。ただし、意匠法のように専用実施権と通常実施権という形では規定されていません●62。基本的に通常実施権のようなライセンス形態となり、**専用実施権のような強い権利は出版権★63だけ**となっています†64。

> 😊 **コラム　クリエイティブ・コモンズ・ライセンス**
>
> 著作物を利用したい場合に、著作権の権利制限にあたらなければ、著作権者からライセンスを得なければなりません。ただし、最近では、著作権者の側から一定の条件のもとで自由利用を事前に宣言している場合があります。クリエイティブ・コモンズ・ライセンスと呼ばれるものもその1つで、〈非営利であれば、改変しないのであれば、出典を表示するのであれば、使って構いません〉という形でその意思が示されています。

▶59【補足】共同著作物の場合は、共同著作者のうち最後に死亡した者を基準に、翌年の1月1日から起算して70年保護されます。

▶60【補足】そのペンネームがある人のペンネームとして周知であった場合は、その人が特定できるので、原則どおりその人の死後70年が保護期間とされています。

▶61【補足】映画の場合も創作に多くの人が関与するため、誰が最後に死亡したかわかりづらいことから、公表時が基準とされています。

●62【参照】38頁。

★63【用語説明】出版権とは、著作物の出版に関する排他的権利です（著作権法79条）。

†64【一歩先へ】権利者不明や権利者の意思の確認ができない著作物

著作権の保護期間は著作者の死後70年ですので、非常に長い間著作権が存続しています。そうなると、やはり権利者の行方がわからないという状態がでてきてしまいます。そのような著作物は、孤児著作物と呼ばれています。デザイン創作をする際にも、他人の著作物を利用したいのだけれど、権利者が誰かもどこにいるのかもわからないということがあります。そこで、著作権法には裁定という制度が設けられています（著作権法67条）。努力しても著作権者を見つけられなかった場合には、文化庁長官の裁定を受けて、文化庁長官が定める一定の補償金（ライセンス料相当額）を供託することで、裁定による利用方法で利用することができます。

さらに、最近の改正で新たな裁定制度が設けられ、著作物の利用の可否について著作権者などの意思が確認できない著作物などの裁定で定められた期間の利用が可能となりました（著作権法67条の3）。

たとえば、表示というのは原作者のクレジット（氏名、作品タイトルなど）を表示すれば足り、表示さえ守れば改変もできるし、営利でも利用可能というものです。このように、マークが多ければ制限が増えますが、それでも表示、継承、改変禁止、非営利、の4マークしかありません。

クリエイティブ・コモンズ・ライセンスは著作権者が著作物をできる限り自由に使ってほしい、世の中と著作物を共有したい、ということを容易にする方策の1つです。

クリエイティブ・コモンズ・ライセンスのマークの例

https://creativecommons.jp/licenses/

なお、こうした著作権者が自由な創作を促すことでその著作物を広く世の中に広めることは、商業レベルでも行われています。たとえば、初音ミクは、そのイラストなどについて非営利・無償の利用などを認めることで（ピアプロ・キャラクター・ライセンスというライセンスが公開されています）、初音ミクの二次創作を用いた動画をつけたボーカロイドソフトの作曲などが多く行われることになりました●65。

● 65【参照】303頁。

😊 コラム　**著作権の集中管理**

たとえば音楽などは、複数人が同時に利用可能です。そのため、著作権者からすれば、その著作物の無断利用を常に監視して権利行使しなければなりません。他方で、大量に他人の著作物を利用する放送局などからすれば、各著作物について著作権者から毎回ライセンスを得るのは非常に大変です。

そこで、著作権の集中管理というシステムがとられています。集中管理団体と呼ばれる団体が著作権者からの権利管理の委託を受け、権利者の代わりにライセンスをしライセンス料を徴収し権利者に分配、侵害者に訴訟提起などを行います。日本で最も有名なのはJASRAC（日本音楽著作権協会）でしょう。このような集中管理というシステムは日本だけではなく海外でも多く見られます。

意匠権と同じように、**著作権も他人に譲渡できます**▶66。そして、
_{【著61条】}
著作権は〈権利の束〉なので、それを1個1個別々に譲渡すること

▶ 66【補足】著作者人格権は譲渡できません（著作権法59条）。

もできます。ある１つの作品について、複製権はあの人に、上映権はこの人に、という形です。ところで、著作物を利用する側としては、著作権をすべてまとめて譲渡してもらうのが一番よいわけですが、**翻案権と二次的著作物の利用権については著作権者の手元に残ったままと推定されます**[著61条2項]▶67。そのため、翻案権などについても譲渡を受けたい場合は、〈著作権等一切の権利を譲渡する〉と契約書に記載するだけでは足りず、〈翻案権と二次的著作物の利用権も譲渡の対象とする〉という形で契約書に記載しておく必要があります（**特掲**と呼ばれます）。これは、普通は著作物をそのまま利用するという想定のもとに著作権が譲渡されていることが多く、著作物を改変する権利までは譲渡していないと考えられるからです。

☺ **コラム** **NFTアート**

　NFTアートというのを聞いたことがあるでしょうか。NFTとはNon-Fungible Tokenの略で〈代替できないトークン（代用通貨）〉を意味しています。ブロックチェーン技術によってデジタルコンテンツのデータを紐づけて取引履歴を可視化し、デジタルアートの所有者がわかることでNFTアートの価値を保てるようにしたものです（これはブロックチェーン内にデジタルアートを記録する場合を想定していますが、ブロックチェーン外にオリジナルデータを保存する場合もあります）。

　他方で、NFTはもともとのデジタルアート自体が本当の著作者によって作られたことを証明できるわけではありませんし（著作者でない私でも他人の著作物をNFT化できます）、ブロックチェーン外に保存されているデジタルコンテンツ自体の複製を防げるわけでもありません。NFTはデジタルコンテンツの保有者を第三者が検証できるという意味で、保有証明書のようなものといえます。

Ⅳ　著作者人格権

　これまでは著作権についてお話ししてきましたが、著作権法においては、著作者人格権も規定されています。著作者人格権というのは非常に強力な権利ですので、特に自分のデザインが他人の著作権法上の権利を侵害していないかを検討する際には、著作権だけでなく、著作者人格権もしっかりと意識しておく必要があります。

▶67【補足】条文には「推定する」と書いてあるので、状況によっては当事者の意思から翻案権なども譲渡されていると認定されることもあります。たとえば、〈ひこにゃん〉のイラストが問題となった例ですが、契約書の別紙の仕様書において立体的な利用について記載されていたことから推定が覆されました（大阪高決平成23年3月31日平成23（ラ）56号）。

▼問題となったイラスト

判決別紙
（判例時報2167号102頁）

ただし、契約書に書いておく方が安全ですので、翻案権などの譲渡も受けたい場合には契約書にその旨を記載するようにしましょう。その場合、契約書においては「すべての著作権（著作権法第27条および第28条の権利を含む）を譲渡する」と書くのが一般的です。

　著作者人格権は、創作者である著作者のみが有することができます▶68。他人に譲渡もできませんし、相続もできません。まずは、どのような権利が著作者人格権に含まれているかを確認しましょう。著作者人格権には3つの権利があります。

[著作者人格権の種類]

公表権(→**(1)**)　　　　氏名表示権(→**(2)**)　　　　同一性保持権(→**(3)**)

(1) 公表権

　創作した未公表の著作物を公表するかどうかは著作者が決めることができます。これを公表権といいます。^{【著18条】}著作物には、著作者が公表したくないような個人的日記や私信も含まれます。そのため著作者だけが、公表されていない著作物を公表するかどうかを決められることになっています▶69。

(2) 氏名表示権

　著作者は、著作物に氏名を付すことも、ペンネームなどを利用することも、匿名とすることも可能です。^{【著19条】}これを氏名表示権といいます。たとえば、原作品の絵に書かれた画家のサインを削除したり変更したりしてしまうと、氏名表示権の侵害となります▶70。

　😊 **コラム**　**氏名の削除がシステムの仕様でもダメ**

　著作物からの氏名の削除が意図的でなくとも氏名表示権侵害となります。Twitter（現X）のリツイート機能を利用して画像が表示される際に、画像の一部がTwitter. Inc.の仕様によりトリミングされてしまい氏名表示部分が消えてしまったという事例では、それがTwitter. Inc.の仕様によるものであっても、リツイート者は著作者の氏名表示権を侵害しているとされました◇71。

　他方で同一性保持権については、Twitter. Inc.の仕様により著作物の一部のみが表示されるという改変が同一性保持権侵害にあたるとする裁判例（やむを得ない改変にもあたらない）◇72と、同一性保持権侵害とならないとした裁判例があります◇73。前者は著作者に無断で写真の画像を含むツイートが行われたものがリツイートで表示された事案、後者はイラストのトレースの検証のためにイラストを重ね合わされた画像がTwitterのタイムライン上で表示された事案で、事案が異なりますが、画像を含む安易なツイートやリツイート（ポストやリポスト）には注意

▶**68【補足】**著作権と同じように著作者人格権も創作と同時に発生します。職務著作の場合は法人が著作者となり、法人が著作者人格権を有します（**【参照】**54頁）。

▶**69【補足】**逆に、一度著作者自身が公表した著作物には公表権はおよびません。

▶**70【補足】**こうした原作品の氏名表示だけでなく、たとえば文庫本（複製物）に異なる著作者名を表示して公衆に提供するような場合も氏名表示権の侵害です。

◇**71【裁判例】**最判令和2年7月21日平成30（受）1412号。

◇**72【裁判例】**知財高判平成30年4月25日平成28（ネ）10101号。

◇**73【裁判例】**知財高判令和4年10月19日令和4（ネ）10019号。

が必要な点は変わりません。

(3) 同一性保持権

　著作物には自己の思い入れなどが強くあらわれているものです。そのため、著作物を無断で改変されると、著作者が有する人格が大きく傷つけられる可能性があります。

　たとえば、人物をかたどった彫刻の両腕が勝手に壊されたりしてしまえば、たとえ客観的にその著作物の価値が高まったとしても、彫刻家の心理としては許し難いでしょう。よって、著作者の主観に反するような改変は、同一性保持権を侵害するとされています。[著20条]

　著作権には翻案権という権利がありましたが、たとえ創作的表現を加えずとも一定の改変を行うと同一性保持権を侵害することになります▶74。この同一性保持権の侵害は、著作者の〈意に反して〉行われれば足りますので、著作者の主観で決まり、著作者が気に食わないというだけで〈意に反して〉となります▶75。

　ただし、同一性保持権の効力にも例外があります。たとえば、小学校の教科書で使えるようにある作家の文章のむずかしい漢字を教科書用に平仮名にする、雨漏りを直すために建築物を修繕するなどです。また、著作権法は包括的に、〈やむを得ないと認められる改変〉も同一性保持権の侵害とはならないとしています。とはいえ、許容されるのは〈著作物の性質、その利用目的および態様に照らしやむを得ない〉改変のみですので、基本的には著作物の改変は自由にできないと考えておく方がいいでしょう↑76。

2　著作者が亡くなった後の人格的利益の保護

　著作者人格権は著作者の死亡と同時に消滅するとされています。しかし、著作者が死亡した後に書籍の内容や題号を勝手に変えていいと思う人はいないと思います。そこで、**著作者の死後も、著作物を公衆に提供・提示する場合には、著作者が生きていたならば著作者人格権を侵害するであろう行為**が禁止されています。[著60条]ただし、行為の性質や程度、社会的事情によって、その行為が亡くなった著作者の意を害しない場合は問題になりません。たとえば、江戸時代に書かれた町人の私信の手紙を歴史的資料として公表しても、公表権の問題にはならないでしょう。

　また、著作者はすでに死亡していることから、保護のための措置

▶74【補足】たとえば、著作者に無断で90分の授業動画を編集して30分の授業動画にするという行為は、同一性保持権を侵害することになります。なお、授業を倍速で再生し試験することは著作物の〈使用〉であり〈利用〉ではありませんので、著作権も著作者人格権も侵害しません。

▶75【補足】元の著作物の原型がわからないのであれば、もはやその著作物を他人は享受できませんので同一性保持権の侵害にはなりません。そのため、両腕を壊した彫刻は同一性保持権を侵害しますが、彫刻自体を完全に破壊した場合は同一性保持権を侵害しないことになります。

↑76【一歩先へ】やむを得ない改変の判断

　やむを得ない改変かどうかの判断はむずかしいところです。2つの例を見ておきましょう。

　まず、観音像を所有していたお寺が、観音像の表情が驚いたような、または睨みつけるような眼差しに見えるとして頭部をすげ替えたお寺の事情があります（知財高判平成22年3月25日平成21（ネ）10047号）。裁判所は、観音像の仏頭をすげ替える方法のみならず、観音像全体を作り替える方法なども選択肢として考えられ、観音像の仏頭部のすげ替え行為が唯一の方法であって、やむを得ない方法であったとはいえないとして、やむを得ない改変にあたらない（＝同一性保持権を侵害する）としました。

▼元の観音像（左）とすげ替え後の観音像（右）

判決別紙　　判決別紙

　では、やむを得ない改変と認められる例はどうでしょうか。似顔絵として描かれた人物が醜く描かれ、人物本人の名誉感情を侵害するおそれがあるものであったため目隠しを入れて引用し

は著作者の遺族のうち一定の者が行うことになります。ただし、この措置は、著作者の孫までしかできないと規定されています。そのため、実質的には著作権の保護期間（著作者の死後70年）が満了していれば、孫も亡くなっている可能性がありますので、その保護期間に大きな差はないでしょう▶77。

たという場合に、目隠しによって名誉感情を侵害するおそれが低くなっていることから、やむを得ない改変とされた（＝同一性保持権を侵害しない）例があります（東京地判平成11年8月31日平成9（ワ）27869号、東京高判平成12年4月25日平成11（ネ）4783号）。

3 著作者の名誉などを害する著作物の利用

【著116条】
著作者の名誉などを害する方法での著作物の利用はできません。著作物が改変されなくても、たとえば絵画をアダルトショップの看板に使うと絵画の著作者の社会的評価を害しますので、著作者人格権侵害とは別にそのような利用はできないとしています。

▼元の人物画と目隠し後の人物画

判決別紙（1審）　判決別紙（1審）

▶77【補足】なお、著作者が生きていたなら著作者人格権の侵害となる行為については刑事罰の対象でもありますので、孫が死亡しても刑事罰の適用はあります。

V 権利侵害

最後に著作権・著作者人格権の侵害を確認しておきましょう。著作権・著作者人格権侵害となるためには、他人の著作物にアクセスしそれをもとにして（依拠）、他人の著作物と創作的表現が似ているものについて（類似）、利用行為を行っていること、の3つの要件が必要とされています。

1 著作権侵害の要件

(1) 依拠

著作権・著作者人格権は、ある意味で▶78、**意匠権よりも権利の効力としては弱い**ものになっています。というのも、著作権法は、他人が無断で〈模倣〉することを禁止しているので、模倣でなければ、すなわち、**他人の著作物の存在を全く知らないで独自に創作した場合には著作権・著作者人格権侵害にならない**からです▶79。

その理由は、著作物の存在を知るのがむずかしいからです。著作権・著作者人格権は出願手続や登録手続をとらなくても発生します。そのため、ほぼ誰にも知られていない作品について、その存在を知る術は事実上ありません。他人の小学校時代の夏休みの宿題の絵日記と絵がたまたま似ていたからといって著作権・著作者人格権侵害となってしまうのは、著作権・著作者人格権の保護としては行き過ぎだと思われるでしょう。

そのため、**他人の著作物にアクセスしそれをもとにして（依拠して）利用した場合だけを著作権・著作者人格権侵害**としているので

▶78【補足】ある意味で、としたのは著作者人格権は意匠権よりも強力な権利といえるからです。

▶79【補足】意匠権の場合には、意匠権の意匠を全く知らずに独自に創作して実施しても意匠権侵害となります。

す。

　ただ、**あまりにも著作物が似ていれば、**それは**依拠を推定**させます。たとえば歌謡曲の著作物についてメロディからハーモニー、リズムまで一曲丸々同じであるなど、偶然でそのような一致が起こることはないといえるような場合であれば、他人の著作物に依拠したことを推定しても問題ないと考えられるからです▶80。

▶80【補足】その場合、訴えられた側で〈依拠していない（自ら創作した）〉ことを明らかにしなければなりません。

(2) 類似

　このように著作権・著作者人格権侵害となるためには依拠性が必要ですが、そもそも、〈著作物〉と〈侵害だといわれている作品など〉が全く似ていないのであれば、著作権侵害にはなりません。つまり、依拠性に加えて、**著作物との類似性（創作的表現が同一または類似であること）も必要**になります。

　たとえば言語の著作物について、一言一句同じであれば、同一であるといっていいでしょう。ある絵画の著作物について全く同一の絵であれば、同一であるといっていいでしょう。ただし、そこまで露骨に他人の著作物の模倣を行うというのは、確信犯的なもの以外は考えにくいと思います。

　では、表現が少し変わっているけど似ているような気がするという場合はどのように判断されるのでしょうか。実際の裁判例から探ってみましょう。

巫　著作権侵害とされた例1——入門漢方医学事件◇81

◇81【裁判例】東京地判平成22年7月8日平成21（ワ）23051号。

　著作権侵害とされた例から見てみましょう。書籍の表紙の図版の複製・翻案が問題となった事件ですが、裁判所は著作権侵害だとしました。

　具体的には、原告と被告の図版は、縦棒と横棒の形および配置などが同一であり、図形ないし棒の類型や個数、これらの図形ないし棒の配置箇所や組み合わせの方法も共通し、書名、編者名および出版社名についてもその配置箇所などについて共通することから、被告の図版からは原告図版の**表現上の本質的な特徴を直接感得することができると**

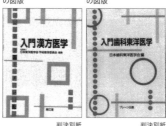

入門漢方医学（原告）
の図版
判決別紙
（Westlaw文献番号
2010WLJPCA07089003）

入門歯科東洋医学（被告）
の図版
判決別紙
（Westlaw文献番号
2010WLJPCA07089003）

しました。よって、裁判所は、著作権侵害が認められるとしています。

◇82【裁判例】知財高判平成27年6月24日平成26（ネ）10004号。

巫　著作権侵害だとされた例２ ── プロ野球ドリームナイン事件◇82

次の例も著作権侵害だとされた例です。この事件では、ゲーム内で登場する選手カードの複製・翻案が問題となりましたが、裁判所は著作権侵害だと認めています。

具体的には、被告のカードは原告カードとは別の写真を使用し全体として金色を基調とした色味に変更することで新たな表現を加えたものであるものの、写真のポーズと配置、多色刷りで写真を拡大した二重表示の存在、部位や位置関係、背景の炎と放射線状の閃光の描き方という具体的表現が同一であることから、両選手カードは**表現上の本質的特徴を同一**にしており、また、**その部分において思想または感情の創作的表現がある**とされました。よって、裁判所は著作権侵害と認めています。

原告のゲーム（左）と被告のゲーム（右）に選手ガチャで登場する選手カードの例

判決別紙

◇83【裁判例】東京地判平成20年7月4日平成18（ワ）16899号。

巫　著作権侵害ではないとされた例 ── 博士イラスト事件◇83

最後は、著作権侵害ではないとされた例です。幼児向けの教育用DVDのパッケージカバーで利用されているイラストの類似性が争われた事件です。裁判所は結論として両イラストは類似しないとしました。その判示内容はわかりやすいのでそのまま紹介しましょう。

「角帽やガウンをまとい髭などを生やしたふっくらとした年配の男性とするという点はアイデアにすぎず……共通点として挙げられているその余の具体的表現（ほぼ２頭身で、頭部を含む上半身が強調されて、下半身がガウンの裾から見える大きな靴で描かれていること、顔のつくりが下ぶくれの台形状であって、両頬が丸く、中央部に鼻が位置し、そこからカイゼル髭が伸びていること、目が鼻と横幅がほぼ同じで縦方向に長い楕円であって、その両目の真上に眉があり、首と耳は描かれず、左右の側頭部にふくらんだ髪が生えていること）は、きわめてありふれたもので表現上の創作性があるということはできず、両者は表現でないアイデアあるいは表現上の創作性が認められない部分において同一性を有するにすぎない」。よって、裁判所は著作権侵害は認められな

いとしました。

原告のパッケージカバーのイラスト　　　被告のパッケージカバーのイラスト

判決別紙　　　　　　　　　　　　　　　　判決別紙

　いかがでしょうか。侵害かどうかの判断はかなり微妙だと思ったのではないでしょうか。実際、それぞれの判決に逆の結論を支持する立場もあり、類似性の判断のむずかしさを物語っています。それでは、これらの裁判例をもとに、類似がどのように判断されているか確認しておきましょう▶84。

　裁判所は、一般に、著作物が類似するかどうかは、〈**表現上の本質的な特徴を直接感得**〉できるかが問題だとしています。むずかしい表現ですが、侵害者の作品において著作権者の著作物に表現されている特徴が見出せれば類似しているといえる、という意味です。逆に、著作権者の著作物の特徴が見出せないのであれば、類似しないということになります。入門漢方医学事件では、被告の書籍の表紙の図版には原告の図版の表現上の本質的特徴が感じられる、プロ野球ドリームナイン事件でも両選手カードは表現上の本質的特徴を同一にしているから、著作権侵害だとされています。

　また、著作物が似ているといっても、**創作性がない部分が共通しているだけでは著作物が類似しているとはいえません**。そもそも著作権法は創作性のない表現を保護していないからです▶85。よって、ありふれた表現などを再現したとしても、それが著作権侵害となることはありません。たとえば、博士イラスト事件では、表現でないアイデアあるいは創作性がない部分が共通しているだけなので両イラストは類似しないとされています。また、プロ野球ドリームナイン事件は著作権侵害を認めていますが、表現上の本質的特徴を同一にする部分において思想または感情の創作的表現があるとしています。

　ここで著作物の要件を思い出してみると●86、創作的な表現でなければ著作物として保護されませんので、表現上の本質的特徴という

▶84【補足】実は、著作権侵害の判断手法には2つあるといわれています。1つが二段階テストと呼ばれるもので、まず原告の作品の著作物性を判断してから、原告と被告の作品が類似しているかを判断するものです。もう1つが、濾過テストと呼ばれるもので、原告作品と被告作品から抽出された共通点が創作的表現かを判断するものです。どちらのテストによっても結論は変わらないのですが、裁判所はこの2つの方法のいずれかを用いて判断しています。

▶85【補足】著作物であるためには創作性が求められています（【参照】50頁）。

●86【参照】50頁。

のは表現上の創作性を意味しているといえます。よって、表現上の本質的特徴を直接感得できれば類似するというのは、創作性のない表現部分が共通しても類似性は否定されるということと同じ意味だといえます。

　以上から、**表現上の本質的特徴を直接感得できるということは、創作的表現が共通する（＝類似する）** ということになります。

　このように、著作権侵害と認められるためには、依拠性と類似性が満たされたうえで、次に説明する利用行為などが行われたことも必要です。

(3) 利用行為など

　著作物の利用行為などとは、先に説明した著作物の複製や公衆送信、未公表の著作物の勝手な公表などがあたります[87]。もちろん、法律に規定されるこれら以外の行為は侵害となりませんし、さまざまな例外規定にあたる場合も侵害とはなりません[88]。

●87【参照】71頁。

●88【参照】61頁。

2　侵害に対する措置

　著作権・著作者人格権が侵害された場合にも、意匠権の侵害と同様の措置をとることが可能です[89]。また、著作者人格権の侵害には名誉回復のための措置も請求もできます[90]。

●89【参照】31頁。

▶90【補足】ほかの意匠法、商標法、不正競争防止法、特許法においても、意匠権者などは信頼回復の措置（意匠法41条・商標法39条で準用する特許法106条、不正競争防止法14条、特許法106条）の請求が可能です。

(1) 現在および将来の行為に対する措置

　著作権が侵害されている場合には、現在または今後の侵害を防ぐための措置として意匠権侵害と同様、**差止請求権を行使**することができます。また、差止請求にあわせて、侵害品などの廃棄を請求することもできます。
【著112条】

(2) 過去の行為に対する措置

　過去の侵害に対して**損害賠償請求が可能**です。なお、どのくらいの損害額が発生したのかは計算が困難な場合も多いので、著作権法にも損害額を推定する規定が設けられています。
【著114条】

(3) 著作者人格権侵害に対する措置

　著作者は著作者人格権を侵害する行為に対しては名誉回復などの措置を請求することができます。たとえば、訂正広告や謝罪広告の請求が可能です。
【著115条】

◇91【裁判例】東京高判平成8年10月2日平成8（ネ）1129号・平成8（ネ）2413号。

「お詫び

　私がA県C高校研修集録第八号（旧）に投稿し、昭和六二年一二月に掲載配付された私名義の論文「全国総合開発と農村地域構造の変貌（第一報）—B市の就業状況の変化」及び同抜刷（各全一七頁）の六〜一四頁に掲載された文と図は、当時法政大学院生であったX氏がA県B市史の為に作成した物に、私が一部改変と挿入を加え、右雑誌に無断で転用した物です。大半は回収しましたが、右事実を認めお詫びします。

Y

平成　年　月　日

X殿」

☺ コラム　ハイスコアガール事件

　「ハイスコアガール」という漫画をご存じでしょうか。90年代の筐体ゲームが登場し、登場人物らがそのゲームを実際にプレイしながら交流していく漫画です。そこでは筐体ゲームに登場したキャラクターのイラストも漫画の中に登場していたことから、ゲーム会社が著作権侵害として訴えました。

　それだけなら通常の事件と違いはないのですが、ゲーム会社が漫画の出版社などを刑事告訴したことで▶92、著作権侵害かどうかが明確ではない状態にもかかわらず（著作権の制限である引用に該当する可能性もあります）、家宅捜索が行われ、出版社の担当者・役員、漫画の著作者が書類送検される事態となりました。このような事態は新たな表現に対する萎縮効果となってしまいますので、知的財産法の研究者の有志で、このような事情のもとでの刑事手続について反対する声明が出されるなど、社会に大きな反響をもたらしました。

　最終的には当事者間で和解がなされ刑事告訴も取り消されていますが、違法アップロードサイトのような著作権侵害が明白であるような場合を除き、著作権侵害に基づく家宅捜索などにはできる限り慎重であるべきだと思います▶93。

▶92【補足】著作権・著作者人格侵害には刑事罰もありますが、悪質な場合を除いて、告訴がなければ罪に問われない親告罪とされています（著作権法123条1項など）。

▶93【補足】ほかの意匠法、商標法、不正競争防止法、特許法においても侵害については刑事罰の適用があります（意匠法69条、商標法78条、不正競争防止法21条、特許法196条）。

商標法

デザインを保護する法律として次にお話しする法律が、商標法と呼ばれる法律です。**商標法は、自分の扱う商品やサービスを他人のものと区別するために使用するマーク（商標）を保護する制度**です。

具体例で考えてみましょう。Appleという文字や、一部が欠けたリンゴの図が電化製品に付されていれば、消費者は〈これはアップル インコーポレイテッドが作った製品で高品質のはずだ〉と思うのではないでしょうか。Appleのマークが商品についているのに違う業者の販売した製品で、その品質も悪かったとなると、アップル インコーポレイテッドの利益も消費者の利益も害されかねません。このように、Appleという文字や図形に存在している信用を、他人が勝手に利用しないように保護するのが商標権です▶1。

I 商標

では、商標法で保護される商標とはどのようなものでしょうか▶2。
【商2条1項】
皆さんは色々な種類の商標を街中で見かけているはずです。具体的には、**文字、図形、記号、立体、色彩、音の商標**があります▶3。さらには、**動き商標、位置商標、ホログラムの商標**▶4もあります。一般的には平面のものが多いと思いますが、立体の商標も認められます。実際に下記のように、皆さんよくご存知であろう先にあげたさまざまな種類の商標が登録されています。

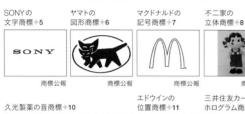

SONYの文字商標╋5　　ヤマトの図形商標╋6　　マクドナルドの記号商標╋7　　不二家の立体商標╋8　　トンボ鉛筆の色彩商標╋9

商標公報　　商標公報　　商標公報　　商標公報　　商標公報

久光製薬の音商標╋10

商標公報

エドウインの位置商標╋11

商標公報

三井住友カードのホログラム商標╋12

商標公報

▶1【補足】Chapter 3の目次。
Ⅰ　商標
Ⅱ　商標登録の要件
Ⅲ　手続的要件
Ⅳ　商標権の効力と商標権の侵害

▶2【補足】商標とは〈標章であって業として商品などに使用するもの〉です。そのため、標章と商標は意味が違い、法律では使い分けられています。なお、標章とは「人の知覚によって認識することができるもののうち、文字、図形、記号、立体的形状若しくは色彩又はこれらの結合、音その他政令で定めるもの」とされています（商標法2条1項）。

▶3【補足】色の商標については、現在のところ単一色での商標登録例はありません。

▶4【補足】見る角度によって変化して見える文字や図形として、商標登録が可能となっています。

╋5【公報】商標登録512083号。ソニーグループ株式会社の登録商標です。

╋6【公報】商標登録1868125号。ヤマトホールディングス株式会社の登録商標です。なお、文字〈宅急便〉もヤマトの登録商標です（たとえば商標登録1377677号）。

╋7【公報】商標登録1688700号。マクドナルド インターナショナル プロパティカンパニーリミテッドの登録商標です。

╋8【公報】商標登録4157614号。株式会社不二家の登録商標です。商標法3条2項の適用なく登録されています（【参照】83頁）。

╋9【公報】商標登録5930334号。株式会社トンボ鉛筆の登録商標です。商標法3条2項の適用を受けて登録されています（【参照】83頁）。

╋10【公報】商標登録5804299号。久光製薬株式会社の登録商標です。

ワコールの動き商標✤13

商標公報

✤11【公報】商標登録5807881号。株式会社エドウインの登録商標です。

✤12【公報】商標登録5804315号。三井住友カード株式会社の登録商標です。左が正面から見たとき、右が傾けて見たときです。

✤13【公報】商標登録5804316号。株式会社ワコールの登録商標です。これは花のつぼみが回転しつつ開き、ワコールの〈W〉を表すロゴとなっていく〈ワコールファッションフラワー〉です（https://www.kjpaa.jp/aboutus/case/wacoal）。

　また、**商標の分類として、商品に使うものを商品商標、サービスに使うものを役務商標といいます**。コンピュータにAppleとつける場合が商品商標、Apple Storeで商品の修理などのサービスを提供する際に使うのが役務商標です。商品だけでなくサービスの提供の際にも商標を使用することが多くありますので、商品と役務の両方が対象とされています。

　このように、**商標は必ず商品または役務との関係で把握されます**。たとえば、〈SEIKO〉という文字商標は、指定商品を〈時計等〉として取得されています。〈佐川急便〉という文字商標は、指定役務を〈車両による輸送等〉として取得されています。

セイコーの商標✤14　　　　　佐川急便の商標✤15

商標公報　　　　　　　　商標公報

✤14【公報】商標登録175840号。セイコーグループ株式会社の登録商標です。なお、登録商標が少し不鮮明ですが、こうしたデザインではなく、SEIKOという文字商標という意味です。

✤15【公報】商標登録4696102号。SGホールディングス株式会社の登録商標です。

　商標が必ず商品・役務との関係で把握される点は非常に重要で、指定商品を〈りんご〉として商標〈Apple〉とつけても、りんごをAppleというのは言語を変えただけで誰の商品かを識別できません。指定商品を〈コンピュータ〉として商標〈Apple〉とするからこそ、私たちは商品の出所を識別できるのです。

　商標については、必ず商品・役務との関係に注意しておきましょう。

II　商標登録の要件

　では、商標登録を受けるためには、商標であることに加え、どのような要件を満たすことが必要でしょうか。意匠法や著作権法と同じように要件を確認していきましょう▶16。

1　商標を使用する意思

　商標登録を受けるためには、まず、その**商標を使用する意思がなければなりません**▶17。商標登録出願をするときに商標を使用している必要はありませんが、将来的に商標を使用するという意思がなけ

▶16【補足】商標権を取得するためには特許庁に商標登録出願が必要です（【参照】86頁）。

▶17【補足】使用しなければ誰もその商標を認識できず、その商標に信用が蓄積することもないので、このような商標を保護する必要はないからです。

ればなりません。商標は使用されることによって初めて信用が蓄積されていくので、使う意思がない人に権利を与える必要はないからです。とはいえ、出願人の使用意思が確認できるのが一般的でしょうから、通常はあまり問題となることはありません▶18。

2　自他商品・役務識別力と独占適応性

次に、**商標は、他人の商品や役務と区別でき、特定の人の独占に**[商3条]**適するものでなければいけません**。

たとえば、お菓子の〈カステラ〉に〈オランダ船の図形〉の商標をつけても、〈カステラ〉に〈オランダ船の図形〉はカステラのイメージを表すものとして慣用的につけられている商標ですので、その商標がどのメーカーの商品であるかを認識できません▶19。反対に、コンピュータにSONYとあれば、ソニー株式会社の製品だとわかります。これが、**商標には自他**▶20**商品・役務識別力（その商標によって他人の商品や役務と区別できること）が必要**だという意味です▶21。

また、〈ヨーグルト〉に〈LG21〉という商標をつけた場合、LG21が乳酸菌であってヨーグルトの原材料だということが需要者にわからなければ、需要者はLG21というのを商品名だと思うはずですので、識別力はあるといえるかもしれません。しかし、LG21がヨーグルトの原材料である以上、それが登録されてしまうと、同業者がLG21を使ったヨーグルトの原材料を表示するのにLG21を使用しづらくなってしまいます▶22。よって、そのような商標について**特定の人に独占使用を認めることは公益上適当とはいえない**でしょう▶23。

そこで、商標法は、自他商品・役務識別力がなく、また、誰かに独占させることも適当でない商標について商標登録を受けられないとしています。では具体的に見ていきましょう。

[自他商品・役務識別力と独占適応性がない商標]

普通名称（→(1)）	慣用商標（→(2)）	記述的表示（→(3)）
ありふれた氏・名称（→(4)）	きわめて簡単でありふれた商標（→(5)）	その他の識別力がない商標（→(6)）

(1)　普通名称

まず、その**商品やサービスの一般的名称を使用する場合**で▶24、[商3条1項1号]たとえば、商品〈アルミニウム〉に〈アルミニウム〉という商標をつけるような場合です。その商品やサービスに普通に使う名称は誰し

▶18【補足】ただし、登録後も継続して3年以上使用しないと、他人からの審判の請求によって、その商標登録が取り消されることがあります（商標法50条）。

▶19【補足】ここからもわかるように、商標は商品と役務との関係が常に問題となります。

▶20【補足】自分の商品・役務を、他人の商品・役務という意味で、〈自他〉という表現が使われます。

▶21【補足】この自他商品・役務識別機能は、出所表示機能と呼ばれたり、出所識別機能と呼ばれることもあります。

▶22【補足】たとえ登録されても、同業者はヨーグルトの原材料として普通に表示する場合には、LG21を使用できます（商標法26条1項2号。【参照】92頁）。たとえば、原材料欄に〈生乳、LG21、砂糖〉のように表示する場合です。

▶23【補足】LG21については全国的に有名で識別力があるとして、商標登録されています（商標登録6593374号）。これに関わる商標法3条2項については後述します（【参照】83頁）。

▶24【補足】正確には、〈普通名称を普通に用いられる方法で表示する商標のみからなる商標〉が登録を受けられません。

もがその名称を使用することから、誰の商品やサービスかを把握することができないので、普通名称には自他商品・役務識別力がなく独占させる必要もないとされています。

> ☺ **コラム　普通名称化**
>
> 　最初は普通名称でなかった商標が、商標として使い続けられ、その名称があまりに一般化すると普通名称となってしまうことがあります。ホッチキスやエスカレーターが典型例です。普通名称になってしまうと商標権を行使できなくなってしまうので（商標法26条）、商標として有名になることはいいことですが、普通名称とならないように商標を管理することも重要です。たとえば「『PlayStation』、『プレイステーション』は株式会社ソニー・コンピュータエンタテインメントの登録商標または商標です。」と示しているのも、普通名称とならないようにする方策の一環といえるでしょう▶25。
>
> 　なお、しばしば®や™という表示を見ることがあると思いますが、これも一般的には登録商標であることを示しています（ただし日本法のもとではこうした表示は義務ではありません）。

(2) 慣用商標

　次に、**その商品やサービスに慣用されている商標の場合**です。た [商3条1項2号] とえば、商品〈清酒〉に〈正宗〉とつけるような場合など、普通名称でなくとも、業界で使用され続けた結果、慣用的に使用される商標というものがあります。こうした商標は自他商品・役務識別力がなく独占させる必要もないとされています。

(3) 商品の産地や品質などの表示（記述的表示）

　そして、**商品やサービスの属性を記述する表示**（一般に **記述的表示** と呼ばれます）**は商標登録を受けることができません**▶26。たとえば、 [商3条1項3号] 菓子に〈東京〉という産地や、シャツに〈特別仕立〉といった表現をつけるような場合です▶27。産地などでは商品を識別できませんし、特別仕立というのも単に品質を表しているだけですので、このような場合は自他商品・役務識別力がなく独占させる必要もないとされています。

▶25【補足】普通名称化しても商標登録は維持・更新できますが、権利行使はできません（商標権の効力が制限されます）。

▶26【補足】正確には、〈記述的表示を普通に用いられる方法で表示する標章のみからなる商標〉が登録を受けられません。

▶27【補足】容器や家具などの立体的形状は通常商品の出所を表すものではなく、立体的形状の機能や見た目の美しさの目的で採用されています。そのため、商品等の形状そのものの範囲を出ないと認識される場合には、記述的表示にあたるとされています。よって、指定商品が肘掛椅子であれば、肘掛椅子と認識される形状は、この規定に該当することになります。その場合でも、使用により識別力を有するようになれば立体商標として登録を受けることが可能です（商標法3条2項）【参照】139頁。

　また、色彩や音も商品の特徴に対して記述的表示となることがあります。たとえば自動車のタイヤに黒色や、炭酸飲料に『『シュワシュワ』という泡のはじける音』などは記述的表示になります。

　なお単一色は、使用によって識別力を獲得するのも非常に困難で【参照】162頁、218頁）、輪郭のない単一の色彩が使用により自他商品・役務識別力を得たかを判断する際は、指定商品を提供する事業者に対して、色彩の自由な使用を不当に制限することを避けるという公益にも配慮すべきとされています（知財高判令和2年6月23日令和1（行ケ）10147号）。

▼登録にならなかった色彩の出願商標（指定商品：油圧ショベル等）

判決別紙

(4) ありふれた氏・名称

　また、〈山田〉、〈佐藤〉などの**ありふれた氏などは商標登録できません**▶28。反対に、〈織部〉といったありふれているとはいえない珍しい氏は登録可能です▶29。なお、これは氏が対象なので、たとえ氏がありふれたものであっても、名前も含んだ氏名全体であれば商標登録が可能です。

【商3条1項4号】

　また、ありふれた名称についても商標登録を受けられないとされており、〈運輸〉や〈生命保険〉などの名称も自他商品・役務識別力がなく独占させる必要もないことから、商標登録を受けることができません。

(5) きわめて簡単で、かつ、ありふれた商標

　数字やローマ字1字または2字、単なる立方体や直方体・単音は商標登録できません▶30。たとえばローマ字1字〈A〉というだけでは自他商品・役務識別力がなく独占させる必要もないからです。

【商3条1項5号】

(6) その他の自他商品・役務識別力がない商標

　商標法は、**(1)〜(5)で説明した登録を受けることができない商標のほかにも、自他商品・役務識別力がない商標は登録を受けることができない**としています。これまでの自他商品・役務識別力がない商標以外にも、自他商品・役務識別力がない商標がありえますので、そうした商標は商標登録を受けられないとするものです。

【商3条1項6号】

　たとえば、単なる地模様などがこれに該当します▶31。〈鬼滅の刃〉の主人公・竈門炭治郎が劇中で着用している羽織の市松模様は自他商品・役務識別力がないとして、**株式会社集英社の商標登録出願**（指定商品：被服等）は拒絶されています●32。

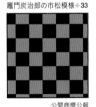

竈門炭治郎の市松模様✚33

公開商標公報

(7) 例外：使用によって自他商品・役務識別力を有する商標の場合

　しかし、**(3)〜(5)に該当する自他商品・役務識別力がない商標で**あっても、**その使用により全国的に知られ需要者が何人かの業務にかかる商品や役務と認識できる商標については**▶34、**商標登録を受けることができます**▶35。こうした商標であれば、識別力を有する商標であり、独占させるのに不適当とまではいえないからです。

【商3条2項】

　たとえば、商品〈角型瓶入りのウイスキー〉についての文字商標

▶28【補足】正確には、〈氏などを普通に用いられる方法で表示する標章のみからなる商標〉が登録を受けられません。

▶29【補足】「織部」は商標登録されています（商標登録1558716号）。

▶30【補足】正確には、〈きわめて簡単で、かつ、ありふれた標章のみからなる商標〉が登録を受けられません。

▶31【補足】色彩のみからなる商標は、(2)(3)に該当するもの以外は、原則として自他商品・役務識別力がない商標とされます。

●32【参照】226頁。

✚33【公報】商標出願2020-78058号。

▶34【補足】たとえば、商標の構成や態様、使用期間や使用地域、需要者の商標の認識度を調査したアンケート調査などを考慮して判断されます。

▶35【補足】なお、(1)、(2)、(6)は対象とされていませんが、識別力を獲得したのであれば基本的にこれらの商標にあたらなくなるからです。ただし、普通名称については、識別力を獲得したとしても特定の人の独占的な使用を認めるべきではないとも考えられます。〈苺〉という商標に識別力を獲得したとしても、〈いちご〉という商品に識別力を獲得したとしても、〈いちご〉という普通名称を独占させるのは適当ではないでしょう。

の〈角瓶〉は▶36、その使用の結果、需要者にサントリーの商品として〈角瓶〉が知られているとして、登録がされています◇37▶38。

模様や文字などがつけられていない容器や家具などの立体的形状については、原則として使用によって識別力を獲得しない限り商標登録を受けることはできません▶40。

サントリーの商標✛39

角瓶

商標公報

▶36【補足】ウイスキーに角瓶ではウイスキー瓶の形状そのものと認識されるだけですので、通常は自他商品・役務識別力はありません（東京高判平成15年8月29日平成14（行ケ）581号。なお、立体商標の角瓶については使用による識別力も認められませんでした。そのため、文字を含めた角瓶として立体商標登録がされています（【参照】163頁））。
▼登録を受けられなかったサントリーの角瓶

判決別紙

◇37【裁判例】東京高判平成14年1月30日平成13（行ケ）265号。

▶38【補足】ほかの例として、あずきバー（(3)の例）、HONDA（(4)の例）、JR（(5)の例）などの登録例があります。

✛39【公報】商標登録4561212号。サントリーホールディングス株式会社の登録商標です。

▶40【補足】通常はその商品の形状を普通に用いられる方法で表示するものとして（3）に該当（商標法3条1項3号）し、使用により識別力を獲得（商標法3条2項）しない限り登録されません（【参照】139頁）。

3　商標登録を受けることができない商標

次に、自他商品・役務識別力を有している商標についても、たとえば以下のような商標については保護を受けられません［商4条］。これらの商標は商標権を与えることが適切でないからです。

［商標登録を受けることができない商標の例］

公共の機関等の商標（→(1)）	公序良俗を害する商標（→(2)）	他人の氏名を含む商標（→(3)）	他人の商品等と出所の混同を生じさせる商標（→(4)）
商品・役務の質を誤認させる商標（→(5)）	商品等が当然に備える特徴のみからなる商標（→(6)）	他人の有名な商標を不正の目的で使用する商標（→(7)）	

(1)　公共の機関などの標章と同一・類似の商標

日本や外国の国旗、赤十字の標章、国際連合の標章などと同一・類似の商標は登録を受けることはできません［商4条1項1号など］。国家の尊厳、赤十字や国際連合の公益性などを考慮すると、そうした商標を登録することは適切ではないと考えられるからです。

国際連合の標章▶41

商標審査基準　第3三

白地に赤十字の標章

商標審査基準　第3四

(2)　公序良俗を害するおそれがある商標

また、公序良俗を害するおそれがある商標は登録を受けることができません［商4条1項7号］。たとえば、商標の構成自体が卑猥なものは公序良俗を害するおそれがある商標となります。また、かつての〈征露丸〉●42のように、特定の国や国民を侮辱するような商標も登録を受けられません▶43。

●42【参照】170頁注96。

▶43【補足】このように、公序良俗を害するおそれがある商標は基本的に商標の構成自体が問題とされていますが、それだけでなく、商標の出願過程で社会的によくないとされるような行為があった場合も、公序良俗に反する商標登録出願であるとされることがあります。

(3) 他人の氏名・著名な略称などを含む商標

一定の知名度がある他人の氏名などが含まれている場合は、その他人の承諾がなければ商標登録を受けることはできません。〔商4条1項8号〕

たとえば、商標を使用する商品等の分野で広く知られている氏名の場合には、他人の承諾がなければ商標登録できません●44。また、他人の芸名やその略称なども、その芸名などが著名だと他人の承諾がなければ商標登録を受けられません。逆にいうと、承諾を得れば登録可能です。

なお、芸名や略称などが著名であることが求められているのは、それらが各人が自由につけられるものであるので、著名でないものも商標登録を受けられないとすると出願人の商標選択の余地を大きく狭めてしまうからです▶45。

● 44【参照】ファッションデザイナーが自身のブランドに使う氏名については233頁。

(4) 他人の商品等と出所の混同を生じるおそれがある商標

他人の商品等と出所の混同を生じてしまうと、需要者が間違って商品を買ってしまうかもしれません。それは事業者にも需要者にも不利益となります。そのため、**他人の商品等と出所の混同を生じさせる商標は登録を受けられない**とされています。〔商4条1項10号等〕

たとえば、商標登録されていないけれども需要者に広く認識されている他人の商品と同一・類似の商標や、〔商4条1項10号〕先に出願され登録されている他人の商標と同一・類似の商標、〔商4条1項11号〕他人の商品・役務と出所混同を生じさせる商標は登録を受けることができません。〔商4条1項15号〕

たとえば私が、指定商品を〈飲料水〉として商標〈Coca-Cola〉を出願して権利取得できるとすると、ザ コカ・コーラ カンパニーによって〈Coca-Cola〉が商標登録されていてもいなくても▶46、私の販売するコーラをザ コカ・コーラ カンパニーのコーラだと思って買ってしまう人がでてきますので、出所を混同してしまいます。そのため、そのような出願は商標登録を受けられないとしているわけです。

▶ 45【補足】他人の氏名の場合には、その他人の氏名が商標を使用する商品等の分野で広く知られていると権利がとれないとされていますが、これは著名といえるほどには知られていないレベルでも、出願人は商標登録を受けることができないということです。というのも、氏名は個人でほぼ選択できないので、著名レベルまでいかなくとも出願を拒絶することで、他人の人格的利益を保護しています。逆に、出願人の利益にも配慮されていて、他人の氏名が商標を使用する商品等の分野で広く知られていなければ、商標登録を受けられます。

▶ 46【補足】実際には商標登録されています（商標登録106633号）。他人の商標が登録されている場合は商標4条1項11号で、登録されていない場合は、需要者に広く知られていることを前提に、商標法4条1項10号で拒絶されることになります。

(5) 商品の品質・役務の質の誤認を生じるおそれがある商標

需要者に商品の品質などを誤認させるような商標は登録を受けることができません。〔商4条1項16号〕

たとえば、〈Apple〉という商標について、その指定商品を〈果物〉として出願したような場合です。果物には〈りんご〉以外のものもあるため、商品の品質に誤認を生じる可能性があります。その

ため、このような商標は登録が受けられないとされています。

　他方で、商標〈Apple〉について〈コンピュータ〉を指定商品としても、コンピュータに原材料としてりんごが入っているなどとは誰も考えません。この場合にはその商品の品質に誤認が生じないので、商標登録が可能です。

(6) 商品などが当然に備える特徴のみからなる商標

　たとえば、立体商標については、その形状が**商品の機能を確保するために不可欠なもののみからなる商標である場合は、商標登録を受けることができません**。【商4条1項18号】野球のボールなどは、その機能を確保するためには丸くせざるを得ませんので、1人の人に商標として独占させてしまうことは不適切だからです。

(7) 知名度のある商標を不正の目的で使用する商標

　他人の有名な商標を不正の目的で使用する商標は登録を受けることができません。【商4条1項19号】たとえば、外国で有名な商標について日本で商標権が取得されていないことに乗じてその外国の商標権者に無断で登録し、外国商標権者が日本で事業展開する際に売りつけようという状況は許されないでしょう。そのため、そうした商標登録出願は登録を受けられないとしています。

4　先願

　ほかにも、意匠法と同様に先願の規定が設けられており、**最初に出願した人のみが商標権を取得**することができます▶47▶48。【商8条】ただし、意匠法と異なり、先の商標権者の同意があり出所の混同のおそれもない場合には、後の出願であっても商標登録が可能です。

Ⅲ　手続的要件

　商標権を取得するためには、先に述べた要件を満たしたうえで、意匠権と同じように、**商標登録出願を特許庁に行うことが必要です**。【商5条】

　商標登録出願は、願書に必要な書面を添付して行うことになります。商標には文字、図形、立体的形状などがありましたが、立体的形状からなる商標、色彩のみからなる商標、音からなる商標などについては、それがわかるように、その旨を願書に記載することとされています。

▶47【補足】同日出願の場合は意匠法と異なる扱いがされています。同日出願の場合、意匠法では出願人と協議して出願人を決めなければならず、協議が整わないと両者とも意匠登録出願が拒絶されました。しかし、商標法では商標自体に創作的価値はありませんので、協議で決まらない場合にはくじ引きで出願人を1人に決めるとされています（商標法8条5項）。

▶48【補足】先に見たように、他人の商標と混同を生じさせる商標は拒絶されるという規定（商標法4条1項11号）がありますので、先に出願され登録された他人の商標登録がある場合には、商標権を取得できません。この規定は、意匠法でいうところの先願の規定と同じ規定なのではないかと思われた方もいるのではないでしょうか。しかし、商標法には別個に先願の規定が設けられているのです（商標法8条）。このように先願の規定があるのは、他人の商標登録出願が先に出願された後、自分の商標登録出願後に登録された場合には、他人の商標と混同を生じさせる規定（商標法4条1項11号）は適用されないためです。なお、商標法8条と同じように、商標法4条1項11号に該当する場合でも、先の商標権者の承諾があり出所混同のおそれがない場合には商標登録可能です（商標法4条4項）。

商標登録出願の書類

https://faq.inpit.go.jp/content/industrial/files/01_syouhyou.pdf

　意匠と同じように、**1つの商標登録出願では1つの商標しか出願できません（一商標一出願）**。具体的には、**願書に商標を記載し、商品・役務を指定して出願を行います**。

　たとえば、〈SEIKO〉という文字商標を、指定商品〈時計〉として出願することになります。このとき、特に装飾文字などを使う必要がなければ、〈標準文字〉として出願することが可能です。

　商標登録出願は誰でも可能です▶49。未成年者や日本国内に住所がない人は、代理人や管理人が手続をとる必要があります。

Ⅳ　商標権の効力と商標権の侵害

　商標権は、**自己の商標を指定商品・役務に独占的に使いつつ他人による商標の無断使用を排除できる権利**です。ただし、商標権の侵害とならない場合もあります。意匠権と違うものを中心に確認しておきましょう。
【商25条】

▶49【補足】商標は、商標の創作に価値があるわけではなく、商標に積み重なった信用に価値があります。そのため、商標の創作者の出願でなくとも、商標登録を受けられない商標等に該当しなければ登録されます。たとえば、Appleという文字商標について、何か創作があったわけではありません（ただの果物の英語表記です）。

1 商標権の存続期間

商標権の存続期間は設定登録の日から10年です。【商19条】意匠権や著作権よりも存続期間は短くなっていますが、**商標権は何度でも更新可能**な点が大きく異なります。本書で紹介する知的財産権の中で商標権は唯一更新可能な権利です。

これは、たとえばCoca-Colaにかかる商標権が10年で使えなくなってしまっては、それまで商標に蓄積した信用が無駄になってしまうからです。

極端にいえば、**権利者が望む限り半永久的に権利が存続させることが可能**です。もちろん、更新を忘れてしまえば権利は消滅してしまいます▶50。商標権を維持させたい場合には必ず更新登録の申請をしなければなりません▶51。

2 商標権の効力と商標権の侵害

商標権の効力は、指定商品・役務について登録商標の使用をする権利を専有すること【商25条】です。そのため、同一の商標を指定商品・役務に使うことは商標権の侵害になります。そして、それだけではなく、**同一の商標を指定商品・役務と類似する商品などに使う**、また、**類似の商標を指定商品・役務や指定商品・役務に類似する商品などに使うことも禁止**【商37条1号】されています。商標の使用とは、商品や商品の包装に商標をつけたり、レストランでの食事サービスの提供の際に食器などに商標をつける行為をいいます。どのような場合が商標の使用になるかは、商標法に細かく規定されています【商2条3項】▶52。

そして、**意匠法において意匠の類似が問題となったように、商標法でも、商標の類似、さらに商品・役務の類似が問題となります。**自分の権利を守るためにも、他人の権利を侵害しないためにも、どのような場合に商標が類似するか、商品・役務が類似するかという点は、皆さんにとっても気になるところでしょう。

先に、商品・役務の類似からお話ししましょう。

(1) 商品・役務の類似

商標では、出願の際に必ず商品や役務を指定しなければなりません。たとえば、同じ商標がすでに登録されている場合、登録された商標で指定された商品・役務と出願された商標の商品・役務が類似しているときは、商標登録を受けられません。

では、商品や役務の類似というのは一体どのように判断されるの

▶50【補足】そうすると、再度出願して商標権を取得するしかありません。

▶51【補足】自動更新ではないので特許庁に手続が必要です。

▶52【補足】また、一定の予備的な行為も間接侵害として商標権侵害となります（商標法38条）。

でしょうか。たとえば、商品として、コンピュータとタブレットは電子機器の機能として似ていますので、同じ商標が付されていると需要者が間違って買ってしまいます。他方で、コンピュータと飲料では、同じ商標が付されていても同じ会社から出されている商品だなとは思わないでしょう。このように考えると、**商品や役務が類似するとは〈同じ商標をつけたときに同一営業主の商品や役務と誤認される場合〉**ということになります▶53。

なお、商品同士、役務同士だけでなく、**商品と役務が類似する場合もあります**。【商2条6項】〈コンピュータ〉という商品にAppleとつける場合と、〈コンピュータハードウェアの修理サービス〉などの役務にAppleとつけると、アップル インコーポレイテッドの直営サービスとの誤解を与えるなど出所の混同を生じるおそれがあるので▶54、商品と役務も類似することがあるわけです。

▶53【補足】その判断の際には、通常同じ営業主によって製造・販売されていることや、需要者の共通性などの取引の実情も考慮されます。

▶54【補足】Apple Storeがあることから明らかです。

😊 **コラム** **メタバースと商標**

現実空間で売られている商品が、仮想空間で売られるということがあります。実際、エルメス・アンテルナショナルのバーキンについて、NFTアート●55であるMetaBirkinとして販売されたことがありました。

では、こうした販売、たとえば仮想空間でナイキ イノベイト シービイとは関係ない人がナイキの商標をつけた靴（実際には靴のプログラム）を販売している、エルメスとは関係ない人がエルメスの商標をつけたバッグ（実際にはバッグのプログラム）を販売している場合に、ナイキやエルメスはその行為を商標権侵害として止めることができるでしょうか。

この点は、ナイキやエルメスが有している商標権の指定商品と、仮想空間での商品（プログラム）が類似する必要があります。現実空間の靴やバッグと仮想空間のプログラムは、商品として類似するかというと、普通は類似しないと考えられます。もちろん、今後、ナイキやエルメスが仮想空間でも現実空間と同じように靴やバッグのプログラムも販売することが普通になってくれば、〈同じ商標をつけたときに商品や役務の出所の混同を生じさせる場合〉となることもあるかもしれません。

以上から、現時点では、仮想空間での商標の使用については、仮想空間に関連する商品や役務を指定して権利取得しておく必要があるでしょう。

メタバーキンの一例

https://www.instagram.com/p/CXrqxYfvq5P/?utm_source=ig_embed&ig_rid=4de63d29-c2da-4533-bba9-e8420cacbefe

●55【参照】70頁。

(2) 商標の類似

　ここからがとても大切な、商標がほかの商標と類似する場合のお話です。商標の類似はどのように判断されるのでしょうか。**商標の類似は、両商標が同一・類似の商品・役務に使用された場合に、取引者や需要者に商品・役務の出所の混同のおそれを生じるか否かで判断**されます。

① 商標の外観、観念、称呼と取引の実情の考慮

　そうはいっても、どのような場合に出所の混同があるかというのは判断しにくいはずです。そこで、**商標の外観、観念、称呼によって取引者に与える印象を総合し、商品の取引の実情を明らかにして判断**するとされています▶56▶57。外観とは〈商標の見た目〉、観念とは〈商標から生じるイメージ〉、称呼とは〈商標から生じる呼び方〉です。

　具体例で考えてみましょう。SONYという登録商標に対して、SOMYという商標を市場で使っている人がいるとしましょう。〈SONY〉と〈SOMY〉は、相違部分は〈N〉と〈M〉ですので、外観は非常に類似していると考えられます。称呼も〈ソニー〉と〈ソミー〉で類似すると考えられます。SONYやSOMYからは観念は生じないので、観念については考えなくてよいでしょう。そして、実際の取引の実情も加えて総合的に判断されますが、同じようにコンピュータに両商標が付されていれば出所混同が生じますので、SONYとSOMYは商標として類似すると判断されるでしょう。

② 時と場所を異にした状況の想定

　また、商標が似ているかどうかは、**時と場所を異にした場合に類似しているか**が問題とされます。2つを実際に目の前に並べて同時に比較するのではなく、現実の取引と同じように、時と場所が異なった状況でも商標が似ているかで判断されるということです▶58。これを**離隔的観察**と呼びます。

　というのも、通常、商標が似ているかを考えるのは、2つの商品を物理的に、隣同士に並べてではないはずです。CMで見て、〈あ、あんな感じのマークだったよな〉と思いスーパーでその商標がついている商品を探す、〈前に買った商品についてたマークはこれだよな〉と思って再度スーパーで商品を買うという状況が普通でしょう。じっくり同時に目の前で2つの商品の商標を並べて見比べて細かな

▶56【補足】商標登録の場面で考慮される取引の事情は、その指定商品・役務全般についての一般的、恒常的な取引の事情で浮動的な事情は含まれませんが、侵害が問題となる場面では浮動的な取引の実情も考慮されます。

▶57【補足】ただし、商標の外観、観念、称呼は出所の混同の一応の基準にすぎず、その中の1つが類似しても、その他の2つが著しく相違するなどその他の取引の実情によって出所の混同が生じない場合には、商標は類似しないと判断されることもあります。

▶58【補足】じっくり目の前で並べれば違いに気づくかもしれないけれども、そうでない状況では同じ商標だと思ってしまうなら、類似と考えようということです。

違いがわかるという状況ではありません。そのため、離隔的観察と呼ばれる手法が採用されています。

③　商標の観察

　さらに、商標の類否を判断する際には**全体観察**と、場合によっては**要部観察**（需要者に強い印象を与える部分を抽出した観察）や、**分離観察**（商標の構成要素を分離した観察）が行われます。

　通常、商標は商標全体として把握されますので、全体観察が原則です。SONYであれば、アルファベット4文字からなる商標として把握されます。SONYを、〈SとONY〉、〈SOとNY〉のように分けて把握する人はいないでしょう。

　ただし、文字（同士）や図形（同士）など**複数の要素を含む商標（結合商標と呼ばれます）の場合にはその一部が抽出・分離されて観察されることもあります**。たとえば、商標のそれぞれ構成部分（文字や図形）がそれらを分離して観察することが取引上おかしなほど不可分に結合していなければ、要するに、商標から一部を抽出・分離することが明らかにおかしいということでなければ▶59、要部を抽出した観察、構成要素を分離した観察が可能とされています▶60。

🔢　要部観察が行われた例――SEIKO EYE事件◇61

　まず、要部観察の例を見てみましょう。指定商品を眼鏡等とする〈eYe〉と〈miyuki〉からなる商標登録出願の場合に、それを拒絶するための商標として〈SEIKO EYE〉が引用されたという事件です。裁判所は両商標は類似しないとしています。

　具体的には、EYEは眼鏡と密接に関連する目を意味する一般的な文字であって、取引者・需要者に特定的、限定的な印象を与える力はなく、SEIKOの部分が取引者などに対して商品の出所の識別標識として強く支配的な印象を与えるから（＝要部）▶62、SEIKO EYEが眼鏡に使用された場合はSEIKO EYE全体またはSEIKOの部分としてのみ、称呼や観念が生じるとしました。よって、〈eYe〉および〈miyuki〉の商標からはSEIKO EYEもしくはSEIKOの称呼や観念は生じず、外観は非類似であるとして、両商標は類似しないとされています。

原告の出願商標　　　　　引用商標

判決別紙（判タ831号95頁）　　　判決別紙（判タ831号95頁）

▶59【補足】SUMISONYANのように、SONYが含まれていても、SUMISONYANからSONYを抽出して商標が類否判断されることはないでしょうでしょうから、SUMISONYANとSONYは外観も異なり、称呼も異なり、観念もSUMISONYANからは何も生じませんので、このような場合は商標は非類似となります（なお、スミソニアン博物館のスペルはSmithsonianです）。

▶60【補足】ほかにも、商標の一部に取引者・需要者に対して商品の出所の識別標識として強く支配的な印象を与える部分がある場合や、抽出部分以外の部分から出所識別標識としての称呼や観念が生じない場合には、一部の抽出が可能です。

◇61【裁判例】最判平成5年9月10日平成3（行ツ）103号。

▶62【補足】日本で著名な時計等を製造販売する商標権者（服部セイコー）の商品等の略称を表示するものであることも考慮されています。

巫　分離観察が行われた例——SANCO事件◇63

◇63【裁判例】知財高判令和3年7月29日令和3（行ケ）10026号。

　また、たとえば文字と図形の商標が結合している場合には、文字と図形を分離することはさほど取引上不自然でないことが多いでしょう。そうすると、それぞれに分離して観察が行われることになります。

　下記の図形とSANKOからなる商標は、図形とSANKOに分離して把握され、他人の商標SANCOと外観が近似し、称呼も共通しているとして類似商標と認められ、商標登録出願の拒絶が確定しています▶64。

▶64【補足】SANKOやSANCOからは特定の観念は生じないとされています。

原告の出願商標╋65　　　引用商標▶66

公開商標公報　　　　判決別紙

╋65【公報】商標公開2018-133311号。株式会社山晃住宅（原告）の出願商標です。

▶66【補足】商標登録3086979号。三交不動産株式会社の登録商標です。商標公報では白黒であったため、判決別紙から引用しています。

(3) 商標および商品・役務の類似のまとめ

　商標と商品・役務の類似を前提に商標権の効力がおよぶ範囲を表にすると、下のようになります。

[商標権の効力がおよぶ範囲（うすい網掛け部分が商標権のおよぶ範囲）▶67]

	商品・役務が同一	商品・役務が類似	商品・役務が非類似
商標が同一	同一の商標	類似の商標	非類似の商標
商標が類似	類似の商標	類似の商標	非類似の商標
商標が非類似	非類似の商標	非類似の商標	非類似の商標

▶67【補足】この表の〈同一の商標〉におよぶ権利は専用権、〈類似の商標〉におよぶ権利は禁止権と呼ばれます。

3　商標権の侵害とならない場合

　そして、商標権の侵害とならない場合があります。

(1) 自己の氏名や普通名称など

　まず、商標法26条の制限規定があります。自己の氏名や普通名称などについては人格的利益や円滑な取引からして自由に使えるべきでしょう▶68。また、出願時には自他商品・役務識別力を有していた商標が、後に自他商品・役務識別力を失う場合もあります（エスカレーターのように、その商標が普通名称になってしまったような場合です）。

　そこで、商標法は商標権の効力がおよばない範囲を規定しています。具体的には、自己の氏名などの使用、普通名称、記述的表示、慣用表示、商品などが当然に備える特徴のみからなる商標については、たとえ商標権が存在していても使用可能としています。【商26条1項1～5号】

▶68【補足】商標登録を受けるためにはいくつかの条件があることを見てきました。そこには、自他商品・役務識別力がない商標や、商標登録を受けられない商標の規定がありました。商標登録が誤ってされてしまった場合には、特許庁に対してその商標登録は無効だとして無効審判を請求できます（商標法46条）。また、無効理由がある商標権に基づいて商標権者から裁判所へ訴えられてしまった場合でも、〈その商標には無効理由があるので商標権の権利行使は認められない〉と主張することが可能です（商標法39条で準用する特許法104条の3）。

(2) 自他商品・役務識別機能を発揮しない使用

また、**商標的使用でなければ、言い換えれば、自他商品・役務識別機能（出所識別機能）を発揮しない状態での商標の使用であれば、商標権を侵害しません。**

たとえば、商標としての使用ではなく、その商標をデザインとして使用した場合については、商標としての使用とはされません。それは、出所などの商標の機能を発揮した状態での使用ではないからです。その商標を需要者が見てもそれを商標だと認識しないのであれば、商標権で規制する必要はありません[69]。

巫 商標的使用でないとされた例──ピースマーク事件◇70

具体例で見てみましょう。下図の商標登録されたピースマーク（指定商品：被服等）を、被告がパーカーなどに施したデザインの背景に使用したことから、ピースマークの商標権者が被告を商標権侵害で訴えたという事件です。裁判所は、被告のピースマークは被告商品のデザインの背景として描かれているにすぎず、ピースマークは平和を表現するもので商品の出所を想起させるものではないから、被告の商品における被告のピースマークの使用は商標的使用でないとして、商標権侵害を否定しました。

原告のピースマーク[71]　　　被告のデザイン　　　被告のパーカー

商標公報　　　　　　　判決別紙　　　　　　　判決別紙

パーカーにおける商標的使用というのは、たとえばタグにマークをつける、あるいは胸のワンポイントマークのような使用方法であり、**デザインの背景として使用されている場合は、通常は被告商品の出所を示すために使用されているとは認識しないでしょう**[72]。

こうした裁判例があるように、商標権の存在に対して過度に萎縮してデザインを使用できないと考える必要はありません[73]。商標権との関係では、どのようにそのデザインが使われるかが重要だということです[74]。

▶69【補足】本文で紹介した事例以外でも、たとえば、実物のF1レース用自動車に表示されているMarlboroの商標が、プラスチックモデルカー上に再現表示するためのシールの図柄として使用されていた場合に、ほかの多くの有名企業名等のシールと並列的に配置されており、Marlboroのみが特にほかの企業名等と異なる取扱いをされていないから、その図柄は被告の商品の出所を表示しまたはその品質を保証する標章、すなわち商標として被告商品に使用されていないとした裁判例があります（東京地判平成5年11月19日平成5（ワ）5655号）。

▼原告の商標1

判決別紙
（判タ844号251頁）

▼原告の商標2

判決別紙
（判タ844号251頁）

▼被告の商品

判決別紙
（判タ844号251頁）

◇70【裁判例】東京地判平成22年9月30日平成21（ワ）30827号。

✚71【公報】商標登録4129132号：指定商品は被服です。株式会社イングラム（原告）の登録商標です。

▶72【補足】図形の場合はそのようにいいやすいですが、文字の場合は商標的使用でないというのはなかなかむずかしい場面もありそうです。たとえば、Tシャツにおける次頁のような使用でも、LOVEBERRYという文字標章の商標的使用だと認められています（東京地判平成18年12月22日平成17（ワ）18156号）。

▼原告（有限会社ジェイ・エイ・イー）の商標（商標登録4294927号）

LOVEBERRY

商標公報

(3) 商標の機能を害しない商標の使用（真正商品の流通）

意匠権と同じように、**商標権者から適法に販売された登録商標が付された商品（真正商品）を再譲渡する行為には商標権の効力はおよびません**。意匠法や著作権法ではそれを消尽論で説明していました[75]。しかし、商標法では違う理屈で説明されています。さらに、並行輸入も商標法特有の理論で説明されています。結論としては商標権侵害とはならない場合があるという意味では意匠法や著作権法と同じですが、理屈が違うので確認しておきましょう。

① 権利者から購入した真正商品の譲渡

商標権者から購入した（譲渡された）商標が付された商品を、他人にそのまま販売（譲渡）等しても商標権侵害となりません。商標法ではそれを消尽ではなく、**商標機能論**という理論で説明します。

商標機能論とは、**商標が有する出所表示機能や品質保証機能を傷つけない使用であれば、商標の使用に該当しても商標権侵害とはならない**という理論です。商標権者から譲渡された商標が付された商品はまさに商標権者の商品ですから、その商標が有する出所を表示する機能も品質を保証する機能も害することはないので、他人に譲渡しても商標権侵害とはならないと説明されます[76]。

② 真正商品の並行輸入

商標権の場合も、並行輸入が問題となります。典型例は、外国で適法に標章が付されたブランド品（真正商品）を、日本の正規代理店を通さずに日本に輸入してくる場合です。

商標法においても、一定の要件を満たせば並行輸入が認められます。意匠法では外国の意匠権者等が日本への輸入を許容していたかで並行輸入が認められるかどうかが説明されていたのに対し[77]、商標法では商標機能論で説明されます。

巫 並行輸入が認められる場合を示した例——フレッドペリー事件[78]

実際の裁判で問題となったのは、フレッドペリーのポロシャツのシンガポールからの並行輸入でした。フレッドペリー（ホールディングス）リミテッドはシンガポールの会社にフレッドペリーの仕様に従い製造されたスポーツウェアなどの契約品に登録商標を使用するライセンスをしていました。しかし、シンガポールの会社はフレッドペリー（ホールディングス）リミテッドの同意なく契約地域外の中

▼被告商品の例

判決別紙

他方で、文字標章でも、広くキャラクターの図柄とセットで使用されており、需要者がキャラクターの図柄と関連なく被告商品の出所を識別するとは考えにくい（＝商標的使用ではない（商標法26条1項6号該当））とした例もあります（大阪地判平成30年11月5日平成29（ワ）6906号）。

▼原告（個人）の商標（商標登録5316480号）

BELLO

商標公報

▼被告商品の例

判決別紙

▶73【補足】なお、ピースマークはありふれたマークとして著作物とはならないと考えられます（【参照】52頁）。

▶74【補足】需要者が被告の標章を自他商品・役務識別標識として認識するかが問題となりますので、主観的にデザインとして使っているから商標としての使用ではない、ということではありません。

●75【参照】33頁、67頁。

↑76【一歩先へ】商品の改変、詰め替え、再包装など は商標権の侵害になるのか
商標権者が販売した商標が付された商品について、商標権者に無断で商品を改変したり、商品を詰め替えしたりした場合はどうでしょうか。こうしたことを行えば商品の品質が変わってしまう可能性があり、需要者にとっては商標権者の商標が付されているにもかかわらず、品質が悪いものを買わされてしまう可能性があります。そうすると、商標の出所表示機能・品質保証機能を害する可能性があります。よって、こうした商品の改変や詰め替えは、原則として商標の出所表示機能・品質保証機能を害するものとして、たとえ元が商標権者から購入した商品であっても商標権侵害となり

国の工場にポロシャツを下請製造させていたことから、そのポロシャツはフレッドペリー（ホールディングス）リミテッドとの契約に違反する商品でした。そのポロシャツが日本に輸入されてきたところで、日本の商標権者（フレッドペリー（ホールディングス）リミテッドの親会社：ヒットユニオン株式会社）が商標権を行使したのです。

　裁判所は、**標章が外国で適法に付され、外国と国内の権利者が同一人と評価できることで出所が同じであり、商標権者が商品の品質管理ができ品質に実施的に差異がないと評価できる場合には、並行輸入を可能**としました。商標権者が同一人であれば出所の混同が生じることはありませんし、商標権者の品質管理がおよんでいるのであれば品質も害されないからです^{▶79}。

　この事件では契約地域外の中国の工場で生産されていたことから、出所表示機能を害し、品質保証機能も害するおそれがあるとして、商標権侵害だとされました。

ます。
● 77 【参照】36頁。
◇ 78 【裁判例】最判平成15年2月27日平成14（受）1100号。

▶ 79 【補足】品質管理がおよんでいなければ、偶然品質が同じでも（むしろ商標権者の商品の品質より良かったとしても）、品質保証機能が傷つけられたことになります。

[フレッドペリーのポロシャツの並行輸入]

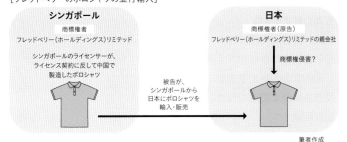

筆者作成

(4) 先使用権

　商標権にも**先使用権**が存在しています^{【商32条】}^{●80}。**不正な競争をする目的でなく**^{★81}**、商標権者の出願前から商標を継続して使用しており、その商標が日本国内で広く知られている場合には、先使用権が発生し**ます。

　具体例で確認しましょう。たとえば、ある商標が、有名なラーメン屋の商標として福岡市で広く知られている状況を考えてみましょう。このラーメン屋は全国展開するわけではないので商標登録の必要性を感じておらず商標権は取得していませんでした。しかし、その後、そのラーメン屋とは全く関係ない人が、北海道のラーメン屋で使用するために同じ商標に商標権を取得したとすると、商標権は全国におよぶ権利ですので、福岡市のラーメン屋の商標の使用も商標権の侵害となってしまいます。

● 80 【参照】32頁。

★ 81 【用語説明】不正競争の目的とは、他人の信用を利用して不正な利益を得る目的のことです。

このような場合に、北海道のラーメン屋で使用する商標登録出願の際に、すでに福岡市のラーメン屋がその商標を継続して使用しており、その商標が福岡市で需要者に広く知られていて、福岡のラーメン屋に不正競争の目的もなければ、福岡市のラーメン屋に先使用権が与えられます。

　そのため、福岡市のラーメン屋は、その商標を使って営業を継続することが可能です。

(5) 商標権が誤って登録された場合

●82【参照】37頁。

　意匠権が誤って登録された場合と同じように●82、訴訟において、その商標権は無効だから商標権侵害は認められないと主張すること【商39条で準用する特104条の3】が可能です。

4 侵害に対する措置

(1) 現在および将来の行為に対する措置

　商標権侵害については、侵害が実際に行われているというのであれば、まずはその販売を止めなければなりません。そのため、**商標権者は侵害行為を差し止めることができます**【商36条】。さらに、差止請求の際には、あわせて、**侵害品の廃棄請求や侵害品を作る設備を取り除くことを請求することも可能**です。

　日本国外から商標権を侵害する物品が輸入されてくる場合には、税関で商標権に基づいて輸入差止を行うことができます。【関税法69条の13】

税関における輸入差止の例

https://www.mof.go.jp/policy/customs_tariff/trade/safe_society/chiteki/cy2020/20210305a.htm

(2) 過去の行為に対する措置

　また、商標権の侵害行為については損害賠償請求ができます。なお、どのくらいの損害額が発生したのかは計算が困難な場合も多いので、商標法には損害額を推定する規定も設けられています。【商38条】

不正競争防止法

　意匠権や商標権を取得するには、お金と時間がかかりますが、そうした手間をかけなくてもデザインについて保護を受けられることがあります▶1。何も権利がないからといって、ほかの事業者がデザインを使いつつ不正な競争行為を行っている状況を放置することは社会的に望ましくないことがあるからです。また、意匠権や商標権の取得は義務ではないことから、権利を取得しなかったことが悪いということでもありません。このように、不正競争防止法においては、一定の要件のもとで、**権利がなくとも**、デザインが関わる不正利用行為から保護を受けられる場合があります。

　他方で、不正競争防止法は**事業者による不正な競争を防止するための一般的な法律**です。そのため、デザインが関わる不正競争だけを取り上げている法律ではありません。たとえば、営業秘密（技術のノウハウや顧客名簿など）の窃盗など不正な競争行為一般を規制しています。ただ、この〈不正競争〉というものが曖昧になってしまうと、事業者としてもどのような行為が不正競争となるのかがわからなくなってしまいますので、不正競争防止法は不正競争のリスト【不2条1項1-22号】を設けています。

　ここでは、そのリストの中で、デザインが関わるものだけを取り上げて説明しましょう▶2。

I　周知表示混同惹起行為

　不正競争防止法は、**他人の商品や営業の表示（商品等表示）として需要者に広く知られているものと同一または類似の表示を使用し、その他人の商品・営業と混同を生じさせる行為を不正競争**として規定【不2条1項1号】しています。わざと他人の周知な商品表示を使用し、他人の商品と混同を生じさせて自己の商品を消費者に買わせるような行為は、まさに不正な競争といえるからです▶3。

　具体的には以下の要件を満たすことが必要です。

▶1【補足】これは権利の取得に手間とお金をかけなくても保護を受けられる可能性があるという意味です。不正競争防止法による保護を受けるためには、たとえば商品を販売していることが前提であったりしますので、意匠権や商標権よりも簡単に保護を受けられるという意味ではありません。

▶2【補足】Chapter 4の目次。
I　周知表示混同惹起行為
II　著名表示冒用行為
III　形態模倣商品の提供行為
IV　侵害に対する措置

▶3【補足】商標権での保護も考えられますが、商標権の場合は出願と登録が前提となり、また、商品・役務との関係も問題となる一方、不正競争の場合には商品等表示の使用による周知性に基づき、個別具体的な混同のおそれに基づいて判断されます。

[周知表示混同惹起行為の要件]

他人の商品等表示	＋	他人の商品等表示の周知性	＋	同一・類似の商品等表示を使用等	＋	他人の商品・営業との混同

1　周知表示混同惹起行為の要件

では、それぞれの要件について確認していきましょう。

（1）他人の商品等表示

まず、そのデザイン等が商品等表示にあたらなければなりません。商品等表示とは、**商品の出所や営業の主体を示す表示**のことで、**人の業務に係る氏名、商標**[4]**、商品の容器・包装**などがあたります。そのため、ロゴデザインや、文字商標、商品の容器、商品の形態などの立体的形状、店舗デザインなどが、商品等表示に該当します。

[商品等表示の例]

商標◇5　　　　　商品の容器◇6　　商品の形態◇7　　動く看板◇8　　　　店舗デザイン◇9

判決別紙（LEX/DB　　判決別紙　　　　判決別紙　　　　判決別紙　　　コメダプレスリリース
文献番号27486143）　　　　　　　　　　　　　　　　　　　　　　　　（2016年12月27日）

また、ここでの商品は形のないもの（無体物）も含むので、ソフトウェアのような形がないものも商品になります。

商品等表示は商品や営業の主体を示す表示でなければならないので[10]、商品の用途や内容を表示するようなものは商品等表示にはあたりません。

（2）周知性

次に、**他人の商品等表示が需要者に広く知られている**ことが必要（周知と呼ばれます）です▶11▶12。ただし、全国的に知られている必要はなく、一地方レベルで十分だとされています。

（3）同一・類似の商品等表示の使用等

そして、広く知られた商品等表示と**同一・類似の商品等表示の使用等が必要**です。

類似かどうかは、取引の実情のもとで需要者が2つの商品等表示の外観、称呼や観念に基づく印象、記憶、連想から全体的に類似していると受け取るかどうかで判断されます。また、その類似の判断

●4【参照】79頁。
◇5【裁判例】東京地判昭和58年12月23日昭和58（ワ）8003号。
◇6【裁判例】東京地判平成20年12月26日平成19（ワ）11899号。
◇7【裁判例】東京地判平成29年8月31日平成28（ワ）25472号、知財高判平成30年3月29日平成29（ネ）10083号。
◇8【裁判例】大阪地判昭和62年5月27日昭和56（ワ）9093号。
◇9【裁判例】東京地決平成28年12月19日平成27（ヨ）22042号。
●10【参照】商品の形態（プロダクトデザイン）や店舗の外観が商品等表示にあたるかは、131頁、253頁でお話しします。先出ししてしまえば、特別顕著性、すなわち〈商品の形態が客観的にほかの同種の商品とは異なる顕著な特徴を有していること〉、さらに、周知性、すなわち〈商品の形態が特定の事業者によって長期間独占的に使用され、または短期間でも強力な宣伝広告や爆発的な販売実績等により、需要者においてその形態を有する商品が特定の事業者の出所を表示するものとして広く知られていること〉が、商品形態が商品等表示と認められるためには必要です。商品の形態等は、商品の機能や美感のために選択されることから商品の出所を表示するものではないので、上記の特別顕著性と周知性の2要件を満たすことで、自他識別機能または出所表示機能を有することになり、商品等表示と認められます。
▶11【補足】判断主体の需要者は、不正競争を行っている側の需要者です。
▶12【補足】たとえば、横浜市で営業していたとんかつ料理店〈勝烈庵〉（原告）について、横浜市を中心とする周辺地域において周知性を有しているとして、鎌倉市大船での〈かつれつ庵〉の表示の利用を不正競争として認めた例があります（横浜地判昭和58年12月9日昭和56（ワ）2100号）。この事件では、鎌倉市大船の店舗（被告1）での使用については鎌倉市大船でも勝烈庵は周知であり不正競争とされ、静岡県富士市の店舗（被告2）〈かつれつ

は、商標と同じように離隔的に行われます●13。そして、商品等表示の中で、自他識別機能を発揮する特徴的な部分を中心に、商品等表示を全体として観察して類似性が判断されます。

なお、使用については商標法の場合と同じように●14、自他識別機能（出所識別機能）を果たすように使用されていなければ商品等表示の使用にはあたりません。そのため、たとえば商品に含まれる原材料などの内容物を示すような表示での使用方法であれば、ここでいう商品等表示の使用にはあたりません▶15。

(4) 他人の商品または営業との混同

最後に、他人の商品または営業と混同を生じさせることが必要です。他人の周知の商品等表示と同一・類似の商品等表示を使用することによって他人の商品または営業と混同が生じなければ、事業者に不利益はないからです。混同は現に発生している必要はなく、混同のおそれで足ります。

混同は、需要者を基準に、表示の使用方法や態様などのさまざまな事情から判断されます。この混同には、この周知表示の営業主体自身が出所であると信じる場合（ソニー株式会社が出している製品だと思って買ってしまう）だけでなく▶16、その主体の関連企業がその表示を用いてビジネスを行っているのではないかと誤って信じてしまう（ソニー株式会社の関連企業が出している製品なのではないかと思って買ってしまう）ような混同▶17も含まれます。

2 不正競争とならない場合

なお、商標権の効力の制限と同じように●18、普通名称や自己の氏名の使用、先使用などについては、不正競争とならないとされています。
[不19条1項1-3号]

3 商標法との比較

なお、商標法と比較をすると次頁の表のようになります。周知表示混同惹起行為についての不正競争防止法による保護は、何らかの登録を必要とせず、商標法における商品・役務の区分とは関係ありませんが、これまで説明した要件を満たす必要があります。商品等表示を周知にするには広告宣伝などを行う必要がありますので、それなりの費用と手間がかかります。保護したい商標は出願して権利化しておくことも大切です。

あん〉での使用については富士市では勝烈庵は周知ではないとして、請求は認められませんでした。
●13【参照】90頁。

●14【参照】93頁。

▶15【補足】たとえば、被告商品の〈尿素＋ヒアルロン酸 化粧水〉という表示は〈尿素とヒアルロン酸を保湿成分とする化粧水〉という被告商品の品質・内容を示す表示等であり、被告商品の出所表示として使用されていないとした例（東京地判平成16年5月31日平成15（ワ）28645号、【参照】175頁）があります。

▶16【補足】これは〈狭義の混同〉と呼ばれます。競争関係の存在を前提として直接の営業主体の混同を生じさせる行為です。

▶17【補足】これは〈広義の混同〉と呼ばれます。緊密な営業上の関係または同一の表示の商品化事業を営むグループに属する関係があると誤認させる行為です。

●18【参照】92頁。

	不正競争防止法2条1項1号	商標法
保護の対象	**商品等表示** 人の業務に係る氏名、商号、商標、標章、商品の容器若しくは包装その他の商品又は営業を表示するもの	**商標** 人の知覚によって認識することができるもののうち、文字、図形、記号、立体的形状若しくは色彩又はこれらの結合、音その他政令で定めるものであって、業として商品・役務に使用するもの
保護の手法	他人の商品等表示の使用等を不正競争として禁止（**登録は不要**）	商標権による保護（特許庁による審査を受け、**登録が必要**）
保護の範囲	同一・類似の商品等表示（**指定商品・役務の類似を超えて保護**）	同一・類似の商標を指定商品・役務と同一・類似の商品・役務に使用
保護の期間	制限なし	商標登録の日から**10年**（ただし**何度でも更新可**）
事前の使用	使用によって、需要者が商品等表示をある程度知っている必要	商標登録に事前の使用は必要ないが、使用の意思が必要（使用しないと不使用取消審判で取り消される可能性あり）

Ⅱ 著名表示冒用行為

　さらに、デザインが関わる不正競争に関する規定があります。すなわち、**他人の著名な商品等表示と同一・類似のものを自己の商品等表示として使用等することも不正競争**に該当します。

[不2条1項2号]

[著名表示冒用行為の要件]

他人の
商品等表示
＋
他人の商品等
表示の著名性
＋
自己の商品等
表示として同一・
類似の商品等
表示を使用等

1 著名表示冒用行為の要件

　先に説明した不正競争と違うのは、ここでは**他人の商品等表示が著名**でなければならないこと、**他人の商品等表示を使用して他人の商品・営業と混同を生じさせる必要はない**こと、**著名な商品等表示を自己の商品等表示として使用等を行う**ことです▶19。要件として違うところだけ説明しておきましょう。

[周知表示混同惹起行為（不正競争防止法2条1項1号）と
著名表示冒用行為（不正競争防止法2条1項2号）との相違点]

	商品等表示の知名度	混同	行為態様
1号	周知 （需要者の間で広く知られている） **一地方でもよい**	必要	自他識別機能（出所識別機能）を有する態様での使用等
2号	著名 （需要者を超えて広く知られている） **全国的**に知られている必要	不要	**自己の商品等表示としての使用等**

▶19【補足】商品等表示が同一・類似であることは同じですが、その判断基準は少し違うとも指摘されています。具体的には、ここでの類似は容易に著名な商品等表示を想起させるほど類似している表示か否かを判断基準にすべきとする裁判例があります（東京地判平成20年12月26日平成19（ワ）11899号）。

(1) 著名性

　ここで、**著名というのは全国的に広く知られている**ことをいいま

す[20]。周知表示混同惹起行為でも、広く知られていること（周知）が求められていましたが、ここではそれよりもさらに広く、表示がつけられている商品の需要者を超えて、その商品の需要者以外にもある程度知られていることが必要です。周知や著名と認められた例として以下のようなものがあります。

[周知な商品等表示と著名な商品等表示]

周知の例	著名の例
VOGUE、SHIPS、Levi'sジーンズの弓形刺繍、Levi'sの赤いタブ、501、ファイアーエムブレム、堂島ロール、マイクロダイエット、花柳流、Shibuya Girls Collection	シャネル、ルイ・ヴィトン、三菱、三菱商標（スリーダイヤのマーク）、JAL（赤い鶴のマーク）、PETER RABBIT、MARIO KART、Budweiser、菊正宗、青山学院、セイロガン糖衣A

筆者作成（周知・著名の商品等表示の例は不正競争防止法テキスト（2022年）17頁）

では、なぜこのような規定が存在しているのでしょうか。商品等表示が著名になると、その著名性にあやかろうとする人がでてきます。そして、その使用は、著名な商品等表示と同じような商品にその著名な商品等表示を使うということに限られません。

たとえば、Coca-Colaという著名な商品等表示を洗濯用洗剤に使うとしましょう。この場合は誰もザ コカ・コーラ カンパニーがその洗濯用洗剤を販売しているとは思わないでしょうが、同社のコーラ飲料と同時に洗濯用洗剤も思い浮かべられてしまうようになっては、Coca-Colaの好ましいイメージが弱められてしまいます[21]。

また、CHANELを風俗店の店名に利用しても、誰もCHANEL S.A.が経営しているとは思わないので混同は生じませんが、CHANELが持つ高級なイメージにあやかろうとしていることが明らかです。しかし、こうした利用がされるとCHANELという著名表示が弱められる以上に、汚されることになります[22]。

そのため、こうした著名な商品等表示を利用する行為を不正競争としています[23]。

(2) 自己の商品等表示としての使用等

一方、著名な商品等表示であればどのような使用等であっても不正競争となってしまうとすれば、たとえば比較広告などもできなくなってしまいます。そのため、この不正競争にあたるためには、他人の著名な商品等表示について〈自己の商品等表示として使用等〉することが要件となっています[24]。

２　不正競争とならない場合

なお、他人の周知な商品等を示す表示と混同を生じさせる行為と

▶20【補足】周知と著名はグラデーションのようなもので、誰にも知られていないものが周知になり、その後さらによく知られるようになると著名になる、というイメージです。

▶21【補足】希釈化（ダイリューション）と呼ばれます。

▶22【補足】汚染（ポリューション）と呼ばれます。

▶23【補足】著名な表示であればシャネルの例から明らかなように混同が生じなくても著名表示が汚染されますので、この不正競争の要件としては混同が求められていません。

▶24【補足】このように、自他識別機能を発揮する態様での使用である必要があります。

同じように、普通名称や自己の氏名の使用、先使用などについては、不正競争とならないとされています。[不19条1項1,2,4号]

Ⅲ 形態模倣商品の提供行為

　デザインの保護に有効な不正競争の規定として〈形態模倣の提供行為〉の規制があり、**他人の商品形態を模倣した商品を譲渡等する行為は不正競争**となります。[不2条1項3号]

　これは、**日本国内で商品が販売されてから３年の間、その商品の形態を模倣して販売等している事業者の行為を不正競争行為**とするものです[25]。商品の買い替え期間が短くなっている一方で、複製技術の発展により模倣が容易となっています。資金を投下して開発した商品の形態をすぐに模倣されてしまっては、市場先行の利益が害され商品形態の開発を行う人はいなくなってしまいます。そのため、このような行為は不正競争とされています。

　なお、投下した資金が回収できればよいので、日本での販売から３年という期間の限定と、模倣という要件が課されています。[不19条1項5号イ]

[形態模倣商品の提供行為の要件]

1 形態模倣商品の提供行為の要件

　形態模倣商品の提供行為にあたるためには、以下の要件を満たすことが必要です。

(1) 商品の形態

　まず、**保護の対象は商品の形態**です。〈商品の形態〉は、需要者が認識できる商品の外部および内部の形状などのことです[26]。たとえばプロダクトデザインは、まさに商品の形態そのものです[27]。[不2条4項]

　なお、商品形態からは、**〈商品の機能を確保するために不可欠な形態〉は除かれています**[28]。こうした形態を保護してしまうと、他人がその形態を利用できなくなり、競争が制限されてしまうからです。たとえば、コンピュータとプリンタの接続用プラグの形態がこれにあたります。また、条文では不可欠な形態だけが除かれていますが、**商品の〈ありふれた形態〉についても保護されない**とされていま

▶25【補足】そのため、たとえばプロダクトデザインに知的財産権を取得していない状態で市場に投入したとしても、3年間は形態模倣商品の提供行為に対して差し止めなどを行うことが可能です。

▶26【補足】平面的なものであっても商品の形態にあたります。

▶27【補足】無体物の商品の形態にも保護がおよぶと考えられています（【参照】292頁）。

▶28【補足】特定の者にその形態を独占させ市場に参入することを困難にしてしまうためです。要するに、商品の形態について、競争するうえでほかの形状を選択する余地があるにもかかわらず、わざと他人の商品形態と実質的に同じ形態を販売する行為を規制しています。

す▶29。

　また、１つの商品ではないセット商品の組み合わせも、セット商品という形で流通することからセット商品全体として商品の形態となることがあります。

▶29【補足】ありふれた形態は特に資金や労力を必要とせず作り出せる形態ですので、保護に値しないと説明されます。
◇30【裁判例】大阪地判平成10年9月10日平成7（ワ）10247号。
▶31【補足】結論としても、商品形態の実質的同一性を認め不正競争であるとして

巫　セット商品を商品形態と認めた例──小熊タオルセット事件◇30

　タオルセットの例を見てみましょう。裁判所は、このタオルセットを商品の形態と認めています▶31。

原告のタオルセットの商品　　　被告のタオルセットの商品

判決別紙　　　　　　　　　　判決別紙

(2)　商品形態の模倣

　また、他人の商品の形態を〈模倣〉する行為であることが必要です。**模倣とは、他人の商品の形態に依拠して実質的に同一の形態の商品を作り出す**ことです【不2条5項】。そのため、**模倣が成立するためには、〈他人の商品に依拠〉**したことと、**〈形態の実質的同一性〉**▶32が必要となります。

　他人の商品に依拠したこととは**他人の商品にアクセスしたこと**を意味し▶33▶34、商品形態の実質的同一性とは〈**ほぼ同じ形態であること**〉を意味しています▶35。

　そして、商品の形態が実質的同一かの判断は、両商品を目の前に並べて比較する対比的観察の方法で行われます▶36。

▶32【補足】裁判例では、「作り出された商品の形態が既に存在する他人の商品の形態と相違するところがあっても、その相違がわずかな改変に基づくものであって、酷似しているものと評価できるような場合には、実質的に同一の形態であるというべきであるが、当該改変の着想の難易、改変の内容・程度、改変による形態的効果等を総合的に判断して、当該改変によって相応の形態上の特徴がもたらされ、既に存在する他人の商品の形態と酷似しているものと評価できないような場合には、実質的に同一の形態とはいえないものというべきである」とされています（東京高判平成10年2月26日平成8（ネ）6162号）。
▶33【補足】よって、他人の商品とは別個に作られた場合には模倣とはなりません。独自に作られたのであれば、必要な投資が行われているからです。
▶34【補足】裁判例では、依拠とは「他人の商品形態を知り、これを形態が同一であるか実質的に同一といえる程に酷似した形態の商品と客観的に評価される形態の商品を作り出すことを認識していること」とされています（東京高判平成10年2月26日平成8（ネ）6162号）。
▶35【補足】ちなみに、意匠法でも形態の類似という問題がでてきましたが、実質的同一の範囲はそれよりは狭い可能性が高いと考えておきましょう。
▶36【補足】商標では離隔観察が行われましたが、商品形態の模倣は需要者が混同を生じるかの問題ではなく、商品の形態が模倣されたかが問題だからです。
◇37【裁判例】東京高判平成10年2月26日平成8（ネ）6162号。

巫　実質同一性が否定された例──ドラゴン・キーホルダー事件◇37

　形態の実質的同一性の範囲はそれほど広くありません。たとえば、原告のドラゴンのキーホルダーの形態と被告のドラゴンのキーホルダーの形態が実質的に同一かどうかが争われた事例では、形態の実質的同一性が否定されました。

具体的には、原告のキーホルダーの竜は頭が１つであるのに対して被告のキーホルダーは双頭の竜であること、被告のキーホルダーの双頭の竜が向き合っているという独自の形態的特徴があること、両商品の本体部分の大きさの違いもわずかとはいえないことなどから実質的同一性が否定されています。

原告のキーホルダー	被告のキーホルダー

判決別紙（1審）	判決別紙（1審）

(3) 譲渡等

　形態模倣商品の提供行為にあたるには、その商品が販売されるといったように、譲渡等が行われることが必要です▶38。そのため、ただ模倣したというだけでは形態模倣商品の提供行為にあたることはありません▶39。模倣行為自体を禁止してしまうと、商品の試作（試験）等のために形態を再現してみることもできなくなってしまうので、そこまでは不正競争とはしないこととしています。

2　不正競争とならない場合

　形態模倣商品の提供行為から保護される期間は、その商品が**日本国内で最初に販売された日から３年まで**です▶40。【不19条1項5号イ】日本国内での販売からですので、外国での販売は問題となりません。

　そして、最初に販売された日は、市場での投下資金・労力の回収活動が外見的に明らかになった時点をいい、原則として商品の有償での譲渡を開始した日ですが、見本市に出すなどの広告宣伝を開始したときも含まれます⬆41。

3　意匠法との比較

　意匠法による保護と形態模倣商品の提供行為による保護は、物品や商品の形態を保護するという点で似ていますが、両者を比較すると以下のようになります。不正競争防止法による保護は、意匠権のような登録は必要としませんが、保護期間が３年しかなく、また保護される形態も実質的同一の範囲に限られます。

▶38【補足】最近の改正で、メタバースなどの仮想空間での商品形態の利用行為に対応するために電気通信回線を通じた提供行為も加えられました。電気通信回線を通じた提供は、無体物を対象とした行為になるので、商品に無体物が含まれると解釈されることになります。

▶39【補足】ただし、模倣されて商品が大量に作られたということは、その後の販売などが行われる可能性が高いですので、侵害のおそれありとして差止請求の対象となる可能性があります。

▶40【補足】これは保護の終わりが始まる時点を定めるもので、保護の始まりを定めるものではありません。保護の始まりは、商品化が完了した時点、すなわち、商品としての機能が発揮できるなど販売を可能とする段階に至っており、また、それが外見的に明らかになった時点です。そのように考えれば、商品化が完了したものの、販売前に他人に商品形態を模倣された場合にも保護を受けることができます。

⬆41【一歩先へ】商品のモデルチェンジ

　商品をモデルチェンジした場合はどうでしょうか。形態をほんの少し変えただけのモデルチェンジをした場合に、そのモデルチェンジ後の商品の販売から改めて3年の保護が得られるというのはおかしいと思うのではないでしょうか。この点について判断した裁判例があります（知財高判平成31年1月24日平成30（ネ）10038号）。

　この事件では、原告は旧原告商品（サックス用ストラップ）をモデルチェンジした商品についての形態模倣商品の提供行為だと訴えました。被告は、モデルチェンジの前後で商品の形態が実質的に同一であるから、旧原告商品が最初に販売された日から3年を経過していると主張しましたが、裁判所はV型プレート（アジャスターに相当）は中央部の四角形状から左右に伸びる両翼の形状・幅が大きく変更され細長くなっており、この相違によりモデルチェン

[形態模倣商品の提供行為（不正競争防止法2条1項3号）と意匠法との比較]

	不正競争防止法2条1項3号	意匠法
保護の対象	**商品の形態** 商品の外部及び内部の形状並びにその形状に結合した模様、色彩、光沢及び質感（需要者が通常の用法に従った使用に際して知覚によって認識することができるものに限る）	**意匠** ・物品の意匠 ・建築物の意匠 ・画像（機器の操作の用に供されるもの又は機器がその機能を発揮した結果として表示される画像）の意匠 （全ての意匠について視覚を通じて美感を起こさせるものに限る）
保護の手法	他人の商品の形態を模倣した商品の提供行為を不正競争として禁止（**登録は不要**）	意匠権による保護 （特許庁による審査を受け、**登録が必要**）
保護の期間	日本国内において最初に販売された日から起算して**3年**	意匠登録出願の日から**25年**
保護の範囲	**実質的に同一の形態の商品**	**同一・類似の意匠**

Ⅳ 侵害に対する措置

　これらの不正競争によって**営業上の利益が侵害されている者は**[▶42、]差止請求、損害賠償請求が可能です。差止請求によって、不正競争を行っている人の行為を止めることができ、損害賠償請求により金銭的な賠償も受けることができます。不正競争防止法においても損害額を推定する規定が設けられています。

ジ後の原告商品全体の印象と旧原告商品全体としての印象は異なるとして、モデルチェンジ後の商品の販売から3年かどうかで形態模倣商品の提供行為となるか判断されるとしました。そして、原告商品と被告商品の形態は実質的に同一であるとして、形態模倣商品の提供行為にあたるとしています。

　このように、モデルチェンジをした場合、旧商品との全体の印象が異なる程度にまで形態を変更しておくと、モデルチェンジ後の商品の販売から3年の保護を受けることが可能となります。

▼原告の旧商品とモデルチェンジ後の商品

判決別紙　　　　判決別紙

▼被告の商品

判決別紙

▶42【補足】侵害するおそれのある者も差し止めの対象です。

特許法

　最後に、簡単に特許法について説明しておきましょう。特許法は技術を保護する法律であり、デザインの保護という意味では最前面にでてくる法律ではありません。ですので、興味があるという方や、必要がありそうだという方以外は、読み飛ばしてしまっても構いません。

　実は、特許法は、意匠法や商標法とあわせて産業財産権法と呼ばれる法律の1つであり、意匠法や商標法は特許法の規定を多く準用しています。そのため、特許法は産業財産権法についての最も基本的な法律といえます▶1▶2。

Ⅰ　発明

　特許法で保護されるためには、そのデザインが〈発明〉でなければなりません。 発明についても意匠法や商標法と同じように、定義【特2条1項】があります。そこでは、発明とは、「自然法則を利用した技術的思想の創作のうち高度のもの」とされています。

　発明であるための要件を見ていきましょう。

［発明の要件］

自然法則を利用　＋　技術的思想　＋　創作　＋　高度

1　自然法則の利用

　まず、**発明は自然法則を利用したものであることが必要**です。自然法則とは、たとえばエネルギー保存の法則や万有引力の法則のことです。そうした自然法則を利用していない場合、たとえば、熱力学の法則に反するような場合や、ゲームのルールなどの人が決めたルールなどに基づく場合は、自然法則を利用していませんので発明とはなりません。

▶2【補足】そのため、大学での講義（特に法学部）でも通常扱われるのは特許法と著作権法です。デザイン系の学部では意匠法や商標法まで扱われることもあります（逆に特許法については扱わないこともあります）。理系の学部では特許法が中心に扱われているでしょう。

次に**技術的思想であることが必要**です。技術とは一定の目的を達成するための具体的な手段で、客観的に他人に伝達できるものです。たとえば、椅子の製造方法などが技術にあたります。一方で、フォークボールの投球方法など個人の技能によるものや、彫刻や絵画など美的創造物の創作などは、技術的思想にはあたりません。もちろん、それを大量印刷できるようにした機械などは技術に該当します。

3 創作

そして、**創作であることも必要**です。たとえば、新しい鉱物を発見しただけでは創作ではありませんが、その鉱物を用いて技術的な課題をクリアするような機器を作る場合は、創作にあたります。

4 高度

高度であることは、発明よりも簡単な技術を簡易に保護する実用新案法[3]との区別のためだけの要件で、発明として認められるために特に問題にはなりません。

Ⅱ 特許要件

発明について特許権を取得するためには、発明の要件を満たすだけでは足りず、さまざまな要件を満たすことが必要です。また、権利を取得するためには特許庁に対して出願手続が必要なのも、意匠権や商標権の場合と同様です。

［特許要件］

発明であること

発明が産業的に利用できること（産業上利用可能性）（→**1**）

発明が新しいものであること（新規性）（→**2**）

発明が簡単に創作できたものでないこと（進歩性）（→**3**）

一番最初に出願すること（先願）（→**4**）

先に他人がした出願書類に含まれる発明でないこと（拡大先願）（→**5**）

特許を受けることができない発明でないこと（→**6**）

1 産業上利用可能性

発明が特許を受けるためには、〈**産業上利用できる発明**〉であるこ

▶3【補足】実用新案法は、発明に比べて技術的なレベルの低い考案（小発明とも呼ばれます）を保護する法律です。簡単な技術でも保護され、また新規性などの要件の審査もなく登録されますので簡易な保護に向いています。しかし、実用新案権は侵害者に対する権利行使などではさまざまな制約があるので、実用新案権を利用する際は弁理士とよく相談して利用することが必要です。

とが必要です。【特29条1項柱書き】これは何らかの産業に発明が利用できればよいということを意味しています。そのため、この要件から外れる発明はほぼありません▶4。

2 新規性

次に、**発明が新しいものであること**が必要です。【特29条1項各号】新規性と呼ばれる要件ですが、新規性は意匠のところで説明しましたので、意匠法との相違点だけ確認しておきましょう●5。

特許法においては、〈公然実施された発明〉【特29条1項2号】も新規性を失うものとされています。たとえば発明にかかる製品が店で販売された場合は公然実施されたといえるでしょう▶6。

3 進歩性

これは、意匠法の創作非容易性と似た要件です●7。**その技術分野の当業者が公知の技術から容易に考え出すことができる発明は特許権を取得できません。**【特29条2項】その分野の専門家であれば誰でも思いつくような発明に権利を与える意味はないからです。

4 先願

これも、意匠法の先願と同じ要件です●8。すなわち、**一番最初に出願した人しか特許権を取得することができません。**【特39条】

5 拡大先願

次に、**先に他人が出願し公開された発明と同じ発明は、登録を受けられません。**【特29条の2】意匠法においては、先に他人が出願し登録された意匠の一部と同一・類似の意匠は、登録を受けられないという規定がありましたが、【意3条の2】その規定と類似した規定となっています●9。

すなわち、後願の出願後に出願公開等▶10がされた先願の願書に最初に添付した明細書等に記載されている発明と同一の発明については、特許権を取得できません。

特許法においては、〈特許請求の範囲〉という書面に特許を受けたい発明を記載し、〈明細書〉という書面でその内容を説明します。特許請求の範囲に記載された発明は、先願の規定が適用されて、一番最初に出願した人しか権利がとれません。他方、明細書だけに記載された発明については先願の規定が適用されません。とはいえ、すでに先に出願した人の明細書にその発明が記載されていたのであれ

▶4【補足】産業上利用できない発明から除かれるのは、人道的な観点から、人間を手術、治療または診断する方法などです。

●5【参照】14頁。

▶6【補足】意匠の場合は公然に実施されれば、デザインの外観自体は公然知られたといえますので、あえて規定する必要もないので規定がありません。

●7【参照】16頁。

●8【参照】18頁。

●9【参照】17頁。

▶10【補足】特許出願は基本的に出願後1年6ヶ月で公開されます。

ば、後の出願人は何も世の中に新しい発明を提供していません。その
ため、その発明は特許をとれないことにしようというのが、この
先に他人がした出願に含まれる発明でないことという規定です▶11。

▶11【補足】そのためこの
規定は〈準公知〉とも呼ば
れます。

6　特許を受けることができない場合

意匠法の場合と同様●12、〈遺伝子操作により得られたヒト自体〉
など公序良俗を害するおそれがある場合には特許を受けることがで
きません【特32条】▶13。

●12【参照】19頁。

▶13【補足】発明について
は公衆の衛生を害する発明
も登録を受けることができ
ません。

III　権利を取得できる人

では、特許権を取得できる人は誰でしょうか。これも意匠法で説
明した内容と同じですので詳細は省略しますが●14、基本的には発明
を創作した人（特許を受ける権利を有する人）が特許権を取得できま
す【特29条1項柱書き】。ただし、会社に属している従業員が発明を行った場合には、職
務発明の規定により●15【特35条】、会社が特許を受ける権利を有し会社が特許
権を取得することになるでしょう▶16。

●14【参照】20頁。

●15【参照】21頁。

▶16【補足】発明がもたら
す利益が意匠よりも大きい
ことが普通ですので、会社
は特許権を取得するという
のが通常でしょう。従業員
としてした発明についての
利益を会社に要求するとい
う訴訟を耳にしたことがあ
るかもしれません。青色発
光ダイオードでノーベル賞
を受賞した中村修二さんの
職務発明の対価請求の訴訟
では、最終的には和解で6億
円程度の対価となっていま
すが、地裁では604億円とい
う金額が示され話題となり
ました。

IV　手続的要件

次に、特許権を取得するための手続についてです。**特許権は、特
許庁に出願手続を行って初めて取得する**ことができます【特36条】▶17。なお、
特許出願については、原則として出願から1年6ヶ月後に公開され
ます【特64条】。

出願の際には、特許庁に〈願書〉、〈特許請求の範囲〉、〈明細書〉、
〈要約書〉〈（必要な）図面〉という5種類の書面を提出します。願書
は意匠登録出願の願書と大きくは変わりませんので、そちらを見て
いただくとして、特許請求の範囲の記載例を見ておきましょう。

なお、**図面は意匠とは異なり必須の提出書面ではありません**。ま
た、要約書は技術の内容を簡単に示した書類で、特許権の効力とは
関係ない書類ですが、簡単に特許発明の内容が書かれていますので、
それを読むと技術の概要がつかめるようになっています。

▶17【補足】特許の場合に
は出願しただけでは審査は
開始されず、審査をしても
らうためにはさらに出願審
査請求を行う必要がありま
す。

特許請求の範囲の記載例

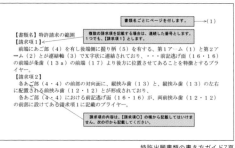

特許出願書類の書き方ガイド7頁

Ⅴ 特許権の効力と特許権の侵害

特許権を取得すると、他人が無断でその発明を業として実施するこ
【特68条】
とを排除することができます。権利の効力については意匠権と同じと
ころも多いので●18、異なる点だけ説明しておきましょう。

●18【参照】26頁。

1 特許権の存続期間

特許出願をしても特許権が設定登録されるまで特許権は発生しま
【特66条】
せん。そして、**権利が続く期間は、特許出願の日から20年**となって
【特67条】
います。

なお、出願から1年6ヶ月で公開された後から特許権の設定登録
までの間は、補償金請求権という権利を行使できます。これは発明
【特65条】
が公開されてしまうと、その発明を他人が知ることになるので、無
断で発明が実施されてしまう可能性があります。そこで、特許権が
発生するまでの間、補償金請求権という権利を認めています。

2 特許権の侵害

特許権の侵害となる範囲、すなわち〈**特許発明の技術的範囲**〉は、
【特70条】
〈**特許請求**〉の範囲によって定められます。そのため、特許請求の範
囲から特許発明の技術的範囲が導かれることになります。技術的範
囲に属するかは、特許請求の範囲の記載を技術的要素に分け、侵害
品の構成も分けて、互いに対応する構成要件を比較することで行わ
れます。侵害品に特許発明の構成要件のすべてが含まれている場合
に初めて、特許権侵害となります。

抽象的な表現でわかりにくいと思いますので、デザインが問題と
なった事例を見てみましょう。

巫　特許発明の技術的範囲に属しないとされた例
——装飾品鎖状端部の留め具事件◇19

この事件はネックレス、ブレスレット、アンクレット等の、鎖状
部の端部間を止着する留め具が問題となった事件です。

原告の留め具の発明＋20

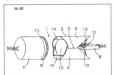

被告の製品（留め具部分）

特許公報　　　　　　　　　　　　　　　　　　　　　　　　　判決別紙

技術的な表現であるため少しむずかしいのですが、特許請求の範
囲の記載を確認してみましょう。裁判所は結論としては、被告の製
品は特許発明の技術的範囲に属していない、すなわち特許権侵害で
はないとしています。

この発明の請求項1を構成要件ごとに分けると、以下のようになり
ます。**特許請求の範囲の記載は、特許権の権利範囲そのもの**ですの
で、日本語の表現はむずかしいですが、そのまま載せています。正
確に理解する必要はなく、なんとなく理解してもらえれば十分です。

【請求項1】

A　装飾品の片方の鎖状部の端部に設けたホルダーと

B　他方の鎖状部の端部に設けたホルダー受けとを噛合わせて係止す
る方式の留め具であって、

C　前記ホルダーとホルダー受けには、これらを正しい噛合い位置に
誘導できる部位に、互いに吸着する磁石の各一方を、あるいは磁石
とこれに吸着される金属材を、それぞれ吸着部材として設けた装飾
品鎖状端部の留め具において、

D　前記ホルダーが、ホルダー受け嵌入用の開口部を構成すると共に
先端部に噛合い形状を形成した1対の顎部材を開口／閉口可能に軸
支したバネ閉じ式の鰐口クリップであり、

E　前記ホルダー受けが1対の開口状態の顎部材間に嵌入して係止さ
れる係止部材であり、

F　かつ、前記鰐口クリップの内部における1対の顎部材間に一方の
吸着部材を設け、

G　前記係止部材の先端に他方の吸着部材を設けた装飾品鎖状端部の
留め具。

そして、この事件では、〈被告製品における部材ア～カの集合体は▶21、本件発明の「ホルダー」（構成要件A）か〉、〈被告製品は「噛合わせて係止する」（構成要件B）方式の留め具か〉、〈被告製品の「ホルダーとホルダー受けには、これらを正しい噛合い位置に誘導できる部位」（構成要件C）に磁石が吸着部材として設けられているか〉が争われました。

　裁判所は、明細書を参考にしながら、部材エを除いた部材ア～カから構成される部分は〈ホルダー〉に該当するとしたものの、構成要件Bの〈噛合わせて係止〉にあたるかについて、部材ウ・部材エは内部の磁石の吸着によって固定されているにすぎないから、〈噛合わせて係止〉しているといえないとしました（構成要件Bを満たさない）。そして、〈正しい噛合い位置〉という構成要件Cについても、構成要件Bの場合と同様に、〈噛合わせて係止〉した状態といえないとしました（構成要件Cも満たさない）。

　よって、構成要件のすべてを満たしていないため、被告製品は特許発明の技術的範囲に属していないとしています✝22。

　このように、デザインを発明で保護することも可能ですが、デザインのどの部分を技術的に保護できるか、そして特許権を取得した場合にその効力がおよぶかどうかまで考えなければなりません。他方で、物品が異なっても特許権の効力はおよびますので、意匠権のおよぶ類似の範囲よりは広く活用の余地はありますが、実際には弁理士などの専門家に相談しながら特許権を取得するかを考える方がよいでしょう●23。

　なお、意匠権の場合と同様、特許製品にしか用いない部品などの製造は間接侵害として特許権を侵害します●24。

3　侵害に対する措置

　特許権侵害に対する措置は、意匠権と同じで、差止請求や損害賠償請求が可能です。

▶21【補足】ただし、ホルダー受けの部材エは除かれています。

✝22【一歩先へ】ただし、この構成要件を常にすべて満たさなければ権利侵害が認められないとすると、出願人はすべての侵害を予想し出願書類を作成しなければなりませんし、出願後に新たな素材なども登場する場合があります。そのため、特許請求の範囲として記載された内容と侵害が疑われている人によって現に実施されている技術の構成要件とが一部異なっていても、技術的範囲に属するとして権利侵害を主張できるという〈均等論〉と呼ばれる理論があります（最判平成10年2月24日平成6（オ）1083号）。この均等論は5つの要件を満たす必要があります（ここでは省略します）。

●23【参照】Part 2では各デザインについて複数の権利によって保護されていることを知財ミックスとして紹介しています。

●24【参照】30頁。

Part 2

さまざまなデザインの保護

Part 1では、おおまかにデザインが保護される法律を説明してきました。そこでも述べましたが、このような基本的な事項を前提としつつ、それぞれのデザインによって保護の中心となる法律は変わってきます。ここからは、さまざまなデザインという視点から、具体的に保護を見てみましょう。

学術的なデザインの分類というわけではありませんが、さまざまなデザイン分野をできるだけ取り上げるようにしています。

各Chapterで取り上げるおおまかなデザインは下記のとおりです。

[本書で対象としているデザイン]

プロダクトデザイン	家電、家具、車両などのデザイン
パッケージデザイン	お菓子の箱、飲料ボトル、包装用の容器などのデザイン
グラフィックデザイン	広告デザイン、ロゴマーク、タイプフェイス、ピクトグラムなどのデザイン
ファッションデザイン	洋服、靴、バッグ、アクセサリーなどのデザイン
建築・空間デザイン	建物、土木建築などの建築物のデザイン、インテリア、店舗などの内装デザイン、商品陳列デザイン
インターフェースデザイン	PCやスマートフォンの画面に表示されるアイコン、ソフトウェア、ゲームなどのデザイン
キャラクターデザイン	イラスト、人形、着ぐるみなどのデザイン

それでは、まずはプロダクトデザインから見ていきましょう。

プロダクトデザイン

I はじめに ─────────────

　この章ではプロダクトデザインを扱います▶1。プロダクトデザインの代表例は、家電や家具、車両などのデザインです。

　Part 1 で、プロダクトデザインを例にとりつつ、デザインまわりの法律に関わる基本事項を説明しました。ここでは、Part 1 でお話しした内容を少し深めながら、プロダクトデザインの保護について詳しく見ていきましょう。

　プロダクトデザインの保護で最も重要なのは、意匠法による保護です。そして、次に有効なのは不正競争防止法です。それから、少し保護のハードルが高いですが、商標法がその保護にうまく働く場合もあります。一方で、著作権法による保護は、ほぼ期待できません。なお、技術的な機能を伴う場合には特許法による保護も考えられます。

　このように、プロダクトデザインはさまざまな法律で保護されますが、法律が保護しているデザインの側面は、少しずつ違います。重要な順に各法律による保護を見ていきましょう。

II 意匠法による保護 ─────────────

1 意匠

　意匠法で保護されている意匠には、**物品の意匠、建築物の意匠、画像の意匠**という 3 つの種類がありますが●2、プロダクトデザインは、まさにモノつまり物品ですから、〈物品の意匠〉に該当します。そのため、意匠法の保護対象である意匠となります●3●4。

2 意匠登録の要件

　プロダクトデザインが意匠登録を受けるためには、登録要件、すなわち、1. **意匠であること**【意2条1項、3条1項柱書き】、2. **工業上利用可能性**【意3条1項柱書き】、3. **新規性**【意3条1項各号】、4. **創作非容易性**【意3条2項】、5. 他人が先にした意匠登録出願の一部に自己の意匠が

▶1【補足】Part 2 Chapter 1 プロダクトデザインの目次。
I　はじめに
II　意匠法による保護
III　不正競争防止法による保護
IV　商標法による保護
V　著作権法による保護
VI　知財ミックス

●2【参照】9頁。

●3【参照】プロダクトデザインの意匠登録出願は多岐にわたっています（12頁）。

●4【参照】9頁。

含まれていないこと、6. **先願**【意9条】、7. **意匠登録を受けることができない意匠でないこと**【意5条】、の要件を満たす必要があります●5。

ここでは、プロダクトデザインに関する新規性と創作非容易性について、具体的な判断を見ておきましょう●6。プロダクトデザインの意匠登録の際に特に問題になるのは、この2つの要件だからです。

🇼 新規性があるとした例──携帯電話機事件◇7

まずは、新規性について問題となった例から見てみましょう。出願された携帯電話機の意匠が、すでに知られている携帯電話機と類似するかどうかが問題となりました▶8。裁判所は、出願された携帯電話機の意匠はすでに知られた意匠と類似せず、新規であると認めています。

具体的には、スマートフォンについて、タッチパネル画面や機能キーを含めた正面からの形状とこれらのまとまりが**要部（需要者の注意を惹く部分）**であるとし、出願された携帯電話機の意匠は全体として丸みを帯びた柔らかな印象を与える一方、新規性があるかどうかの判断のために引用された携帯電話機の意匠は全体としてよりシャープかつフラットな印象を与えるとして、両意匠（両携帯電話）は非類似であり、出願された携帯電話機の意匠は新規性があるとしました。

公知の意匠とこうした違いがあれば新規性があると判断されます。

出願意匠　　引用意匠★9

判決別紙　　判決別紙

🇼 創作容易であるとした例──道路用防獣さく事件◇10

次に、出願されたプロダクトデザインが創作容易とされた例を見てみましょう。この登録意匠は、動物が道路に入ることを防ぐ〈道路用防獣さく〉でした。そして、この事件ではこの登録意匠が〈創作容易だから無効ではないか〉と争われました。裁判所は、創作容易だと認め意匠登録は無効だとしています▶11。

具体的には、すでに存在していた2つの登録意匠のように、線格

●5【参照】13頁。

●6【参照】14頁。

◇7【裁判例】知財高判平成26年3月27日平成25（行ケ）10287号。

▶8【補足】公知の意匠に類似する意匠も新規性がありません（【参照】14頁）。

★9【用語説明】新規性があるかどうかの判断のために引用された携帯電話機の意匠のことです。

◇10【裁判例】知財高判平成17年8月25日平成17（行ケ）10392号。

▶11【補足】審査官が新規性違反などを見過ごして意匠登録してしまう場合もあります。その場合、特許庁に対して意匠登録は無効だとして無効審判という審判を請求することができます（意匠法48条）。また、侵害だと訴えられた訴訟において被告は意匠登録は無効なので意匠権に基づく権利行使は認められるべきではないと主張することもできます（意匠法41条で準用する特許法104条の3）。両者の違いは、特許庁の無効審判で無効だと確定すれば意匠登録はすべての人に対して最初から存在しなかったものとなりますが、裁判所で主張した場合はあくまで訴訟当事者間で意匠登録は無効なので権利行使は認められないという効果しかなく、意匠登録はそのまま有効なものとして存続するという点です。あまり考えられないかもしれませんが、意匠権者はその被告以外の人に、その意匠権に基づいて訴訟を提起することが可能です。もちろんその場合でも、訴えられた人は意匠登録は無効なので意匠権に基づく権利行使は認められるべきではないという主張が可能です。

子フェンスの下端部に横線材を適宜増設することは周知の手法であって、フェンス下方からの小動物の侵入を防ぐという防獣さくの本来の目的から当然考えつくので、登録意匠の創作は容易であるとしました。

道路用防獣さくの意匠⊹12

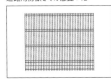

意匠公報

創作容易かどうかの判断のために引用された意匠⊹13

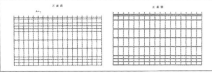

意匠公報

⊹12【公報】意匠登録1186560号（すでに消滅）。株式会社小財スチール（原告）、株式会社ラグ（原告）の登録意匠です。

⊹13【公報】意匠登録1018887号（すでに消滅）、意匠登録1018889号（すでに消滅）。日鐡建材株式会社、日建フェンス工業株式会社の登録意匠です。

Ⅶ 創作容易ではないとした例──箸の持ち方矯正具事件◇14

　反対に、創作容易ではないと判断されたものも見ておきましょう。この登録意匠は〈箸の持ち方矯正具〉（リング）ですが、登録意匠はすでに知られた意匠から〈創作容易だから無効ではないか〉と争われました。裁判所は、この箸の持ち方矯正具は、創作容易ではなく登録意匠は有効だとしました。

　具体的には、この箸の持ち方矯正具は箸の持ち方を矯正するための一対の2つのリングから成り、直線的な印象を与える薬指を入れるリングと、傾いた印象を与える人差し指を入れるリングがまとまりある美感をもたらしている点に独創性があるから、登録意匠は2つの引用意匠から容易に創作できたものではないとしています。

◇14【裁判例】知財高判平成30年2月26日平成29（行ケ）10181号。

箸の持ち方矯正具に関する意匠⊹15

意匠公報

創作容易かどうかの判断のために引用された意匠⊹16

判決別紙　　　　無効審判別紙⊹17

⊹15【公報】意匠登録1406731号。株式会社ケイジェイシー（原告）の登録意匠です。

⊹16【公報】特許国際公開公報国際公開番号WO2006/004290A1、中国実用新型専利説明書、公告番号CN200980547Y。

⊹17【公報】無効2016-880025号。

　実際の判断はケースバイケースですので、どのようなデザインであれば公知のデザインから容易に創作できたものではないとされるかはむずかしいところです。ただし、創作が容易ではないとされるハードルはそれほど高くありませんので、弁理士などの専門家に相

談しつつ出願するかどうかを決めるとよいでしょう。

3 権利を取得できる人

意匠権を取得できるのは、〈意匠登録を受ける権利〉を有する人で
【意3条1項】
す。通常は意匠を創作した人（デザイナー）となります。ただし会社
のインハウスデザイナーの場合には、職務創作意匠の規定が適用さ
【特35条の準用】
れ、インハウスデザイナーの所属する会社が意匠権を有することが
あります●18。

●18【参照】20頁。

4 手続的要件

意匠登録を受けるためには、特許庁への出願手続が必要です。意
【意6条】
匠登録出願については、願書と図面を特許庁に提出します●19。な
お、図面の代わりに写真や見本を提出することも可能です▶20。

　プロダクトデザインの場合、願書の〈意匠に係る物品〉の欄に、
たとえば〈携帯電話機〉と記載します。〈意匠に係る物品の説明〉の
欄には、物品の使用目的、使用方法などを記載します。

●19【参照】24頁。

▶20【補足】見本については大きさの制限があり、縦26cm、横19cm、厚さが7mm以下に限定されています。

5 意匠権の効力

　意匠権は、**意匠権者に無断で行われる登録意匠の実施を排除でき**
る権利です。**意匠権の効力は、登録意匠に同一・類似の意匠にまで**
【意23条】
および、プロダクトデザインの意匠が類似するかは、物品面（物品
の用途・機能が同一・類似か）と**形態面**（形態が同一・類似か）から判
断されます●21†22。

　ここではプロダクトデザインについて、意匠権の侵害が問題となっ
た裁判例を見ておきましょう。

(1) 物品の類似

　まずは、物品の類似についてです。**物品の類似は、その物品の用**
途・機能から判断されます。ノック式のボールペンとシャーペンで
あれば物品の用途はたとえば〈字を書く〉で同じ、機能もペン先の
ボールの回転によってインクを紙に固定するか、押し出した黒鉛な
どを紙に固定するかで少し異なるとはいえ類似といえますので、類
似物品となります。

　このような単純な例ならよいのですが、物品が類似するかが争わ
れる場合もあります。物品の類似が問題となった例を見てみましょう。

●21【参照】28頁。

↑22【一歩先へ】物品の類似は意匠の類否判断に必要か

　物品の意匠の類似の前提に物品の類似が必要かは議論があります。欧州においては、意匠の類似の前提として、物品（製品）の類似は必要ではありません。そのため、欧州では乗用自動車の意匠権さえ有していれば、乗用自動車のおもちゃに乗用自動車の意匠権の効力がおよびます。しかし、その場合には、この類似を判断する乗用自動車と乗用自動車のおもちゃの需要者は違うのではないか、意匠の類否は誰を需要者として判断するのかという問題がでてきます。欧州では、両方の製品を買うような需要者を想定するなどの説が主張されています。

　1つ目は原告の〈化粧用パフ〉にかかる意匠権（部分意匠）に基づいて、被告の〈ゲルマニウムシリコンブラシ〉を意匠権侵害として訴えた例です。裁判所は、化粧用パフとゲルマニウムシリコンブラシは、物品として同一または類似するとしました。

　意匠権者（原告）の物品は化粧用パフですが、被告製品はゲルマニウムシリコンブラシ▶24です。

　化粧用パフとゲルマニウムシリコンブラシとでは、その物品名からして別物という印象を受けます。そのため、化粧用パフとゲルマニウムシリコンブラシが物品として類似するかが問題となりました。

　裁判所は化粧用パフの用途と機能について、「需要者（洗顔に少しでも関心を有する主として女性）において、『パフ』は、おしろいやファンデーション等を顔面等の皮膚に塗布するという本来的用途・機能のほか、洗顔用品としての用途・機能を有するものと認識されている」と判断しました。このように、パフにはファンデーションなどを塗るという用途・機能だけなく、洗顔にも使うという用途・機能があるとしたのです。

　そのため、化粧用パフは洗顔用品の用途・機能を持つものを含み、ゲルマニウムシリコンブラシという洗顔ブラシとは、少なくとも洗顔用具という点で用途が同一であり、機能も同一または類似であるから、物品として同一または類似するとしました▶25。

原告の化粧用パフ▶26

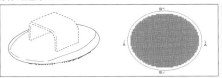

意匠公報

被告のゲルマニウムシリコンブラシ

判決別紙（1審）

　このように、物品がいくつかの用途を持っていれば、そのうちの1つが類似し（この例では洗顔に使うという用途）、形態も類似すれば、意匠が類似すると認められます。

　それでは、もう1つの事件を見てみましょう。化粧用パフの事件では物品が類似するとされましたが、この事件は物品が類似しないとされた例です。

巫　物品が類似しないとされた例──カラビナ事件◇27

　原告の意匠に係る物品は〈カラビナ〉です。カラビナは岩登り用

◇23【裁判例】大阪高判平成18年5月31日平成18（ネ）184号。

▶24【補足】手洗いでは落ちにくい毛穴の汚れや角質などをすっきり落とすのに使用される洗顔ブラシです。

▶25【補足】裁判所は、化粧用パフの形態（パフの部分）と、ゲルマニウムシリコンブラシの形態（ブラシの部分）についても類似するとして、意匠権侵害を認めています。

▶26【補足】部分意匠なので実線部分が権利範囲となります【公報】意匠登録1187684号（すでに消滅）。株式会社ラッキーコーポレーション（原告）の登録意匠です。

◇27【裁判例】知財高判平成17年10月31日平成17（ネ）10079号。

具もしくは登山用具として使われるものですが、原告が意匠権を有するカラビナは、ハート型のカラビナになっていました。一方、被告の販売品は、同じようにハート型をしたものでしたが、カラビナではなく、〈ハートカラビナキーチェーン〉という商品名で売られるキーチェーンでした。

　見た目から明らかなように、両意匠の形態は非常に似ています[28]。そのため、物品が類似すれば意匠権侵害となる可能性が高くなります。そして、それぞれの名称が示すとおり、意匠権者の物品はカラビナで、被告商品はアクセサリー（キーチェーン）です。

　裁判所は、カラビナとアクセサリーとは、物品の使用の目的、使用の状態などが大きく相違しているから、物品として類似しないと判断しました。そのため、意匠権侵害とは認められませんでした[29]。

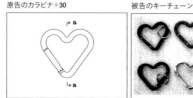

原告のカラビナ[30]　　　　　　　被告のキーチェーン

意匠公報　　　　　　　　　　　判決別紙

　この裁判例からすると、意匠権者としては、登山用具としてのカラビナとは別にキーチェーンを物品として出願して権利取得しておく必要があったということになります。しかし、1つのデザインに対して、登山用具としてだけでなく、キーチェーンとしてまで権利取得するのは、企業の場合は戦略次第かもしれませんが、個人のデザイナーにとっては手間や費用の点からしても大変でしょう。現実には、物品が類似するかどうかも考えつつ、主要な物品にだけ権利取得することになるでしょうが、やはり専門家に相談することが大切です。

(2) 物品が非類似でも意匠権の侵害となる場合（利用関係）

　物品の意匠が類似するかどうかは、物品の類似が前提となります。そうすると、部品と完成品のような場合、たとえば、〈自転車のハンドル〉に意匠権を持っているけれど、その〈ハンドルをそのまま使った自転車〉を第三者が販売しているのを発見した、という場合にはどのように考えればいいでしょうか。

　〈自転車のハンドル〉と〈自転車〉では、明らかに物品としての用

●28【参照】形態の類似については29頁、122頁。

↑29【一歩先へ】物品が類似するかの基準はいくつもあるのか
　実は、このカラビナ事件で裁判所は『意匠権の効力が及ぶ『登録意匠に係る物品と類似の物品』とは、登録意匠又はこれに類似する意匠を物品に実施した場合に、当該物品の一般需要者において意匠権者が販売等をする物品と混同するおそれのある物品を指すものと解するのが相当である」と判示していました。
　物品は用途・機能から類似を判断すると説明しましたが、カラビナ事件の裁判所は〈混同するおそれ〉があるかどうかで、物品が類似するかを判断すべきとしています。極端にいえば、物品の用途・機能が全く違っていても、需要者が混同するおそれがあれば物品として類似する可能性があるということになります。
　しかし、裁判所は上記のことを具体的に事案にあてはめる際に、〈物品の使用の目的、使用の状態等〉を考慮しており、意匠審査基準では「使用目的、使用状態等」は用途を意味するものとして使っていますので（意匠審査基準第Ⅲ部第2章第1節2.2.2.2)、結局はカラビナ事件においても、物品の用途が考慮されていると考えることもできそうです。

＋30【公報】意匠登録1156116号（すでに消滅）。株式会社伊藤製作所（原告）の登録意匠です。

途・機能が異なりますので物品は非類似ですが、〈自転車のハンドル〉の意匠権者は、その〈ハンドルをそのまま使った自転車〉の販売を快くは思わないと思います。何か手立てはあるでしょうか▶31。

▶31【補足】次に説明する利用関係にあたれば、意匠権の侵害となります。

◇32【裁判例】大阪地判昭和46年12月22日 昭和45（ワ）507号。

巫 利用関係が認められて意匠権侵害とされた例――学習机事件◇32

この問題が扱われた例として、学習机の例があります。原告の登録意匠は〈机〉です。他方で、被告製品は机部分と書架部分からなる〈学習机〉です。裁判所は、学習机は机に書架を結合して1個の物品としたものであることから、原告の机と被告の学習机は物品として同一性がないとしました。

そのため、意匠権侵害とはならないのかと思いきや、裁判所は、これを**利用**という概念を使って意匠権侵害だとしました。簡単にいえば、**原告の机の全部を、その特徴が破壊されることなく、ほかの部分と区別できるかたちで、被告の学習机が含んでいるので、原告の登録意匠（に類似する意匠）を〈利用〉しているから意匠権の侵害だ**、としたのです。

＋33【公報】意匠登録284774号（すでに消滅）。株式会社くろがね工作所（原告）の登録意匠です。なお、判決別紙の図面の原告の机については、意匠公報掲載の机と若干相違があります（机下部の高さ調節用のグリップ部分）。

▼判決別紙の原告の机

判決別紙

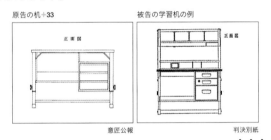

原告の机＋33　　　　被告の学習机の例

意匠公報　　　　　判決別紙

このように、**物品が類似しなくても、他人の意匠を含んでいる場合には意匠権侵害となることがある**ので、注意が必要です⬆34。

もう1つ裁判例を見てみましょう。こちらは〈利用〉を否定した裁判例です。

⬆34【一歩先へ】利用関係の具体例
裁判所は、「意匠の利用とは、ある意匠がその構成要素中に他の登録意匠又はこれに類似する意匠の全部を、その特徴を破壊することなく、他の構成要素と区別しうる態様において包含し、この部分と他の構成要素との結合により全体としては他の登録意匠とは非類似の一個の意匠をなしているが、この意匠を実施すると必然的に他の登録意匠を実施する関係にある場合をいう」と述べています。
このように、利用関係が成立するためには、ある意匠がその構成要素の中に、特徴を破壊することなく、かつ、区別できる状態で含まれていることが必要です。そのため、ほかの意匠を含む意匠としても、その特徴が破壊されていたり、区別できない状態（混然一体となっている）と表現されます）であれば、利用関係は成立しません。
そして、裁判所は、意匠の利用関係が成立する場合としては次の2つがあるとしました。
・物品が異なる場合
これは、まさに机と学習机の例で、「机につき他人の登録意匠がある場合に、これと同一又は類似の意匠を現わした机を部品とする学習机の意匠を実施するとき」です。
・物品が同一の場合
次に、物品が同一の場合

巫 利用関係が認められず意匠権侵害とされなかった例
――ラップフィルム摘み具事件◇35

この事件では、意匠権者の意匠権に係る物品は〈ラップフィルムの摘み具〉、問題となった製品は〈ラップフィルム用包装用箱〉でした。事件としては、〈ＮＥＷクレラップ〉を販売する呉羽化学工業株式会社が、他人が持っている登録意匠の意匠権に基づく損害賠償請求権などがないことの確認を求める訴訟でした★36▶37。裁判所は結論として、利用関係を認めず、意匠権侵害ではない（＝意匠権者は損害

賠償請求権などを有しない）としました。

　ラップフィルムの摘み具は、ラップケースの前面につけてラップフィルムを簡単に摘めるようにするものです（下の6つの図のうち下段右の、使用状態を示す参考図がわかりやすいでしょうか）。ラップフィルムの摘み具と、ラップフィルム製品は、物品の用途・機能が異なることから、物品は類似していないという状態でした。

　そこで、〈利用〉が成立するかが問題となりました。しかし、裁判所は利用は成立しないとして、意匠権侵害ではないとしています。

　具体的には、写真のラップフィルム包装用箱の〈つまめるフラップ〉部分は、**包装用箱本体と一体に形成されており包装用箱のほかの部分と区別して把握できない**から、登録意匠のラップフィルムの摘み具を〈利用〉するものではないとしています。すなわち、このラップフィルム包装用箱には、箱の前面の中央の上部分にミシン目と切り込みがいれてあり、指などで押すことで切り離して〈つまめるフラップ〉部分が作られるので、包装箱と一体として形成されている（＝包装用箱のほかの部分と区別できない態様である）としたのです。

でも利用関係になる場合があるとしています。「他人の登録意匠に更に形状、模様、色彩等を結合して全体としては別個の意匠としたとき」です。イメージとしては、何も模様のない机に、形態は全く同じまま新たに模様を付した場合です。

◇35【裁判例】東京地判平成16年10月29日 平成16（ワ）17501号。

★36【用語説明】確認訴訟とは、権利関係の存在または不存在の存否を確認する判決を求める訴訟のことです。

▶37【補足】そのため普通の侵害訴訟とは異なり、意匠権者は原告ではなく被告となっています。

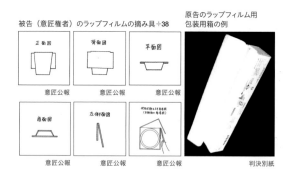

被告（意匠権者）のラップフィルムの摘み具＋38

原告のラップフィルム用包装用箱の例

正面図 意匠公報　　背面図 意匠公報　　平面図 意匠公報

底面図 意匠公報　　左側面図 意匠公報　　意匠公報

判決別紙

＋38【公報】意匠登録1154249号（すでに消滅）。個人（原告）の登録意匠です。

　このように、物品が異なっても利用という理論で意匠権侵害となることがありますが、その利用関係は**ほかの部分と区別できる場合でなければ、他人の意匠を含んでいても利用とはならない**ことがあります。

　とはいえ、実際にほかの部分と区別できないかの判断は困難な場合もあるでしょう。そのため、他人のデザインを安易に自分のデザインに含めることには注意が必要です。

(3) 形態の類似

　次は、プロダクトデザインの形態の類似についてです●39。

●39【参照】29頁。

形態の類似は、まず両意匠の基本的構成態様と具体的構成態様を明らかにします。そして、**両意匠の共通点と差異点を認定し、両意匠の需要者の最も注意を惹く部分を意匠の〈要部〉（重要な部分）として把握して、要部において構成態様が共通しているかを観察し、両意匠が全体として需要者に共通の美感を与えるかどうかに基づい**て判断します。要部の把握の際には、意匠に係る物品の性質、用途、使用態様、さらに、公知意匠にはない新規な創作部分などが考慮されます。

　具体的な裁判例でプロダクトデザインの形態の類似を確認しましょう。まずは形態が類似するとされた例からです。

◇40【裁判例】東京高判平成10年6月18日平成9（ネ）404号・平成9（ネ）2586号。

巫　形態が類似するとされた例──自走式クレーン事件◇40

　この裁判例では、〈自走式クレーン〉（クレーン車のこと）の意匠権を持つ意匠権者が、被告が実施するクレーン車を意匠権侵害で訴えました。下図を見てください。皆さんはこれらの形態が類似していると考えるでしょうか。裁判所は、両クレーンの形態は類似するとしています▶41。

　具体的には、自走式クレーンの用途・使用態様から、登録意匠の基本的構成を形づくるキャビン（人が乗るところ）、機器収納ボックス、ブーム（アーム）の構成・配設、ブームの構成ならびにブーム支持フレーム、ブームとエンジンボックスを含む走行体の下の部分およびキャビンとの配設関係が要部だとしました。そして、被告のクレーンは登録意匠の要部を備えるものであって、両意匠を全体的に観察すると需要者に共通の美感を与えるものであるから、両意匠は類似するとしました。

▶41【補足】裁判所は類否判断の基準として、「意匠の類否を判断するに当たっては、意匠を全体として観察することを要するが、この場合、意匠に係る物品の性質、用途、使用態様、さらに公知意匠にはない新規な創作部分の存否等を参酌して、取引者・需要者の最も注意を惹きやすい部分を意匠の要部として把握し、登録意匠と相手方意匠が、意匠の要部において構成態様を共通しているか否かを観察することが必要である」と述べています。

＋42【公報】意匠登録766928号（すでに消滅）。株式会社神戸製鋼所（原告）の登録意匠です。

原告の自走式クレーン＋42

意匠公報

被告の自走式クレーン

判決別紙（1審）

巫　形態が類似しないとされた例──手さげかご事件◇43

　形態が類似しないとされた例も見てみましょう。この事件では、意匠権者は〈手さげかご〉の意匠権に基づいて被告の意匠を意匠権

◇43【裁判例】大阪高判平成18年8月30日平成18（ネ）448号。

侵害だと訴えました。裁判所は、原告と被告のかごの形態は類似しないとしています。

　具体的には、登録意匠の要部を、かごに開いている長円形の穴の幅がほぼ同一であるものの、上に行くにしたがってわずかに幅が広くなり、その中心線がほぼ同一直線上に複数の穴が配列されていることから扇の骨のように広がって配列されていることにあるとしました▶44。そして、被告の意匠は、穴は下から順に幅が広くなっており、下段と中段の穴は中心線はほぼ同一線上に配列されているものの、上段の穴の中心線とは一致していないことから（＝微妙にずれている）、中心線が2つの扇の骨のように広がっているとして▶45、両意匠は美感を異にし、意匠は類似しないとしました。

▶44【補足】原告のかごの図の中の左右の端の点線部分を見てください。

▶45【補足】被告のかごの図の中の左右の端の点線部分を見てください。途中で少し点線が曲がっていることがわかると思います。

原告の手さげかご

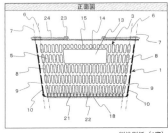

判決別紙（1審）

被告の手さげかご

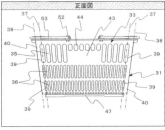

判決別紙（1審）

6　特殊な意匠制度

　プロダクトデザインについても、**部分意匠制度**【意2条1項】、**関連意匠制度**【意10条】、**組物の意匠制度**【意8条】、**秘密意匠制度**【意14条】**などの特殊な意匠制度を利用できます**●46。

●46【参照】39頁。

　これらの制度との関係でプロダクトデザインの保護に関係する裁判例を見ておきましょう。

(1) 部分意匠制度の利用

　部分意匠制度とは、物品の特徴ある部分を保護する制度です●47。ここでは、プロダクトデザインの部分意匠の効力に関する裁判例を取り上げましょう。部分意匠が類似するかどうかの判断においては、**その部分意匠の位置・大きさ・範囲が考慮されるという点が重要です**●48。そのため、部分意匠の場合、基本的に、位置・大きさ・範囲が異なると意匠としては非類似だと判断されますが、それらが大きく違わなければ意匠が類似することもあります。その具体例を見ておきましょう。

●47【参照】39頁。

●48【参照】40頁。

巫　部分意匠の侵害が認められた例——遊技機用表示灯事件◇49

　この裁判例での登録意匠は〈遊技機用表示灯〉（パチンコの表示灯）で、部分意匠として登録を受けていました。原告はこの意匠権に基づいて、被告が実施している遊技機用表示灯を意匠権侵害だと訴えました。裁判所は、結論として意匠権の侵害を認めています。

　原告の登録意匠と被告製品を比べてみると、登録意匠は遊技機用表示灯の上半分の位置であるものの、被告製品は表示灯のほぼ全面を占めており、部分意匠の位置・大きさ・範囲が異なっているともいえそうですが、裁判所は、両意匠のいずれも表示本体部分の正面から見て中央で2分された左側の広範囲にわたり、正面を透明カバーで覆われたところの意匠である点で共通するから、意匠として類似するとしました。

◇49【裁判例】大阪地判平成25年9月26日平成23（ワ）14336号。

原告の遊技機用表示灯+50

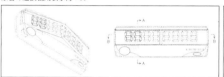

意匠公報

被告の遊技機用表示灯

判決別紙

+50【公報】意匠登録1375129号。株式会社oneA（原告）の登録意匠です。部分意匠のため、実線で表された表示灯の左上パネル部分と8の字上に突出して配置されたセグメント部分のうち、左側2つの部分が意匠登録を受けようとする範囲です。

　このように、位置・大きさ・範囲を考慮して、それらが多少異なってもなお意匠の美感が共通する（＝部分意匠として類似する）場合があります。

(2)　関連意匠制度の利用

　関連意匠制度によってバリエーションの意匠を保護することができますが●51、**関連意匠制度を利用していたことが自身の有する登録意匠の類似範囲を確認することに役立った例**を見ておきましょう。

●51【参照】41頁。

巫　関連意匠が類似範囲の確認に役立った例——取鍋事件◇52

　事件としては、意匠権者が、被告の実施する製品を意匠権侵害であると訴え、裁判所が意匠権侵害を認めた例です。

　この登録意匠の物品は〈取鍋〉で、具体的には、アルミニウムなどの溶融金属を搬送するために使う取鍋でした。裁判所は、需要者は取鍋本体、大蓋、小蓋、突出し部、配管、そしてこれらの組み合わせからなる取鍋の全体的形状に注目するから、取鍋を形成する基本的構成の形状とその全体としてのまとまりが意匠の要部だとしました。そして、登録意匠と被告意匠は形態に共通性があるので、形

◇52【裁判例】東京地判平成19年3月23日平成16（ワ）24626号、知財高判平成22年7月20日平成19（ネ）10032号。

態は類似するとしました。

　ここまでであれば、プロダクトデザインについての通常の意匠権侵害の判断と変わりがないのですが、この事件では、意匠が類似するかの判断に関連意匠の存在が役立ちました。どういうことかというと、登録意匠と被告意匠の違いであるパイプ状の配管などの形状が異なる関連意匠が、原告である意匠権者によって登録されていたのです。このことが、パイプ状の配管などの形状が若干違っていても、配管などの形状の違いは全体の形態の類似に影響を与えないという原告の主張を支えることになりました▶53。

　関連意匠が存在することによって、〈たとえ登録意匠と被告意匠の形態に違いがあっても、その違いは、登録意匠と被告意匠の類似に影響を与えるほどではない〉ということの裏付けとなった、というわけです▶54。

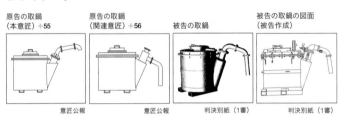

原告の取鍋
（本意匠）＋55　　意匠公報

原告の取鍋
（関連意匠）＋56　　意匠公報

被告の取鍋　　判決別紙（1審）

被告の取鍋の図面
（被告作成）　　判決別紙（1審）

　以上がプロダクトデザインの意匠権による保護のおおまかな内容です。プロダクトデザインは基本的に意匠法で保護することが可能です。プロダクトデザインについて意匠権を取得する際には、登録要件を満たしているか確認することも大切ですが、権利行使をどのように行うかも見据えておくようにしましょう。

　実際、意匠の類似には物品の類似が前提とされますので、権利をおよぼしたいと考える物品がいくつかある場合には、それぞれ意匠権を取得しておく必要があります。さらに、部分意匠制度や関連意匠制度などの特殊な意匠制度を利用することで、他人による権利侵害にうまく対応することも可能となります。

　それでは、次に不正競争防止法によるプロダクトデザインの保護を見てみましょう。

Ⅲ 不正競争防止法による保護

　プロダクトデザインは、**意匠権、商標権、著作権**といった知的財

▶53【補足】特許庁は、パイプ状の配管の形状が少し違っても、本意匠と関連意匠を類似するとして登録を認めているからです（裁判所も両意匠とも配管が逆U字状であることに変わりがないとしています）。なお、関連意匠の意匠権で意匠権侵害と訴えることもできる気もしますが、意匠の侵害という結論は変わらないでしょう。

▶54【補足】この事件では、原告は7つの特許権を有していましたが、そのうちの2つについてしか特許権侵害が認められませんでした。意匠権侵害が認められたという意味で、特許権が行使できない場合でも意匠権を取得しておくことが有効となります。

＋55【公報】意匠登録1137667号（すでに消滅）。株式会社豊栄商会（原告）の登録意匠です。

＋56【公報】意匠登録1137869号（すでに消滅）。株式会社豊栄商会（原告）の登録意匠です。

産権を有さなくても、不正競争防止法による保護を受けることができる場合があります●57。

● 57 【参照】97頁。

特に、意匠登録出願した後で意匠登録を受ける前に、自身が販売するプロダクトデザインを他人が販売しているのを発見したような場合には、形態模倣商品の提供行為の規定の利用が有効です。

1 形態模倣商品の提供行為

プロダクトデザインの分野で最も使いやすい不正競争防止法の規定は、**形態模倣商品の提供行為に関する規定です**【不2条1項3号】●58。

● 58 【参照】102頁。

意匠権は設定登録されるまで行使できません。しかし、出願から意匠権の設定登録までの間に自身で商品を販売すると、この形態模倣商品の提供行為を禁止する規定を利用して、他人の模倣行為を止めることができる場合があります。

より具体的には、**日本国内で最初に販売されてから3年の間、その商品の形態を模倣して販売などしている者の行為は不正競争行為**となります。

(1) 商品の形態

プロダクトデザインはまさに商品の形態そのものですので、プロダクトデザインが商品形態にあたるかどうかは、特に問題となることはありません。

しかし、**商品形態からは〈商品の機能を確保するために不可欠な形態〉が除かれています**。さらに、それだけでなく、**〈商品のありふれた形態〉も保護されない**とされています●59。よって、プロダクトデザインが、商品の機能を確保するために不可欠な形態か、ありふれた形態にあたると、この規定を利用することができません。この点の具体的な判断について、裁判例を見てみましょう。

● 59 【参照】102頁。

巫 商品の機能を確保するために不可欠な形態・ありふれた形態にあたらないとした例──コイル状ストラップ付きタッチペン事件◇60

これはタッチペンの例ですが、原告の商品は〈ニンテンドーDS〉専用のコイル状ストラップ付きタッチペンでした。裁判所は、このタッチペンは商品の機能を確保するために不可欠な形態にも、ありふれた形態にもあたらないとしています▶61。

具体的には、このタッチペンが商品の機能を確保するために不可欠な形態かどうかについて、ゲーム機本体に収納可能なタッチペン

◇60 【裁判例】東京地判平成24年12月25日 平成23（ワ）36736号。

▶61 【補足】裁判所は、原告の2つの商品と被告商品の形態の実質的同一性を認め、形態模倣商品の提供行為として不正競争と認めています。

をコイル状ストラップと結合させた商品には、タッチペンを構成するペン先、ペン胴、ペン尻、コイル状ストラップのコイル部を構成するコイルなどにおいて多様な選択肢があることから、商品の機能を確保するために不可欠な形態といえないとしています。

　また、ありふれた形態かどうかについても、同業他社などの商品の形態との相違などから、原告商品の形態が同種の商品と比べて何の特徴もないありふれた形態とはいえないとしています。

ニンテンドーDS用のタッチペン　　　　　　　　　　被告のタッチペン

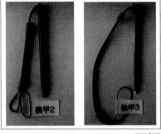

検甲2　　　　　検甲3　　　　　　　　検甲4

判決別紙　　　　　　判決別紙

◇62【裁判例】東京地判平成27年11月11日平成26（ワ）25645号。

Ⅻ　商品の機能を確保するために不可欠な形態・ありふれた形態にあたるとした例──防災用キャリーバッグ事件◇62

　次に、商品の機能を確保するために不可欠な形態・ありふれた形態にあたるとした例を見てみましょう。

　この事件では商品は防災用キャリーバッグでしたが、裁判所は両商品の形態が実質的に同一か否かの判断において、両バッグの共通点は、商品の機能を確保するために不可欠な形態、もしくは、ありふれた形態であるとしました。

　具体的には、背面にキャリー用の持ち手や上下方向に2本の背負い用ベルトが設けられている点などは、リュック・キャリー兼用型の防災用バッグであればその機能に不可欠な形態であり、収納部の逆U字型のファスナが設けられていることや本体の左右側面の下半分にネット状のポケットなどがあることは、収納力や扱いやすさを高めるための商品の形態としてありふれた形態だとしています▶63。

▶63【補足】また、形状としても収納部分の大きさの差異や素材、縫製状態において顕著な差異があるから、両商品の形態は実質的に同一とは認められないとしています。

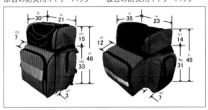

原告の防災用キャリーバッグ　　被告の防災用キャリーバッグ

判決文

このように、不可欠な形態かどうか、そして、ありふれた形態かどうかは、その形態にさまざまな選択肢があるかどうかや、同種の商品と比べて特徴がなくありふれているかどうかで判断されていることがわかります[64]。

(2) 商品形態の模倣

次の要件として、形態模倣商品の提供行為となるためには商品形態の**模倣**が必要です。そして、**模倣が成立するためには、他人の商品に依拠したこと（他人の商品にアクセスしたこと）と、形態の実質的同一性が必要**とされています[65]。

依拠についてはどのような事情があったかによりますので、ここではより重要な、プロダクトデザインの形態の実質的同一性について判断した例を見ておきましょう。まずは、実質的同一性を認めた例からです。

巫　形態の実質的同一性を肯定した例──加湿器事件◇66

これは、PCなどのUSBと接続して非常に狭い範囲ではありますが湿度を上げるためのスティック加湿器の事例です。本体の下の方の位置に吸水口を設け、キャップの上の噴霧口から蒸気を噴出するようになっており、水の入ったコップなどに挿して使用します。裁判所は、原告のスティック加湿器と被告の模倣品の形態の実質的同一性を認めました[67]。

具体的には、試験管を模した形状である加湿器という両製品の特徴的部分の印象はきわめて強いとして、両商品は実質的に同一の形態であるとしています。

▶64【補足】そのほかにも、ドライビングアシストコントローラー（自動車のアクセルの踏み込み具合に対する加速の反応を自動的に制御することによって加速と燃費をコントロールする製品）の一部である車種別専用ハーネスなどが商品の機能を確保するために不可欠な形態などとされたものがあります（東京地判平成24年3月21日平成22（ワ）145号・平成22（ワ）16414号）。

▼被告の車種別専用ハーネス

判決文

▼原告の車種別専用ハーネス
判決文

さらに、半田フィーダについて、供給する半田の出口に当たる出口ノズルを細長い直針状の形態とすることは、商品の機能を確保するための不可欠な形態だとされた例があります（知財高判平成30年6月7日平成30（ネ）10009号）。半田フィーダとは、径の小さい半田（直径が1ミリメートルに満たないものもある）を、半田づけしようとする位置に案内するために用いられる器具です。

▼原告の半田フィーダ

判決別紙（1審）

▼被告の半田フィーダの例

判決別紙（1審）

●65【参照】102頁。

◇66【裁判例】知財高判平成28年11月30日平成28（ネ）10018号。

▶67【補足】裁判所は結論として形態模倣商品の提供行為だと認めました。

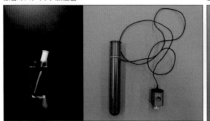

原告のスティック加湿器　　　　被告の模倣品

判決別紙（1審）　判決別紙（1審）

巫　形態の実質的同一性を否定した例──台所用品事件◇68

◇68【裁判例】東京地判平成26年4月17日平成25（ワ）18665号。

　次に、実質的同一性が否定された例を見てみましょう。どの程度変形すれば実質同一でないといえるのかの参考になるかと思います。

　この事件で争われた商品は台所用品で、原告が被告商品は商品形態を模倣したものだとして訴えました。裁判所は、蓋の形状、水切り穴の形状・配置、手で持つ部分の有無、底面に脚の有無などの点で相違するとして、形態の実質的同一性を認めませんでした▶69。

原告商品と被告商品の例

判決別紙

▶69【補足】この事件では、原告は原告商品が商品等表示であるとも主張していましたが、裁判所は周知性がないとして商品等表示にあたらないとしました。

　裁判例のように、わずかな改変があるだけで商品全体の形態に与える変化が乏しく、商品全体から見て些細な相違しかないような場合は、形態は実質的同一となってしまいます▶70。そのため、形態模倣商品の提供行為とされたくなければ、些細な改変ではなく、できるだけ形態を変える必要があります。

▶70【補足】後述のキーホルダー型液晶ゲーム機事件（たまごっちの事件）でも、両商品の形態の唯一の相違点は液晶表示画面の周囲のギザギザ状の窪みだけだとして、形態の実質的同一性を認めています（【参照】132頁）。

(3)　譲渡等

　形態模倣商品の提供行為は不正競争となりますが、そのためには他人がそのプロダクトデザインを販売などしていることが必要です。よって、真似して作ってみたというだけでは不正競争行為にはなりません。

(4)　保護される期間

　この形態模倣商品の提供行為として保護を受けることができるのは、日本国内における最初の販売から3年間だけです。そのため、この規定を使いたければ自分で日本国内で販売しなければなりませ

んし、販売から３年を超える保護については意匠権を取得して対応したり、次にお話しする商品等表示にあたるようにして不正競争防止法による保護を受けることを考えることが必要です。

2 周知表示混同惹起行為

以上のように、プロダクトデザインが形態模倣商品の提供行為として不正競争行為が認められる場合もありますが、日本国内における最初の販売から３年経過していると保護されません。その場合でも▶71、**他人の周知な商品等表示を使用等して他人の商品等と混同を生じさせる行為は不正競争行為**となり、差止請求や損害賠償請求の対象となります●72。そのため、プロダクトデザインもこの不正競争行為が行われる場合には、そうした行為に対して対処することが可能となります。

(1) プロダクトデザインの商品等表示該当性

では、プロダクトデザインは商品等表示になるのでしょうか。文字や図形は商品の出所を表していますので商品等表示に該当しますが、プロダクトデザイン（商品の形態）も商品等表示にあたるのでしょうか。というのも、商品の形態は、他人の商品と識別したり、商品の出所を表示するものではなく、通常はその商品の機能や美感のために採用されているからです▶73。

この点については、一般的に、プロダクトデザインであっても、**特別顕著性**と**周知性**の要件を満たせば商品等表示にあたるとされています●74。この２つの要件が満たされていれば、商品の形態であるプロダクトデザインも、他人の商品と識別できる、もしくは、出所を表示しているといえるからです▶75。

① 特別顕著性と周知性

このように、プロダクトデザインが商品等表示にあたるためには、**特別顕著性**と**周知性**という２つの要件が必要です。

特別顕著性というのは、〈**商品の形態が客観的にほかの同種の商品とは異なる顕著な特徴を有していること**〉です。周知性というのは、〈**商品の形態が特定の事業者によって長期間独占的に使用され、または、きわめて強力な宣伝広告や爆発的な販売実績などにより、需要者においてその形態を有する商品が特定の事業者の出所を表示するものとして広く知られていること**〉です。要するに、特徴的な形態

▶71【補足】もちろん、形態模倣商品の提供行為と同時に他人の商品等表示と混同を生じさせる行為となることもあります。訴訟ではしばしば両方が主張されることがあります。

●72【参照】97頁。

▶73【補足】立体商標については、その機能や美感のための形状として予測可能な範囲であれば記述的表示にあたるとされています（商標法3条1項3号）。そして、記述的商標にあたる場合には、その立体的形状が全国的に知られて識別力があれば、商標法3条2項の適用を受けて商標登録が可能です。

●74【参照】98頁注10。

▶75【補足】プロダクトデザインに施された単一の色彩が商品表示にあたるかは、否定はされないもののかなり困難です。家電製品の濃紺色について、裁判所は、その色彩とそれが施された商品との結びつきが強度なものであることはもちろん、①当該色彩をその商品に使用することの新規性、特異性、②当該色彩使用の継続性、③当該色彩の使用に関する宣伝広告とその浸透度、④取引者や需要者である消費者が商品を識別、選択する際に当該色彩が果たす役割の大きさなど、を十分検討して決せられなければならない、としています（大阪高判平成9年3月27日平成7（ネ）1518号）。この判決では結論として、濃紺色の家電製品であるという点が、「SANYO」および「it's」の表示とは別に独立して原告の製品であるとの出所表示機能を取得しているとは認められず、原告製品の濃紺色はその商品表示となっていないとしています。

▼原告の商品

▼被告の商品

青木博通『新しい商標と商標権侵害』（青林書院、2015年）350頁

で、事業者の出所を示すものとして広く知られていればよい、ということになります。

　では、プロダクトデザインについて、この２つの要件が満たされるかどうかを判断した裁判例を見ておきましょう。

◇76【裁判例】東京地判平成10年2月25日平成9（ワ）8416号。

▶77【補足】原告は形態模倣商品の提供行為も主張しており、裁判所は形態模倣商品の提供行為であると認めています。

巫　プロダクトデザインに特別顕著性と周知性を認めた例１
──キーホルダー型液晶ゲーム機事件◇76

　この事件では、多くの方が知っているのではないかと思われる〈たまごっち〉という液晶がついた卵型の携帯ゲーム機について、商品等表示にあたるかが問題となりました▶77。裁判所は、たまごっちに特別顕著性と周知性を認め、商品等表示だとしています。

　特別顕著性については、形状全体に丸みを帯びた扁平の卵型はとりわけ印象の強い独自の形態であり、また、ゲーム機として扁平の卵型をしているものは存在せず、かつ、原告のたまごっちからリングとチェーンをはずした意匠を原告らが意匠登録していることから▶78、原告商品の形態は、液晶ゲーム機の分野において特異性を持った形態ということができるとしました。

　周知性については、たまごっちが発売以来記録的なヒット商品として全国で大量に販売され、その形態も含めて頻繁にテレビなどに取り上げられ、原告株式会社バンダイが玩具業界における大手メーカーの１つとして著名な存在であることから、その商品形態は周知であるとしました▶79。

　以上から、たまごっちは特別顕著性と周知性を有し、商品等表示にあたるとされています▶80。

▶78【補足】このように、特別顕著性の判断には意匠登録が参考にされることがあるので意匠登録も重要です。なお、この訴訟では、別の2つの商品〈ドラゴッチ〉についてこの意匠権に基づき訴え、裁判所は意匠権侵害を認めています。

▼原告（株式会社バンダイ）のたまごっちの意匠（意匠登録993383号）（すでに消滅）

意匠公報

▼被告の　　▼被告の
ドラゴッチ1　ドラゴッチ2

判決別紙
（LEX/DB文献番号28032175）

▶79【補足】周知性については、相当規模の宣伝広告や爆発的な売上などが考慮されることになりますので、これにあてはまるプロダクトデザインはそう多くはないでしょう。たとえば下記の原告商品の耳かきについては、周知性が認められませんでした（東京地判平成18年9月28日平成18（ワ）4933号）。なお、原告商品の耳かきの先端部分の形態は特別顕著性があるとされています。

▼原告の商品

判決別紙
▼原告商品の先端部分

判決別紙

　　　たまごっち（真正品）　　　　　　　ニュータマゴウォッチ（類似品）

経済産業省 知的財産政策室 不正競争防止法テキスト（2022）18頁

▶80【補足】結論としても、裁判所は両商品の形態は実質的に同一であり、混同のおそれもあるとして不正競争行為であるとしました。

巫　プロダクトデザインに特別顕著性と周知性を認めた例２
──ユニットシェルフ事件◇81

　プロダクトデザインを商品等表示と認めたもう１つの例を見てみ

ましょう。ユニットシェルフという商品について、その商品の形態が商品等表示にあたるかが問題となった事件があります。裁判所は原告のユニットシェルフに特別顕著性と周知性を認め、商品等表示だとしています。

　具体的には、原告のユニットシェルフの構成要素としては帆立、棚板、クロスバー、支柱の組み合わせなどに選択の余地があり、その形態は特にシンプルですっきりしたという印象を与え全体的なまとまり感があるとも評され、商品全体として需要者に強い印象を与えることから、客観的に明らかにほかの同種商品と識別できる顕著な特徴を有しているとしました。

　また、原告のユニットシェルフは、5年を超える期間、相当大規模に宣伝などされ販売されてきたとして、周知であるとしました。

　こうして、原告のユニットシェルフについては商品等表示にあたるとされました▶82▶83。

原告のユニットシェルフ▶84　　　　被告のユニットシェルフ

判決別紙（1審）

判決別紙（1審）

　このように、従来存在しない形態であったり、意匠登録がされていたり、構成要素について選択の余地のある中で需要者に強い印象を与える形態であったりすると、特別顕著性が認められやすくなります。周知性は、相当程度の売上や宣伝広告があると認められやすくなります。

　他方で、商品の形態が商品の機能・効用に由来していると▶85、同じような商品の中でありふれた形態として特別顕著性は認められにくくなります。その点について判断した例を見てみましょう。

巫　商品の形態が商品の機能・効用に由来するありふれた形態だとされた（特別顕著性が認められなかった）例——練習用箸事件▶86

　この事件では箸の持ち方を練習させる練習用箸が商品等表示となるかが問題となりました▶87。裁判所は、原告商品の形態は商品の機

◇81【裁判例】東京地判平成29年8月31日平成28（ワ）25472号、知財高判平成30年3月29日 平 成 29（ネ）10083号。

▶82【補足】結論としても、裁判所は両商品の形態はほぼ同一であり混同のおそれもあるとして、不正競争行為であるとしました。

▶83【補足】ほかにもプロダクトデザインについて商品等表示にあたるとされた例をあげておきましょう。

▼角質除去具
（知財高判平成23年3月24日平成22（ネ）10077号）

判決別紙（1審）

▼懐中電灯
（大阪地判平成14年12月19日平成13（ワ）10905号）

判決別紙

▶84【補足】「はじめに」で取り上げたように、原告は無印良品で有名な株式会社良品計画、被告は株式会社カインズです（【参照】3頁）。

▶85【補足】ほかの形態を選択する余地があることが前提です。ほかの形態を選択する余地があれば、そのような商品形態が商品等表示にあたるても、ほかの形態に変更することで同一の機能・効用を発揮する商品を販売することが可能だからです。

◇86【裁判例】知財高判平成28年7月27日平成28（ネ）10028号。

▶87【補足】同じように、ほかの形態を選択する余地のない不可避な構成に由来しないものの、ありふれた形態として特別顕著性を認めなかった例があります（東京地判平成17年5月24日平成15（ワ）17358号）。

▼原告商品

判決別紙

能・効用に由来するありふれた形態だとして、商品等表示にあたらないとしています[88]。

具体的には、練習用箸で連結箸であったりリングが備えられているものがほかにも市販されているなどとして、原告商品は同種商品の中でありふれたものであり、特別顕著性は認められないとしました[89]。

原告の練習用箸の例　　被告商品の練習用箸の例

判決別紙（1審）　　　　　判決別紙（1審）

他方で、商品の形態が商品の（技術的な）機能・効用に由来するものであっても、特別顕著性が認められた例もありますので、商品の（技術的な）機能・効用に由来すると必ずありふれた形態となるわけではありません。その例を確認しておきましょう。

▶88【補足】なお、地裁は、原告商品の形態は、指にリングを通すことによって正しい箸の持ち方を練習するための練習用箸の実質的機能を達成するための構成に由来する不可避的な形態だとしていました。他方で、高裁は、原告商品と同一の機能・効用を奏する練習用箸は、連結箸でなかったり、リング以外の突起物が設けられているものが市販されていることから、機能・効用を実現するためにほかの形態を選択する余地のない不可避的な構成とはいえないとしました。いずれにしても本文で述べたように商品等表示にあたらないという結論は同じです。

▶89【補足】結論として、不正競争ではないとされています。

巫　商品の形態が商品の機能・効用に由来するものの特別顕著性が認められた例——不規則充填物事件◇90

この事件では不規則充填物[91]の形態が商品等表示にあたるかが問題となりました。裁判所は、不規則充填物の形態は商品の技術的機能・効用に由来するものの、特別顕著性があるとしています。

具体的には、商品の形態が商品の技術的機能・効用に由来する場合でも、この不規則充填物はほかの形態を選択する余地があって、〈中央リングと中央リングの周囲から外側に向かって放射状に伸びる多数の周辺リングからなり、周辺リングと中央リングとはほぼ直交するように一体化されている形状〉などに他の不規則充填物と明らかに異なる特徴があることから特別顕著性があるとしています[92]。

◇90【裁判例】東京地判平成29年6月28日平成27（ワ）24688号、知財高判平成30年2月28日平成29（ネ）10068号・10084号。

▶91【補足】化学工場などの充填塔と呼ばれる装置の内部に充填され塔内でのガス吸収操作などを行うための部材です。

▶92【補足】結論としても、不正競争行為にあたるとされています。

原告の不規則充填物　　　　被告の商品

判決別紙（1審）　　　　　判決別紙（1審）

②　商品の機能・効用を発揮するための不可避な形態、商品の実質的機能を達成するための構成に由来する形態

このように、プロダクトデザインについては商品の形態が商品等表示になることがあります。他方で、**商品の機能・効用を発揮する**

ために不可避の形態や、商品の実質的機能を達成するための構成に由来する形態は、商品等表示にはならないとされています。こうした形態の保護を認めてしまうと、商品が本来有している形態や、それによって達成される実質的機能、効用を独占利用させることとなり、同一商品についての事業者間の競争を制約することとなってしまうからです▶93。

　抽象的な説明ではわかりづらいと思いますので、具体例を見てみましょう。

▶93【補足】立体商標でも〈形状が商品の機能を確保するために不可欠なもののみからなる商標〉は登録されません【参照】86頁。

巫　商品の機能・効用を発揮するために不可避的に採用せざるを得ない形態とされた例——ルービック・キューブ事件◇94

　これは皆さんもご存知であろうルービック・キューブです。このルービック・キューブは、同種の商品に共通して特有の機能・効用を発揮するために不可避的に採用せざるを得ない商品形態だとされました▶95。

　裁判所は、立体的に組み合わされたブロック体を回転させブロックの色をそろえて遊ぶパズル玩具（ルービック・キューブ）という商品形態は、全体形状を変化しない構造体としたうえで適切な難易度を維持するためには▶96、ルービック・キューブ以外の形態の選択肢はきわめて限られるとして、このルービック・キューブは同種の商品に共通して特有の機能・効用を発揮するために不可避的に採用せざるを得ない商品形態にあたり、商品等表示にあたらないとしています▶97。

◇94【裁判例】東京高判平成13年12月19日 平成12（ネ）6042号。

▶95【補足】なお、ルービック・キューブの形態はスピンマスタートイズ ユーケー リミテッドという会社が立体商標として登録しています（商標法3条2項の適用を受けています）。
▼商標登録5855350号

商標公報

▶96【補足】判決では、たとえば4行、4列、4段以上にすると難易度が高すぎることが指摘されています。

▶97【補足】ほかにも、マンホール用ステップについて、足踏部の内側側面に波形の握り部が形成されていることなどの構成を採用していることについて、マンホール用ステップという商品において、安全に昇降を行うという技術的な機能・効用を実現するためにほかの形態を選択する余地のない不可避な構成とした例があります（知財高判平成17年7月20日 平成17（ネ）10068号）。
▼原告のマンホールステップ

原告のルービック・キューブ　　被告のルービック・キューブの例

判決別紙　　　　　　　　判決別紙

巫　商品の実質的機能を達成するための構成に由来するとされた例——水切りざる事件◇98

　もう1つ例を見ておきましょう。これは柔らかい水切りざるが問題となった例です。

　裁判所は、水切りざるの柔軟性があり、ざるとしての機能に加え変形させることができるという機能から生じる形態は、商品の実質的機能を達成するための構成に由来する形態であることから、この

判決別紙（1審）

◇98【裁判例】大阪地判平成23年10月3日平成22（ワ）9684号。

水切りざるは商品等表示にはあたらないとしています▶99。

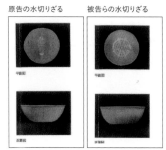

原告の水切りざる　　被告らの水切りざる

平面図　　　　　　　　平面図

正面図　　　　　　　　正面図

判決別紙（WestLaw文献番号2011WLJPCA10039001）

▶99【補足】ただし、形態模倣商品の提供行為にあたるとして不正競争だと認めています。〈ありふれた形態〉か、さらに、〈商品の機能を確保（発揮）するための不可欠な形態〉かも争われましたが、裁判所は使用時形態のように変形自在であることの特性などからありふれた形態ではなく、形態選択に無数の選択肢があることから〈商品の機能を確保（発揮）するための不可欠な形態〉にもあたらないとしています（＝形態模倣商品の提供行為に該当）。要するに、こうした商品に柔軟性を持たせることはいいけれども（不正競争防止法2条1項1号にはあたらない）、あまりにも似た商品展開をしてはいけない（不正競争防止法2条1項3号にはあたる）と判断しているということになります。

　このように、プロダクトデザインは商品等表示と認められるためのハードルがそれなりに高く、また、その商品の機能などとの関係で採用せざるを得ない形態などは商品等表示にはあたらないということになります。

(2) 周知性

　次に、他人の商品等表示●100の周知性も要求されますが、プロダクトデザインとしての商品形態の場合は、そもそも商品等表示にあたるために周知性が求められています。そのため、商品等表示が周知であることは別個には要求されず、商品等表示の判断で周知性があるとされれば足ります。

●100【参照】98頁。

(3) 同一・類似の商品等表示

　次に、プロダクトデザインが商品等表示に該当したうえで、そのプロダクトデザインと同一・類似のプロダクトデザインが使用・販売等されることが必要です。**商品の形態が類似するかどうかは、通常の商品等表示と同じように、取引の実情のもとで、外観などに基づく印象、記憶、連想などから全体として類似していると需要者が受け取るおそれがあるかを基準に判断されます**●101。

●101【参照】98頁。

　商品形態の場合は、商品形態の形態的特徴を抽出して、類似商品においてその形態的特徴が用いられているかどうかで判断されます。実際の例を見てみましょう。

巫 プロダクトデザインの形態が類似するとされた例——iMac事件◇102

アップルコンピュータ株式会社（債権者）のデスクトップPCであ

◇102【裁判例】東京地決平成11年9月20日平成11（ヨ）22125号。この事件は仮処分にかかる事件ですので、原告ではなく債権者、被告ではなく債務者となっています（仮処分について【参照】283頁）。

るiMacの形態が問題となった事件があります。裁判所はiMacの形態が商品等表示にあたるとしたうえで[103]、株式会社ソーテック（債務者）の商品e-oneとの類似性も認めました。

具体的には、両商品ともに、青色と白色のツートンカラーの半透明の部材で覆われ丸味を帯びた一体型のPCであり、曲線を多用したデザイン構成、色彩の選択、素材の選択だけでなく、細部の形状も多くの共通点を有することから、類似の外観を備え両商品の形態は類似するとしています[104]

▶103【補足】iMacの形態についてきわめて独創性の高い商品であるとして特別顕著性を認め、マスコミの注目や販売実績からヒット商品と認められるとして周知性も認めて、商品等表示にあたるとしています。

▶104【補足】混同についても、需要者が、両者を誤認混同したり、少なくとも何らかの資本関係、提携関係などを有するのではないかと誤認混同するおそれがあるとして混同を認めています。

債権者商品（iMac）　　　　　　　　　　債務者商品（e-one）

週刊アスキー1999年9月15日号7頁　　　　週刊アスキー1999年9月15日号7頁

（4）他人の商品または営業との混同

最後の要件として、他人の商品等と混同を生じさせることが必要です。

具体例で見てみると、先のキーホルダー型液晶ゲーム機（たまごっち）の例では[105]、形態は実質的に同一といえるほど類似しており、包装の態様も類似、商品名も類似、需要者層が商品の性格上かなりの低年齢層にも広くおよぶと考えられることなどを総合考慮して混同が生じるとしました。

ユニットシェルフの例でも[106]、形態はほぼ同一であり、その形態が需要者に最も強い印象を与え、相違点はほぼわずかであるとして混同を認めています。

●105【参照】132頁。

●106【参照】133頁。

このように、プロダクトデザインの不正競争防止法による保護については、形態模倣商品の提供行為による保護や、商品等表示該当性を前提とした不正競争防止法による保護が考えられます。

形態模倣商品の提供行為については、日本国内で販売してからすぐに不正競争として対応できるので、意匠権を取得するまでの間は非常に有効な保護として働きます。ただ、形態模倣商品の提供行為に対する措置は販売後3年しか使えませんので、その後の行為に対しては、意匠権を取得しておくことで意匠権による保護が考えられ

ます。そして、商品等表示にあたるように多くの販売実績を積んだり、広告宣伝を行っておけば、他人の商品・営業と混同を生じさせるとして不正競争防止法による保護を得られる可能性があります。

そして、全国的に広く知られ、そのプロダクトデザインがある人の商品だとわかるような識別力があるようになったのであれば、次に説明するように、立体商標として商標権による保護を得ることができ、事実上半永久的な保護が可能となります。

販売戦略などによってどこまでの保護を欲するかでも変わってくるでしょうから、このような一連の保護が考えられるということを念頭に置いて必要な権利取得を考えるとよいでしょう。

それでは、商標法によるプロダクトデザインの保護について見ていきましょう。

Ⅳ 商標法による保護

プロダクトデザインは立体的形状ですので、その**形状そのものの保護をはかりたいという場合には、商標法による保護も考えられます**。その場合には、**立体商標制度を利用**することになります▶107。立体商標は商標権取得のハードルは高いですが、長く使用され、全国的によく知られているようなプロダクトデザインの場合には、とても有効な保護となります。

1 保護される商標と商標の登録要件

(1) 商標

商標には、**文字、図形、記号、立体、色彩、音などの商標**があります。そして、文字や図形などが結合した結合商標もあります。このように商標法で保護される商標には、立体的形状が含まれることから、プロダクトデザインは立体商標にあたります。
【商2条1項】

(2) 商標登録の要件

プロダクトデザインについて立体商標として登録を受けるためには、立体商標が自他商品・役務識別力を有し▶108、商標登録を受けることができない商標に該当しないなど、商標登録の登録要件を満たす必要があります●109。
【商3条】
【商4条】

立体商標の場合には、その中でも特に**立体的形状の自他商品・役務識別力**と、**立体的形状が商品の機能を確保（発揮）するために不可**
【商3条1項3号】

▶107【補足】プロダクトデザインについては、商品名などに商標取得することもあります。その場合には文字商標を取得することになります。また、位置商標の取得も可能です。

▼ニコンのデジタル一眼レフカメラの位置商標
（商標登録6118238号）

商標公報

▼ソニー・インタラクティブエンタテインメントのゲーム機のコントローラーの位置商標
（商標登録5858802号）

商標公報

▶108【補足】商標法3条1項3号は特定の人の独占に適さないという点も考慮していますが（【参照】81頁）、記述を単純化するために、ここでは自他商品・役務識別力という観点にだけ言及します。

●109【参照】80頁。

欠なものにあたらないこと^{▶110}が問題となります。立体的形状は普通[商4条1項18号]
は商標として用いられるものではなく、商品の機能に基づいたりデ
ザインとして用いられたりするものですので、識別力を有さないこ
とが多く、また野球のボールのように誰もが使用できるようにすべ
き立体的形状も存在しているからです。

　以下、詳しく見ていきましょう。

① 立体的形状の自他商品・役務識別力

　プロダクトデザインにおける立体的形状は、通常の文字や図形の
商標とは異なり、商品の出所を表すものではなく、機能や美感の目
的で採用されています。そのため、**立体的形状は指定商品などとの
関係で、その機能や美感のための形状だとわかるのであれば、商品
等の形状そのものの範囲をでないとして、使用によって識別力を獲
得しない限り登録を受けられない**とされています^{▶111}。[商3条1項3号]

　たとえば、椅子を指定商品とした場合、出願された立体的形状の
椅子が、椅子としての通常の形状であれば登録を受けられません。
では、プロダクトデザインについて立体商標として商標権を取得す
るためには、どうしたらよいのでしょうか。実際の登録例から探っ
てみましょう。

(i) 文字や図形と立体的形状を組み合わせるパターン

　まず、文字や図形と立体的形状を結合させることで立体商標とし
て登録する例が見られます。フェラーリ エス、ピー、エーの車の例
を見てみましょう。この自動車にはフェラーリの跳ね馬の図形がい
くつかの場所につけられており、その図形が識別力を持つものとし
て、図形を含めて立体的形状に識別力があると判断されたと考えら
れます。そのため、仮にこの跳ね馬のマークがない状態であれば、
この車体の形態自体は車の形状にすぎないとして識別力がなく、立
体商標登録はできないと思われます^{▶112}。

**このように、プロダクトデザインが機
能や美感のための形状だというときは、
文字や図形商標と組み合わせて権利を取
得するということが考えられます**^{▶113}。

フェラーリの立体商標^{✛114}

商標公報

(ii) 立体的形状に自他商品・役務識別力があると考えられるパターン

　他方で、上記のフェラーリの例とは異なり、立体形状それ自体に

▶**110【補足】**商標法4条1
項18号は「商品等（……）
が当然に備える特徴のうち
政令で定めるもののみから
なる商標」とされています
が、商標審査基準において
立体商標については、〈商品
等の性質から通常備える立
体的形状のみからなるもの〉
か、〈商品等の機能を確保す
るために不可欠な立体的形
状のみからなるもの〉かを
確認するとされています（商
標審査基準第3の七）。

↑**111【一歩先へ】**立体的形
状が商標法3条1項3号にあ
たる場合

　裁判例では、①客観的に
機能または美感に資する目
的のために採用されている
と認められる形状、②同種
の商品などについて機能
または美感上の理由による形
状の選択と予測しうる範囲
の形状、③需要者が予測し
えないような斬新な形状で
あっても専ら商品などの機
能向上の観点から選択され
た形状、の3つが商標法3条
1項3号にあたるとされてい
ます（知財高判平成20年5月
29日平成19（行ケ）10215
号）。①は自他商品・役務識
別力がないとの観点から、②
は特定人の独占に公益上適
さないとの観点から、③は
特許法や意匠法による保護
があり半永久的な保護を商
標権で与えることは自由競
争の不当な制限にあたり公
益に反するという観点から、
それぞれ理由づけされてい
ます。

▶**112【補足】**その場合で
も、全国的にフェラーリの
車だと需要者が認識してい
る場合には、商標法3条2項
の適用を受けることで、立
体商標として商標登録の可
能性はあります。

▶**113【補足】**しかし、この
場合は、文字や図形が付さ
れていない立体商標の使用
（たとえばフェラーリの跳ね
馬の図形がついていない自
動車の立体商標）には商標
権を行使することはできま
せん。

✛**114【公報】**商標登録
5103270号。

ついてそもそも自他商品・役務識別機能が
あるとされたと思われる例を見てみましょ
う。これは、シェフンコーポレイションの
〈調味料または香辛料用挽き器〉ですが、こ
の種の商品が一般的に有する形状とは異な
ることから、識別力があると判断されて商
標登録されていると考えられます。

調味料等用挽き器の
立体商標 ✛115

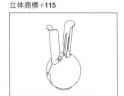

商標公報

✛115【公報】商標登録
4925446号。

▶116【補足】立体的形状
を位置商標として商標権を
取得することも可能ですが、
その場合も基本的には識別
力は認められません。下記
のように、ストーブの中心
に炎の立体的形状を表した
位置商標の出願は識別力が
なく商標法3条2項の適用も
認められないとして、商標
登録を受けることができま
せんでした（知財高判令和
2年2月12日令和1（行ケ）
10125号）。

▼出願された立体的形状か
らなる位置商標

判決文

(iii) 立体的形状が使用により識別力を獲得したパターン

　ただ、立体的形状自体に識別力があるというのは特殊な場合で
す▶116。そのため、文字や図形をつけていない**立体的形状が使用に
より全国的に広く知られることによって自他商品・役務識別力を獲
得し、立体商標として登録を受けるのが一般的なパターン**です▶117。

　全国的に広く知られることで自他商品・
役務識別力を得て商標登録された例とし
て、たとえば、本田技研工業株式会社の
スーパーカブがあります。このバイクの形
態は、通常のバイクが有する形態としては
普通だと思いますが、長年の使用により、
本田のスーパーカブの形状が自他商品識別
力を有すると判断されたものです。

本田のスーパーカブの
立体商標 ✛118

商標公報

カール・ハンセンの
Yチェアの立体商標 ✛120

商標公報

また、エバラ食品工業株
式会社の焼肉のタレの包装
容器の立体的形状を表した
位置商標についても登録が
認められていません【参照】
164頁）。

▶117【補足】立体的形状に
文字や図形が付されている
と、その文字や図形によって
自他商品・役務識別力を
獲得したとも考えられます。
裁判所は、文字などが付さ
れて使用されていた場合に
も、その外観、大きさ、付
されていた位置、周知・著
名性の程度などの点を考慮
し、その名称・標章が付さ
れていたとしてもなお立体
形状が需要者の目につきや
すく強い印象を与えるもの
であったかを判断すると
しています（知財高判平成19
年6月27日平成18（行ケ）
10555号）。この事件で問題
となった懐中電灯について
も、商品に付された記号や
文字の記載がされている部
分は懐中電灯全体から見る
と小さな部分であり、文字
自体も細い線により刻まれ
ており目立つものではない
などとして、懐中電灯の形
状自体が自他商品・役務識
別力を獲得したとしていま
す。

▼懐中電灯

判決別紙

　同様に、カール・ハンセン＆サン ジャパ
ン株式会社のYチェアも、通常の椅子の形
状の範囲をでませんが、一般需要者にまで
広く知られ、カール・ハンセン＆サン ジャ
パン株式会社のYチェアの形状として自他
商品識別力を有するとして、立体商標とし
て商標登録されています▶119。

②　商品の機能を確保（発揮）するために不可欠なもの

　プロダクトデザインの立体的形状が自他商品・役務識別力を有す
るとしても、その**プロダクトデザインの機能を確保（発揮）するた
めに不可欠な形状は保護を受けることができない**ことに注意が必要
です▶121。

　その点について判断されたランプシェードPH5の立体的形状の例
を見ておきましょう。

✛118【公報】商標登録
5674666号。

Ⅷ　プロダクトデザインについて商品の機能を確保（発揮）するための不可欠な形状でないとした例──ランプシェード1事件◇122

PH5の立体商標＋123

商標公報

　このPH5の形状が、商品の機能を発揮させるための不可欠な形状かどうかが裁判所で争われました。裁判所は、PH5の立体的形状は商品の機能を発揮させるために不可欠な形状ではないとしています。

　具体的には、ランプシェードの立体的形状は、シェードの枚数、形状、向きまたはそれらの組み合わせなどについて、PH5の立体的形状以外にもさまざまな構成を採りうることが明らかであるから、商品の機能を発揮させるために不可欠な形状ではないとしました。よって、PH5は立体商標として登録が認められています▶124。

😊 **コラム**　**ジェネリック（リプロダクト）家具**

　意匠権の存続期間が満了したプロダクトデザインは、誰もが自由に実施ができます。そのため、意匠権が消滅した北欧家具などは、オリジナルメーカー（正規メーカー）だけでなく、他社が復刻版等の愛称を用いて製造していることがあります。

　これは、オリジナルメーカーの家具は非常に高額であるため、オリジナル家具を買えない顧客層に一定のニーズがあり、特許権が切れた医薬品であるジェネリック医薬品になぞらえ、ジェネリック家具（リプロダクトともいいます）などと呼ばれています。

　しかし、オリジナルメーカーの意匠権の存続期間は満了していても、オリジナルメーカーはジェネリック家具の出現をなんとか抑えたいと思っている場合があります。その場合、先に説明したように、不正競争防止法による商品等表示としての保護、さらには、商標法による立体商標制度を用いて保護をはかることが可能です。ランプシェードPH5について、立体商標を取得して輸入品に対して権利行使したという事件がまさに立体商標制度を利用したものです（東京地判平成30年12月27日平成29（ワ）22543号）。

　このように、プロダクトデザインについては、意匠権の保護が満了した後であっても、ほかの法による保護がありうるということを意識して

▶119【補足】裁判所まで争って認められました（知財高判平成23年6月29日平成22（行ケ）10253号、10321号）。

＋120【公報】商標登録5446392号。

▶121【補足】ほぼ技術的機能を保護しているのではないかと思われるような立体商標登録もあります。株式会社テトラのコンクリートブロック（一般的にテトラポットと呼ばれるもの）ですが、商標登録4639603号として登録されています。

▼テトラのコンクリートブロックの立体商標

商標公報

◇122【裁判例】知財高判令和元年11月26日令和元（行ケ）10086号。

＋123【公報】商標登録5825191号。ルイス ポールセン エイ／エスの登録商標です。

▶124【補足】東京地判平成30年12月27日平成29（ワ）22543号も同様の判断をしています。

おく必要があります。

2 商標の類似

立体商標の類似についても確認しておきましょう。

商標の類似は、両商標が同一・類似の商品・役務に使用された場合に取引者や需要者に商品・役務の出所の混同が生じるか否かで判断され、外観、称呼（呼び方）、観念、さらに取引の実情が孝慮されますが[125]、立体商標の場合には、その立体的形状の360度全体を同時に見ることはできませんので、需要者が主として見る特定の方向を想定して、その外観が似ているかどうかで判断されます。

特定の方向からの観察が明示されているわけではありませんが、実際の立体商標の類似について争われた裁判例を見てみましょう。

●125【参照】90頁。

巫 立体商標が類似するとされた例──ランプシェード2事件◇126

ランプシェードPH5について、商標権者であるルイスポールセンエイ／エスが、輸入された被告の照明用器具に対して商標権侵害だと訴えた事件です。裁判所は、原告の立体商標と被告製品の外観が類似するとして商標権侵害を認めました。

具体的には、ランプシェードの直径の比についてPH5と被告製品には若干の相違があるものの形状全体を見た際に判別できる相違点とはいえず、原告のPH5と被告の照明用器具の外観は同一であるとして、商標権侵害を認めています[127]。

◇126【裁判例】東京地判平成30年12月27日平成29（ワ）22543号。

▶127【補足】なお、PH5からは観念と称呼は生じないとしました。

＋128【公報】商標登録5825191号。

ルイス ポールセンのPH5 ＋128　被告の照明用器具

商標公報　　　　　　　　判決別紙

3 商標権の効力

商標権の効力は、立体商標の場合も文字や図形の商標の場合と特にかわりません。登録要件でも問題となった、商品等が当然に備える特徴からなる商標には[129]、たとえ商標登録が存在しても商標権の効力はおよびません。

【商26条1項5号】

●129【参照】86頁。

このように、プロダクトデザインについて立体商標として商標権を取得することで、意匠権が消滅した後でも、商標権に基づいて模倣品の流通を止めることができます。プロダクトデザインの商標権の取得は非常にハードルが高いですが、こうした保護もありうることも念頭に置いておきましょう。

　それでは、最後に著作権法による保護を見てみましょう。

V　著作権法による保護

　著作権は特許庁などに申請や手続を一切することなく発生し、不正競争防止法のように周知性の獲得や販売などもする必要がない点で、プロダクトデザインが著作権法による保護を受けられるのであれば、著作権による保護は非常に有効な保護となります。

　しかし、結論からいえば、プロダクトデザインを著作権法で保護するのは非常にむずかしい状況にあります。事実上、著作権法による保護は期待できないと考えてよいでしょう。

　そうすると、ここから先は読まなくてもいいのではないか、と思われるかもしれませんが、絶対に保護を受けられないというわけではありませんので、どのような扱いがなされているか、目を通しておいていただければと思います▶130。

▶130【補足】ほかのデザインのところでも応用美術の問題はよくでてきますので、ここの議論はとても大切です。

1　応用美術としての保護

　著作権法は、著作物を「思想又は感情を創作的に表現したものであつて、文芸、学術、美術又は音楽の範囲に属するもの」と定義しています。【著2条1項1号】

　そして、著作権法が基本的に著作物と想定しているのは、絵画や彫刻などで、皆さんもそのようなイメージを持っていると思います。これらは、美的鑑賞の対象となるものとして**純粋美術**と呼ばれています。他方で、実用品に使用されるデザイン（プロダクトデザインも含む）は**応用美術**と呼ばれています。

　では、大量に生産され実用品として使用される応用美術であるプロダクトデザインを、著作権法における著作物と認めることができるでしょうか。

　一見、プロダクトデザインも美術の側面がないとはいいきれないので、著作権法で美術の著作物として保護されてもおかしくないような気もします。ですが、話はそう簡単ではありません。実用品の

デザインを保護する意匠法の存在を考えてみてください。意匠権の取得には手続が必要かつ新規性や創作非容易性要件などが課されており、何らの手続も必要とせず取得できる著作権よりもハードルが高く、保護（存続）期間も著作権の方が長くなっています。そうすると、応用美術（プロダクトデザイン）が著作権法で保護されるとなれば、誰も意匠法を利用しなくなり、意匠法の存在意義がなくなりかねません▶131。

　そのため、**著作権法によりプロダクトデザインを保護するのは日本ではかなりむずかしい**という状況です➕132。

　以下では、応用美術が保護されるかどうかの基準を示した裁判例を見ておきましょう。実は裁判所の基準は大きく分けて2つあります。

(1) 実用目的から分離した美的鑑賞の対象となる美的特性を求める基準

　裁判例の多くは、〈**実用目的に必要な構成と分離して美的鑑賞の対象となる美的特性を備えている部分を把握できる**〉（**分離可能性説**と呼ばれます）場合には、応用美術も美術の著作物として著作権法による保護を受けられるとしています。要するに、このような場合であれば、応用美術も美術の著作物と考えられるということです。その基準を示した裁判例を見ておきましょう。

> 巫　**分離可能性説から著作物でないとした例
> ──ファッションショー事件**◇133

　この事件では、原告らはイベント等のコンサル会社であり、原告らが開催したファッションショーは、原告らの許諾を得てファッション専門のテレビチャンネルが撮影しました。被告らはその会社から映像を入手し、その映像の一部を放送しました。そのため、原告らは、ファッションショーにおける化粧や髪型、衣装やアクセサリーの選択とコーディネートなどが著作物であるとして、被告らを著作権侵害で訴えたのです。裁判所は結論としては、これらは著作物でないことから、著作権侵害ではないとしています。

　具体的には、衣服の選択とコーディネート、およびアクセサリーの選択とコーディネート、

放送されたファッションショーの場面

判決別紙（1審、渡部友一郎「判批」コピライト632号（2013年）33頁）

▶131【補足】著作権法2条2項は「この法律にいう『美術の著作物』には、美術工芸品を含むものとする」と規定しています。美術工芸品とは実用的用途はあるものの美的鑑賞の対象となる一品製作品のことであり、職人が制作したガラス工芸品などが該当します。応用美術は大量に生産される実用品であり、応用美術の取り扱いについては著作権法には書かれていません。

⬆132【一歩先へ】応用美術の保護は各国でさまざまな議論

　日本ではプロダクトデザインを著作権法に基づいて保護することは困難です。しかし、世界に目を向ければ、その状況は同じではありません。応用美術について著作権法で広く保護が認められている国としてフランスがあります。フランスでは、いかなる美術も区別することはできないという美術の一体性理論（Théorie de l'unité de l'art）が認められています。これは、純粋美術であっても応用美術であっても美術に変わりなく、著作権法では応用美術が保護されるという考え方です。フランスでは知的財産法典（フランスでは日本と異なり特許法・著作権法・意匠法・商標法が知的財産法典にまとめられています）L.112-2で、著作物の例として応用美術があげられています。実際に、ル・コルビジェらが作成したLC4シェーズロング（長椅子）は、応用美術として著作権法による保護が認められています。

▼LC4シェーズロング

著者撮影

　建築家として著名なル・コルビジェですので、この椅子が著作物として保護されることに違和感を抱く人は少ないかもしれません。では、この攪拌機はどうでしょうか。これも実際に応用美術としてフランスで保護が肯定されたものです（意匠としても登録されています）。この攪拌機は電化製品そのものであり、まさに典型的なプロダクトデザインが応用美術として保護されています。このように海外

化粧および髪型のスタイリングについて、シティやリゾートのパーティなどの場面において実用されることを想定するものであり、「それ**全体が美的鑑賞を目的とするものではなく、また、実用目的のための構成と分離して、美的鑑賞の対象となり得る美的特性を備えた部分を把握できるものでもない**」から著作物ではないとしました。

要するに、そうしたコーディネートや化粧、髪型は、パーティなどでの実用目的であって、美的鑑賞の対象となるような部分を分離して把握できないとしたのです▶134。

(2) 通常の著作物と同じ基準

もう1つの基準が〈**表現に創作性が認められれば著作物として保護する**〉とする基準です。先の分離可能性説のような、〈実用目的のための構成と分離して、美的鑑賞の対象となりうる美的特性を備えた部分を把握〉できるようなことは求められません。要するに、この基準は、応用美術ではない普通の美術の著作物（純粋美術）と同じ基準で著作物にあたるかを判断するという基準です。それを示した裁判例を見ておきましょう。

巫　通常の著作物と同じ基準に基づいて著作物であるとした例
──TRIPP TRAPP事件◇135

この事件は、原告らが自身の製品である幼児用椅子（TRIPP TRAPP）の著作権などを侵害するとして被告を訴えたものです▶136。裁判所は、このTRIPP TRAPPについて、著作物であると認めました。

裁判所は、応用美術であっても**著作物性の要件を満たせば美術の著作物として保護される**という基準に基づいて著作物性を判断しました。そして、TRIPP TRAPPについて、左右一対の部材Aの2本脚であり、かつ、部材Aの内側に形成された溝に沿って部材G（座面）・部材F（足置き台）の両方をはめ込んで固定している点などに▶137、作成者である原告代表者の個性が発揮されており創作的な表現であるから、原告製品には著作物性が認められ、美術の著作物にあたるとしたのです。

裁判所はこのように幼児用椅子を著作物であると認めましたが、原告と被告の両椅子は類似しないとして著作権侵害は認めませんでした●138。

この判決の重要性は、最終的に著作権侵害は否定されたものの、実用的に使われるプロダクトデザインの典型である（幼児用）椅子

の法制度は、日本と同じではないことを意識しておくことが大切です。

▼攪拌機の意匠（フランス意匠登録996017号）

https://data.inpi.fr/
dessins_modeles/FR996017-

◇**133【裁判例】** 知財高判平成26年8月28日平成25（ネ）10068号。

▶**134【補足】** この判決は結論としては著作物性を否定しているものの、分離して把握できる場合にはファッションショーにおける化粧、髪型、衣装、アクセサリーの選択とコーディネートといったものも、著作権法上の保護を受けられる可能性がないわけではないことを示唆しています。

◇**135【裁判例】** 知財高判平成27年4月14日平成26（ネ）10063号。

▶**136【補足】** なお、原告らは不正競争防止法に基づいても訴えていました。裁判所は、TRIPP TRAPPは特別顕著性が認められ、全国的な広告宣伝と幅広い販路での相当数の販売によって周知性が認められることから、商品等表示にあたるとしましたが、被告の椅子と形態が類似しないとして不正競争とは認めませんでした。

▶**137【補足】** 部材Aが部材B前方の斜めに切断された端面でのみ結合されて直接床面に接している点、および両部材が約66度の鋭い角度を成している点なども指摘しています。

●**138【参照】** 148頁。

に、通常の著作物とかわらない基準に基づいて著作物性を認めたところにあります。

原告のTRIPP TRAPP

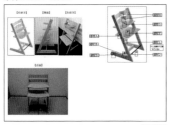

判決別紙

被告の椅子の例

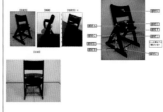

判決別紙

2　その他の応用美術に関する裁判例

　それでは、先の2つの裁判例以降の裁判例を見てみましょう[139]。幼児用椅子（TRIPP TRAPP）の裁判例によって、プロダクトデザインも著作物として保護される可能性が高まったとの期待がありましたが、実際にはこの基準を採用する裁判例はその後主流となることはなく、多くの場合ファッションショー事件の基準——実用目的に必要な構成と分離して美的鑑賞の対象となる美的特性を備えている部分を把握できること——を前提とした判断がされています。そして、プロダクトデザインに応用美術としての著作物性が認められる例はほとんどないことがわかります[140]。

　まずは、ファッションショー事件の基準に基づいて著作物と認められなかった例を見てみましょう。

巫　著作物でないとされたプロダクトデザインの例1
　　　——グッド・コア事件[141]

　グッド・コアとは姿勢保持具（クッションのようなもの）です。裁判所は、原告と被告が打ち合わせしつつ開発したグッド・コアについて、形状に工夫が凝らされており、それを見た者に美しいと感じさせることがあり、そのために機能的な面で犠牲を払った点があるとしても、エクササイズの際の補助具としての実用的な機能と分離して把握できる美術鑑賞の対象となる美的特性はないとして、著作物とは認めませんでした。

被告の販売するグッド・コア（姿勢保持具）

判決別紙（1審）

▶139【補足】ファッションショー事件以前の古い裁判例ですが、仏壇彫刻について著作物と認めた例があります（神戸地判姫路支部昭和54年7月9日昭和49（ワ）291号）。
▼仏壇彫刻

判決別紙
他方、家具の表面に貼る木目化粧紙の原画を著作物でないとしたものがあります（東京高判平成3年12月17日平成2（ネ）2733号）。
▼木目化粧紙の原画

無体裁集22巻2号443頁
そして、デザイン図中の装飾街路灯のデザインについて著作物でないとしたものがあります（大阪高判平成13年1月23日平成12（ネ）2393号）。
▼装飾街路灯

判決別紙（1審）

▶140【補足】たとえば、ゴルフシャフトのシャフトデザインとその原画について、著作物ではないとしたものがあります（知財高判平成28年12月21日平成28（ネ）10054号）。
▼原告のシャフトデザイン

判決別紙（1審）
▼原告の原画

判決別紙（1審）
▼被告のシャフトデザインの例

判決別紙（2審）

巫　著作物でないとされたプロダクトデザインの例2──傘立て事件◇142

　次は傘立ての例です。裁判所は、傘立てについて、傘を置いて傘を入れておくための家具であることから、原告製品1も原告製品2も傘立てとしての実用的機能に基づく形態であり、それぞれの傘立ての側壁や外周に施されているデザインはよく見られるものであるから、実用的機能を離れて見た場合に、それ自体美的鑑賞の対象となるような美的特性を備えておらず、美術の著作物と認めることはできないとしています▶143。

原告の傘立て1

判決別紙

原告の傘立て2

判決別紙

　次の例はTRIPP TRAPP事件と同じ裁判官が関わった事件ですが、結局、美術の著作物と認められなかった例です。

巫　著作物でないとされたプロダクトデザインの例3──加湿器事件◇144

　これは不正競争防止法のところでも紹介したスティック型の加湿器の例です。裁判所は、スティック加湿器は通常の試験管が有する形態を模したもので個性が発揮されておらず、また、その他の著作物性を検討する余地がある形状などについても、平凡な表現手法または形状であって個性があらわれていないとして、著作物にはあたらないとしています▶145。

原告のスティック加湿器

判決別紙（1審）

　このように、いずれの基準でも結局のところプロダクトデザインは美術の著作物ではないとされています。次に、非常に珍しい例ですが、美術の著作物であると認められたプロダクトデザインを見てみましょう。

巫　著作物であると認められたプロダクトデザインの例──フラワーシェード事件◇146

　原告らの製品は、多数の花柄が放射状に拡がって咲く様子を表現しようとした照明用シェードですが、その著作物性が認められました。裁判所は、頭部の花弁状部が重なり合うことなどにより複雑な

　また、販売用の時計のデザインの原画について、著作物ではないとしたものがあります（大阪地判令和3年6月24日令和2（ワ）9992号）。

▼原告の原画

判決別紙

▼被告製品

判決別紙

◇141【裁判例】知財高判令和3年6月29日令和3（ネ）10024号。

◇142【裁判例】大阪地判平成30年10月18日平成28（ワ）6539号。

▶143【補足】裁判例には、美的鑑賞の対象となりうるような美的特性や創作的特性（工夫）がない、という表現だけで判断される例も見られます。ただ、いずれにしても美術の著作物とは認められていません。

　不正競争防止法のところでも登場した半田フィーダですが、美的鑑賞の対象となりうる創作的特性を備えていないので著作物でないとされました（知財高判平成30年6月7日平成30（ネ）10009号）。

▼半田フィーダ

判決別紙（1審）

　幼児が食事をしながら正しい箸の持ち方を簡単に覚えられるようにするための練習用箸についても、著作物でないとされました。（知財高判平成28年10月13日平成28（ネ）10059号）。

▼幼児用お箸

判決別紙（1審）

　なお、この箸について原告は意匠権侵害も主張しましたが、被告から意匠権は新規性などの無効理由があり、先使用権も有すると主張され、原告は意匠権侵害に基づく請求を放棄しています。

陰影を作り出し、見る者に本物の植物と同様の自然で美しいフォルムを感じさせるとして、美術工芸品に匹敵する高い創作性を有し、その全体が美的鑑賞の対象となる美的特性を備えているから、美術の著作物にあたるとしています▶147。

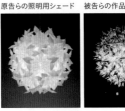

原告らの照明用シェード　　被告らの作品

判決別紙　　　　　判決別紙

▼原告（株式会社ケイジェイシー）の幼児用お箸の意匠（意匠登録1531558号）

意匠公報

◇144【裁判例】知財高判平成28年11月30日 平成28（ネ）10018号。

▶145【補足】判決文では、美術の著作物であるためには「それ自体が美的鑑賞の対象となり得る美的特性を備えなければならないとしても」という表現は登場しています。

◇146【裁判例】東京地判令和2年1月29日 平成30（ワ）30795号。

▶147【補足】ただし、結論としては、被告作品からは原告作品の本質的特徴を感得できないとして、翻案にあたらないことから著作権侵害ではないとされています【参照】149頁。

●148【参照】74頁。

◇149【裁判例】知財高判平成27年4月14日 平成26（ネ）10063号。

筆者はあくまで法学の研究者であってデザインの専門家ではありませんので具体的な評価はむずかしいところですが、確かに著作物であるとされたTRIPP TRAPPの幼児用椅子と比べても、この照明用シェードにはかなり美術的な表現が多用されているように思いますので、美術の著作物といえそうです。

3　プロダクトデザインの著作物の類似性

このように、TRIPP TRAPP事件やフラワーシェード事件ではそのデザインが著作物であると認められています。しかし、著作権侵害となるには、その著作物が複製などされたことが必要で、そのためには著作物が類似していることが必要です●148。

Ⅺ　プロダクトデザインが著作物であるが被告製品とは類似しないとした例1──TRIPP TRAPP事件◇149

先に紹介した幼児用椅子TRIPP TRAPPについて、裁判所は、原告製品と被告製品とは脚部の本数が異なり椅子の基本的構造に大きな相違があることから、TRIPP TRAPPの著作物性が認められる部分と類似しないとして、著作権侵害を否定しています。

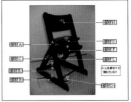

原告のTRIPP TRAPP　　　　被告の椅子の例

判決別紙　　　　　　判決別紙

◇150【裁判例】東京地判令和2年1月29日平成30（ワ）30795号。

著作物性が認められた先のフラワーシェード事件でも、両製品は類似ではないとされました。原告作品の本質的特徴は、エレメントが球状体の中心から放射状に外を向いて開花しているかのような形状をしており、花弁同士が重なり合うなどして複雑で豊かな陰影を形成し、その輪郭が散形花序のようにボール状の丸みを帯びた輪郭を形成していることにあり、被告製品からはその本質的特徴は感得できないとして▶151、両製品は類似しないとされています▶152。

このように、**プロダクトデザインについて著作物であると認められること自体が稀であり、さらに著作物であると認められても被告が実施する作品と類似していないとして、著作権侵害が否定されている**ことがわかります。

このような状況から、プロダクトデザインについて著作権法による保護はないわけではありませんが、ほぼ期待できないと考えてよいでしょう。意匠権を取得していれば安心ということではありませんが、やはり意匠権を取得しておくことには意味があります。

Ⅵ　知財ミックス

最後に、実際のプロダクトデザインの保護の例から、プロダクトデザインがさまざまな権利で保護されていることを確認しておきましょう。

1　株式会社ブリヂストンの例

特許によるデザインの保護としてよく例にあげられているのが、自動車のタイヤのトレッドパターンです。トレッドパターンは外観としての美しさについて意匠権が、たとえばその騒音軽減効果という技術的観点について特許権が取得できます。

実際の株式会社ブリヂストンの登録例を見てみましょう。多くの意匠権が取得されていますが、たとえば、意匠登録については1380025号、特許については4895790号などがあります。なお、本タイヤの名前REGNOについても商標登録がされています。

▶151【補足】裁判所は被告商品について、「自然界に存在する花のような柔らかく陰影に富んだ印象を与えるのではなく、より立体感があって、均一にむらなく光り、クリスタルのようなまばゆい輝きを放つものであって、その輪郭も、散形花序のようにボール状の丸みを帯びたものではなく、凹凸のある刺々しい印象を与える」としています。

▶152【補足】被告（株式会社ルーセントデザインら）製品は物品名を〈シャンデリア用笠〉として意匠登録、さらに〈シャンデリア用笠体〉として意匠登録されています。公知意匠との関係で無効審判も請求されていましたが、特許庁は公知意匠と類似しないなどとして意匠登録を維持しました。
▼被告のシャンデリア用笠
（意匠登録1574099号）
（すでに消滅）

意匠公報

▼被告のシャンデリア用笠体
（意匠登録1591314号）
（すでに消滅）

意匠公報

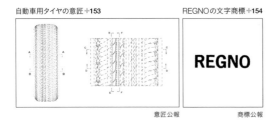

自動車用タイヤの意匠 ✛153	REGNOの文字商標 ✛154
意匠公報	**REGNO**
	商標公報

✛**153【公報】**意匠登録
1380025号。

✛**154【公報】**商標登録
1616952号。

2　象印マホービン株式会社の例

　象印マホービン株式会社の電気ケトルの例も見てみましょう。象
印マホービン株式会社のホームページでは、デザインと安全性にこ
だわった商品であるとされています。この電気ケトルは、デザイン
としてはリビングなどでインテリアに溶け込むように、特許発明と
しては〈転倒湯もれ防止〉に重きを置いて制作されています。

　そして、ケトルの外観に意匠
権が取得され、技術的側面につ
いては特許が取得されていま
す▶155。このように、デザイン
と技術の側面について、意匠権
と特許権の双方を用いて権利を
取得して、1つの製品の保護を
はかることはよく行われていま
す。

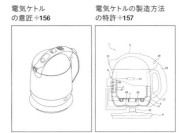

電気ケトル の意匠 ✛156	電気ケトルの製造方法 の特許 ✛157
意匠公報	特許公報

▶**155【補足】**電気ケトルの
製造方法で特許権が取得さ
れています。出願時は電気
ケトルという物の発明でし
たが、特許出願手続中の補
正によって、製造方法の発
明になっています。

✛**156【公報】**意匠登録
1342831号（すでに消滅）。

✛**157【公報】**特許
5038107号（すでに消滅）。

3　ユニ・チャーム株式会社の例

　さらに、ユニ・チャーム株式会社の例も見てみましょう。感染症
の蔓延でマスクの需要が増加しましたが、ユニ・チャーム株式会社
の立体マスクはその前から非常に有名だったように思います。

　その外観については、たとえば、意匠登録1321362号（実線部分を
権利範囲とする部分意匠です）が取得されています。さらに、技術的
側面については実用新案登録3108216号が取得されています。また、
その名称（超立体：商標登録4692567号）と包装箱（商標登録4723658号）
についても、商標登録されています。

意匠公報

実用新案公報

商標公報

✛158【公報】意匠登録
1321362号（すでに消滅）。

✛159【公報】実用新案登録
3108216号（すでに消滅）。

✛160【公報】商標登録
4723658号。

4　コクヨ株式会社の例

　最後に文具の例です。コクヨ株式会社のカドケシという商品は、いつでも消しゴムの〈角〉で文字が消せるという商品です。この消しゴムについて、意匠登録1191186号と商標登録5444010号（立体商標）では同じ形態について登録がなされています。なお、この消しゴムの形態については、特許4304926号も取得されていて（存続期間は満了）、技術的側面からの保護もはかられていました。

カドケシの意匠および
立体商標✛161

商標公報

カドケシの写真

筆者撮影

✛161【公報】意匠登録
1191186号（すでに消滅）、
商標登録5444010号。

＊　　＊　　＊

　以上のようにプロダクトデザインについては、意匠権による保護を中心としつつ、不正競争防止法、商標法、特許法（場合によっては著作権法）なども利用することで、その保護をはかることが可能となっています。

　プロダクトデザインの美的な外観を保護したいときは、まずは意匠権を取得することを検討しましょう。そこでは、物品の一部に特徴的な部分がある場合は部分意匠制度を利用したり、バリエーションのデザインについては関連意匠制度を利用したりできます。関連意匠制度を利用すると登録意匠の類似範囲を明確にすることもできます。

　また、意匠登録出願後の意匠登録を受ける前に製品販売を行う場合などでも、不正競争防止法の形態模倣商品の提供行為の規制を受

けることができます。さらに、商品形態が特別顕著性や周知性を有するようにすれば商品等表示となり不正競争防止法による保護を受ける可能性がでてきますし、商品の形態を長年使用して識別力を有するような場合は立体商標として登録を受けることができ、半永久的な保護を受けることも可能です。

そのほか、プロダクトデザインが技術的な機能を発揮するような場合には特許法での保護が可能で、その場合は具体的な形態が異なっても技術的思想が同じであれば特許権の効力がおよびます。さらに、非常に稀ではありますが、著作権法による保護を受けることができる可能性もないわけではありません。

どのようにプロダクトデザインを保護するかは、専門家に相談しながら状況に応じて判断するようにしましょう。

パッケージデザイン

　この章ではパッケージデザインを扱います。お菓子の箱や飲料ボトルなどの包装用容器が典型ですが、さまざまな商品を包むものに施されるデザイン全般を含んでおきたいと思います。Part 1 でデザインに対する基本的な保護を説明していますので、それを確認しながら、パッケージデザインに対する保護を見ていきましょう。

　パッケージデザインについては、**意匠権と商標権による保護が有効**です。また、これらの知的財産権で保護されないとしても、**不正競争防止法による保護**が考えられます。さらに、パッケージデザインに用いられる**絵画的な表現などには著作権法による保護**が考えられます。

　では、具体的にその保護を見ていきましょう▶1。

Ⅰ　意匠法による保護

1　意匠

　意匠法は、**物品の意匠、建築物の意匠、画像の意匠**という３つの種類の意匠を保護していますが●2、パッケージデザインは通常何かしらの物品を伴いますので〈物品の意匠〉に該当します●3。そのため、パッケージデザインについては、物品の意匠として意匠権の取得が可能です。[意2条1項]

　具体的な登録例を見てみましょう。これは株式会社資生堂の化粧用容器の意匠登録です。まさにパッケージという容器の形状そのものに意匠権が取得されています。

●2【参照】9頁。

●3【参照】9頁。

資生堂の化粧用容器の登録例

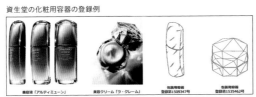

美容液「アルティミューン」　　美容クリーム「ラ・クレーム」　　包装用容器 登録第1509347号　　包装用容器 登録第1535462号

事例から学ぶ意匠制度活用ガイド18-19頁

　では、パッケージデザインについて、その保護との関係で問題と

なる点を確認しておきましょう。

(1) パッケージデザインに含まれる文字

　パッケージデザインに含まれる文字について考えてみましょう。模様は、意匠の構成要素の1つです[4]。そして、文字それ自体が意匠的に処理されることは多々あり、パッケージデザインなどでは特にロゴマークなどでよく目にするところでしょう。では、そうした装飾文字のようなものは、意匠の構成要素である模様なのでしょうか。結論からいえば、昔は文字は模様とは扱われませんでしたが、**現在では基本的に模様と扱われています**。

●4【参照】11頁注14。

　まずは、昔は文字が模様とされていなかったことを示す裁判例を2つ見ておきましょう。

巫　文字が模様ではないとされた例1──CUP NOODLE事件◇5

◇5【裁判例】東京高判昭和55年3月25日昭和53（行ケ）30号。

　意匠権者は日清食品株式会社（被告）で、この意匠権を無効にしようとする原告が、文字を模様としたうえで日清食品の意匠と公知意匠は類似しない（＝意匠は無効ではない）とした特許庁の結論に対して、裁判所に不服を訴えました。そのため裁判所では、カップヌードルの容器に記載された文字が模様となるかが問題となりました。

　裁判所は、CUP NOODLEという文字が模様となるかについて、言語の伝達手段としての〈**文字としての機能を失っていない**〉から**模様とは認められない**としました。つまり、文字は、文字として認識できないレベルでない限り（それを文字と呼ぶことができないレベルに図案化されていない限り）、模様とはならないとしたのです。その結果、文字の部分は模様ではないので、その部分は無視して公知意匠と類似するかが、再度特許庁で判断されることになりました。

　特許庁の結論としては、文字が模様でなくとも、容器の横縞状の帯などに新規性が認められるとして、意匠権は有効なものとして維持されました◇6。

CUP NOODLEの包装用容器

正　面　図

判決別紙

◇6【審決例】昭和57年7月12日審判昭48-009234号。

巫　文字が模様ではないとされた例2──包装用缶事件◇7

◇7【裁判例】東京高判平成2年3月7日平成1（行ケ）129号。

　同じように、文字が模様と認められる場合を除き、その文字は意匠の類否判断の要素とはならないとした判決があります。裁判所は、コカコーラやコークと読めるので、それらの文字は未だ模様に変化

したとは認められないとしました▶8。結果として、文字部分は除いてポカリスエットの缶とCoca-Colaの缶の意匠が類似するかが判断され、原告（大塚製薬株式会社）のポカリスエットの包装用缶の出願は、Coca-Colaの包装用缶と類似するとして出願が拒絶されました。

大塚製薬のポカリスエットの缶　　　　コカ・コーラの包装用缶

判決別紙　　　　　　　　　　判決別紙

　このように文字は従来は模様と扱われてこなかったわけですが、**現在の特許庁の扱いは〈専ら情報伝達のためだけに使用されている文字〉は意匠を構成しない**、つまりそうした文字だけが模様とはならないとしています▶9。そして、具体例としてあがっているのは、「新聞や書籍の文章部分」や「成分表示、使用説明などを普通の態様で表した表示」▶10です。よって、それ以外の文字は意匠を構成すると扱われます。そのため、現在ではCUP NOODLEやCoca-Colaの文字は、意匠を構成する模様と扱われると考えられます▶11▶12。

　たとえば、文字が模様として扱われて意匠登録されていた例として、サントリー株式会社の包装用缶の例があります▶13。

サントリーの包装用缶　　サントリーの包装用缶　　サントリーの包装用缶
（本意匠）＋14　　　　（関連意匠）＋15　　　　（関連意匠）＋16

グレ　　　　ピン　　　　キホ
フル　　　　グレ　　　　グレ

意匠公報　　　　　意匠公報　　　　　意匠公報

(2) パッケージが複数の物品から構成されている場合

　次に、パッケージがさまざまな物品を含んでいる場合を見てみましょう。意匠登録出願の際には、願書に記載されている意匠は1つでなければなりません●17。しかし、複数の構成物からなる意匠の場合でも社会の一般常識としてパッケージ全体として流通する場合には、1つの意匠とみなされています。具体例を意匠審査基準で見てみましょう。

▶8【補足】なお、CUP NOODLEやCoca-Colaという文字そのものについては、商標法による保護を受けられます。CUP NOODLEはさまざまな文字形態でいくつも商標登録がされています。また、Coca-Colaについてももちろん商標登録がされています。

▼日清食品の商標
（商標登録1183902号）

商標公報

▼コカ・コーラの商標
（商標登録106633号）

商標公報

▶9【補足】意匠審査基準第Ⅲ部第1章3.2.9。

▶10【補足】たとえば、抗ヒスタミン成分である〈フェキソフェナジン塩酸塩〉という文字を普通の態様でパッケージに示しても、模様とは認められないでしょう。このように、読ませることが目的で、物品を装飾する目的を持たない文字は、専ら情報伝達のためだけに使用されている文字となるでしょう。

▶11【補足】特許庁の用語解説では、文字について「その文字の表された態様からみて物品を装飾する目的を有する文字を意匠を構成する文字と認める。専ら情報伝達のためだけに使用される文字は意匠を構成する文字と認められない」とされています。

▶12【補足】文字を含んだパッケージと文字を含まないパッケージについて、関連意匠制度を用いて意匠登録している例が見られます。この例を見ると、このパッケージデザインについては文字が付されていても意匠の類似には影響はないと特許庁が判断したといえます。この例では、権利者は文字に影響されないで権利行使したいと考えてこれらの意匠権を取得していると思われます。

この意匠では、歯ブラシ、歯磨き粉、包装用容器が含まれています。そうすると意匠としての構成物品が3つ含まれているように思えますが、歯ブラシと歯磨き粉を含んだパッケージで市場に流通するのであれば、それはパッケージ全体が社会通念上一体として流通しているといえます。また、歯ブラシ、歯磨き粉、包装用容器というすべての構成物がそれぞれ密接に関連しています。よって、このような場合には、全体として1つのパッケージデザインとして意匠権を取得することができます▶18。

歯磨き粉、
包装用容器付き歯ブラシ

意匠審査基準第Ⅱ部第2章2.1

次に、詰め合わせのパッケージの例を見てみましょう。意匠審査基準においては、詰め合わせの場合にも1つの意匠として保護を受けることができるとされています。このような詰め合わせ品というのはよくあると思いますが、詰め合わせとして構成物品が多く含まれていても、これらは社会での一般的な認識として一体として流通しますので、詰め合わせ全体で1つのパッケージデザインとして意匠権を取得することが可能です▶19。

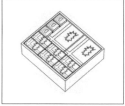

詰め合わせクッキー及び
食卓用皿入り包装用容器

意匠審査基準第Ⅱ部第2章2.1

2 意匠登録の要件

パッケージデザインが意匠登録を受けるためには、登録要件、すなわち、1. 意匠であること【意2条1項,3条1項柱書き】、2. 工業上利用可能性【意3条1項柱書き】、3. 新規性【意3条1項各号】、4. 創作非容易性【意3条2項】、5. 他人が先にした出願に自己の出願した意匠が含まれていないこと【意3条の2】、6. 先願【意9条】、7. 意匠登録を受けることができない意匠でないこと【意5条】、の要件を満たす必要があります●20▶21。

3 権利を取得できる人

意匠権を取得できるのは、意匠登録を受ける権利を有する人です。通常は意匠を創作した人（デザイナー）となります。ただし会社のインハウスデザイナーの場合には、職務創作意匠の規定が適用され、インハウスデザイナーの所属する会社が意匠権を有することがあります●22。

▼千寿製薬の意匠登録
1522140号（本意匠）

意匠公報

▼千寿製薬の意匠登録
1522273号（関連意匠）

意匠公報

▶13【補足】このように関連意匠まで取得していますが、わずか3年ほどで意匠登録料不納ですべての権利が消滅しています。権利行使する機会がないと判断されたのかもしれません。
そのほか、パッケージデザインとして次のような登録例も見られます。

▼明治製菓の包装用箱の例
（意匠登録971301号
（すでに消滅））

意匠公報

▼松下電器産業の電池の例
（意匠類似956120-2号
（すでに消滅））

意匠公報

✚14【公報】意匠登録
1180665号（本意匠（すでに消滅））

✚15【公報】意匠登録
1180838号（関連意匠（すでに消滅））

✚16【公報】意匠登録
1180839号（関連意匠（すでに消滅））

✚17【参照】25頁。

▶18【補足】歯磨き粉だけのパッケージデザイン（歯磨き粉の包装用容器）でも意匠権を取得することが可能です。

▶19【補足】この場合も、詰め合わされた構成物品それぞれについて、個別に意匠権を取得することが可能です。

●20【参照】13頁。

▶21【補足】このほかに、手続的な要件（出願形式など）も満たさないと意匠登録はされません。

●22【参照】21頁。

4 手続的要件

　意匠登録を受けるためには、特許庁に対して出願手続をすることが必要です。意匠登録出願については、願書と図面を特許庁に提出します[23]。図面の代わりに写真や見本を提出することも可能です（見本については大きさの制限があります）。

●23【参照】24頁。

　図面は基本的には6面図で表します[24]。写真でも表すことが可能で、たとえば下記のように写真を提出することが可能です。

▶24【補足】意匠が理解できれば6面図である必要はありません。

　物品名については、〈包装容器〉や〈包装用容器〉などと記載することになります。

写真を貼付した例[25]

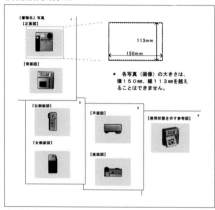

●25【参照】正投影図法による作図は24頁。

意匠登録出願の願書及び図面等の記載の手引き（令和3年3月改訂）51頁

5 意匠権の効力

●26【参照】24頁。

◇27【裁判例】東京地判平成22年5月14日平成20（ワ）36851号。

　意匠権は、意匠権者に無断で行われる登録意匠の実施を排除できる権利です。意匠権の効力は、登録意匠に同一・類似の意匠にまでおよびますが、**パッケージデザインの意匠が類似するかどうかは、物品面**（物品の用途・機能が同一・類似か）と**形態面**（形態が同一・類似か）から判断されます[26]。

　それでは、パッケージデザインの形態の類似性が争われた例を見てみましょう。

▶28【補足】部分意匠について類似しないとされた例があります（東京地判平成27年5月15日平成26（ワ）12985号、知財高判平成28年1月27日平成27（ネ）10077号）。原告の意匠権は部分意匠の意匠権で、パッケージデザイン（包装用箱）の一部分（実線部分）が部分意匠として登録されています。裁判所は、原告意匠のアクセントパネル（凹状の面）はシャープで固い印象であるのに対し、被告のアクセントパネルは丸く柔らかな印象を与えるなどとして、両意匠は類似せず意匠権侵害とはならないとしました。

巫 意匠が類似しないとされた例——模造まつ毛ケース事件◇27

　原告の意匠は〈模造まつげケース〉で、被告製品との形態の類似性が争われました。裁判所は、両意匠は類似しないと判断しています[28]。

　具体的には、原告意匠と被告製品でまつげを収納するための弧状

▼原告（個人）の包装用箱の意匠
（意匠登録1440898号（すでに消滅））

意匠公報

▼被告製品

判決別紙（1審）

突起（まつげを収納するための隆起部）の斜めの形状の下降や、その配置が異なることなどを理由として、両意匠は非類似であるとしました▶29。

原告の模造まつげケースの意匠✛30　　　　　　　　被告製品

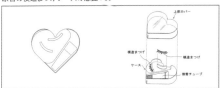

意匠公報　　　　　　　　　　　　　　　　判決別紙
　　　　　　　　　　　　　　（LEX/DB文献番号25442208）

▶29【補足】この事件では原告は不正競争であるとも訴え（不正競争防止法2条1項1号）、商品等表示にあたるかが争われました。原告商品のケースおよび上部カバー、外部パッケージ、台紙について独自の特徴があるとされましたが、販売・広告期間が短期間で、販売数量や小売販売総額などから需要者の間に広く認識され、自他識別機能などを獲得しているとはいえず、不正競争とはならないとされています。

✛30【公報】意匠登録1262161号（すでに消滅）。株式会社コージー本舗の登録意匠です。

◇31【裁判例】大阪地判令和元年11月14日平成30（ワ）2439号、大阪高判令和2年10月30日令和1（ネ）2739、2765号。

●32【参照】39頁。

Ⅷ　部分意匠が類似するとされた例——食品包装用容器事件◇31

　次が、意匠が類似するとされた例です。意匠権者の物品は〈しゅうまいの包装容器〉（食品包装用容器）で、底の部分に設けられた凹凸形状によって、電子レンジで加熱した際に余分な水分・脂分切りができる部分が、部分意匠登録がされています●32。裁判所は原告の登録意匠と被告の意匠は類似すると認めています。

　具体的には、たとえば、登録意匠は突出部分がＸ字状に形成されているのに対し、被告製品は、突出部分は交差せず突出部分の長さの4分の1程度の直径の空間があるなどの要部（特徴的な部分）●33に差異はあるものの、その差異は両意匠の共通点を超えるものではなく2つの意匠は類似するとして、意匠権侵害を認めました。

●33【参照】29頁。

原告の食品包装用容器の意匠✛34　　　　　被告製品

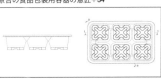

意匠公報　　　　　　　　　　　判決別紙（1審）

✛34【公報】意匠登録1297087号（すでに消滅）。株式会社丸善の登録意匠です。

6　特殊な意匠制度

　パッケージデザインについても、特殊な意匠制度を利用してデザインの保護がはかられています●35。まずは関連意匠制度を利用した保護を見ておきましょう。

●35【参照】39頁。

（1）関連意匠制度の利用

　パッケージデザインの意匠登録については、**関連意匠制度を用い**

て類似する**パッケージデザインについて広く権利を取得する**ことも
よく行われています●36。

●36【参照】41頁。関連意匠制度はバリエーションのデザインを保護する制度です。

　関連意匠制度を利用したパッケージデザインの例として、久光製
薬株式会社のパッケージデザインを見てみましょう。これは、体の
部位ごとの痛みを軽減する製品で、体の部位ごとに色も変えたパッ
ケージデザインとしています。このような類似するパッケージデザ
インをまとめて保護するために、関連意匠制度を利用しています。

久光製薬のパッケージデザイン

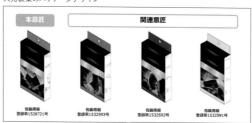

特許・商標専門家のための意匠制度説明会23頁

　また、**関連意匠制度を利用していたことが、自身の有する登録意
匠の類似範囲を確認することに役立った例**があります。それを見て
みましょう。

巫　関連意匠が類似範囲の確認に役立った例──輸液バッグ事件◇37

◇37【裁判例】大阪地判平成16年7月15日平成14（ワ）8765号。

　被告は輸液バッグ（点滴などに用いるバッグ）について本意匠と関
連意匠5件の意匠権を有していましたが、原告は〈原告が輸液バッ
グを製造することについて、被告が意匠権に基づく差止請求権を有
しない〉との確認を求めて訴えました。しかし、裁判所は両意匠は
類似するとして、被告の差止請求権の存在を認めました（＝意匠権を
侵害する）▶38。

▶38【補足】ただし、高裁では原告が先使用権を有していることを認め、被告は差止請求権を有しないとしています（大阪高判平成17年7月28日平成16（ネ）2599号）。

　この事件で裁判所は、被告の5つの関連意匠が登録されているこ
とにより、意匠の要部が「製剤収納側の袋体と溶解液収納側の袋体
の境界部の中央に帯状の弱シール部が形成されており、その弱シー
ル部の両側に、弱シール部より幅の広い強シール部が形成されてい
る」点にあり、原告の意匠にも同様の特徴があるから両意匠は類似
するとしています。

　このように、関連意匠を用いることでデザインの特徴部分が明ら
かになり、意匠の類似範囲を明確化することができます。コストは
かかりますが、どうしても保護したいデザインなどの場合には関連

意匠制度の利用が有効に働きます。

被告の意匠✛39　被告の意匠✛40　被告の意匠✛41　被告の意匠✛42　被告の意匠✛43　被告の意匠✛44

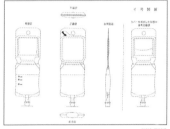

意匠公報　　　意匠公報　　　　意匠公報　　　　意匠公報　　　　意匠公報　　　　意匠公報

原告の意匠

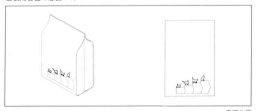

判決別紙

✛39【公報】意匠登録
1107140号（本意匠（すで
に消滅）。

✛40【公報】意匠登録
1107512号（関連意匠（す
でに消滅））。

✛41【公報】意匠登録
1108821号（関連意匠（す
でに消滅））。

✛42【公報】意匠登録
1108822号（関連意匠（す
でに消滅））。

✛43【公報】意匠登録
1108823号（関連意匠（す
でに消滅））。

✛44【公報】意匠登録
1108824号（関連意匠（す
でに消滅））。

(2) 部分意匠制度の利用

　次に部分意匠制度を利用したパッケージデザインの保護について
見てみましょう。パッケージデザインにおいては、特徴的なデザイ
ンを部分意匠として意匠登録を得ている場合があります。

　この包装用容器の例では、パッケージの一部分にワンポイントと
して意匠が取得されています▶45。

包装用容器の意匠✛46

意匠公報

▶45【補足】ワンポイント
部分だけが実線となってい
ます。

✛46【公報】意匠登録
1451893号。ザ アイムス カ
ンパニーの登録意匠です。

　さらに、部分意匠制度を利用して、パッケージを指で持ちやすく
するデザインを意匠登録している例も見られます。日立マクセル株
式会社の例ですが、次頁の図のように、赤い波線部分の部分意匠（本
意匠）の登録があり、さらに波の幅が異なるバージョンも関連意匠
として取得することで、波の幅が異なるデザインも類似することが
明らかにされています▶47。

▶47【補足】もちろん包装
用箱全体についても意匠登
録されています。
▼日立マクセルの包装用箱
の意匠
（意匠登録1286023号）
（すでに消滅）

意匠公報

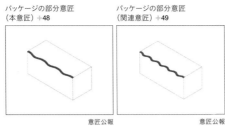

パッケージの部分意匠 (本意匠) +48 　パッケージの部分意匠 (関連意匠) +49

意匠公報　　　　　　　　意匠公報

+48【公報】意匠登録
1285904号（本意匠（すで
に消滅））。

+49【公報】意匠登録
1287261号（関連意匠（す
でに消滅））。

　以上のようにパッケージデザインは意匠法によって保護され、実際に多くの意匠登録がされています。また、関連意匠制度も利用することで、保護できる範囲を確認したり、広くすることが可能です。ただ、関連意匠の登録には費用もかかりますので専門家に相談しながら権利取得を考えましょう。

　そして、長く使うパッケージデザインについては、商標権の取得も有効になります。次に、商標法によるパッケージデザインの保護を見ていきましょう。

Ⅱ　商標法による保護

　パッケージデザインについては、ブランドマークとしての保護や、立体商標としての商標法による保護も考えられます●50。

●50【参照】79頁。

　パッケージデザインそのものとしての立体的形状（ビンの形状など）については、立体商標としての権利取得はそれなりにハードルが高いのですが、長年保護したい立体のパッケージデザインに対してはとても有効なものとなります。

1　保護される商標と商標登録の要件

(1) 商標

　商標法で保護される商標には、平面と立体のものが含まれます●51。パッケージデザインは、平面商標である場合も、包装用容器のように立体である場合も保護を受けることができます。

●51【参照】79頁。

(2) 商標登録の要件

　商標登録を受けるためには、その**商標が自他商品・役務識別力を有し**【商3条】、**商標登録を受けることができない商標にあたらない**【商4条】**など、商標登録の登録要件を満たす必要**があります●52。よって、商標登録の要件を満たせば、商品名やメーカー名も含めてパッケージデザイン

●52【参照】80頁。

そのものを登録することが可能です▶53。

　基本的に、パッケージに記載されている情報量が多ければ多いほど自他商品・役務識別力を有しやすくなると考えられます。そのため、パッケージデザインのそれぞれの要素ではなく、パッケージデザイン全体の方が商標登録を受けやすくなるでしょう。

①　パッケージデザインの平面商標

　実際に、包装のパッケージデザインが平面商標として登録がされています。江崎グリコ株式会社のポッキーのパッケージデザインは、〈POCKY〉という商品名なども含めてまさにパッケージデザイン全体について商標登録するものです▶54。もちろん文字がない製品写真だけでも商標を取得可能で、アップル インコーポレイテッドのiPhoneのパッケージデザインのような商標登録も見られます。

江崎グリコのポッキーの
パッケージデザイン✛55

商標公報

アップルのiPhoneの
パッケージデザイン✛56

商標公報

　また、商標法において文字や図形を商品などに付す位置を特定する位置商標が認められたことに伴い、パッケージデザインでも位置商標を利用してデザインが保護されています。

　右に示しているのはキユーピー株式会社のマヨネーズの包装の位置商標と、日清食品ホールディングス株式会社のカップヌードルの包装の位置商標です。

キユーピーのマヨネーズの
パッケージデザイン✛57

商標公報

日清食品のカップヌードルの
パッケージデザイン✛58

商標公報

　さらに、色彩のみからなる商標も登録されています。

　こちらは当初は自他商品・役務識別力がないとして商標登録出願が拒絶されましたが、日清食品ホールディングス株式会社のチキンラーメンのパッケージとして全国的に広く知られ識別力があるとして、商標登録が認められました▶59▶60。

日清食品のチキンラーメンのパッケージデザイン✛61

商標公報

▶53【補足】このようにパッケージ全体に商標権を取得すると、商品名やメーカー名の文字商標が変えられても商標権侵害にできる可能性があるというメリットがあります（パロディに対応できる可能性が高まります）。

▶54【補足】この場合、POCKYという文字の利用だけには権利行使できません。文字の利用に対して権利行使したい場合には、文字商標として〈ポッキー〉を取得している必要があります。もちろん江崎グリコは〈ポッキー〉の文字商標の商標権を取得しています（たとえば商標登録2075962号など）。

✛55【公報】商標登録6251409号。

✛56【公報】商標登録5835529号。

✛57【公報】商標登録5960200号。

✛58【公報】商標登録6034112号。文字がついていますが立体商標としても登録されています。

▼日清食品のカップヌードルの立体商標
（商標登録6572205号）

商標公報

▶59【補足】商標法3条2項の適用が認められています。

▶60【補足】パッケージデザインかは微妙ですが、鉛筆の外装色の色彩についての登録もあります。

▼三菱鉛筆の鉛筆
（商標登録6078470号）

商標公報

　他方で、同じ三菱鉛筆株式会社の鉛筆の単一色については商標登録が認められませんでした（知財高判令和5年1月24日令和4（行ケ）10062号）。単一色での商標登録は相当困難です（【参照】82頁注27、218頁）。

▼拒絶された商標
（商標公開2015-29864号）

公開商標公報

✛61【公報】商標登録6534071号。

② パッケージデザインの立体商標

では、立体的形状についてはどうでしょうか。立体的なパッケージデザインも商標登録の対象です。実際にApple Inc.のiPadの包装箱が図形つきの立体商標として登録されています。

アップルのiPadの包装箱 ✛62

商標公報

しかし、それだけでなく、**パッケージの形そのものとしての立体的な形も商標登録可能**です。

パッケージデザインにおける立体的形状は、通常、商品の出所を表すものではなく、そのパッケージデザインの機能（炭酸飲料のペットボトルは非炭酸飲料のペットボトルに比べて強度が必要など）や、見た目の美しさのために採用されています。そのため、立体的な形は、機能のための形として、また、美しさのための形として予想の範囲内であれば、自他商品・役務識別力を有しないとされています▶63。

よって、パッケージデザインの立体的形状に商標登録を受ける場合には、まずはラベルなどを含めて登録するという方法が考えられます●64。

たとえば、下記のオロナミンCの包装用容器は、容器の形ではなくラベル部分が自他商品・役務識別力を有していると判断されたと考えられ、文字やラベルも含めて立体商標として登録されています▶65。このようなラベルなども含めた立体的形状の商標登録はウイスキーのボトルや、ビールのボトルのように、よく見られるところです。

大塚化学のオロナミンCの飲料容器 ✛66

商標公報

サントリーのウイスキーのボトル ✛67

商標公報

コロナビールのボトル ✛68

商標公報

他方で、ラベルや文字がついていないと通常は自他商品・役務識別力がないとされてしまいますので、模様などが付加されていない純粋な立体的形状については、その**立体的形状が使用されて全国的に知られることによって識別力を獲得し、立体商標として登録を受けるのが一般的なパターン**です。〔第3条2項〕

たとえば、誰もが知っているであろうザ コカ・コーラ カンパニーのコーラ飲料の瓶ですが、瓶の形それ自体には自他商品・役務識別

✛62【公報】国際商標1044927号。

▶63【補足】パッケージデザインかは微妙ですが、ザ プロクター アンド ギャンブル カンパニーの洗濯用洗剤のボールについて識別力ありとして立体商標としての登録が認められています。

▼P&Gの洗濯用洗剤のボール（商標登録6257915号）

商標公報

なお、こちらは意匠登録もされています。

▼P&Gの洗濯用洗剤（意匠登録1420359号）

意匠公報

●64【参照】139頁。本163頁のiPadの立体商標はこの例にあたります。

▶65【補足】なお、平面商標と立体商標の両方を取得する場合もあります。これは、大正製薬株式会社の胃腸薬のパッケージデザインですが、平面商標も立体商標も取得しています。

▼大正製薬の平面商標（商標登録5462900号）

商標公報

▼大正製薬の立体商標（商標登録5485173号）

商標公報

✛66【公報】商標登録5461410号。大塚化学株式会社の登録商標です。

✛67【公報】商標登録5031505号。サントリーホールディングス株式会社の登録商標です。

✛68【公報】商標登録5514111号。セルベセリア モデロ エセ アー デー セー ベーの登録商標です。

力がないとされたものの、その使用により瓶の形状に自他商品識別力が認められ、立体商標として登録されました▶69。また、株式会社ヤクルト本社の飲料容器も同じように形自体には自他商品識別力はないとされましたが、株式会社ヤクルト本社の乳酸菌飲料の容器としての立体的形状に自他商品識別力が認められ、商標登録がされています▶70▶71。

コカ・コーラのコーラ飲料の容器÷72

商標公報

ヤクルトの乳酸菌飲料の容器÷73

商標公報

このように文字やラベルがない包装用容器について立体商標として商標登録を受けるのは非常にむずかしいのが現状です。

③　パッケージデザインの位置商標

最後に、位置商標の立体的形状の例として登録が認められなかった例を見てみましょう。

**巫　位置商標の立体的形状について登録が受けられなかった例
　　──焼肉のたれ容器事件◇74**

これは、エバラ食品工業株式会社の〈エバラ焼肉のたれ 黄金の味〉の包装容器です。裁判所は、この包装容器の位置商標（図の実線部分）について、自他商品識別力がないとしました。

具体的には、自他商品識別機能を果たしているのはラベルであり、連続する縦長の菱形の立体的形状は、焼肉のたれの包装容器についての機能や美観のために採択・使用されている装飾であるなどとして、〈エバラ焼肉のたれ 黄金の味〉の包装容器において、この立体的形状は出所標識として認識されないとしました▶75。

つまり、〈エバラ焼肉のたれ 黄金の味〉のラベルがあることで需要者にエバラ食品工業の〈エバラ焼肉のたれ 黄金の味〉の商品と認識されているのであって、この包装

エバラ食品工業の焼肉のたれの包装容器

判決別紙

▶69【補足】裁判所まで争って認められました（知財高判平成20年5月29日平成19（行ケ）10215号）。

▶70【補足】裁判所まで争って認められました（知財高判平成22年11月16日平成22（行ケ）10169号）。

▶71【補足】ジャン・ポール・ゴルチエの香水の包装容器についても、商標法3条2項の適用が認められて商標登録が認められたものと（知財高判平成23年4月21日平成22（行ケ）10366号）、認められなかったものがあります（知財高判平成23年4月21日平成22（行ケ）10406号（原告は3条2項の主張をしていません）、平成22（行ケ）10386号）。

▼商標登録が認められた例

判決別紙

▼商標登録が認められなかった例

判決別紙

▼商標登録が認められなかった例

判決別紙

キッコーマン株式会社の醤油を入れた容器についても、商標法3条2項の適用が認められて商標登録がされています。

▼キッコーマンの醤油の容器（商標登録6031041号）

商標公報

キリン株式会社の缶入り酎ハイのダイヤカット缶についても、商標法3条2項の適用が認められて商標登録がされています。

▼キリンの缶入り酎ハイ（商標登録6127292号）

商標公報

容器の実線部分の形状だけを見て需要者がエバラ食品工業の〈エバラ焼肉のたれ 黄金の味〉だとは思わないというわけです。

このように、**立体的なパッケージデザインの形そのものを商標法で保護するには、ハードルはかなり高い**ということになります。

😊 **コラム　お菓子の立体商標**

　パッケージデザインの話ではありませんが、お菓子についても立体商標が取得されています。お菓子の形についても、普通は食べやすさやかわいさのための形であり、商品の出所を示すものではないことから自他商品・役務識別力がありませんので、立体商標として登録を受けるためにはその形状が全国的に知られて識別力を有する必要があります。たとえば株式会社明治のチョコレート菓子である〈きのこ〉と〈たけのこ〉の形状は、全国的に知られて識別力があるとして登録を受けています。

　他方で、そうした主張が認められなかった例として、株式会社ひよ子のまんじゅうの〈ひよ子〉もあります。まんじゅうの〈ひよ子〉は一度商標登録されましたが、全国的に知られておらず識別力がないとして商標登録が無効とされました。お菓子の形について商標権を取得したい場合にも、ほかの立体的形状と同じように、かなりの宣伝広告や使用実績によって、その形が全国的に知られ、〈あの会社のお菓子だ〉と認識されるようにしないといけないということになります。

明治の〈きのこ〉+76	明治の〈たけのこ〉+77	ひよ子の立体商標+78
商標公報	商標公報	商標公報

2　商標の類似

　商標の類似は、**両商標が同一・類似の商品・役務に使用された場合に取引者や需要者に商品・役務の出所の混同のおそれを生じるか否かで判断され、外観、称呼（呼び方）、観念、さらに取引の実情が考慮されますが**[79]、立体商標の場合には、その立体的形状の360度全体を同時に見ることはできませんので、需要者が主に見る特定の方向を想定して、その外観が似ているかどうかで判断されます。

+72【公報】商標登録5225619号。ザ・コカコーラ・カンパニーの登録商標です。

+73【公報】商標登録5384525号。株式会社ヤクルト本社の登録商標です。

◇74【裁判例】知財高判令和2年12月15日令和2（行ケ）10076号。

▶75【補足】〈エバラ焼肉のたれ 黄金の味〉はかなりの販売実績がありましたが、それでも、需要者はラベルに着目することから、立体的形状は出所を識別させる標識として認識されていないとされています。

+76【公報】商標登録6031305号。

+77【公報】商標登録6419263号。

+78【公報】商標登録4704439号（すでに消滅）。

●79【参照】90頁。

3　商標権の効力

　商標権の効力は、立体商標の場合も文字や図形の商標の場合と特にかわりません。商標登録の要件でも問題となった、商品等が当然に備える特徴からなる商標には、たとえ商標登録が存在しても商標権の効力はおよびません。[商26条1項5号]

　また、商標的使用でなければ、言い換えれば、**自他商品・役務識別機能（出所識別機能）などを発揮しない状態での商標の使用であれば、商標権を侵害しません**[80]。

　パッケージデザインについても、商標としての使用かどうかはたびたび問題となります。実際に流通するパッケージデザインにはさまざまな文字や図柄が使われることになり、他人の商標がそこに含まれてしまうことがほかのデザイン分野に比べると増えてしまうことから、パッケージデザインの場合には商標的使用かどうかがほかのデザイン分野に比べて多く問題となっているのかもしれません。

　裁判所がパッケージデザインについて商標的使用ではないとした具体例を見てみましょう[81]。

巫　パッケージデザインが商標的使用ではないとされた例1 ——巨峰事件[82]

　この事件では申請人は〈巨峰〉〈KYOHO〉などという文字商標についての指定商品を〈包装用容器〉として商標権を有していました。一方、被申請人は段ボール箱に図のように段ボールの中身を示すために〈巨峰〉や〈KYOHO〉などの文字を使用していました。

　この状況だと、被申請人は〈巨峰〉という文字を段ボール箱という包装用容器に使用していることから、形式的には商標権を侵害しています。しかし、それを商標権侵害としてしまうと、誰も段ボールに巨峰を入れて取引することができなくなってしまいます。そのような状況は、明らかにおかしいと思われるでしょう。

　裁判所も同じように考えました。裁判所は、段ボール箱に付された〈巨峰〉〈KYOHO〉は、客観的機能から見ても被申請人の主観的意図から見ても内容物の巨峰ぶどうの表示であり、包装用容器である段ボール箱についての使用ではないとして、商標的使用ではない（＝商標権侵害ではない）としました[83]。

● 80【参照】93頁。

▶81【補足】なお、包装容器にキャッチフレーズとして登録商標に類似した文字（オールウェイズ）が使用された場合にも、商標的使用ではないとされた例があります（東京地判平成10年7月22日平成9（ワ）10409号、東京高判平成11年4月22日平成10（ネ）3599号）。
▼原告の商標

オールウエイ

判決別紙
▼被告の販売製品の例

判決別紙（1審）

◇82【裁判例】福岡地判昭和46年9月17日昭和44（ヨ）41号。古い民事訴訟法に基づく仮処分ですので、原告ではなく申請人、被告ではなく被申請人となっています。

▶83【補足】もし、これが商標としての使用であれば、箱の下の端っこに小さく巨峰などとワンポイントで示して、この段ボールを製造したのは〈巨峰〉という会社です、と示すのが普通でしょう。そうした使用には商標権を行使できたはずです。

原告の商標✣84

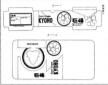

被告が使用する段ボール

商標公報　　　　　　　　　　　　　判決別紙

✣84【公報】商標登録
714066号（すでに消滅）。

◇85【裁判例】東京地判平
成7年2月22日平成6（ワ）
6280号。

▶86【補足】そのほかにも、
ゲームソフトの題号として
の使用が商標的使用でない
とされた例があります（千
葉地決平成6年3月25日平
成5（ヨ）702号、東京高決
平成6年8月23日平成6（ラ）
431号）。

▼債権者（株式会社光栄）商
標（商標登録2535359号）

三　国　志

商標公報

▼債務者商品の表示の例

判決別紙（1審）

書籍の題号の一部につい
ても、商標的使用ではない
とされた例があります（東
京地判平成21年11月12日
平成21（ワ）657号）。なお、
原告商標は標準文字の「朝
バナナ」です（商標登録
5171201号）。

▼被告の書籍

筆者撮影
（ぽっちゃり熟女ゆっきーな『朝
バナナダイエット成功のコツ40』
（データ・ハウス、2008年））

巫　パッケージデザインが商標的使用ではないとされた例2 ──UNDER THE SUN事件◇85

　このような判断は、CDアルバムのタイトルでも問題となったこ
とがあります▶86。裁判所は、この事件でも商標的使用ではないとし
ました。

　原告の登録商標は〈UNDER THE SUN〉という文字商標であり、
レコードなどを指定商品としていました。一方、被告はアルバムの
タイトル名に〈UNDER THE SUN〉を使用していました。この場
合も、形式的には〈UNDER THE SUN〉という商標をレコード（こ
こではCD）という指定商品に使っていることになりそうです。

　しかし、裁判所は、このCDに表示されている〈UNDER THE
SUN〉は、アルバムに対してつけられた題号（アルバムタイトル）で
あり、CDの需要者としてもCDの題号（アルバムタイトル）であると
認識することから、自他商品識別機能を発揮しない状態で使用され
ているとして、商標権侵害を否定しています▶87。

▶87【補足】もし、これが
題号（アルバムタイトル）で
はなく商標としての使用で
あれば、アルバムケースの
右下などに小さく〈UNDER
THE SUN〉などとワンポイ
ントで示すなどして、この
CDを製造したのは〈UNDER
THE SUN〉という会社です、
と示すのが普通でしょう。
そうした使用に対してなら
ば、商標権を行使できたは
ずです。

✣88【公報】商標登録
2157863号（すでに消滅）。
個人の登録商標です。

◇89【裁判例】東京地判平
成13年1月22日平成10（ワ）
10438号、東京高判平成13
年5月29日平成13（ネ）
1035号。

原告の商標✣88　　　　　　　被告のアルバム

商標公報　　　　　　　　　　　　　判決別紙

巫　パッケージデザインが商標的使用ではないとされた例3 ──タカラ本みりん事件◇89

　最後に、原材料の表示であることから商標としての使用ではない
とされた例を見てみましょう。

　原告の商標は文字商標の〈タカラ〉などであり、指定商品を〈つ
ゆ・だしの素〉などとする商標ですが、被告はタカラを含んだ〈タ
カラ本みりん入り〉とラベルに記載して〈煮魚お魚つゆ〉などの商
品を販売していました。

裁判所は、このラベルが意味するのは被告商品の特徴や長所を説明し、タカラ本みりんを原料や素材として使った商品だということであって、商標としての使用ではないとして、商標権侵害を否定しました▶90。

▶90【補足】また、このような表示は原材料を普通に用いられる方法で表示しているにすぎないことから、商標権の権利の制限にもあたるとしました（商標法26条1項2号）。

＋91【公報】商標登録4285395号（すでに消滅）。宝醤油株式会社の登録商標です。

宝醤油の登録商標の1つ＋91

商標公報

被告の使用態様

判決別紙（1審）

　このように、自他商品識別機能などを発揮しない状態での商標の使用であれば商標権を侵害しませんので、商標権者に許諾を得ることなく使用することができます。ただ、訴訟になっていることから明らかなように、商標権侵害だと訴えられてしまうことはありますので、訴訟に勝てたとしても対応の手間などを考えると、安易な使用には十分な注意が必要です。

☺ コラム　**パッケージデザインとパロディ商標**

　パッケージデザインとの関係でパロディ商標として話題になったのが、北海道のお土産として定番の石屋製菓株式会社の〈白い恋人〉という菓子について、吉本興業株式会社が〈面白い恋人〉という商品を販売したという事件です。石屋製菓株式会社が吉本興業株式会社を商標権侵害として訴えたという事件が、ニュースで大きく報じられました▶92。

▶92【補足】石屋製菓は不正競争防止法違反に基づいても訴えていました。著作権侵害では訴えていないようですが、パッケージデザインが応用美術となり著作物と認められないと考えたか（【参照】178頁）、著作物と認められても類似しないと考えたのかもしれません。

＋93【公報】商標登録4778317号。石屋製菓株式会社の登録商標です。

石屋製菓の商標＋93

商標公報

石屋製菓の販売していた商品と吉本興業の販売していた商品

毎日新聞社／アフロ

両社和解後の吉本興業の商品

筆者撮影

　商標権が類似するかは商標の外観、観念、称呼によって取引者に与える印象を総合し、商品の取引の実情を明らかにして判断されますが、〈白い〉と〈面白い〉は明らかに観念が異なりますので、混同が生じないから両商標は類似しないという判断もありえそうなところです。この事件は和解で終了してしまったため、両社のパッケージデザインが類似するかどうかの裁判所の判断は下されませんでした。和解後の商品を見る

と、もともと販売していた図柄と比べて、外枠と箱の下部にあるリボンが消去されていますが、その他の図柄や表示はほぼ維持されているようです。

パロディ商品の販売はこのように問題が起こる可能性があるということを常に意識しておく必要があるでしょう。

以上のように、パッケージデザインについて商標権を取得することは有効です。特に、意匠権の存続期間である25年を超えても保護可能ですので、長く使うパッケージデザインの場合には商標権の取得を考えましょう。ただし、商標としての使用でない場合には商標権侵害は問えないので、意匠権を同時に取得しておくことも大切です。また、立体的形状の場合には、それが全国的に知られ識別力を有している場合には立体商標の取得を検討しましょう。

III 不正競争防止法による保護

デザインは意匠法、商標法、著作権法といった知的財産権を有しなくても、不正競争防止法による保護を受けることができます。そのため、パッケージデザインについても不正競争防止法による保護が考えられます。ただし、その保護を受けるためには一定の要件を満たさなければなりません。具体例とともに見ていきましょう。

1 周知表示混同惹起行為

他人の周知な〈商品等表示〉を使用し他人の商品等と混同を生じ
させる行為は不正競争行為となり[不2条1項1号]、差止請求や損害賠償請求の対象となります。商品等表示には商品の容器・包装が含まれていますので、パッケージデザインは商品等表示になります。ただし、容器など商品の形態が問題となる場合は、商品等表示と認められるためには特別顕著性と周知性が求められます[94]。

●94【参照】131頁。

(1) 商品等表示該当性

まずは、**パッケージデザインが商品等表示にあたる**かが問題となります。平面的なものであれば一般に商品等表示となると考えてよいでしょう。ただし、パッケージデザインの中でも、どの要素に自他商品識別機能があって、商品等表示にあたるかは問題となります。

巫 パッケージ全体の自他商品・役務識別機能を認めなかった例
——正露丸事件◇95

　このことが問題になったのが、薬の正露丸のパッケージの事件です。大幸薬品株式会社のラッパのマークの正露丸というのはCMなどで見たりしたことがあると思います。他方で、正露丸というのは実は〈クレオソートを主剤とする胃腸用丸薬〉の一般（普通）名称ですので、正露丸という名称は大幸薬品株式会社の正露丸を指称する商品表示として認識されていません▶96。

　そのため、裁判所は、〈ラッパの図柄〉と〈大幸薬品株式会社の会社名〉にしか自他商品識別機能はないとして、パッケージ全体の自他商品識別機能を認めませんでした。そして、その〈ラッパの図柄〉と被告の〈瓢箪のマーク〉は異なりますので、大幸薬品株式会社の商品と被告の商品とは混同を生じないとしています。

原告の大幸薬品の表示の例　　　被告の表示の例

判決別紙（1審）　　　　　　　判決別紙（1審）

　次に、パッケージデザインの立体的形状が商品等表示にあたるためには、**特別顕著性**と**周知性**が必要です▶97。特別顕著性というのは、〈**商品の形態が客観的にほかの同種の商品とは異なる顕著な特徴を有していること**〉です。周知性というのは、〈**商品の形態が特定の事業者によって長期間独占的に使用され、またはきわめて強力な宣伝広告や爆発的な販売実績などにより、需要者においてその形態を有する商品が特定の事業者の出所を表示するものとして広く知られていること**〉です。要するに、特徴的な形態で、事業者の出所を示すものとして広く知られていればよい、ということです。

　それらを判断した例を見ておきましょう。

巫 パッケージデザインの形態を商品等表示と認めなかった例
——フェイスマスク事件◇98

　この事件では、フェイスマスクの形態について商品等表示かが問題となりました。裁判所は、商品等表示とは認めませんでした。

　具体的には、外面包装に光沢のあるプラスチック袋が使用され、

◇**95【裁判例】**大阪地判平成18年7月27日平成17（ワ）11663号、大阪高判平成19年10月11日平成18（ネ）2387号。

▶**96【補足】**正露丸は大幸薬品株式会社の登録商標（商標登録545984号）であるものの、医薬品の普通名称とされています。裁判所は、昭和29年10月30日に正露丸が医薬品の一般名称とされて以降、大幸薬品により大規模な広告宣伝がなされていたものの、〈正露丸〉の語が大幸薬品を示すものとして、取引者を含む需要者全体に認識されておらず、昭和52年以降、大幸薬品が正露丸の名称で本件医薬品の製造販売を行っているほかの業者に対し、その名称の使用を排除するための措置をとり実際にその使用を中止させたことは一度しかないこと、なども考慮しています。

　また、正露丸は元々〈征露丸〉という表記であり、ロシアを征伐するという意味合いで日露戦争時に医薬品として用いられましたが、国際的な事情の変化に伴い第二次世界大戦後に〈征〉を〈正〉という表記に厚生省薬務局が改めるように指導して、現在の商品名となっています。現在、征露丸という商標を出願しても公序良俗を害するおそれがある商標（商標法4条1項7号）として商標登録を受けることはできません。

▶**97【補足】**たとえば、マスカラ容器と包装の両方について、特別顕著性と周知性を認め商品等表示であるとした例があります（大阪地判平成20年10月14日平成19（ワ）1688号）。結論として不正競争行為とされています。

▼原告らのマスカラ容器と包装

判決別紙

▼被告のマスカラ容器と包装

判決別紙

向かい合う2つの側面に折り返しのある封じ目がある点や、外面包装の上面にフラップラベルが貼られ繰り返しはがしたり貼ったりできることなどについては、原告商品以外の美容用液体含浸シートにおいても多数採用されており、ごくありふれた要素にすぎず、また、原告商品の外面包装が直方体状となっていることなどについても、ほかの美容用液体含浸シートと比較して特段大きな相違点であるとは認められず、客観的にほかの同種商品とは異なる顕著な特徴を有するものではないとして、商品等表示にあたらないとしています。

原告の商品

判決別紙（1審）

被告の商品

判決別紙（1審）

次に、パッケージデザインの色彩が商品等表示にあたるかについて争われた例を見てみましょう。色彩や色彩構成についても、それらが商品等表示にあたるためには、その色彩をその商品に使用することの特異性などの特別顕著性が必要であるとされています▶99。

巫 パッケージデザインの色彩構成を商品等表示と認めなかった例 ——PTPシート事件◇100

この事件では、原告のエーザイ株式会社が、後発医薬品のカプセルおよびPTPシートについて、エーザイ株式会社のカプセルおよびPTPシートの色彩構成（配色）と類似するため不正競争であるとして訴えました。裁判所は、カプセルおよびPTPシートの色彩構成は商品等表示にはあたらないとしました。

具体的には、緑色と白色の2色の組み合わせによる色彩構成のカプセルと、銀色地に青色の文字などが付されているPTPシートの色彩構成は、医療用医薬品としてありふれたものであって、ほかの同種商品と異なる顕著な特徴もないとして、特別顕著性を有しないと判断しました▶101▶102。

◇98【裁判例】東京地判平成28年7月19日平成27（ワ）33398号、知財高判平成28年12月22日平成28（ネ）10084号。

▶99【補足】さらに、色彩や色彩構成が商品等表示にあたるかを判断するにあたっては、顕著な特徴に加え、その商品についてのその色彩や色彩構成の使用継続性の程度、需要者が同種商品の識別要素として色彩や色彩構成に着目する度合いなども考慮しなければならないとされています（注100の裁判例参照）。

◇100【裁判例】東京地判平成18年1月13日平成17（ワ）5657号、知財高判平成18年9月28日平成18（ネ）10009号。

▶101【補足】同じ原告で争われた別事件では周知であれば商品等表示にあたるかのような判示もなされています。そこでは、商品の配色がきわめて特異なものであるか、そうでなかったとしても、長期間の独占的な使用、きわめて強力な宣伝広告活動、圧倒的な販売実績などがあって、配色のカプセルが特定の事業者の出所表示として周知となっている場合には商品等表示にあたるとされています（知財高判平成18年11月8日平成18（ネ）10014号）。

▶102【補足】分包包装でも同様の判断がなされています。裁判所は、3袋が1連になり金色の地に青色の文字が付されている分包包装体について、これらの単純な色彩と形状の組み合わせだけでは周知な商品等表示とはいえないとしています（東京地判平成18年5月25日平成17（ワ）785号、知財高判平成19年1月30日平成18（ネ）10061号）。

▼原告の商品

判決別紙（1審）

▼被告の商品

判決別紙（1審）

判決別紙（1審）　　　　　　　　判決別紙（1審）

普通は色彩だけで同種商品と異なる特徴を作り出すことは困難で
しょうから、色彩のみで商品等表示にあたるようにすることはかな
りむずかしいと考えられます●103▶104。

(2) 周知性

次に、商品等表示に該当しても、その**商品等表示が周知**（需要者
の間で広く知られていること）**でなければ不正競争とはなりません。**
その周知性は短期間の販売期間であっても認められることがありま
す。サントリーの黒烏龍茶の例を見てみましょう。

巫　パッケージデザインが周知であるとされた例
──黒烏龍茶事件◇105

裁判所は、サントリー株式会社（原告）の黒烏龍茶のパッケージ
デザインは発売から2ヶ月の販売期間でも相当集中的な販売および
宣伝活動を行ったことで周知性を有するとしました▶106。

具体的には、5月～7月中旬までに200万ケース（4800万本）を販
売し、新聞、インターネットといった各種のマスメディア、利用者
が多いと考えられる路線の電車内・駅構内におい
て原告商品表示を付した広告が頻繁に行われてお
り、また、平成18年度の人気商品として各種の賞
も受けていたとして、周知性があるとしています。

なお、さすがに発売後2ヶ月半程度では著名性
までは認められないとしています。

原告のサントリーの表示

判決別紙

(3) 同一・類似の商品等表示

そして、不正競争となるためには商品等表示であるパッケージデ
ザインが類似することが必要です。商品等表示が類似するかは、**外
観などに基づく印象、記憶、連想などから全体として類似している
と需要者が受け取るおそれがあるか否かを基準に判断**されます●107。

●103【参照】218頁。

▶104【補足】そのほか、パッ
ケージデザインについて、青
地に白抜きの文字という色
調の表示自体は一般に見ら
れる方法であって特徴的な
ものではないから、それだ
けでは特段の識別性、顕著
性を有しないとする裁判例
もあります（神戸地判平成9
年7月16日平成4（ワ）2175
号）。高裁も、カップの清酒
について青地に白抜き文字
で構成されたラベルが一般
化しており、その下地の色
彩には自他識別機能は認め
られないとしています（大
阪高判平成10年5月22日平
成9（ネ）2178号）。結論と
して不正競争でないとして
います。

▼原告のラベル

▼被告のラベル

判決別紙（第1審、
LEX/DB文献番号28032511）

◇105【裁判例】東京地判平
成20年12月26日平成19
（ワ）11899号。

▶106【補足】もちろん、周
知性が認められなかった例
もあります（東京地判令和3
年11月12日令和2（ワ）
16590号）。原告は自身が販
売する日本酒の商品名や容
器の図案などに類似する表
示を使用しているとして、被
告を不正競争として訴えま
した。裁判所は原告表示の
周知性を否定しています。

具体的には、日本酒であ
る原告商品は搾ってから24
時間以内に瓶に詰めて出荷
する日本酒でしたが、原告
商品の市場占有率は高いと
はいえず、インターネット
上の記事などは掲載回数や
期間も限られ、原告の広告
宣伝活動により原告の商品
名が需要者の間で周知著名
であったとはいえないとし
ました。また、原告容器の
図案などについても、商品
名がない原告容器の図案な
どだけで周知になっている
ともいえない、さらに商品
名と図案の組み合わせも周
知はないと判断しました。

結論として不正競争に該
当しないとしています。

巫　パッケージデザインが類似および非類似であるとされた例
——黒烏龍茶事件◇108

黒烏龍茶の事件では、被告らの２つの商品表示で結論が分かれました。

裁判所は、被告らの商品表示１については、原告のサントリー株式会社のパッケージデザインと被告らの商品表示１とは外観がきわめて類似し、称呼も全体として相当程度類似し、黒色のウーロン茶などの観念も共通するから、２つの商品等表示は類似するとして不正競争防止法による保護を認めました。

他方で、被告らの商品表示２については、黒濃という文字の表記などから外観が非類似であり、称呼も〈くろうーろんちゃ〉と〈こくのううーろんちゃ〉で異なり、〈ポリフェノールが含有されたウーロン茶〉という観念は類似するものの、〈黒色のウーロン茶〉・〈サントリーの製造販売に係る黒色のウーロン茶〉などの観念は類似しないことから、両表示は類似しないとして、不正競争防止法による保護は受けられないとしました。

原告のサントリーの商品表示　被告らの商品表示１　被告らの商品表示２

判決別紙　　　　　　　　判決別紙　　　　　　　　判決別紙

巫　パッケージデザインが類似するとされた例——べったら漬事件◇109

この事件では、漬物である〈べったら漬〉のパッケージデザインが問題となりました▶110。裁判所は、両パッケージデザインは類似するとしています。

具体的には、いずれも包装の中央に毛筆体で商品名である「東京べったら」という文字を横一列に記載し、その右に江戸時代の町・人々の様子を描いた白黒の絵を描き、商品名の上には自社名を商品名よりも小さい文字で記載し、商品名の下には寒色系の色つきの太い横線を引いて当該商品の説明文を記載するなど、両者はその構図や色彩の構成に共通点が多く、包装の大きさもほぼ同一であり、両表示は類似するとしています▶111。

●107【参照】98頁。

◇108【裁判例】東京地判平成20年12月26日平成19（ワ）11899号。なお、判決の中では被告らの商品表示1は被告らの商品表示A、被告らの商品表示2は被告らの商品表示Bとされています。

◇109【裁判例】東京地判平成23年10月13日平成22（ワ）22918号、知財高判平成24年9月27日平成23（ネ）10073号・10031号。

▶110【補足】ほかにも、ミルクティーの包装容器が類似するかが問題となった事件があります（大阪地判平成9年1月30日平成7（ワ）3920号）。裁判所は両容器は類似するとしています。

具体的には、被告容器に描かれたティーカップが正面下の中央にあり、その上部分は飾り枠の下の長辺中央部に重なっており、下はティーカップの底および皿が一部切れているという点まで原告容器と一致していること、さらに、被告容器が原告容器と同じ食缶2号缶を使用し、缶上部に半透明の白色ポリキャップがあり、ポリキャップ内側にポリキャップとほぼ同じ大きさの丸い紙が入れられ金文字で商品名等が表示されている点も原告容器と一致していることから、両容器は類似し、両商品の混同のおそれもあるとして不正競争であると認めました。

▼原告の容器

判決別紙

▼被告の容器

判決別紙

▶111【補足】結論としても不正競争行為にあたるとしています。

原告のパッケージ  被告らのパッケージ

判決別紙（1審）　　　　　　判決別紙（1審）

次に、パッケージデザインが類似しないとされた例を見てみましょう。

◇112【裁判例】東京地判平成13年6月15日平成12（ワ）27258号。

> **巫　パッケージデザインが類似しないとされた例
> ——ふりかけさまさま事件◇112**

この事件では、原告と被告のふりかけのパッケージデザインの類似性が争われました。裁判所は類似性を否定し、不正競争ではないとしています。

具体的には、原告パッケージが単色の背景に御飯茶碗と文字のみを配したシンプルなデザインになっているのに対し、被告パッケージは商品のコピーが記載されるなどしているためシンプルなデザインとはいえず、全体的な印象が異なっているとしました。そのほかにも、背景の色や御飯茶碗の写真の相違などを指摘して、両パッケージデザインは類似しないとしています。

原告のパッケージの例  被告のパッケージの例

判決別紙　　　　　　判決別紙

（4）商品等表示の使用

また、この不正競争にあたるためには商品等表示を使用する行為である必要があります。そのため、**商品の内容を示すような表示としての使用であれば、自他識別機能（出所識別機能）を有する態様での使用ではなく、商品等表示の使用とはなりません。**

Ⓕ　他人の商品等表示の使用ではないとされた例
——尿素とヒアルロン酸事件◇113

　問題となったのは、〈尿素＋ヒアルロン酸　化粧水〉と表記した化粧水を被告が販売していたことに対して、原告が自己の〈尿素〉や〈ヒアルロン酸〉の文字を含む化粧水の商品表示に基づいて不正競争だと訴えた事件です。裁判所は、被告の使用は商品等表示の使用ではないとしました。

　具体的には、被告商品に接した需要者は、被告表示の〈尿素＋ヒアルロン酸　化粧水〉の表記について、〈尿素とヒアルロン酸を保湿成分とする化粧水〉という被告商品の品質、内容を示す表示であると認識し、被告商品の出所を示す表示であると認識することはないとしています。よって、被告が被告商品において被告表示を使用する行為は、他人の商品等表示を使用する行為には該当しないとしました▶114。

原告の商品	被告の商品

判決別紙	判決別紙

(5)　他人の商品または営業との混同

　この不正競争が認められるためには他人の商品等との混同も要件です。先の黒烏龍茶の事件やべったら漬の事件では、両商品を同一のものと混同する、もしくは、関連商品等と誤認すると認められています。

2　著名表示冒用行為

　自己の商品等表示として、他人の著名な商品等表示と同一・類似のものを使用などすることも、不正競争にあたる〔不2条1項2号〕とされています。

　ここで、著名というのは全国的に広く知られていることをいいます。パッケージデザインそのものではありませんが、商品名が著名であるとして著名性が認められた例があります▶115。

◇113【裁判例】東京地判平成16年5月31日平成15（ワ）28645号。

▶114【補足】なお、原告は商標権も有していましたが、被告の使用は結局のところ自他商品識別機能を発揮する態様で使用されていないとして、商標的使用とはいえないとされています。原告は尿素とヒアルロン酸が入っていることを中心にしてブランディングをしたかったのだと思われますが、成分を含むものだとそれはかなりむずかしいということがわかります。
▼原告（株式会社石澤研究所）の商標（商標登録4730734号（すでに消滅））

商標公報

▶115【補足】ほかにも、下の原告の表示について、称呼（セイロガントーイエーもしくはセイロガントーイ）も外観も著名性が認められています（大阪地判平成11年3月11日平成8（ワ）4074号）。そして被告が「正露丸糖衣錠AA」を使用する行為は、原告と被告の両表示が類似することから（称呼が類似）、不正競争とされています。
▼原告の表示

判決別紙（判タ1023号267頁）
▼被告の標章の例

セーロガントーイジック
正露丸糖衣錠AA
判決別紙（判タ1023号267頁）

原告の商品は、武田薬品工業株式会社の〈アリナミンA25〉です。裁判所は、日本全国において多数販売され、その結果、同種医薬品の代表的な商品となっていたこと、その広告も各種媒体を通じて多額の費用を投じてなされていたこと、その広告のうち視覚的なものにおいては表示が見えるように行われていたことから、原告商品の商品名である〈アリナミンA25〉を著名であるとしました。

そのうえで、原告表示〈アリナミンA25〉と被告表示〈アリナビッグA25〉の外観についてきわめて類似し、称呼も単語を発音した際の印象を決める輪郭部分が共通し、観念についても〈アリナビッグ〉から著名なビタミン製剤のシリーズ名である〈アリナミン〉、さらに被告表示全体からもビタミン製剤を容易に想起、連想するとして、両表示を類似であると認め、不正競争防止法による保護を認めました。

原告の武田薬品の表示　　被告表示

判決別紙　　　　　　判決別紙

3 形態模倣商品の提供行為

他人の商品の形態を模倣した商品の譲渡などの行為は不正競争となります。
【不2条1項3号】

パッケージデザインでも、この形態模倣商品の提供禁止の規定を利用することが可能です。

形態模倣商品の提供行為の**保護対象は商品の形態**です▶117。不正競争防止法は、商品の形態を「需要者が通常の用法に従った使用に際して知覚によって認識することができる商品の外部及び内部の形状並びにその形状に結合した模様、色彩、光沢及び質感」と定義しています。そのため、パッケージデザインの場合は、食器用洗剤容器のように商品と一体化している場合や▶118、商品自体と簡単には切り離せない場合には▶119、商品の形態にあたります。
【不2条4項】

一方、**商品形態からは、商品の機能を確保するために不可欠な形態、商品のありふれた形態が除外**されています●120。ありふれた形態について判断した例を見てみましょう。

◇116【裁判例】大阪地判平成11年9月16日平成10（ワ）5743号。

▶117【補足】その商品が日本国内で最初に販売された日から3年に限定されます。

▶118【補足】たとえば、化粧品の容器が商品形態とされている裁判例があります（大阪地判平成21年6月9日平成19（ワ）8262号）。なお、形態の実質的同一性がないとして、不正競争とは認めませんでした。

▼原告商品の例

判決別紙（判タ1315号189頁）

▼被告商品の例

判決別紙（判タ1315号189頁）

▶119【補足】商品の説明書と外箱は、商品たるサンダルと一体となっていてサンダルと容器には切り離せない態様で結びついていないとして、商品の説明書と外箱は形態模倣商品の提供行為の規定による保護を受けることができないとした裁判例があります（大阪地決平成8年3月29日平7（モ）51550号（保全異議申立事件））。

▼債権者商品の外箱

決定別紙（大阪地決平成7年4月25日平成8（ヨ）2323号）

▼債権者商品の例

決定別紙（大阪地決平成7年4月25日平成8（ヨ）2323号）

他方で、商品の包装である台紙とブリスターパックについて、台紙とブリスターパックが商品と一体となり容器に切り離せない状態で市場に流通していることから、この包装は商品の形態に含まれるとした裁判例があります（大阪地判平成14年4月9日平成12（ワ）1974号・平成12（ワ）12240号）。

巫　全体の包装材も個別包装もありふれた形態であるとした例 ―― 青汁事件◇121

▼原告商品の例

判決別紙

▼被告商品の例

判決別紙

　この事件では全体の包装箱と個別包装（銀包）が商品形態にあたるかが問題となりました。裁判所は、原告の〈すっきりフルーツ青汁〉の包装箱は包装材の形状として特徴的なものではなくありふれた形状であり、個別包装もありふれた形状だとしています。

　具体的には、原告商品の包装箱は、内部に仕切りが設けられているものの、簡易な構造で3ヶ所に仕切られているにすぎず、外観も封筒と同様の形状であることから、包装材の形状として特徴的なものでなくありふれた形状であり、銀包も粉末を密封する包装材としてありふれた形状であるとして、商品形態を構成するものではないとしました▶122。

●120【参照】102頁、133頁。

◇121【裁判例】東京地判平成28年4月28日平成27（ワ）29222号、知財高判平成28年10月31日平成28（ネ）10051号。

▶122【補足】なお、裁判所は、包装箱裏面の栄養成分表示と商品説明文も、青汁という製品に共通するありふれた形態であり商品形態を構成しないとしています。また、表面の商品名と「81種類の酵素と青汁」という文字を模様として考えても、両製品の表面の模様の類似度は低く、実質的に同一の形態とはいえないとしています。

原告製品の包装箱と個別包装（銀包）

判決別紙（1審）

被告製品の包装箱と個別包装（銀包）

判決別紙（1審）

　以上のように、パッケージデザインについては、意匠権、商標権、著作権がない場合でも、不正競争防止法による保護がありえます。もちろん、さまざまな要件を満たす必要がありますが、不正競争防止法による保護の存在も考えておきましょう。

Ⅳ　著作権法による保護

　パッケージデザインも、著作物にあたる場合には著作権法による保護を受けることができます。ただし、パッケージデザインは実用目的に使用されるものですので、応用美術の議論に影響を受ける可能性があり●123、特に立体の包装用容器（コカ・コーラの瓶など）は応用美術として著作権法による保護を受けることはむずかしいでしょ

●123【参照】143頁。

う。

　他方で、パッケージデザインに用いられる写真や個々の図柄などは著作物となります[124]。

●124【参照】ロゴタイプやタイプフェイスはグラフィックデザインで扱います（185頁）。

1　著作物

　著作権法は、著作物を「思想又は感情を創作的に表現したものであつて、文芸、学術、美術又は音楽の範囲に属するもの」と定義し
【著2条1項1号】
ています。そのため、**パッケージに施された図柄や絵などは基本的には著作物となる**でしょう。

　他方で、パッケージデザイン全体が著作物となるかは、グラフィックデザインと同じように通常の美術の著作物と扱われることも考えられますが[125]、応用美術の問題とされることもあります。それが問題とされたパッケージデザインを見てみましょう。

●125【参照】186頁。

巫　パッケージデザインは応用美術であり、著作物でないとされた例——黒烏龍茶事件◇126

◇126【裁判例】東京地判平成20年12月26日 平成19（ワ）11899号。

　この事件では、ペットボトルのパッケージデザインが応用美術として著作物にあたるかが問題となりました。裁判所は、このパッケージデザインは著作物ではないとしています。

　具体的には、黒烏龍茶のパッケージデザインは、商品名、発売元、含有成分、特定保健用食品であること、機能などを文字で表現したものが中心で、黒、白および金の3色が使われていたり、短冊の形状や大きさ、唐草模様の縁取り、文字の配置などに一定の工夫が認められるものの、社会通念上、鑑賞の対象とはならないとしました。よって応用美術である本件パッケージデザインは著作物とは認められないとされています。

原告サントリーの商品パッケージ

判決別紙

　この裁判例からすると、パッケージデザインには商品名、発売元などを記載するのが通常だと思われますので、文字を中心としたパッケージデザイン全体については応用美術とされてしまい、著作権法による保護を受けるのはむずかしいといえるのかもしれません。

2　著作権の効力

　とはいえ、少なくとも図柄などは著作物として保護されますので、

著作権侵害が問題とならないわけではありません。

著作権侵害となるのは、他人の著作物に依拠して類似する著作物を複製などする場合ですが●127、パッケージに関わる著作物の類似性が問題となった例を確認しておきましょう。

●127【参照】73頁。

巫 著作権侵害ではないとされた例──博士イラスト事件◇128

たとえば、幼児向けの教育DVDのパッケージカバーで利用されているイラストの類似性が争われた事件があります▶129。裁判所は結論として著作権を侵害しないとしました。

「角帽やガウンをまとい髭などを生やしたふっくらとした年配の男性とするという点はアイデアにすぎず……共通点としてあげられているその余の具体的表現（ほぼ２頭身で、頭部を含む上半身が強調されて、下半身がガウンの裾からみえる大きな靴で描かれていること、顔のつくりが下ぶくれの台形状であって、両頬が丸く、中央部に鼻が位置し、そこからカイゼル髭が伸びていること、目が鼻と横幅がほぼ同じで縦方向に長い楕円であって、その両目の真上に眉があり、首と耳は描かれず、左右の側頭部にふくらんだ髪が生えていること）は、きわめてありふれたもので表現上の創作性があるということはできず、両者は表現でないアイデアあるいは表現上の創作性が認められない部分において同一性を有するにすぎない」。

このように、ありふれた表現が類似しているにすぎないことから、裁判所は著作権侵害は認められないとしました。

◇128【裁判例】東京地判平成20年7月4日平成18（ワ）16899号。75頁でも紹介しています。

▶129【補足】この事件は不正競争防止法でも争われています（【参照】316頁）。

◇130【裁判例】東京地判平成16年6月25日平成15（ワ）4779号。

▶131【補足】ほかにも、書籍の図版について著作権侵害が認められた例があります（東京地判平成22年7月8日平成21（ワ）23051号）。裁判所は、被告図版の縦棒と横棒の形と配置は原告図版と同一であり、図形ないし棒の類型や個数、これらの図形ないし棒の配置箇所や組み合わせの方法が共通し、書名、編者名および出版社名についても、その配置箇所などについて原告図版と共通していることから、原告図版を翻案しているとして著作権侵害を認めています【参照】74頁。
▼原告の書籍の図版

原告のイラスト　　　被告のイラスト

判決別紙　　　　　判決別紙

判決別紙（Westlaw文献番号2010WLJPCA07089003）
▼被告の書籍の図版

判決別紙（Westlaw文献番号2010WLJPCA07089003）

巫 著作権を侵害するとされた例──LEC出る順シリーズ事件◇130

パッケージデザインそのものではないですが、書籍のカバーについて著作権侵害が認められた例を見てみましょう▶131。

これも、原告のイラストに似たイラストを、被告が書籍の表紙や表紙カバーに使用していたことが著作権侵害だと争われた例です。裁判所は両イラストは類似すると判断しました。イラストはいくつ

かありましたが、イラスト１についての判断を見てみましょう。

裁判所は、「人形を肌色一色で表現した上、人形の体型をＡ型にして手足を大きくすることで全体的なバランスを保ち、手のひらの上に載せた物が見る人の目をひくように強調するため、左手の手のひらを肩の高さまで持ち上げた上、手のひらの上に載せられた物を人形の半身程度の大きさに表現するという表現方法は、原告の思想又は感情の創作的表現というべきであり、原告イラスト１の特徴的な部分である」としました。

そして、被告イラスト１は原告イラスト１の創作的な特徴部分を感得することができるとして、著作権侵害を認めています。

原告イラスト１

判決別紙

被告イラスト１

判決別紙

☺ コラム　**伝統的民族模様の利用には注意が必要**

　ある書籍の表紙に、北海道の網走にあったジャッカ・ドフニ博物館所蔵のイルガ▶132が改変されて使用された例があります。このイルガはウィルタ▶133の女性が作ったもので、その女性が著作権を有しており、出版社がその図柄を勝手に改変して本の表紙に使ったという事案のようです。出版社はこの紋様が伝統的な民族模様であるから、すでに著作権が存在していないと考えてしまったようですが、伝統的な民族模様に近いデザインであるからといって、著作権が存在していないわけではないことを意識しておく必要があります。

　さらに、たとえ著作権が存在していなくとも、伝統的に使用されてきた模様などは宗教的意味を有しているような場合もあり、〈文化の盗用〉といわれてしまうこともありますので、国内外の伝統的民族模様を無断で使用することには常に慎重であるべきです●134。ここで紹介しているイルガについても、たとえ著作権がなかったとしても、無断使用すべきではないと判断すべきだったでしょう。

▶132【補足】イルガはウィルタ紋様のことです。

▶133【補足】ウィルタとは、トナカイとともに生活する人を意味する北方少数民族のことです。

●134【参照】ファッションデザインでも同様です（209頁）。

書籍の表紙に無断で改変され使用されたイルガの切り紙

犬塚康博「あのみすず書房が…」という様式
（ジャッカ・ドフニ リブレット2）

☺ コラム パッケージデザインの改変

　顧客が発注しデザイナーが創作したパッケージデザインについて、そのデザインを納入後、顧客が微妙にパッケージデザインを改変してしまうということがあるかもしれません。その際、デザイナーは顧客に著作権の侵害を主張できるでしょうか。もちろん、契約書などで改変可能とされていれば問題は起こらないはずですが、口約束であったり、何も改変について取り決めをしていないという場合もあるでしょう。

　実際にそれが争われた事件があります◇135。この事件では、デザイナーが最初から改変を包括的に承諾していたと判断されています。裁判所は、デザイナー（原告）は、デザイン提出後に顧客の指示により修正が必要となることはありうると認識しており、デザイナー以外の者がデザインを修正可能なことも認識していたとしました。こうした事情がなければ、最初から改変を包括的に承諾していたとはされないかもしれませんが、顧客による自由な改変を望まない場合には、デザイナーとしてはやはり契約時に明確に反対の意思表示をすることが必要でしょう。それがむずかしい場合には、せめて改変する場合には自分（デザイナー）と顧客が協議するなどの条項を契約書に入れておくようにすべきです。

◇135【裁判例】東京地判平成29年11月30日 平成28（ワ）23604号。

原告（デザイナー）と被告（顧客）のデザインの例

判決別紙

☺ コラム パッケージデザインにおける写真の利用

　商品のパッケージデザインに写真を用いることはよくあるのではないでしょうか。写真に他人が著作権を有しており、その写真と使用した写真が似ていると、そのパッケージデザインについて写真の著作物の著作権侵害だ、と訴えられることがあるかもしれません。実際に裁判で争われた例もあります◇136。この事件では、原告の写真も被告のパッケージの写真も、白いお皿にスティック春巻きの断面が見えるように重ね盛りされている点などが共通していました。裁判所はこうした共通点は〈ありふれた表現〉であるとして、著作権侵害を認めませんでした。〈ありふれた表現〉かどうかは裁判所で争わない限り結論はでませんが、事前の画像検索などは行ってからデザインするといいでしょう。画像検索な

◇136【裁判例】東京地判令和4年3月30日 令和2（ワ）32121号。

どで、こうした類似の写真などを多く見つけることで〈ありふれた表現〉だと裁判所で主張できる可能性が高まるからです。

原告写真 　　　　　被告のパッケージの例

判決別紙 　　　　　　判決別紙

　以上のように、パッケージデザインについてはそれぞれの要素について著作権法による保護が考えられます。他方で、パッケージデザイン全体については応用美術の問題となる場合もあり、その保護を受けることはむずかしい場合もありそうです。そのため、やはり意匠権や商標権を取得しておく方がよいでしょう。

V 知財ミックス

　パッケージデザインでも、知財ミックスでその保護をはかることが多く見られます。具体例をここでも見ておきましょう。パッケージデザインについては、特に意匠権と商標権の両方で権利の保護がはかられています。

1 武田薬品工業株式会社の例

　武田薬品工業株式会社の胃薬のパッケージデザインを見てみましょう。まず意匠権を用いて、全体のパッケージデザインを保護しています。さらに、この胃薬の商品名〈ストレージ　タイプH〉や、意匠登録したパッケージデザインからは会社名や説明的な文章などを除いたものが商標登録されています。このように意匠権と商標権の両方で保護をはかることで、商品名の利用や、パッケージの図柄の利用などを効果的に保護することが可能となります。意匠権だけでは商品名の利用だけには対応できませんし、商標権だけでは商標的使用でないものには対応できません。両方の権利を取得してさまざまな使用に対して権利行使を可能としています。

武田薬品の意匠✛137

武田薬品の商標✛138

武田薬品の商標✛139

ストレージ
タイプH

意匠公報　　　　　　　商標公報　　　　　　　商標公報

✛137【公報】意匠登録
1371006号（すでに消滅）。

✛138【公報】商標登録
5625342号。

✛139【公報】商標登録
5174485号。

2　久光製薬株式会社の例

　さらに、位置商標も用いて保護をはかっている例も見られます。

　これは久光製薬株式会社の医薬品のパッケージデザインですが、商品も含んだパッケージ全体の意匠権と部分意匠の意匠権、パッケージの一面の上部だけのデザインについて位置商標の商標権、さらに立体商標を取得しています。位置商標を取得すると、パッケージの下部のデザインが異なっても権利行使ができるようになりますし、デザインも直線的になっており、意匠権を補完するようになっています。さらに、立体商標も取得されており、意匠権消滅後も権利行使できるようにして、位置商標のデザインと異なる意匠権と同じ波状のデザインも保護できるようにしています。このように、さまざまなデザインの利用形態に対応できるように権利取得しています。

久光製薬の　　久光製薬の　　久光製薬の　　久光製薬の　　久光製薬の
意匠✛140　　部分意匠✛141　位置商標✛142　立体商標✛143　立体商標✛144

意匠公報　　　　意匠公報　　　　商標公報　　　　商標公報　　　　商標公報

✛140【公報】意匠登録
1529315号。

✛141【公報】意匠登録
1529316号。

✛142【公報】商標登録
6142242号。

✛143【公報】商標登録
6225393号。

✛144【公報】商標登録
6225394号。

3　株式会社ヤクルト本社の例

　最後に株式会社ヤクルト本社の乳酸菌飲料の飲料容器です。意匠登録として意匠権も取得されていますが、ヤクルトの文字つきと文字なしの立体商標が登録されています▶145。立体商標として登録を受けることはかなりハードルが高いと説明しましたが●146、株式会社ヤクルト本社の乳酸菌飲料の飲料容器は全国的に著名であることから識別力があるとして、文字のない立体商標も登録されています。一度立体商標として登録を受けることができると、権利者が望む限り半永久的にこの飲料容器の模倣に対して権利行使することができ

▶145【補足】まず文字つきの立体商標を取得し、その後に文字なしの立体商標を取得しています。

●146【参照】84頁、139頁。

るようになります。実際、すでに意匠権は消滅しているわけですが、株式会社ヤクルト本社はこの乳酸菌飲料の飲料容器の形態の模倣に対して、文字のない立体商標の商標権を用いて権利行使が可能です。

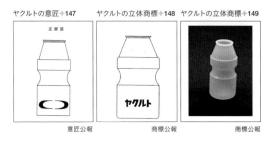

ヤクルトの意匠 ✛147　　ヤクルトの立体商標 ✛148　ヤクルトの立体商標 ✛149

正面図

意匠公報　　　　　　　　商標公報　　　　　　　　商標公報

✛147【公報】意匠登録
409380号（すでに消滅）。

✛148【公報】商標登録
4182141号。

✛149【公報】商標登録
5384525号。

＊　　＊　　＊

　このようにパッケージデザインは、意匠権や商標権を中心としつつ、不正競争防止法や著作権法による保護も望めます。どのようにパッケージデザインを使用するかも含めて、必要な権利取得を専門家に相談しつつ行うようにしましょう。

グラフィックデザイン

　グラフィックデザインは、文字や図形などを用いて、他人に情報を伝えるデザインのことです。グラフィックデザインにはさまざまなデザインが含まれ、インターフェースデザイン（画像など）やパッケージデザインなど他章で扱うものも含まれます[1]。ここでは、それらでは扱っていない広告デザイン、タイプフェイス、ロゴマーク、ピクトグラム、を扱いたいと思います。

●1【参照】ソフトウェアの画面表示やアイコンはインターフェースデザインの章で扱います（267頁）。

　それぞれのデザイン分野で中心となる法律が異なりますので、分野ごとに見ていきましょう。なお、デザイン保護の役割を中心的に担う意匠法はこれらのデザインの保護にはあまり有効ではありません。

　基本的な事項はすでにPart 1でお話ししていますので、必要な場合はそこを確認していただきつつ、本章ではグラフィックデザイン特有の点をお話ししていきましょう[2]。

▶2【補足】 Chapter 3グラフィックデザインの目次。
Ⅰ　広告デザイン
Ⅱ　タイプフェイス
Ⅲ　ロゴタイプ・シンボルマーク
Ⅳ　ピクトグラム

Ⅰ　広告デザイン────────────

1　はじめに

　まずは広告デザインを扱います。ここで広告デザインとして想定しているのは、ポスターやチラシ、看板、パンフレットなどです。広告には商品の情報などを載せることによって、消費者に〈このスーパーはこの商品が安い〉ことなどを知らせて購買につなげる、という役割があります。そのため、目玉商品などをアピールするために、チラシにはさまざまな工夫がなされます。広告デザインはそのための重要な手段の1つでしょう。

　では、それらの広告デザインはどのような保護が考えられるでしょうか。**基本的には、著作権での保護を第一に考えつつ、意匠権の保護も考えられます**。また、（ペコちゃん人形のような）立体看板などには商標権の取得も考えられます。そして、**不正競争防止法による保護**もありえます。

　以下、順番に詳しく見ていきましょう。

2 著作権法による保護

(1) 著作物としての保護

著作物とは、「思想又は感情を創作的に表現したものであつて、文芸、学術、美術又は音楽の範囲に属するもの【著2条1項1号】」です。

広告デザインの典型例であるポスターのようなものは実用目的で使われますので応用美術のようにも考えられますが●3、今の著作権法の立法過程ではポスターは著作物として保護されることが明確にされていますので▶4、こうしたグラフィックの広告デザインは基本的に著作物による保護を受けることができるでしょう。

たとえばこれは、シャガールの監修のもと、シャガールの陶芸展ためのリトグラフ（版画）として、シャルルソルリエらによって制作されたものです。リトグラフですので1部だけということではなく、全部で500部制作されました。典型的な商業広告のデザインですが、このリトグラフは創作性が肯定され著作物として保護されると考えられます。

シャガールの陶芸展のための
リトグラフの例

筆者撮影（Chagall Ceramiques -
Galerie Madoura, Marc Chagall, 1962）

こうした美的なポスターであれば著作物となることも頷けますが、より一般的なポスターや商業広告はどうでしょうか。実際の裁判例を見てみましょう。

巫 商業広告を著作物であるとした例1──リトルくらぶ事件◇5

商業広告の例を見てみましょう。裁判所は原告の広告を著作物であると認めて▶6、被告の広告の利用は原告の著作権の侵害だとしました▶7。

具体的には、上段に、大小の円で親子の顔を表したキャラクターを大きく描き、その下に横書きで〈おうちで育てる「知能」の芽。〉とのキャッチフレーズが配置され、中段に〈新開発〉の文字を点線で描いた一部突起のある円で囲んだもの、〈親と子の知能教育システム〉という説明、〈リトルくらぶ〉という文字を中央部に膨らみを持たせた横長の楕円形状の曲線で囲み、その右下に白抜きで〈1・2・3年生〉と記載し、中央下に小さな円を描いたロゴマークが配置される点に、著作物性を認めました▶8▶9。

●3【参照】178頁。

▶4【補足】ポスター、カレンダー、絵葉書なども著作物として保護されています。実際、便箋やレターセットについて著作物と認められた例があります（東京地判平成15年7月11日平成14（ワ）12640号）。なお、この事件では結論としては原告と被告の作品は類似していないとして著作権侵害は認められませんでした。

▼原告の著作物の例

判決別紙

▼被告のレターセットの例

判決別紙

◇5【裁判例】東京地判平成10年11月16日平成9（ワ）6030号。

▶6【補足】この事件では、原告は編集著作物とは主張せず、単なる著作物と主張しています。

▶7【補足】同じ四谷大塚のチラシとなっていますが、本件は原告が広告制作会社で、被告が四谷大塚。原告は被告から依頼を受けてチラシを作成しましたが、著作権の譲渡については何も取り決めていなかったことから、裁判所は原告が著作権を有すると判断しています。著作権の譲渡については契約をきちんと交わしておくことが大切です。

▶8【補足】被告は本件広告は応用美術であって審美的感情に呼びかけるものでないから著作物性がないと主張しましたが、裁判所は「本件広告の原告著作部分は雑誌の広告のためという実用目的で制作されたものであるが、実用目的であるからといって、直ちに著作物性が否定されるものではない。……本件広告の原告著作部分は……創作的な表現物である以上、著作物性を認めることができる」としています。

▶9【補足】そして、同一の構成要素からなる被告の広告について、各構成要素の相対的な大きさや配置は異

原告作成の広告の例　　　　被告の広告の例

判決別紙　　　　　　　　　　判決別紙
（LEX/DB文献番号28041737）　（LEX/DB文献番号28041737）

巫　商業広告を著作物であるとした例２──商業広告事件◇10

　同じく商業広告の例を見てみましょう。裁判所はこの商業広告について、美術の著作物であると認めました▶11。具体的には、全体として１つのまとまりのあるグラフィック（絵画的）な表現物として、見る者の美感に呼びかけ、その構成において作者の創作性が現われているとしています▶12。

原告の商業広告　　　　　被告の商業広告の例

判決別紙　　　　　　　　判決別紙

　次に、チラシについて著作物でないとされた例を見てみましょう。

巫　チラシを著作物でないとした例──コンタクトレンズチラシ事件◇13

　原告が自身のチラシの著作権侵害であるとして被告を訴えた事例です。裁判所は、このチラシを著作物でないとしています。
　具体的には、原告が、〈検査時間　受診代金［注：各文言の上に『×』の記号あり］〉や〈検査なし　スグ買える！〉という宣伝文句（キャッチフレーズ）、〈コンタクトレンズの買い方比較〉という表、〈なぜ検査なしで購入できるの？という箇所における説明文言〉に創作性がありチラシが著作物となると主張したのに対して、それぞれありふれた表現方法やありふれた手法などであり、創作性がないから著作物でないとしています。また、それらの組み合わせ自体についても創作性がないとして、このチラシは著作物ではないと結論づけてい

なるものの複製であるとして複製権侵害を認め、同一性保持権侵害も認めています。

◇10【裁判例】大阪地判昭和60年3月29日昭和58〈ワ〉1367号・昭和58〈ワ〉3087号。

▶11【補足】裁判所は、ポスター、絵はがき、カレンダーなどとして作成されたものは著作物として保護されることから、グラフィック広告も同様に著作物として保護されるとしています。なお、原告はこの広告が編集著作物にあたるとも主張していましたが、裁判所は、本件で問題となっているような商業広告が編集著作物と認められるためには、たとえば、多数の商業広告を収集して、一定の方針あるいは目的のもとに分類・選択し、配列して作成された編集物でなければならず、この広告のように1つの広告にすぎないものは〈編集物〉とはいえず、編集著作物とは認められないともしています。

▶12【補足】しかし、著作権侵害については、両広告は類似せず著作権侵害ではないとしています。原告の商業広告は、鎖で周囲を縁取ってその周りに工具の部品の写真を並べ、その中に海上の石油採取設備のシルエットとバルブを載せているのに対し、被告の商業広告は、鎖を斜めにしてその中に工具の部品の写真を並べ、鎖の外側の左にスケッチ風の石油採取設備と波を描き、右にフェア・リーダーなどの写真を載せて、広告の上下にワイヤーロープを描いていることから、本質的な特徴部分が相当異なり、両広告は類似しないとしています。

◇13【裁判例】大阪地判平成31年1月24日平成29〈ワ〉6322号、大阪高判令和元年7月25日平成31〈ネ〉500号。

ます▶14。

原告のチラシ

判決別紙（1審）

次に、看板のデザインについて著作物であるかどうかが争われた
事件を見てみましょう。

▶14【補足】被告のダイレクトメールと原告のチラシの比較は次のとおりです。なお、応用美術かどうかは争われていません。
▼原告チラシと被告DMの比較

判決別紙（1審）

巫　図柄と看板を著作物でないとした例──シャトー勝沼事件◇15

この事件は原告が図柄と看板について著作権を有するとして、被
告を著作権侵害で訴えた事件です。裁判所は、この図柄と看板につ
いて著作物ではないとしました。

裁判所は、この図柄と看板を応用美術であるとし、図柄と看板は
訴求力のある広告効果を持たせるような配色、図柄の形状、字体の
選択、各素材の配置などについて一定の工夫がされているものの、
広告の対象となる被告の名称および施設の種類を表す文字とグラス
の図柄の単純な組合せからなるもので、純粋美術と同視し得るのは
難しいとしています▶16。

◇15【裁判例】東京地判平成25年7月2日平成25（ワ）9449号、知財高判平成26年1月22日平成25（ネ）10066号。

▶16【補足】高裁では図柄についてさらに、図柄には色彩選択の点や文字のアーチ状の配置など原告なりの感性に基づく一定の工夫が看取されるとはいえ、見る者にとっては宣伝広告の領域を超えるものではなく、純粋美術と同視できる程度の審美的要素がないとしています。

原告の図柄と広告看板　　　　　　　　　　　　被告の看板

判決別紙（1審）　　　　　　　　　　　判決別紙（1審）

このように、ポスター、商業広告、チラシ、看板などが著作物と
認められる場合はあります。また、これらに使用される絵画や写真
などはそれぞれ著作物として保護されますので、それを単独で抜き
出して使ってしまうと著作権侵害となります。

> ☺ **コラム**　**映像の広告デザイン**
>
> 広告デザインは静止画に限られませんので、CMなどの動画や映像も
> 広告デザインとなります。その場合は一般的には著作権法によって保護
> されます。錯視3Dを利用した映像コンテンツとして、新宿東口駅前広

場のクロス新宿ビジョンに猫が映し出されたことが日本だけでなく海外でも話題となりましたが、こうしたコンテンツも著作権で保護されます。なお、この「新宿東口の猫」の後ろ足の付け根の模様は新宿区の形の模様となっているとのことですが、区の形をそのまま表しただけでは創作性がなく著作物とはなりませんので、その模様部分だけを真似しても著作権侵害となることはありません。

「新宿東口の猫」
3D映像の広告デザイン
ZUMA Press／アフロ

(2) 編集著作物としての保護

　パンフレットやカタログなどは単に1つの素材で構成されているわけではなく、写真やイラストなど、さまざまな素材を含めて構成されています。そうすると、個々の素材が著作物である場合だけでなく、その全体が1つの著作物として保護される可能性があります。

　実は、著作権法には、編集著作物という概念があります。百科事典が典型例ですが、編集物で**その素材の選択または配列によって創作性を有するものは編集著作物**として著作権法で保護されます。〔著12条1項〕

　そのため、カタログに掲載されている素材（たとえば商品の種類）の選択や、その配列（たとえば上は電化製品、下は生活用品）に創作性があれば、編集著作物として保護されることになります。これは、何をカタログに載せるのか、載せる内容をどのように配置するのかなどに工夫が表れる場合があるからです▶17。

巫　編集著作物としたうえで著作権侵害を肯定した例 ──会社案内パンフ事件◇18

　会社案内のパンフレットについて、編集著作物と認められ、著作権侵害が認められた例があります。原告と被告の案内は素材の写真や文章などは異なっていましたが、案内全体のレイアウトは似ていました▶19。

　裁判所は、イメージ写真を記事を展開していくつなぎ目と記事内容自体を象徴するものとして使用し、また、空白部分ないしは白を多く用いることにより全体として優しさと簡素を基調とした会社案内としての特徴を表していることなどから、素材の選択と配列に創意工夫があるとして、この会社案内を編集著作物と認めました。

　そして、具体的な素材の選択・配列に強度の共通性があるとして、

▶17【補足】辞典のレイアウトが編集著作物の独創性を基礎づけるものとして考慮され、著作権侵害が認められた例があります（名古屋地判昭和62年3月18日昭和58（ワ）2939号）。裁判所は〈用字苑〉という〈現代に使用されている漢字をその読み仮名を付して収録した辞典〉について、一段の各行に一語句のみを掲げるというレイアウトで、語句という素材の選定も現代生活における実用性を基準とした点に独創性があるとして、編集著作物と認めています。そして、結論としても、原告のレイアウトと収録語句の選定における独創性を流用・再現しているとして、被告の〈実用字便覧〉の著作権侵害を認めています。

　また、レシピブックについて編集著作物の著作権侵害が問題となった例があります（大阪地判令和2年1月27日平成29（ワ）12572号、大阪高判令和3年1月21日令和2（ネ）597号）。

　裁判所は、レシピブックの素材である料理などの写真およびレシピの選択・配列について創作性があることから、レシピブックに編集者の個性は表れているとしました。しかし、原告と被告のレシピブックについて、選択された素材である人物、料理などの写真、レシピ情報、表紙などの構成や基調となる配色、料理画像などの具体的配置のあり方、料理の名称などのフォントの大きさや配色、原告レシピブックには手書きのようなイラストが配置されている点などが異なることから、被告のレシピブックは原告のレシピブックの編集著作物としての創作性を再現しているとはいえず、著作権を侵害しないとしています。

▼原告と被告のレシピブックの比較の例

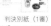
判決別紙（1審）

◇18【裁判例】東京高判平成7年1月31日平成6（ネ）1610号。

▶19【補足】この事件では、原告の会社案内が、被告の

被告の案内は原告の案内の著作権を侵害するとしています[20]。

会社案内作成の際に参考にされていたとされています。原告は当該会社案内を被告に提案していましたが見積金額の点から受注には至らず、その後被告が訴外の会社に会社案内の作成を行わせたということで、作成の経緯の曖昧さから、原告の会社案内を参考にして作成されたと推認されるとしています。

原告作成の会社案内のパンフレット　　被告作成の会社案内のパンフレット

 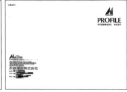

判決別紙　　　　　　　　　　　　　判決別紙
（1審、LEX/DB文献番号27827238）　（1審、LEX/DB文献番号27827238）

▶20【補足】なお、個々の写真や文章が異なるところもあるものの、この種の会社案内に見られる普通の表現手段であって、それらが相違しても両会社案内の顕著な類似性を超えて同一性を損なうものではないとしています。

巫　編集著作物の著作権侵害を認めなかった例──三光商事事件◇21

　他方で、素材が異なるとして、カタログの編集著作権を侵害しないとする裁判例もあります。裁判所は、カーテン用副資材などのカタログを編集著作物であると認めました。しかし、被告のカタログについては、被告カタログと原告カタログでは第3章以降の順序と表題が相違し、また、原告カタログにはパロマの商品の写真と説明文が、被告カタログには被告商品の写真と説明文が記載されており、両カタログに記載されている素材は全く異なるため、編集著作物の著作権を侵害しないとしています。

◇21【裁判例】大阪地判平成7年3月28日平成4（ワ）1958号。

原告作成のカタログ　　　被告作成のカタログ

伊藤真「商品カタログの掲載写真や編集方法を真似されたが
著作権侵害には当たらず、と敗訴」アイマガジン4号59頁

☺ **コラム　写真のトレース**

　パンフレットなどに他人の写真をそのまま使わなくとも、写真を参考にして描いた絵などを使う場合があるかもしれません。

　実際にそれが問題となった例があります◇22。被告らが原告の写真を基に水彩画や水彩画のポスターを制作し、写真や水彩画の新聞への掲載、京都市内各所に写真や水彩画のポスターを貼付などしたという事件です。裁判所は、この水彩画を写真の著作物の著作権侵害だと認めました。具体的には、写真の全体の構図と水彩画の構成が同じで、祭りの象徴である神官と4基の神輿が濃い画線と鮮明な色彩で強調して描き出されていることで祇園祭における神官の差し上げの直前の厳粛な雰囲気を

◇22【裁判例】東京地判平成20年3月13日平成19（ワ）1126号。

感じられ、水彩画の創作的表現から写真の表現上の本質的特徴を直接感得することができるとしています。

　写真をそのまま使わなければいいだろう、絵にすれば平気だろう、という考えでポスターなどを制作してしまうと著作権侵害となってしまうことがありますので、十分に注意が必要です。

原告の写真 　　　　被告らの水彩画

判決別紙（判タ1283号280頁）　判決別紙（判タ1283号280頁）

　このように、広告デザインについては著作物や編集著作物として著作権法による保護を受けることができる場合があります。次に意匠権による保護を見てみましょう。

3　意匠法による保護

　チラシやポスターは印刷物にあたりますので、意匠権の取得が可能です。意匠法で保護されている意匠には、**物品の意匠**、**建築物の意匠**、**画像の意匠**という3つの種類がありますが[23]、チラシやポスターは物品の意匠に該当します。

　意匠登録を受けるためには、登録要件、すなわち、1. **意匠であること**〔意2条1項、3条〕、2. **工業上利用可能性**〔意3条1項柱書き〕、3. **新規性**〔意3条1項各号〕、4. **創作非容易性**〔意3条2項〕、5. **他人が先にした出願に自己の出願した意匠が含まれていないこと**〔意9条〕、6. **先願**、7. **意匠登録を受けることができない意匠でないこと**〔意5条〕、の要件を満たす必要があります[24][25]。

　実際に、チラシやポスター、広告紙が意匠登録されています。チラシの場合には掲載情報が常に更新されていくことになるため、この例のように、チラシの中身が空白の状態でチラシを構成する枠組みのレイアウトのデザインとして意匠権を取得することが必要でしょう[26]。ポスターの場合は、チラシと異なり内容が変更されることはあまりないと思いますので、ポスターに記載された内容そのままで意匠権を取得すればよいと考えられます。また、関連意匠制度を利用することも可能です。

● **23【参照】** 9頁。

● **24【参照】** 13頁。

▶ **25【補足】** このほかに、手続的な要件（出願手続など）も満たさないと意匠登録はされません。

▶ **26【補足】** 知恵蔵という用語辞典のレイアウト・フォーマット用紙について、知恵蔵とは別にレイアウト・フォーマット用紙自体に独立の著作権が成立するものではないとした裁判例があります（東京高判平成11年10月28日平成10（ネ）2983号）。

▼知恵蔵のレイアウト・
　フォーマットの例

判決別紙（1審、
判例時報1673号143頁）

チラシの意匠✛27　　　ポスターの意匠✛28　　　ポスターの意匠✛29

意匠公報

意匠公報

意匠公報

広告紙の意匠✛30　　　広告紙の意匠✛31　　　広告紙の意匠✛32

意匠公報　　　　　　　　意匠公報　　　　　　　　意匠公報

✛27【公報】意匠登録 1284128号（すでに消滅）。有限会社ネットワーク綜合管理の登録意匠です。

✛28【公報】意匠登録 1506717号（すでに消滅）。株式会社仙台水産の登録意匠です。

✛29【公報】意匠登録 1480421号。一般社団法人関西経済同友会の登録意匠です。

✛30【公報】意匠登録 1449162号（本意匠（すでに消滅））。アットホーム株式会社の登録意匠です。

✛31【公報】意匠登録 1449320号（関連意匠（すでに消滅））。アットホーム株式会社の登録意匠です。

✛32【公報】意匠登録 1449321号（関連意匠（すでに消滅））。アットホーム株式会社の登録意匠です。

●33【参照】意匠審査基準第Ⅲ部第1章3.2.9。

なお、文字についての現在の特許庁の扱いは〈専ら情報伝達のためだけに使用されている文字〉は意匠を構成しない、つまり模様とはならないとしています●33。そして、その具体例としてあがっているのは、「新聞や書籍の文章部分」や「使用説明などを普通の態様で表した表示」です。よって、それ以外の文字は意匠を構成する模様ということになります▶34。

▶34【補足】特許庁の用語解説では、「その文字の表された態様からみて物品を装飾する目的を有する文字を意匠を構成する文字と認める」とされています（【参照】11頁注14、154頁）。

4　商標法による保護

▶35【補足】チラシは掲載する情報を常に更新することになりますので、商標権の取得は有効ではないでしょう。

次に商標法による保護を見てみましょう。ポスターや看板については、商標法による保護も可能です▶35。商標として登録を受けるためには、**商標が自他商品・役務識別力を有し**【商3条】**、商標登録を受けることができない商標に該当しない**【商4条】**など、商標登録の登録要件を満たす必要**があります●36。

●36【参照】80頁。

たとえば、平面的な広告看板については大阪の道頓堀にあるグリコサインが有名かもしれません。もちろん、グリコサインそのものではないですが、グリコサインのイラストに商標登録が存在しています。

江崎グリコの商標✛37

商標公報

✛37【公報】商標登録 2671738号。江崎グリコ株式会社の登録商標です。

他方で、長年使用する広告デザインで、立体的な看板などは立体商標制度を利用することが有効です●38。実際、株式会社不二家のペコちゃん人形やキユーピー株式会社のキユーピー人形など看板的に使われるキャラクターは立体商標を用いている例が多いです●39。

●38【参照】79頁。

●39【参照】キャラクターについてはキャラクターデザインの章で説明します（297頁）。

不二家のペコちゃん人形＋40　　キューピー人形＋41

商標公報

商標公報

＋40【公報】商標登録
4157614号。株式会社不二
家の登録商標です。

＋41【公報】商標登録
4240000号。キューピー株
式会社の登録商標です。

5　不正競争防止法による保護

　最後に、不正競争防止法による保護を見ておきましょう。たとえ
ば、**他人の周知な〈商品等表示〉と同一・類似の商品等表示を使用
し他人の商品や営業と混同を生じさせる行為は不正競争行為となり、**
差止請求や損害賠償請求の対象となります^[不2条1項1号]●42。よって、広告デザイ
ンについても、不正競争防止法による保護を受けられる場合があり
ます。

●42【参照】97頁。

巫　動く看板が商品等表示と認められた例——かに看板事件◇43

◇43【裁判例】大阪地判昭
和62年5月27日昭和56（ワ）
9093号。

　立体的な動く〈かに看板〉の例ですが、〈かに道楽〉の看板として
ご存知の方も多いのではないでしょうか。この動く〈かに看板〉を
被告が使用していることが問題となった事件があります。裁判所は、
被告の動く〈かに看板〉の使用を不正競争と認めました。

　具体的には、原告らの看板は、天然の松葉がにを茹でた姿をかな
りリアルに模したものであるものの、顧客にアピールするように、
動きを生きたかにの動きとは異なるものにし、肢と甲羅の大きさの
比率や甲羅のいぼの大きさを誇張するなど、天然のかにそのままで
はなく独自の工夫がされており、むしろ、天然の松葉がにの形状を
模した大きな動く看板としたこと自体が、ほかに例を見ない奇抜性、
新規性を有しており、このような看板は現在でもかに料理専門店で
一般に使われているものではないから、この〈かに看板〉が商品等
表示としての識別性を有することは明らかであり、その奇抜性から
すればむしろ、非常に強い宣伝広告機能、
顧客吸引力を有するとしました▶44。

〈動くかに〉の看板

判決別紙（1審）

▶44【補足】そして、この
〈動くかに〉看板は被告の店
舗がある地域において広く
知られており、混同のおそ
れもあるとして、不正競争
行為であると認めました。

　意匠権や商標権を取得しておけば商品等
表示該当性などの証明は必要ないので、お

金と手間はかかりますが、権利取得しておくことも重要でしょう▶45。

▶45【補足】実際、かに道楽株式会社は最近、〈動くかに〉の看板について〈動き商標〉として商標権を取得しています。

▼かに道楽の動き商標
（商標登録6041905号）

商標公報

このように、広告デザインについては通常は著作権による保護を受けられ、意匠権や商標権の取得も可能です。特に立体商標を利用してキャラクターの立体人形などに商標権を取得できます。そして、こうした権利がなくても不正競争防止法による保護も考えられます。

☺ **コラム 道路標識や案内標識**

道路標識や高速道路の案内標識もグラフィックデザインの一種かもしれません。しかし、それらは誰でも自由に使うことができます（標識の設置は自由にはできません）。というのも、著作権法は国の法律や省令などは著作権の対象とはならないとしているからです（著作権法13条）。そのため、「道路標識、区画線及び道路標示に関する命令」（昭和35年総理府・建設省令第3号）に規定されている道路標識は著作権法では保護されていないので、著作権について気にせずに使うことができます。

案内標識の例

国土交通省「道路標識、区画線及び道路標示に関する命令」

Ⅱ タイプフェイス

1 はじめに

ここではタイプフェイスについて扱いましょう。タイプフェイスとは文字書体のことです。本書は、日本語についてはリュウミンを使用しています。ここでいうタイプフェイスには、従来からの写真植字だけでなく、デジタルフォントも含まれます。

タイプフェイスは、物品の意匠や画像の意匠に該当せず意匠法の保護対象ではないことから意匠法では保護されません。また、多数の文字から構成されるタイプフェイスは商標法での保護は困難です。さらに、著作権法においても保護のハードルが非常に高く保護を受けることは困難です。そして、不正競争防止法による保護は可能性がありますが、十分な保護ではないかもしれません。そのため、**タイプフェイスの保護はあまり期待できない状況**にあります。

タイプフェイスが著作物となれば、著作権法による保護が可能となります。著作権法は、著作物を「思想又は感情を創作的に表現したものであつて、文芸、学術、美術又は音楽の範囲に属するもの」と定義しています。【著2条1項1号】

実際に、タイプフェイスが著作物となるかが争われた事件を見てみましょう。

巫　タイプフェイスを著作物ではないとした例——ゴナ書体事件◇46

◇46【裁判例】最判平成12年9月7日平成10（受）332号。

裁判所は、既存のゴシック体に改良を加えたゴナUなどの書体について、著作物とは認められないとしました。具体的には、タイプフェイスが著作物の要件を満たすためには、従来のタイプフェイスに比べて〈**顕著な特徴を有するといった独創性**〉と〈**タイプフェイスそれ自体が美的鑑賞の対象となり得る美的特性**〉が**必要**であるとしました。

そして、ゴナUなどの書体について、従来の種々のゴシック体を基礎とし発展させたもので、従来のゴシック体にはない斬新でグラフィカルな感覚のデザインとはいうものの、文字本来の機能である美しさ、読みやすさを持ち奇をてらわない素直な書体という構想のもとで制作されたという事情から従来のゴシック体のデザインから大きく外れるものではなく、独創性も美的特性も備えていない（＝著作物にあたらない）としたのです▶47。

原告のゴナU書体の一部

判決別紙（1審、民集54巻7号2555頁）

▶47【補足】この基準は、デジタルフォントにおいても同様に適用されると考えられます。

●48【参照】52頁、143頁の応用美術の部分。

この基準は、応用美術が著作物として著作権法で保護されるかどうかの基準と非常によく似た基準です●48。プロダクトデザインが著作物と認められることはほとんどありませんでしたが、タイプフェイスも同じ状況にあるといえます。というのも、裁判所が求める、〈顕著な特徴を有するといった独創性〉と〈タイプフェイスそれ自体美的鑑賞の対象となる美的特性〉という2つの要件を満たすタイプフェイスはほとんど存在しないと考えられるからです。

実際、タイプフェイスやデジタルフォントについて著作物であると認めた例はなく、著作権法による保護を受けることはほぼ不可能であると考えてよいでしょう▶49▶50。

▶49【補足】最近の例として、最高裁の要件に従って下記のタイプフェイスは著作物ではないとされています（東京地判平成31年2月28日平成29（ワ）27741号）。
▼原告のタイプフェイスの一部
アイウエオ
カキクケコガギグゲゴ
判決別紙
RBCDEFGHI
JKLMNOPRR
判決別紙

▶50【補足】なお、海賊版のPC用フォントのプログラムをインストールしてPCを販売している被告に対して、PC用フォントのプログラムの著作権を侵害するとした判決があります（大阪地判平成16年5月13日平成15（ワ）2552号）。こうしたデジタルのタイプフェイスが、たとえば特定の文字を表示するプログラムに組み込まれているような場合には、プログラムとしての著作権が発生し、それを無断インストール（複製）するような場合はプログラムの著作権の侵害となります。

3　不正競争防止法による保護

　それでは、タイプフェイスについて不正競争防止法による保護を
受けることは可能でしょうか。

(1) 周知表示混同惹起行為

　**他人の周知な〈商品等表示〉を使用し他人の商品等と混同を生じ
させる行為は不正競争行為となり**、差止請求や損害賠償請求の対象
となります●51。

　タイプフェイスはそれ自体では出所を表示するものではないと考
えられますから、商品等表示と認められるためには、商品形態が商
品等表示となる場合と同様に●52、タイプフェイスの形態が**特別顕著
性**を有し**周知**であることが必要になります▶53。

▨ タイプフェイスが商品等表示にあたるとした例
　　——モリサワタイプフェイス事件◇54

　この点、タイプフェイスが商品に該当し、形態に特徴があって、
そのタイプフェイスが印刷業者などに広く知られていることから周
知の商品等表示といえ、混同のおそれもあるとして、不正競争防止
法による保護を認めた裁判例があります。

▨ タイプフェイスが商品等表示にあたらないとした例
　　——ポップ文字事件◇55

　他方で、タイプフェイスを商品等表示にあたらないとした例もあ
ります。裁判所は原告ポップ文字について、原告の主張する原告ポッ
プ文字の形態上の特徴は原告ポップ文字のみに特有の形態とはいえ
ず、その特徴が周知であったともいえないとして、周知の商品等表
示にはあたらないとしました。

原告（上段）と被告（中段）のポップ文字

判決別紙（判タ1026号278頁）

　このように、タイプフェイスが商品等表示となるためには形態の
特別顕著性と周知性が必要です。従来の書体とは異なる形態である

側注

●51【参照】98頁。

●52【参照】98頁注10、131頁。

▶53【補足】特別顕著性は
〈商品の形態が客観的に他
の同種の商品とは異なる顕
著な特徴を有しているこ
と〉、周知性は〈商品の形態
が特定の事業者によって長
期間独占的に使用され、ま
たはきわめて強力な宣伝広
告や爆発的な販売実績など
により、需要者において
その形態を有する商品が特定
の事業者の出所を表示する
ものとして広く知られてい
ること〉です。

◇54【裁判例】東京高決平
成5年12月24日平成5（ラ）
594号。

◇55【裁判例】東京地判平
成12年1月17日平成9（ワ）
7268号。

ことが特別顕著性が認められるためには必要であると考えられ、また、文字を特定の事業者の出所を示すものとして周知にすることは相当むずかしいと考えられます。

(2) 形態模倣商品の提供行為

また、**不正競争防止法では形態模倣商品を提供する行為も不正競争**だとされていました。【不2条1項3号】商品の形態といえば、通常は、椅子や洋服のような有体物の形態を思い浮かべると思いますが、無体物の形態も含まれるとされています。たとえば裁判例では、ソフトウェア（無体物）の表示画面の形状などが形態にあたるとしたものがあります●56。そのため、タイプフェイスやデジタルフォントの形態も〈商品の形態〉といえます。

そうすると、タイプフェイスの形態が実質的に同一であれば形態模倣商品の提供行為にあたる可能性があります。しかし、この規定は、日本国内で最初に販売されてから３年しか使えませんので、それ以降は保護を受けられません。タイプフェイスは長期間使うことが前提だと思いますので、３年の保護では十分ではないかもしれません。

このように、タイプフェイスは意匠法の保護対象ではなく、不正競争防止法による保護は考えられるとしても、著作権法によって保護を受けるのはかなりむずかしい状況にあります。商標権の保護も多数の文字を含むタイプフェイスにとっては有効ではないので、タイプフェイスの知的財産法による保護はあまり期待できないという状況にあります↑57▶58。

Ⅲ ロゴタイプ・シンボルマーク

1 はじめに

次に、ロゴタイプやシンボルマークについて扱いましょう。ロゴタイプは企業名などの文字を装飾したもの、シンボルマークは企業の理念などを表した図形などです。もちろん両方を組み合わせたロゴマークもあります。

ロゴタイプなどは**商標権での保護を第一**としつつ、それを物品などに大きくつけた商品を販売するなどの場合は意匠権の取得を考えましょう。著作権の保護も考えられますが、シンボルマークはまだ

●56【参照】292頁。次の画面が商品の形態であるとされた画面です。裁判所は、ソフトウェアは独立して取引の対象となるから商品ということができ、ソフトウェアを起動する際にタブレットに表示される画面や各機能を使用する際に表示される画面の形状、模様、色彩などは形態に該当しうるとした（東京地判平成30年8月17日平成29（ワ）21145号）。

▼原告ログイン画面

判決別紙

↑57【一歩先へ】タイプフェイスの不法行為による保護
　実は、タイプフェイスの保護について、知的財産法以外の保護が考えられる場合があります。それが民法に規定される不法行為（民法709条）による保護です。そこでは、故意または過失により法律上保護される利益が侵害された場合には、金銭による賠償を求めることが可能とされています（知的財産権侵害の損害賠償も同じ民法709条が適用されています）。
　実際に裁判例があり（大阪地判平成9年6月24日平成5（ワ）2580号・平成5（ワ）9208号。この裁判例は本文のゴナ書体事件の地裁判決です）、〈特徴ある部分を一組の書体のほぼ全体にわたってそっくり模倣〉するような場合には、タイプフェイス市場における公正な秩序を破壊することから、損害賠償請求できるとしました（ただし、結論としては、タイプフェイスの特徴ある部分を一組の書体のほぼ全体にわたってそっくり模倣して新ゴシック体を制作・販売したとはいえないとして、不法行為とはならないとしました）。
　このように、タイプフェイスについては民法の不法行為による保護の可能性はありますが、ほぼそっくりそのまま模倣するというような状況に限られます。現実の事件では少し変更したりするというのが通常でしょうから、民法による保護も、結局あまり期待できないでしょう。
▶58【補足】諸外国では日本とは異なる場合もあり、たとえば欧州では欧州全体に

しも、ロゴタイプについては著作権法による保護はむずかしいでしょう。不正競争防止法の保護もありえますが、やはり商標権を取得しておくことが重要です。

２　商標法による保護

　ロゴタイプなどについて最も有効な保護は、商標法による保護です。商標として登録を受けるためには、**商標が自他商品・役務識別**[商3条]**力を有し、商標登録を受けることができない商標に該当しないなど、**[商4条]**商標登録の登録要件を満たす必要**があります●59。

　たとえば、商標登録されている例として、以下のようなものがあります。

ロゴタイプの例＋60 　　シンボルマークの例＋61 　　ロゴマークの例＋62

商標公報 　　　　　　　　商標公報 　　　　　　　　商標公報

　次に、ロゴタイプなどの商標権の効力についても確認しておきましょう。商標の類似は、**両商標が同一・類似の商品・役務に使用された場合に取引者や需要者に商品・役務の出所の混同のおそれを生じるか否かで判断され、外観、称呼（呼び方）、観念、さらに取引の実情が考慮されます**●63。

　ここでは、ロゴタイプの類似が争われた例を見ておきましょう。

巫　ロゴタイプが類似しないとされた例──Asahiロゴタイプ事件◇64

　裁判所は、これらのロゴタイプは類似しないとしました▶65。

　具体的には、両標章の文字数やスペルなどの違いから最初の３文字の類似性を考慮しても外観は似ておらず、称呼も〈あさひ〉と〈あさっくす〉で異なり、Asahiからは〈朝日〉などの観念は生じるがAsaXからは観念は生じず、外観も称呼も観念も類似しないとしています▶66。

原告の商標＋67 　　　　　　被告の標章

商標公報 　　　　　　　　判決別紙

効力がおよぶ欧州共同体意匠規則によってタイプフェイスは保護されていますし、フランスでは知的所有法典の著作権法の部分において著作物の例としてタイプフェイスがあがっていることから著作物として保護されます（意匠法でも保護されます）。

●59【参照】80頁。

＋60【公報】商標登録6573296号。サントリーホールディングス株式会社の登録商標です。

＋61【公報】商標登録4716649号。美津濃株式会社の登録商標です。これはランバードロゴと呼ばれ、惑星の軌道から発想した曲線で構成されているデザインで、ランバードは「RUN＝健康・スポーツ」「BIRD＝自由な精神と創造力の広がり」という意味が込められているとのことです（https://jpn.mizuno.com/mizuno_magazine/about/20230616）。

＋62【公報】商標登録1885023号。日清食品ホールディングス株式会社の登録商標です。これはリップマークと呼ばれ、「食」を楽しむ人の口元（LIP：リップ）、「食」を通じて広がっていく笑顔、「食」にかかせない器を表現しています」とのことです（https://www.nissin.com/jp/about/style/#:~:text=リップマークは日清食品グループの象徴＝シンボルです%E3%80%82&text＝「食」にかかせない,地球に貢献します%E3%80%82）。

●63【参照】90頁。

◇64【裁判例】東京高判平成8年1月25日平成6（ネ）1470号。

▶65【補足】判決内ではロゴタイプではなくロゴマークとされています。

▶66【補足】この〈Asahi〉は著作物とも認められませんでした（【参照】200頁）。

＋67【公報】商標登録2055143号。アサヒビール株式会社（原告）の登録商標です。

次に、商標は商標的使用でなければ商標権侵害とはなりません[68]。そのため、ロゴタイプなどを使用していても、デザインとしての使用であれば商標的使用とはなりません。たとえばビックカメラの袋は、商標権が取得されているであろうロゴタイプがたくさん記載されていますが、商標的使用ではないと考えられます[69]。

ビックカメラの袋
筆者撮影

3 意匠法による保護

ロゴタイプなどについても、意匠法による保護が考えられます。意匠法で保護されている意匠には、3つの種類があります[70]。**物品の意匠、建築物の意匠、画像の意匠**です。
〔意2条1項〕

そして、意匠登録を受けるためには、登録要件、すなわち、1. **意匠であること**、2. **工業上利用可能性**、3. **新規性**、4. **創作非容易性**、
〔意2条1項、3条1項柱書き〕 〔意3条1項柱書き〕 〔意3条1項各号〕 〔意3条2項〕
5. **他人が先にした出願に自己の出願した意匠が含まれていないこと**、
〔意3条の2〕
6. **先願**、7. **意匠登録を受けることができない意匠でないこと**、の要
〔意9条〕 〔意5条〕
件を満たす必要があります[71]。

ロゴタイプなどはそれだけでは意匠とはなりませんが、物品や建築物などと組み合わされることで保護対象になります。ただし、その場合には文字が意匠の模様を構成するかが問題となり、現在の特許庁の扱いは〈**専ら情報伝達のためだけに使用されている文字**〉は**意匠を構成しない**としています[72]。

文字と図形を組み合わせたロゴマークについて、たとえば2021年に開催された東京オリンピックのメダルが意匠登録されています[73]。デザインとしてロゴマークを使用する場合には、商品の出所を表す商標的使用ではないとされることがあり[74]、商標的使用ではないとされてしまうと商標権の効力はおよびませんので、物品のデザインとしてロゴマークなどを使用したい場合には、商標権だけでなく意匠権の取得を検討しておくべきでしょう。

なお、実際の意匠登録においては、シンボルマークを含めた意匠登録ではなく、シンボルマーク部分のみを除いた部分意匠の靴のデザインの登録例も見られます[77]。

このように、ロゴマークなどは物品など

東京オリンピックのメダル [75]

意匠公報

ナイキの部分意匠登録 [76]

意匠公報

●68【参照】 93頁。

▶69【補足】 とはいえ、実際にこのようなデザインを行うことを推奨するものではありません。商標的使用かは裁判所に行ってみないとわからないですし、法的に問題ないとしても無用なトラブルになる可能性があるからです。許諾を得るという方法もあると思いますが、あえてこのようなデザインをすることはおすすめしません。

●70【参照】 9頁。

●71【参照】 13頁。
●72【参照】 11頁注14、154頁。
▶73【補足】 もちろん商標登録もされています。
▼コミテ アンテルナショナル オリンピックの東京オリンピックのロゴ
（商標登録6008759号）

商標公報

●74【参照】 93頁。
＋75【公報】 意匠登録1629791号。コミテ アンテルナショナル オリンピックの登録商標です。
＋76【公報】 意匠登録1743617号。ナイキイノベイト シーブイの登録商標です。
▶77【補足】 意匠の説明においては、「モノクロ画像で表した部分が、部分意匠として意匠登録を受けようとする部分である。意匠登録を受けようとする領域内の一点鎖線で囲んだ部分は、意匠登録を受けようとする部分ではない」とされています。

とともに意匠登録することも可能ですが、**物品が異なる場合には意匠権の効力はおよびません**●78。そうするとさまざまな物品についてロゴマークなどをつけて意匠登録しなければならないということになりますので、シンボルマーク自体やロゴマーク自体の保護には意匠権はあまり有効ではないでしょう。

4 著作権法による保護

では、著作権法による保護はどうでしょうか。著作物とは、「思想又は感情を創作的に表現したものであつて、文芸、学術、美術又は音楽の範囲に属するもの【第2条1項1号】」です。

ロゴタイプは文字を装飾し広告宣伝など実用目的に用いられるものですので、裁判例では応用美術とは明言されない場合が多いものの、事実上応用美術のように扱われています▶79。なお、文字は読めなければならないという点で、そもそもロゴタイプは創作性を発揮できる余地も少なそうです。

他方で、シンボルマークは、文字ではなく図形であるため文字の装飾よりも創作性を発揮しやすいでしょう。それでも、単純な図形の組み合わせのようなものについては、創作性はないと判断される可能性が高いでしょう。

ロゴマークは上記のロゴタイプとシンボルマークを組み合わせた解釈となるでしょう。

以下ではロゴタイプについて著作物性を判断した例を見ていきましょう。

巫 ロゴタイプを著作物でないとした例1——Asahiロゴタイプ事件◇80

先ほどあげた〈Asahi〉が著作物かどうかが争われましたが、裁判所は、文字の線を斜めにしたり、〈A〉の書体はほかの文字に比べてデザイン的な工夫が凝らされているものの、その程度のデザイン的要素の付加によっては美的創作性を感得できず、このロゴタイプは著作物といえないとしています▶81。

原告の商標✚82

Asahi

商標公報

巫 ロゴタイプを著作物でないとした例2——撃事件◇83

この事件では、漢字の〈撃〉に欧文字の〈GEKI〉を一部重ねたものが、著作物となるかが問題となりました。裁判所は、このロゴタイプを著作物とは認めませんでした▶84。

●78【参照】28頁。

▶79【補足】これは、文字ということで、タイプフェイスが著作物かどうかを判断した最高裁の判決（ゴナ書体事件、最判平成12年9月7日平成10（受）332号）を前提に判断がされているからだと考えられます（ただし、後述するAsahiロゴタイプ事件やデザイン書体事件よりも前の事件で、デザイン書体事件は商業書道を応用美術だとしています）。

◇80【裁判例】東京高判平成8年1月25日平成6（ネ）1470号。

▶81【補足】判決内ではロゴタイプという表現ではなく、ロゴマークという表現が使われています。

✚82【公報】商標登録2055143号。アサヒビール株式会社（原告）の登録商標です。

◇83【裁判例】東京地判平成16年12月15日平成16（ワ）3173号、知財高判平成17年9月15日平成17（ネ）10022号。

▶84【補足】同じように、漢字のロゴタイプを著作物ではないとした例として、住友建機株式会社の例があります（東京地判平成12年9月28日平成12（ワ）2415号）。裁判所はここでも、文字の右端を丸くしている点など一般の書体には見られない特徴はあるものの、親会社の住友重機の社名ロゴと同じイメージを表現したものにすぎず、美術としての格別の創作性はなく、見る者に特別な美的感興を呼び起こさないとして、著作物ではないとしました。
▼住友建機のロゴタイプ

住友建機株式会社

判決別紙

具体的には、このロゴタイプは、当初から饅頭の商品名を示すものとして作成され包装紙に商品名を表示する態様で使用されておりまさに産業上利用される標章であること、〈GEKI〉は〈撃〉の音読みをゴシック体の欧文字でローマ字表記したものにすぎず、〈撃〉部分も社会通念上、鑑賞の対象とされる文字とはいえないとして、著作物とは認められないとしています。

原告の標章

判決別紙（1審）

巫 ロゴタイプを著作物でないとした例3──ANOWAロゴタイプ事件◇85

さらに、最近でも、商標登録されているロゴタイプを著作物でないとした例があります。

具体的には、文字配置の特徴などを考慮しても欧文フォントのデザイン自体として特徴を有するものではなく、また、原告の商号を表示する文字に業務に関連する単語を添えて特定の縦横比で配置したものにすぎないとしたうえで、商標法で保護される自他商品・役務識別機能を超えた顕著な特徴を有するという独創性を備え、かつそれ自体が識別機能という実用面を離れて純粋美術と同視できる美的鑑賞の対象となる創作性は認められないから、著作物でないとしています▶86。

原告のロゴタイプ╋87

ANO
WA
SPACE DESIGN PROJECT

商標公報

このようにロゴタイプを著作権法で保護することはかなりむずかしいと考えてよさそうです。

そして、ロゴタイプについては、たとえ創作性が認められたとしても、その保護範囲は非常に狭いと考えられます。商業書道（デザイン書体）▶88について、その類似性が争われた例がありますので、見ておきましょう。

巫 商業書道について類似しないとした例──デザイン書体事件◇89

裁判所は、この商業書道は著作物であると認めたものの、両著作物の類似性は認めませんでした▶90。

まず、裁判所は、原告の〈趣〉と〈華〉は、広告のためのデザイン文字としての側面はあるものの、書と同視できるほど一般人の審美感を満足させる美的創作性があるとして、美術の著作物であるとしました▶91。

◇85【裁判例】東京地判令和3年12月24日令和2（ワ）19840号、知財高判令和4年9月27日令和4（ネ）10011号。

▶86【補足】裁判所は、タイプフェイスが著作物かどうかを判断した最高裁判決（最判平成12年9月7日平成10（受）332号）を前提に、このロゴタイプが文字商標であったことを重視しています。
　ロゴタイプの著作物性の判断においては、ロゴタイプが商標として使われているかも考慮されます。たとえば下記のロゴタイプについて、商標として使用される実用的・機能的なロゴであることや、文字やマークがありふれたものであることから、実用的機能を離れた創作性は認められず著作物ではないとされた例があります（東京地判平成28年4月18日平成25（ワ）20031号）。

▼原告（株式会社白国ファクトリー）のロゴタイプ（商標登録5596423号）

商標公報

╋87【公報】商標登録6179030号。株式会社アノワ（原告）の登録商標です。

▶88【補足】裁判所は、商業書道を「文字をグラフィカルにデザインし、テレビCM、新聞広告、ポスター、商品ロゴ、店舗ロゴ等の商業目的に応じて、クライアントの求める効果（可読性、訴求力、企業・商品イメージの表現等）を実現する技法を指すもの」としています（注89の裁判例です）。

◇89【裁判例】大阪地判平成11年9月21日平成10（ワ）11012号・平成11（ワ）4128号。

▶90【補足】そのほか、書について著作物と認めたものの、一見して明らかな相違があるか、字体が類似しているにすぎないとして、複製ではないとした裁判例があります（東京地判平成元年11月10日昭和62（ワ）

1136号）。

しかし、書と同視できる創作的表現として著作物性が認められるといっても権利が認められる範囲は狭く、そのまま著作物を複写しているような場合にのみ著作権を侵害するとしました▶92。言い換えれば、ほぼそっくりそのままコピーするような場合にしか著作権侵害とはならない、ということです。この例においても、単に字体や書風が類似しているにすぎず、字体の細部のほか、筆の勢い、運筆、墨の濃淡、かすれ具合などの明らかな相違があるとして、原告の〈趣〉と〈華〉の複製ではないとしました。結論として、著作権侵害でないとしています。

▼原告の書の例1

判決別紙

▼原告の書の例2

判決別紙

原告（右側）と
被告（左側）の商業書道

判決別紙

▼被告の使用例

判決別紙

▶91【補足】裁判所は、原告の〈趣〉と〈華〉は応用美術であるものの、一般人の審美感を満足させる美的創作性があることから、美術の著作物として保護されるとしています。

このことからも、特にロゴタイプについては著作権法による保護を受けることがそもそも困難であり、著作権法による保護があったとしても、そっくりそのままコピーするような場合にしか権利行使できない可能性が高そうです。そのため、著作権はあまり期待はせず、商標権を取得しておくことを考えるべきでしょう。シンボルマークやロゴマークの著作権法による保護は図形が含まれる場合もう少し広いと考えられますが、それでもやはり商標権を取得しておく方が、いざというときには権利行使しやすいでしょう。

▶92【補足】裁判所は、文字自体は情報伝達手段に用いられるものであり万人の共通財産であることから、同じ文字であれば字形が似ていることは当然であるとし、著作物性が認められるといっても、その範囲は狭いとしています。

😊 **コラム** **東京オリンピックエンブレム問題**

2021年に開催された東京オリンピックのエンブレムもグラフィックデザインの一種です。佐野研二郎氏によって発表されたエンブレムは、ベルギーのリエージュ劇場のロゴと類似しているとの指摘がなされました。各国で商標出願・登録されていれば商標調査が可能ですが、無方式主義のもとで発生する著作権の場合には、画像検索で調査を行ったとしてもあらゆる著作物を調査することは困難です。エンブレムの赤い円の存在、構成要素の配色の違いなどから非類似といえるとの見解もありますが、最終的に当該エンブレムは取り下げられ全く別のエンブレムが採用されました。そのため、裁判所においてリエージュ劇場のロゴへの依拠性と類似性が判断されたわけではありませんが、国際的なイベントでデザインを使用する場合には特に注意が必要であることを示しています。

リエージュ劇場のロゴと
デザイナーのオリビエ・ドビ氏

発表した東京オリンピックのエンブレム
について記者会見する佐野研二郎氏

最終的に採用されたエンブレム

AP／アフロ　　　　　　　ロイター／アフロ　　　　Rodrigo Reyes Marin／アフロ

5　不正競争防止法による保護

　意匠権や商標権を取得していなくとも、ロゴタイプなどについて不正競争防止法による保護を受けることができる場合があります。たとえば、他人の周知な〈商品等表示〉を使用して他人の商品等と混同を生じさせる行為は不正競争行為となり、差止請求や損害賠償請求の対象となります[不2条1項1号]●93。ロゴタイプなどは、まさに商品等の出所を表示するものですので、商品等表示に該当します。そのため、他人の商品等表示が周知であり、その使用により他人の商品や営業と混同を生じている場合には不正競争となります。

　また、著名なロゴタイプなどであれば、混同を生じていない場合でも、自己の商品等表示として使用している者を不正競争とすることが可能です[不2条1項2号]。

●93【参照】98頁。

　このように、ロゴタイプ、シンボルマーク、ロゴマークについては、商標権による保護を中心として、場合によっては意匠権を取得しつつ、不正競争防止法による保護も考えましょう。著作権による保護はロゴタイプについてはかなりむずかしいでしょう。

Ⅳ　ピクトグラム──────────────

1　はじめに

　最後にピクトグラムについて取り上げましょう。ピクトグラムは、言語によらず情報を伝達する視覚記号のことです。

　次頁にあげているのは、案内用図記号（JIS Z8210）の例です。各ピクトグラムの下には説明がついていますが、実際に用いられるときはピクトグラムの部分のみであることが一般的で、ピクトグラムを見たほとんどの人はそれが何を示しているのかを直感的に理解できるのではないかと思います。案内用図記号のピクトグラムは、そ

の意味するところが直感的にわかるという点が大事ですので、この例もJIS規格として共通規格となっています。

JIS規格のピクトグラムの具体例

| エスカレーター Escalator | 無線LAN Wireless LAN | 航空機／空港 Aircraft/Airport | レストラン Restaurant | 飲食禁止 Do not eat or drink here | 非常口 Emergency exit |

https://www.mlit.go.jp/common/001315215.pdf

　では、ピクトグラムのデザインはどのような保護を受けられるのでしょうか。具体的には商標法や意匠法、著作権法による保護が考えられます。ピクトグラムは、物事の特徴をとらえて人の直感に訴えて創作しなければならないという点で創作の範囲が限定され、権利の範囲もあまり広いとはいえないでしょう。それでは、具体的にその保護を見ていきましょう。

2　商標法による保護

　ピクトグラムについても商標権を得ることは可能です。実際に、2021年に開催された東京オリンピックのスポーツピクトグラムに商標権が取得されています。

東京オリンピックの
ピクトグラムの例+94　　東京オリンピックの
　　　　　　　　　　　　ピクトグラムの例+95

商標公報　　　　　　　　商標公報

+94【公報】商標登録 6222826号。コミテ アンテルナショナル オリンピックの登録商標です。

+95【公報】商標登録 6222832号。コミテ アンテルナショナル オリンピックの登録商標です。

　このような標準化されていないピクトグラムについては商標権を取得する意義がありますが、標準化されたJIS規格に基づく案内用図記号としてのピクトグラムなどは、特定の人の商品や役務の出所を表示するものではないことから、商標登録の必要はないでしょう。

3　意匠法による保護

　次に、意匠法を見てみましょう。意匠法で保護されている意匠には、3つの種類がありました●96。**物品の意匠、建築物の意匠、画像の意匠**です。

●96【参照】9頁。

　ピクトグラムについては、物品の意匠や画像の意匠として保護す

ることになるでしょう▶97。実
際、河川標識を物品としてピク
トグラムを含んだ意匠の意匠登
録がされています。また、物品
の部分としての画像デザインと
して、電光表示器に表示される
ピクトグラムが意匠登録されて
います。

河川標識の意匠✛98　　電光表示器の部分意匠✛99

意匠公報　　　　　意匠公報

▶97【補足】ものすごく大
きなピクトグラムを建築物
とすることもできるかとは
思いますが、現実的ではな
いでしょう。

✛98【公報】意匠登録
1381535号。国土交通省九
州地方整備局長の登録意匠
です。

✛99【公報】意匠登録
1696565号。清水樹脂株式
会社の登録意匠です。

　さらに、ピクトグラムは〈物品から独立した画像〉としても保護
される可能性があります●100。たとえば、電光表示器に表示される
ピクトグラムは、物品から独立した画像における〈表示画像〉とし
て保護することも可能です。

●100【参照】271頁。

　しかし、物品から独立した画像意匠の場合、〈画像の用途にとって
不可欠な表示のみからなる意匠〉、つまり**画像の用途を考えたときに
それ以外の表示が考えられないような画像は保護対象外**とされてい
ます●101。その具体例として、意匠審査基準においては、規格化ま
たは標準化などがなされた表示により正確に作成せざるを得ない表
示のみからなる意匠は、意匠登録を受ける
ことができないとされています。そのため、
物品から独立した画像としてピクトグラム
が保護されるには、少なくともJIS規格な
どに基づく表示のみからなる画像にあたら
ないことが必要です。

画像の用途にとって不可欠の表示の
みからなる意匠▶102

意匠審査基準第Ⅲ部第6章3.4

●101【参照】275頁。

▶102【補足】公的な標準化
機関により規格化された表
示のみを、意匠登録を受け
ようとする部分とした「自
動車用状態表示画像」の意
匠です。

▶103【補足】〈物品の意匠〉
のピクト
グラムの意匠については、河
川標識という物品として類
似しているか、標識に描か
れているピクトグラムも含
めて河川標識全体として形
態が類似しているか、が問
題となります。
　〈物品の部分の画像意匠〉
の場合は、部分意匠の効力
が問題となりますので、部
分意匠の位置・大きさ・範
囲が考慮されることとなり
ます。電光表示器の例でい
えば、電光表示器の上部部
分の部分意匠となっていま
すので、これが電光表示器
の下の隅っこになったりし
た場合には、部分意匠の意
匠権の効力がおよばないか
もしれません。
　〈物品から独立した画像意
匠〉の場合には、物品から
独立していますので、電光
表示器の例でいえば、電光
表示器のどこに画像が表示
されても、電光表示器以外
の場所に投影する画像で
あっても意匠権の効力がお
よびます。

　このようにピクトグラムについては、〈物品の意匠〉として、〈物
品の部分の画像意匠〉として、そして〈物品から独立した画像意匠〉
として、保護することが可能ですが、それぞれの意匠権の効力には
違いがあります▶103。また、意匠の類似を考える際には、その用途・
機能も問題となりますので、どのような保護が適切かはどのように
権利行使したいかによります。それらは、専門家に相談しながら決
めるとよいでしょう。

4　著作権法による保護

　では、ピクトグラムは著作権法による保護を受けることができる
でしょうか。
　著作権法は、著作物を「思想又は感情を創作的に表現したもので

あつて、文芸、学術、美術又は音楽の範囲に属するもの」と定義しています。
_{【著2条1項1号】}

　ピクトグラムもこの著作物の要件を満たせば著作物となりますが▶104、物の形を表すピクトグラムや案内図などに用いられるピクトグラムは誰でもその内容が理解できるようにするために表現に制約があることから、創作性がないとされる場合も多いでしょう。

　ピクトグラムについて、著作物と認められなかった例から見てみましょう。

▶104【補足】とはいえ、標準化された図記号などは誰でも自由に使えるようになっています（たとえば〈標準案内用図記号ガイドライン2020〉など）。なお、1964年の東京オリンピックの際に作成されたピクトグラムについてはデザイナーらが著作権を放棄したようです。

巫　ピクトグラムが著作物と認められなかった例
——受話器ピクトグラム事件◇105

◇105【裁判例】福岡高判平成23年11月15日 平成23（ワ）774号。

　電話の受話器のピクトグラムについて、著作物かどうかが争われた事件があります。裁判所は、このピクトグラムを著作物とは認めませんでした。

　具体的には、タイプフェイスの著作物性の最高裁判決（ゴナ書体事件）で使われた基準に基づいて●106、このピクトグラムが美術の著作物と認められるためには、それ自体が創作性（独創性）を備え、美的鑑賞の対象となりうる美的特性が必要だとしました。そして、このピクトグラムには創作性を認めることができず、ほかに類似のピクトグラムが多数存在し、形状と色彩からなる美観について特段の考慮などもないから美的鑑賞の対象となりうる美的特性はないとして、美術の著作物にあたらないとしました▶107。

●106【参照】195頁。

▶107【補足】なお、この判決では、地裁判決（福岡地判平成23年6月30日平成22（ワ）4575号・4578号・4585号）を引用しつつ、仮にこのピクトグラムに創作性が認められるとしても、そっくりそのままコピーするような場合にしか著作権侵害は成立しないとしています。

著作物性が認められなかった受話器のピクトグラム

週刊新潮2011年11月3日号51頁

　次に、案内図などに用いられるピクトグラムについて著作物と認められた例を見てみましょう。ただし、この事件においては、争いになったのがそもそも典型的なピクトグラムといえるものだったのか、という点も問題となりそうです。それでは事件を見てみましょう。

巫　ピクトグラムが著作物であると認められた例——ピクトグラム事件◇108

◇108【裁判例】大阪地判平成27年9月24日平成25（ワ）1074号。

　問題となったのは、大阪市の観光案内板に使用される大阪城や海遊館などの施設を表したピクトグラムです。これは、実際の大阪市

の各施設を表したもので、ほかの施設を表すピクトグラムではありません。裁判所は、これらのピクトグラムを著作物と認めました。

　具体的には、まず、これらのピクトグラムは、これが掲載された観光案内図などを見る者に視覚的に対象施設を認識させることを目的に制作され、実際にも相当数の観光案内図などに記載されて実用に供されているから**応用美術**であるとしました。そのうえで、応用美術については、**実用的機能を離れて美的鑑賞の対象となり得る美的特性を備えている場合には著作物として保護される**という立場に立って、「それぞれの施設の特徴を拾い上げどこを強調するのか、そのためにもどの角度からみた施設を描くのか、また、どの程度、どのように簡略化して描くのか、どこにどのような色を配するか等の美的表現において、実用的機能を離れた創作性の幅は十分に認められる。このような図柄としての美的表現において制作者の思想、個性が表現された結果、それ自体が実用的機能を離れて美的鑑賞の対象となり得る美的特性を備えている場合には、その著作物性を肯定」できるとして、これらのピクトグラムが著作物であると認めたのです▶109。

▶109【補足】そして、このピクトグラムが複製された冊子PDFのホームページにおける掲載は、原告と被告の使用許諾契約の期間外であったとして著作権侵害だとしました。ただし、ホームページに掲載されたのは全部のピクトグラムのうち18個であり、掲載期間も2年程度であったことから損害額は70万円を超えることはなく、さらに解決金として70万円が支払われていることから、損害はすでにその支払いにより消滅しているとされました。

▶110【補足】なお、この事件では地図デザインが著作物となるかも争われました。裁判所は、西側の海岸、人工島、多くの川の複雑な曲線を簡略にし、大阪市の東側の境の部分も直線的なシンプルな線で描いており、河川については一部の川の記載自体を省略するなどの取捨選択をし、全体的にすっきりとした表現がされていることから、創作性があるとして原告の地図デザインを著作物と認めました。ただし、被告の案内図は原告の地図デザインの複製・翻案と認められないとして、著作権侵害は認められていません。

大阪市の各施設を表した
ピクトグラムの一部

海遊館のピクトグラムの例

判決別紙　　　　　　　　　　　　　判決別紙
（LEX/DB文献番号25447519）

このように、裁判所はこれらのピクトグラムを著作物であると認めました。しかし、そもそもこのような案内図記号は一般的なピクトグラムなのでしょうか。というのも、この事件で問題となったピクトグラムは、海遊館を図案化、通天閣を図案化というように、そのピクトグラムを見ても1つの特定の施設しか理解できない可能性があります。その意味で、各施設を1対1で図案化したものにすぎず、一般のピクトグラムのような汎用性はないともいえそうです。通天閣のピクトグラムを見ても、通天閣を知らない人には何かは伝わりません。その意味では、この裁判例をもって、ピクトグラム一般に著作物性が認められることがあるというのはむずかしいかもしれません▶110。

▼原告の地図デザイン

判決別紙

▼被告の案内図

判決別紙

このように、ピクトグラムについて著作物と認められる場合は多くないと考えられ、また、ピクトグラムが著作物だとしても、ピクトグラムが表そうとする内容によって表現にさまざまな制約があることから創作性が認められにくく、たとえ著作物と認められたとしても著作権侵害における著作物の類似性もほとんどそのままコピーするような場合にしか認められないでしょう▶111。

5　不正競争防止法による保護

最後に、ピクトグラムについて不正競争防止法による保護を受けることができるでしょうか。たとえば、**他人の〈商品等表示〉を使用し他人の商品等と混同を生じさせる行為は不正競争行為となり**、差止請求や損害賠償請求の対象となります●112。この点、先に述べた東京オリンピックのスポーツピクトグラムのようなものは保護されると考えられますが、標準化されたJIS規格に基づく案内用図記号としてのピクトグラムなどは、商品や営業の出所を表示するものではないので、不正競争防止法による保護を受けることはむずかしいでしょう。不正競争防止法は形態模倣商品の提供行為も規制していますので、ピクトグラムが商品の形態となれば、その保護を受けることが可能です▶113。

このように、ピクトグラムについては、商標法や意匠法による保護、さらには著作権法による保護が考えられますが、不正競争防止法による保護は考えられるものの標準化されたJIS規格に基づくピクトグラムなどの保護はむずかしいでしょう。

＊　　＊　　＊

以上のように、グラフィックデザインについては、その対象によって保護に適した法律が異なっていますので、どの法律による保護が適切かを専門家に相談しながら必要な保護をはかるようにしましょう。

グラフィックデザインを利用する側としても、どのような保護がありうるかを考えて、侵害とならないように利用しましょう。

▶111【補足】ピクトグラムの事件でも、「本件ピクトグラムが実在の施設などを前提とすることから、当該施設を描く他の著作物と似通う部分が生じることは当然予想されるが、本件ピクトグラムの複製又は翻案は……ほとんどデッドコピーと同様のものにしか認められない」として、そっくりそのまま真似するようなもの以外には、著作権はおよばないとされています（大阪地判平成27年9月24日平成25（ワ）1074号）。

●112【参照】98頁。

▶113【補足】ただし、その場合でも、標準化されたJIS規格に基づくピクトグラムなどは、商品の機能を確保するために不可欠な形態やありふれた形態とされると考えられます。

ファッションデザイン

I　はじめに

　この章ではファッションデザインを取り上げます。具体的には、洋服、靴、バッグ、アクセサリーなどのデザインです。Part 1でデザインに対する基本的な保護を説明していますので、その保護を確認しながらファッションデザインに対する保護を見ていきましょう[1]。

　ところで、**ファッションデザインには、流行性という特徴がある**場合があります。たとえば洋服などの中には、ワンシーズン経過してしまえば途端にデザインが古びてしまう、というものもあるでしょう。他方で、著名なブランドのバッグや時計のように、長年にわたって愛され、形態の変わらないファッションデザインも存在します。ファッションデザインの保護を考えるときには、上記のような各デザインの特徴を踏まえて、その保護を考えることが大切です[2]。

　特に、その流行性という点を踏まえると、**ファッションデザインの保護で重要となるのは、登録などを必要とせず、商品の形態をそのまま模倣し販売する行為に対処できる不正競争防止法**です。他方で、デザインが変わらず長く販売される商品であれば、**意匠法や商標法による保護が重要**となり、特に**半永久的な保護のために商標法**による保護がうまく機能することがあります。また、ファッションデザインがなんらかの技術的な機能を伴う場合には特許法による保護も考えられます。他方で、**著作権法による保護はほぼ期待できません**[3]。

　それぞれの保護を順番に見ていきましょう。

II　不正競争防止法による保護

　ファッションデザインについて、意匠法、商標法といった知的財産権で保護することも可能ですが、それらの登録前でも機能するのが不正競争防止法に規定される形態模倣商品の提供行為の禁止です。

[2]【補足】さらに、いわゆるファストファッションも登場し、ファッションデザインの保護のあり方はさらにむずかしくなってきているのかもしれません。

[3]【補足】ほかの国では特別な法律で伝統的なデザイン（たとえば伝統民族模様など）が保護されていることがあります。また、法律で保護されていなくても、そうした伝統的なデザインの無断利用は〈文化の盗用〉とされることもありますので、十分な注意が必要です（【参照】180頁）。

　ファッションデザインについては、不正競争防止法の〈**形態模倣商品の提供行為**〉【不2条1項3号】**の規制がとても有効です**[4]。

　意匠権の保護は、意匠を出願して特許庁で登録されて初めて発生します。すなわち、意匠登録出願から意匠権の登録までの間（7ヶ月程度）は意匠権の保護は存在しません。そうすると、流行性を特徴とするファッションデザインの場合には、意匠登録を待っていてはほかの人が市場で模倣デザインを販売する行為に対して何もできない、そして、意匠が登録されたときには意匠登録されたデザインは販売されていないので意匠権を行使できない、という可能性があります。そこで、**この形態模倣商品の提供行為の規定を利用すると、意匠登録出願から意匠権の設定登録までの間に、**その自身の販売するファッションデザインの商品が市場で模倣されて販売されたとしても、**その商品形態の模倣行為を止めることができます**。

　そのため、流行性を有するファッションデザインについては、この形態模倣商品の提供行為の規定が重要な保護として機能しています。

[形態模倣商品の提供行為の要件]

| 他人の商品の形態 | ＋ | 模倣（依拠＋実質的同一性） | ＋ | 譲渡等 |

（1）商品形態

　洋服、バッグ、靴、アクセサリーなどは3次元の商品としての形態を有していますので、商品の形態にあたります[5]。そのため、ファッションデザインについては、商品の形態にあたるかどうかが問題となることは基本的にありません。

　ただし、商品の形態からは〈**商品の機能を確保するために不可欠な形態**〉と〈**商品のありふれた形態**〉が除かれていますので、その場合にはこの規定を利用することができません[6]。

（2）商品形態の模倣

　そして、形態模倣商品の提供行為となるためには、商品の形態が**模倣**されたことが必要です。そして、模倣となるためには、**他人の商品に依拠したこと**と、**形態が実質的に同一（ほぼ同じ形態であること）であること**が求められます[7]。

　実は、衣服について、この実質的同一性が争われた裁判例がたくさんあります[8]。衣服は、無地の服もありますが、その形状に色彩

● [4] 【参照】102頁。

▶ [5] 【補足】2次元の商品でも商品形態となります。

● [6] 【参照】102頁。

● [7] 【参照】103頁。

▶ [8] 【補足】ファッションデザインとの関係では、ショルダーバッグについて形態模倣行為と認めた例があります（東京地判平成13年1月30日平成11（ワ）22096号、東京高判平成13年9月26日平成13（ネ）1073号・平成13（ネ）3102号）。

▼原告商品

判決別紙（1審）

▼被告商品の例

判決別紙（1審）

　反対に、形態の実質的同一性が否定されて、リュックについて形態模倣商品の提供行為ではないとされた例もあります（大阪地判平成18年11月16日平成17（ワ）7778号）。

▼原告商品▼被告商品の例

判決別紙　判決別紙

　なお、形態においては質感や艶も考慮されます。ブラジャーについて質感や艶の相違から、形態の実質的同一性が否定されて、形態模倣商品の提供行為ではないとされた例があります（大阪高判平成18年4月19日平成17（ネ）2866号）。

▼原告商品

判決別紙（1審）

▼被告商品

判決別紙（1審）

や模様などが付されていることも多くあります▶9。そうすると、〈形状は同じだけれども色彩や模様が違う〉、〈模様は同じだけれども形状や色彩が違う〉といった色々なパターンがあることになります▶10。裁判所の判断をきれいに分類することはむずかしいですが、いくつかのパターンに分けて紹介しておきましょう。

🔮 形状に差があることから実質的同一性を否定した例1 ──セ・ラ・ヴィ事件◇11

衣服の形状に差がある場合には、その衣服の形態の実質的同一性は否定されやすくなります。まずは、ワンピースの形態の実質的同一性を否定した事件を見てみましょう。

裁判所は、原告商品は袖ぐりが肩の大きく出る（肩山部分がほとんどない）のに対して、被告商品の袖ぐりは肩が隠れる（肩山の幅が襟ぐりから腕の付け根辺りまである）、また、原告商品は両脚のもも辺りから下に向かって絞られたシルエットであるのに対して、被告商品は両脚のもも辺りの位置から下に向かって絞られていないシルエットである点が異なるとして、形態の実質的同一性を認めませんでした。

判決別紙　判決別紙

原告と被告のワンピース

判決別紙（1審）

🔮 形状に差があることから実質的同一性を否定した例2 ──フリルブラウス事件◇12

もう1つ裁判例を見てみましょう。この事件でも商品形態の実質的同一性が否定されています。

裁判所は、原告商品の特徴的であり需要者の目を引く部分はフリル袖であるとして、被告商品とはフリル袖の広がりとフリルのボリュームが相違し、黒いリボンの有無も異なるなどとして、形態は実質的に同一でないとしました。

原告商品1　　　　　被告商品1

判決別紙　　　　　判決別紙

このように、形状が異なる場合に実質的同一性が否定されることに違和感はないでしょう▶13。

そうすると、形状こそが重要な要素であるようにも思えます。では、形状に違いさえあれば、およそ実質的同一性は認められないのでしょうか。実は、裁判例においては、形状が違うけれども模様が同じであるという場合に、実質的同一性を肯定した例があります。

巫 形状に違いがあるが、模様が同じ場合に実質的同一性を肯定した例 ——Chamois事件◇14

この事件では、原告のシャツは長袖、被告のシャツは半袖ですが、上胸部に大きなりんごの柄があるなど模様は似ていました▶15。裁判所は、衣服について長袖を半袖にすることはきわめて簡単であるし、模様について横縞の本数をわずかに変えたなどの相違はあるものの、商品全体におよぶ横縞の繰り返しパターンをほぼそのままになされた改変であるとして、形態の実質的同一性を肯定しています。

原告のシャツ　　被告のシャツ

判決別紙　　　判決別紙

他方で、形状は似ているものの、模様が異なると形態が実質的に同一でないとする例もあります。

巫 形状はほぼ同じであるが、模様が異なる場合に実質的同一性を 否定した例——レース付き衣服事件◇16

この事件の洋服については、形状は似ているものの背面のレース部などが異なりました▶17。裁判所は背面部の透かしレース部分の配置と生地とのバランスに顕著な相違があるとして、形態は実質的に同一でないとしています。

原告商品と被告商品

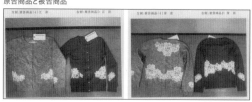

判決別紙（1審）

◇14【裁判例】大阪地判平成29年1月19日平成27（ワ）9648号・平成27（ワ）10930号。

▶15【補足】本文で紹介した例のほかにも、長袖か半袖かが異なる場合において（色も若干異なるとされています）、胸元部分のカギ針編みのボルドー色の花モチーフなどがほぼ同一であることから、長袖か半袖かに関係なく両商品は実質的に同一だとされています（東京地判平成14年11月27日平成13（ワ）27144号、東京高判平成15年5月28日平成14（ネ）6392号など）。

▼原告商品4 ▼被告商品4

判決別紙（1審）　判決別紙（1審）

◇16【裁判例】知財高判平成20年1月17日平成19（ネ）10063号・平成19（ネ）10064号。

▶17【補足】ただし、地裁の判決（東京地判平成19年7月17日平成18（ワ）3772号）では、原告商品はウエスト部分がゆったりと太めになっており袖は比較的長いのに対し、被告商品はウエスト部分がやや細身で袖が比較的短いとして、形状が異なることも指摘されています。

そうすると、模様が同じだと形態の実質的同一性が肯定される方向に考慮され、模様が異なると形態の実質的同一性が否定される方向に考慮されるといえるでしょう。

このように、形状だけでなく模様も実質的同一性の判断においては重要な要素となっていることがわかります。

他方で、形状や模様がほぼ同じで色彩が違う場合には、色彩が顕著に異なる印象を与える場合以外は、実質的同一性が肯定されることが多いようです。これには、衣服業界では同じ形状の衣服に色違いがあることは普通であることも影響しているようです。

具体例を見ていきましょう。

巫 形状がほぼ同じで色彩が違う場合に実質的同一性を肯定した例1 ——Chamois事件◇18

この事件では、原告商品は黒色のブラウス、被告製品はベージュ色のブラウスでしたが、ブラウスの形態の実質的同一性が認められています。裁判所は、色彩は違っても両商品は商品全体の形態が酷似しているため、形態は実質的に同一であるとしています[19]。

原告のブラウス　　被告のブラウス
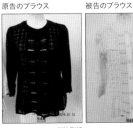
判決別紙　　　　判決別紙

巫 形状がほぼ同じで色彩が違う場合に実質的同一性を肯定した例2 ——ドレス事件◇20

このような傾向を示した例をもう1つ見ておきましょう。この事件ではドレスの形態の実質的同一性が認められました。裁判所は、スカラップ裾やビーズ刺繍等の共通点が多く、単色かバイカラーかの違いはありますが、需要者に色違い商品との印象を与えるにすぎず、原告と被告のドレスの形態は実質的に同一というべきとしています。

被告のドレスと原告のドレス

判決別紙（1審）

いくつかのパターンの裁判例を見てきました[21]。これらの裁判例を見ると、色違いについては重視されないものの、形状、模様は実質的同一性の判断でそれなりに考慮されるとはいえ、どの程度考慮

◇18【裁判例】大阪地判平成29年1月19日平成27（ワ）9648号・平成27（ワ）10930号。

▶19【補足】両商品の相違点として、裁判所は、原告商品の方が被告商品より生地の透け感が高いこと、原告商品のボタンは黒色で柄はなく等間隔に窪みがあるのに対し被告商品のボタンはベージュ色に柄があり窪みなどはないことも指摘しています。色が違うことも含め、これらの要素のいずれも商品全体を特徴づける形態と関わりがなく、この種の部位のデザイン手法としてはいずれもごくありふれたものとして、両商品の形態が実質的に同一であることに影響はないとしています。

◇20【裁判例】東京地判平成30年4月26日平成27（ワ）36405号、知財高判平成31年2月14日平成30（ネ）10058号。

▶21【補足】その他の最近の肯定例として、基本的形態から具体的な細部の形態まで多数の共通点があり、相違点についても需要者が通常の用法に従って使用した際に相違をただちに認識できないとして、ミリタリーパーカについて形態の実質的同一性を認め形態模倣商品の提供行為与とした裁判例があります（東京地判平成30年8月30日平成28（ワ）35026号）。

▼原告商品　▼被告商品

判決別紙　　判決別紙

洋服だけでなく、両商品の相違は商品全体から見てささいな相違であるとし、ブラジャー（ナイトブラ）について形態の実質的同一性を認め形態模倣商品の提供行為与とした裁判例があります（東京地判令和3年9月3日令和1（ワ）11673号）。

▼原告商品と被告商品1（表面）

判決別紙

されるかはケースバイケースということになりそうです。ただ、衣服の例から見ても**実質的同一性が認められる範囲はさほど広くはない**と考えておくのがよいでしょう▶22。

このように、**ファッションデザインでは形態模倣商品の提供禁止規定は重要な保護となりますが、その保護範囲はそれほど広くはない**ということは念頭に置いておきましょう。

（3）保護される期間

なお、形態模倣商品の提供行為からの保護は、その商品が**日本国内で最初に販売された日から3年まで**です▶23。この規定を使おうとする人が日本国内で販売してからですので、外国での販売は問題となりません。とはいえ、洋服などはそのシーズン（春）が終わると次のシーズン（夏）には販売されないのが通常だと思われますので、実際には最初のシーズンに売ると、その後再度販売されるのは1年後になります。そのため、この規定を用いても、全部でも3回のシーズンしか対応できないことになります▶24。

2　周知表示混同惹起行為

これまで説明してきた形態模倣商品の提供行為を禁止する規定による保護だけではなく、販売を続けることによってファッションデザインが有名になれば、**他人の周知な〈商品等表示〉を使用し他人の商品等と混同を生じさせる行為も不正競争行為となり**、[不2条1項1号]差止請求や損害賠償請求の対象となります●25。

この規定を利用するには、周知性も必要となりますので▶26、ファッションデザインが一定期間販売されて有名になっていることが前提となります▶27。その意味で、この規定に基づく保護は流行性の短いファッションデザインよりは、ブランド品のように▶28、一定程度長い期間販売されるファッションデザインについて有効な保護だといえるでしょう。

ファッションデザインとの関係では、2次元の図柄や、3次元の商品の形態が商品等表示にあたる可能性があります●29。

（1）2次元の図柄の商品等表示該当性

まずは、2次元の図柄について、商品等表示にあたるとした例から見てみましょう。

▶22【補足】実質的同一性の範囲は、意匠権の類似の範囲よりは狭いと考えておいてよいでしょう。

▶23【補足】さすがにデザイン画の段階では商品形態が具体的な形状にはなっていないことから、形態模倣商品の提供行為の規定の適用を受けることはできないとされた裁判例があります（東京地判平成27年9月30日平成26（ワ）17832号）。
▼原告のデザイン画

判決別紙

▶24【補足】よって、同じ形態で長く販売することを予定している場合には意匠権の取得も考えるべきでしょう。

●25【参照】98頁。

▶26【補足】なお、商品等表示が著名になれば不正競争防止法2条1項2号の適用を受けることもできます。

▶27【補足】たとえば厚手のコートなどは販売する時期も限られており、周知性を獲得するのは非常にむずかしいと考えられます。

▶28【補足】ファッションのロゴなどはまさに商品等表示です。たとえば、ナイキイノベイトシーブイのマークは商品等表示になります。
▼ナイキの商標
（商標登録1929898号）

商標公報

●29【参照】98頁。

巫 2次元の図柄について商品等表示にあたるとした例1
――LVマーク事件◇30

　図柄として典型的に想定されるのは、有名ブランドのマークや模様でしょう▶31。たとえば、下の模様は有名ブランドであるルイ・ヴィトンの模様ですが、ルイ・ヴィトン・エス・アーがこれらを時計などに使用していた被告を不正競争であると訴えた事件において、裁判所はこれらを商品等表示だとして、被告の行為は不正競争行為だとしています。

ルイ・ヴィトン社の使用している図柄

判決別紙（LEX/DB文献番号27486143）

巫 2次元の図柄について商品等表示にあたるとした例2
――LEVI'S事件◇32

　図柄の例についてもう1つ紹介しておきましょう。このリーバイ ストラウス アンド カンパニー（原告）のジーンズのステッチもよく知られたものだと思いますが、リーバイスのジーンズのバックポケットのステッチ模様が商品等表示と認められ、株式会社エドウイン商事の類似するステッチの使用は不正競争だとされました▶33▶34。

リーバイスのステッチ　　　　　　エドウインのステッチ

判決別紙　　　　　　　　　　　　判決別紙

　他方で、次の2つのステッチについては、2本の曲線の間隔やアーチの形状の違いなどからリーバイスのステッチとは類似しないとして不正競争には該当しないとしています▶35。

異なるエドウインのステッチ

判決別紙

　最後に、ファッションデザインに関する色彩について商品等表示にあたるとした例を見ておきましょう。

◇30【裁判例】東京地判昭和58年12月23日昭和58（ワ）8003号。

▶31【補足】クリスチャン・ディオールの模様について争われた例もあります（大阪地判昭和60年5月29日昭和57（ワ）3900号）。裁判所は、この模様が商品等表示にあたり、被告らがブラウスに同様の模様をつけて販売することは不正競争行為だとしています。

▼ディオールの意匠
（意匠登録0355671号（すでに消滅））

意匠公報

▼被告の模様

判決別紙（判タ567号329頁）

◇32【裁判例】東京地判平成12年6月28日平成8（ワ）12929号、東京高判平成13年12月26日平成12（ネ）3882号。

▶33【補足】実はこの訴訟では商標権も問題となっています。リーバイスは自身が有する商標権に基づいてエドウインを商標権侵害だと訴えています。裁判所は、リーバイスの商標とエドウインの商標は類似するとして、商標権侵害だと認めています（地裁の判断です。高裁では不正競争だと認めて商標権侵害については選択的併合の関係にあるとして判断されていません）。なお、商標的な使用かどうかについては、エドウインのステッチの使用は装飾的にのみ使用するものではないとして、商標としての使用と認めています。

▼リーバイスの商標
（商標登録2205094号）

商標公報

▼リーバイスの商標
（商標登録2006244号）

商標公報

▶34【補足】この事件により、リーバイスのジーンズ

巫 色彩について商品等表示にあたるとした例
——三色ラインウェットスーツ事件◇36

　この事件では、原告が、被告らが三色ラインをつけたウェットスーツの販売などを不正競争であると訴えました。そして、ウェットスーツの色彩の配色が商品等表示にあたるかが問題となりましたが、裁判所は原告の三色ラインは商品等表示にあたるとしています●37。

　具体的には、商品と特定の色彩・配色との組み合わせが特定人の商品であることを識別させるに至った場合には商品等表示となるとしたうえで、このラインはスーツ本体の色彩、形態から独立して商品の出所表示機能を有するとしました▶38。結論として、被告らの行為は不正競争行為だとしています。

原告のライン　　　　　　　　原告のライン部分の例　　　　被告のライン

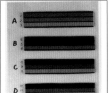  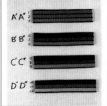

判決別紙（1審）　判決別紙（1審）　　判決別紙（1審）　　　　判決別紙（1審）

(2) 3次元の商品の商品等表示該当性

　では、こうした図柄や色彩ではなく、ファッションデザインの3次元の商品そのものについてはどうでしょうか。3次元の商品も、もちろん不正競争防止法の保護を受けることが可能ですが、その場合は、**3次元の商品の形態が自他商品識別機能（自分の商品と他人の商品を区別して識別できる機能）を持たなければなりません**●39。

　ファッションデザインはそのデザイン性にこそ価値があるのであって、通常は、自他商品識別機能の発揮を目的としているとは考えられません。バッグやアクセサリーなどの商品形態が不正競争防止法による保護を受けるためには、言い換えれば、**3次元のファッションデザインが商品等表示にあたるためには、〈特別顕著性〉と〈周知性〉という2つの要件を満たすことが必要です**▶40。

　特別顕著性というのは、**〈商品の形態が客観的にほかの同種の商品とは異なる顕著な特徴を有していること〉**です。周知性というのは、**〈商品の形態が特定の事業者によって長期間独占的に使用され、または極めて強力な宣伝広告や爆発的な販売実績等により、需要者にお**

のバックポケットのステッチ模様に似せた模様は、ジーンズ一般に利用されることが少なくなってしまった。もちろん、ほぼ同じデザインのステッチでは問題がありますが、デザインを変更すればよいわけで、ステッチ自体を用いないような過度の萎縮は必要ないでしょう。

▶35【補足】商標権についても、商標は類似しないから非侵害だとしています。

◇36【裁判例】大阪地判昭和58年12月23日昭和56（ワ）7770号、大阪高判昭和60年5月28日昭和59（ネ）24号・1041号、昭和58（ネ）2595号。

●37【参照】単色の保護のむずかしさについて218頁。

▶38【補足】高裁でも、このラインは、鮮やかな色調を有する同系統の色落ち三色からなる色ラインで、それがウェットスーツに使用されることで、そのウェットスーツを見る者にほかと際立った特別の印象を与えており、十分な出所表示機能を備えているとされています。

●39【参照】131頁。

▶40【補足】形態に創作性・審美性があって商品形態に特定の営業主体を識別することができ商品等表示にあたることが当事者間で前提とされていたため、特に特別顕著性や周知性という要件に言及することなく、商品の立体形状が商品等表示にあたるとしたものもあります（東京地判平成20年6月18日平成19（ワ）4876号）。結論としても、被告のアクセサリーの販売を不正競争だと認定しました。

▼原告のアクセサリーの例

判決別紙

▼被告のアクセサリーの例

判決別紙

いてその形態を有する商品が特定の事業者の出所を表示するものとして広く知られていること〉です。要するに、特徴的な形態で、事業者の出所を示すものとして広く知られていればよい、ということです。

それでは、3次元のファッションデザインが商品等表示にあたるかを判断した、いくつか裁判例を見てみましょう[41]。

巫 3次元の商品について商品等表示にあたるとした例1 ——BAO BAO ISSEY MIYAKE事件[42]

まず、バッグの例です。このバッグは株式会社イッセイミヤケの非常に有名なバッグで、商品等表示であると認められました[43]。

裁判所は、このバッグの形態は従来の女性用のバッグの形態とは明らかに異なる特徴があるので特別顕著性があり、長年にわたる宣伝広告、メディアの報道、販売実績の増大によりその形態は周知であるとして、商品等表示だと認めています。結論としても、被告商品の販売等は不正競争にあたるとしました[44]。

イッセイミヤケと被告のバッグ

2019年6月18日イッセイミヤケ
プレスリリース

巫 3次元の商品について商品等表示にあたるとした例2 ——カルティエ時計事件[45]

次の事件は、腕時計の裁判例です。この事件でも腕時計が商品等表示にあたるとされました[46]。

具体的には、腕時計のリューズプロテクターの形状、ケースおよびベゼルの形状とケースが大型であることに形態上の特徴があって、これらを組み合わせたことにより独自の特徴を有し、原告各製品の販売状況および時計専門誌だけでなくファッション誌等に数多く掲載されたことなどから周知であるとして、商品等表示だと認め、被告らの行為は不正競争行為にあたるとしています。

原告（パネライ）の時計

判決別紙

被告の時計

判決別紙

▶41【補足】ランダムプリーツ加工された特徴ある商品シリーズの商品形態について商品等表示にあたるとした例があります（東京地判平成11年6月29日平成7（ワ）13557号）。なお、この形態は技術的機能に由来する必然的な形態ではないとされています。

▼原告商品　▼被告商品

『工業所有権標準テキスト［意匠権］』（発明協会、2001年）46頁

◇42【裁判例】東京地判令和元年6月18日平成29（ワ）31572号。

↑43【一歩先へ】シリーズ商品の商品等表示該当性
　なお、裁判所は、このバッグのみならずほかの多くの商品でも、多数のタイル状の三角形のピースを2mmないし3mm程度の同一の間隔を空けて敷き詰めるように配置していることを特徴として認めていますので、シリーズ商品としての商品等表示該当性を認めたものといえます。ただし、この三角形のピースを敷き詰めた形態という抽象的な形態でも商品等表示にあたると認められたのは、本文に書いたように従来このような女性用のバッグなどはなく、中に物を入れた状態で需要者がバッグなどを見るとそうした抽象的な形態のイメージが強いと考えられたといえます。シリーズもので商品を販売しているときには、個々の商品ではなくシリーズものに共通する形態が取り出されて商品等表示とされることがありますので、シリーズで販売しているときには共通する特徴があるかも重要となります。ただし、商品等表示と認められるハードルはやはり高いといえるでしょう。

▶44【補足】なお、このバッグは著作物とは認められませんでした。また、イッセイミヤケは立体商標の商標権も有していましたが、商標権の権利行使はしていません。理由は定かではありませんが、被告のバッグと外観の類似が否定されると考えたのかもしれません。

☺ **コラム** **クリスチャン ルブタンのレッドソール**

クリスチャン ルブタンのレッドソールは有名ですが、そのレッドソールの使用が不正競争となるかが問題となった事件があります◇47。

裁判所は、原告表示（女性用ハイヒールの靴底に原告赤色を付したもの）が商品等表示にあたるかは判断せず、そもそもクリスチャン ルブタンの靴と被告の靴について値段の差異などから混同のおそれはないとして、不正競争にあたらないとしました▶48。また、原告表示は需要者に著名でもなく、不正競争にあたらないとしています▶49。

クリスチャン ルブタンのレッドソールは商標登録出願もされましたが登録とはなっておらず●50、単色の色彩のブランディングのむずかしさを示しています▶51。

クリスチャン ルブタンのレッドソール

判決別紙（1審）

被告のレッドソール

判決別紙（1審）

3 著名表示冒用行為

商品等表示が周知であることを超えて、**著名になった場合には、混同が生じなくても不正競争防止法による保護を受けることが可能**【不2条1項2号】**です**。ただし、著名は全国的に知られていることを意味しますので、商品等表示が著名になるには非常にハードルが高く、滅多なことでは著名性は認められません。

実際に著名性が認められている例を見てみると、有名ブランドであることが明らかです。

🏛 2次元のマークについて著名であるとした例──LVモノグラム事件◇52

2次元のマークについて著名性が認められた例があります。著名なルイ ヴィトンのマークです。裁判所は、1896年から現在まで原告商品に使用されて世界的に広く知られており、多額の広告宣伝費を支出して多数のファッション誌などに掲載を依頼し、多数のコマーシャルも放映されていることから、ルイ ヴィトン マルチェのマークは著名だとしました。結論として、被告の販売行為は不正競争行為だと認めています。

▼三宅デザイン事務所の立体商標（商標登録5763495号）

商標公報

◇45【裁判例】東京地判平成16年7月28日平成15（ワ）29376号。

▶46【補足】ほかにも、ロレックスの腕時計を商品等表示とし、被告の行為は不正競争だとした例があります（東京地判平成18年7月26日平成16（ワ）18090号）。

▼原告製品

判決別紙

▼被告製品

判決別紙

◇47【裁判例】東京地判令和4年3月11日平成31（ワ）11108号、知財高判令和4年12月26日令和4（ネ）10051号。

▶48【補足】不正競争防止法2条1項1号。

▶49【補足】不正競争防止法2条1項2号。

●50【参照】83頁注31、162頁。

▶51【補足】単色の色彩ではありませんが、靴の外周に沿って、アッパーとウェルトを縫合している糸が、ウェルトの表面に1つ1つの縫い目が比較的長い形状で露出し、ウェルトステッチに明るい黄色の糸が使用され黒色のウェルトとのコントラストによって黄色のウェルトステッチが明らかに見える靴の形態について、商品等表示だと認められた例があります（東京地判令和5年3月24日令和2（ワ）31524号、知財高判令和5年11月9日令和5（ネ）10048号）。

▼ドクターマーチンの靴

判決別紙

なお、このステッチについては位置商標として出願されましたが（商願2018-

ルイ ヴィトンのマーク

被告商品の例

判決別紙（1審）　　　　　　　判決別紙（1審）

077608号）、拒絶が確定しています（商標法3条1項3号該当、3条2項不適用）。上記の不正競争に関する訴訟では、黒色のウェルトとのコントラスト等によって黄色のフェルトステッチが明瞭に視認できる商品の形態が商品等表示として周知と認められたもので、この位置商標について使用により識別力を獲得したわけではないとも判断されています（知財高判令和5年8月10日令和5（行ケ）10003号）。

▼エア・ウェアーインターナショナルリミテッドの出願

公開商標公報

◇52【裁判例】東京地判平成30年3月26日平成29（ワ）5423号、知財高判平成30年10月23日平成30（ネ）10042号。

◇53【裁判例】知財高判令和2年12月17日令和2（ネ）10040号。

▶54【補足】この事件でも、エルメスのバーキンの立体商標の商標権に基づく商標権侵害が認められています。

＋55【公報】商標登録5438059号。

ⅶ 3次元の商品について著名であるとした例
──バーキンタイプのバッグ事件◇53

　さらに、3次元の形態についてこの著名性が認められた珍しい例として、エルメス・アンテルナショナルのバーキンがあります。裁判所は、エルメスのバーキンの形態は、エルメスによる販売、広告宣伝活動を通じ、エルメスの出所を示す表示として著名なものとなり、著名な商品等表示に該当するに至ったと認め、被告のバッグの販売に対して不正競争防止法による保護を認めました▶54。

エルメスのバーキン＋55

被告商品

商標公報　　　　　　　　　　判決別紙

　このように、ファッションデザインについて日本での販売から3年程度の流行性しかない場合には、形態模倣商品の提供禁止の規定の利用によって保護をはかれることを念頭に置きつつ、長期の保護を望む場合には意匠権や商標権の取得を検討し、それらの権利を取得していない場合でも、多くの販売実績がある場合には不正競争防止法の商品等表示の保護の規定を利用して保護をはかるとよいでしょう。

　では、次にファッションデザインと意匠権との関係を説明しましょう。

Ⅲ　意匠法による保護

　オートクチュールのような一品製作的なものを除き、一般的にはファッションデザインも複数製造されるデザインですので、意匠権による保護を受けることが可能です。ただし、意匠は各物品ごとに

意匠登録を受ける必要があることから、登録すべき物品が多いと費用がかかること、さらに、登録までも半年程度の時間がかかることから、あまりファッションデザインは意匠権との相性がよくないといえるでしょう▶56。

1 意匠

意匠法で保護されている意匠には、**物品の意匠、建築物の意匠、画像の意匠**という3つの種類がありますが●57、3次元のファッションデザインは〈物品の意匠〉に該当します。【意2条1項】そのため、意匠法の保護対象である意匠となります▶58。

有名ブランドのファッションデザインとの関係では、さまざまな意匠権が取得されています▶59。たとえば、ルイ ヴィトンのハンドバッグは文字も含めてハンドバッグ全体が意匠登録されています▶60。同様に、モノグラムの模様も含めてルイ ヴィトンのバッグ全体が意匠登録されています▶62。

ルイ ヴィトンのハンドバッグ✛61
意匠公報

ルイ ヴィトンのハンドバッグ✛63
意匠公報

2 意匠登録の要件

ファッションデザインが意匠登録を受けるためには、登録要件、すなわち、1. **意匠であること**、【意2条1項】2. **工業上利用可能性**、【意3条1項柱書き】3. **新規性**、【意3条1項各号】4. **創作非容易性**、【意3条の2】5. **他人が先にした出願に自己の出願した意匠が含まれていないこと**、【意9条】6. **先願**、7. **意匠登録を受けることができない意匠でないこと**、【意5条】の要件を満たす必要があります●64▶65。

ここでは、新規性が問題となった例を見てみましょう。ファッションデザインでは公知となっている意匠も多く、新規性が問題となることが多いようです▶66。

巫 テキスタイルデザインに新規性がないとされた例──龍村織事件◇67

この事件は、正倉院の古代裂の中の〈七曜四菱文量繝錦〉と呼ばれる図柄・模様と類似するテキスタイルデザイン▶68の登録意匠に基づいて、原告らが被告を意匠権侵害で訴えた事件です。裁判所は、原告意匠は公然実施された意匠である七曜四菱文量繝錦と類似することから新規性がないため意匠登録は無効であり、意匠権侵害とはならないとしました▶69。

▶56【補足】それでも、費用と手間を使っても意匠権が取得する余裕があるのであれば意匠権を取得しておくにこしたことはありません。

●57【参照】9頁。

▶58【補足】意匠審査基準では〈専ら情報伝達のためだけに使用されている文字〉は意匠を構成しないとされ、特許庁の用語解説では、「その文字の表された態様からみて物品を装飾する目的を有する文字を意匠を構成する文字と認める」とされています。たとえば、文字が連続模様のモチーフとして使用され模様となっているような登録例も存在しています。

▼ナンニーニ エス ピー エーの織物地の意匠（意匠登録1293735号）

意匠公報

▶59【補足】こうした典型的なファッションだけでなくコンタクトレンズのようなものも意匠登録されています。

▼L codeのコンタクトレンズの意匠（意匠登録1437447号）

意匠公報

▶60【補足】この文字が模様と扱われていると考えられます【参照】154頁。

✛61【公報】意匠登録1135368号。ルイ ヴィトンマルチェの登録意匠です。

▶62【補足】モノグラムも模様に含めることで商標的使用【参照】93頁 かを考えることなく権利行使可能です。

✛63【公報】意匠登録1531572号。ルイ ヴィトンマルチェの登録意匠です。

▶64【参照】13頁。

▶65【補足】このほかに、手続的な要件（出願手続など）も満たさないと意匠登録はされません。

▶66【補足】ファッションはトレンドを繰り返すということも新規性との関係で問題となるようです。

◇67【裁判例】大阪高判平成8年11月13日平成5（ネ）495号・平成5（ネ）2185号。

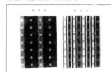

原告の龍村織の織物地 ＋70

意匠公報

被告製品

判決別紙（石原勝「判批」
特許研究44巻3号331頁）

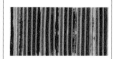

引用された
七曜四菱文暈繝錦

雲繝錦几褥第20号（正倉院
HP:https://shosoin.kunaicho.go.jp/tr
easures?id=0000015701&index=0）

巫　帽子のデザインに新規性がないとされた例——帽子事件◇71

　次に帽子の例を見てみましょう。原告らは帽子の意匠を出願しましたが、２色の配合はごくありふれたものであり、色彩の配合の差異も必ずしも顕著なものとはいえず、すでに外国の雑誌に載っている帽子の意匠と類似することから新規性がないとして出願が拒絶されました▶72。

原告の出願意匠

判決別紙
（判タ298号247頁）

引用意匠

PARIS MATCH 1960年
4月16日号41頁

引用意匠拡大図

PARIS MATCH 1960年
4月16日号41頁

　なお、ファッションデザインの場合、ファッションショーなどでデザインを公表してしまうことも多いことから、新規性の要件を満たすためには、新規性喪失の例外の適用を受けることが必要となる場合も多いでしょう●73。**新規性喪失の例外の規定の適用を受けると、公表した日から１年間は公表しなかったものとされます**ので、出願前に販売を開始したりファッションショーなどで出願よりも前に公開してしまった場合には有効です。

3　権利を取得できる人

　意匠権を取得できるのは、意匠登録を受ける権利を有する人です。そのため、通常は意匠を創作した人（デザイナー）となります。ただし会社のインハウスデザイナーの場合には、職務創作の規定が適用され、インハウスデザイナーの所属する会社が意匠権を有することがあります●74。

▶68【補足】テキスタイルデザインはこの章（【参照】222頁）で扱います。

▶69【補足】地裁（京都地判平成5年2月18日昭和63（ワ）339号・昭和63（ワ）870号）では、古来から伝わる美術工芸品の図柄・模様を工業上利用可能な織物商品の図柄・模様に利用することはきわめて困難な作業であるから、原告意匠は、出願前に織物商品の図柄・模様として公然知られていたものではなく、織物業に携わる者が容易に創作できるものでもないとしていました（この判断は高裁である本判決によって覆されています）。

＋70【公報】意匠登録0583825号（すでに消滅）。株式会社龍村美術織物（原告）の登録意匠です。

◇71【裁判例】最判昭和50年2月28日昭和48（行ツ）82号。

▶72【補足】特許庁の審査官がこの雑誌を引用して拒絶だとしたものです。
　なお、この事件は創作非容易性の要件（意匠法3条2項）が平成10年改正で制定されるより前の事件です。

●73【参照】14頁注26。

●74【参照】20頁。

4　手続的要件

意匠登録を受けるためには、特許庁に対して出願手続が必要です。意匠登録出願については、願書と図面を特許庁に提出します●75。図面の代わりに写真や見本を提出することも可能です。

見本は以下のように袋に入れて提出します▶76●77。

見本の大きさ

横 19 cm以下
縦 26 cm以下
厚さ 7 mm以下

意匠登録出願の願書及び図面等の記載の
手引き（令和3年3月改訂）52頁

見本の作成例

意匠登録出願の願書及び図面等の記載の
手引き（令和3年3月改訂）53頁

●75【参照】24頁。

▶76【補足】さらに、こわれにくく容易に変形・変質しないもの、また、取扱いまたは保存に不便でないものとされています。

●77【参照】正投影図法による作図は24頁、写真で代用する場合は157頁。

5　さまざまなパターンでの意匠登録

ファッションデザインに意匠権を取得する場合には、その基礎となっているデザインが使われているさまざまな物品に対して意匠権を取得することが考えられます。というのも、**意匠権の効力は、物品が同一・類似の意匠にしかおよばない**からです●78。たとえば、同じ人が織物地（テキスタイル）、それを用いた手提げかばんなど、それぞれに意匠登録をする例が見られます。

●78【参照】28頁。

織物地┼79　　　手提げかばん┼80

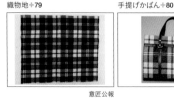

意匠公報　　　意匠公報

┼79【公報】意匠登録1235826号（すでに消滅）。株式会社ダイドーリミテッドの登録意匠です。

┼80【公報】意匠登録1230006号（すでに消滅）。株式会社ダイドーリミテッドの登録意匠です。

しかし、こうした織物地をさまざまな物品に用いて、バッグ、帽子、ワンピースなど**個々の物品すべてに意匠登録を得ることは費用の観点からも相当の負担**になります。物品ごとに出願が必要な意匠制度では仕方がないことではありますが、ファッションデザインの保護には意匠法は向いていないといわれてしまうのは、このような問題があるためです▶81。

さらに、意匠権についてはもう1つ問題があります。それは、意匠権は出願しなければ権利の取得ができず、その審査期間が7ヶ月程度かかってしまうことです。それだけ時間がかかってしまうと、

▶81【補足】もちろん、利用による侵害も成立する可能性がありますが、地模様をそっくりそのまま利用していることが前提となりますので、意匠権侵害を問うことがむずかしい場合も多いでしょう（実際、後述の細幅レース地事件でも利用による侵害は認められませんでした）。

流行性あるデザインが意匠登録された頃にはシーズンが変わり、も
うその製品は売っていない、ということもありえます▶82。

6　意匠権の効力

　実は意匠権の効力についても、ファッションデザインとの関係で
は問題があります。**意匠権は、意匠権者に無断で行われる登録意匠
の実施を排除することを可能にする権利**です。意匠権の効力は、登
録意匠に同一・類似の意匠までおよびますが、ファッションデザイ
ンの**意匠が類似するかどうかは、物品面**（物品の用途・機能が同一・
類似しているか）と**形態面**（形態が同一・類似しているか）**から判断さ
れます**●83。

（1）物品の類似

　そのため、まずは意匠の物品が類似していないと、意匠は類似し
ないとして意匠権侵害は認められません。そうすると、たとえ地模
様のようなテキスタイルデザインに意匠権を取得していても、その
テキスタイルデザインが洋服など具体的な物品に使用された場合に
は、（利用による侵害を除き）意匠権侵害とならないことになります。
　実際に物品が類似しておらず、利用関係も認められないとして、
意匠権侵害が認められなかった例を見てみましょう●84。

> **巫　物品の類似も、利用による侵害も否定された例**
> 　　　**――細幅レース地事件**◇85

　この事件では、〈細幅レース地〉が意匠登録されていました▶86。
原告は、この細幅レース地に類似する図柄を被告がブラジャーに使
用し販売などしているとして訴えましたが、細幅レース地とブラ
ジャーでは物品は同一・類似ではないとされました。
　では、細幅レース地の図柄をブラジャーが含んでいるとして、〈**利
用による侵害**〉は認められるでしょうか●87。利用による侵害とは、
**他人の意匠の全部を含んでいる場合には他人の登録意匠を利用して
いるから意匠権の侵害**だ、という理論です。ここでは、細幅レース
地をそのブラジャーが利用していれば意匠権侵害となるわけですが、
裁判所は、このレース地について、葡萄の3枚の葉と3房の実と3
本の蔓を構成要素とする基本パターンとその反転パターンの組み合
わせを最小単位の図柄として認定し、その図柄はブラジャーには含
まれていないとして、利用による侵害も認めませんでした。

▶82【補足】他方で、特徴
ある襟などで長年使用する
ような場合などは、部分意
匠制度で襟を保護すること
が有効でしょう。さらに、数
年にわたって少しずつ襟を
改変しながら使用していく
ことを想定する場合には、関
連意匠制度の利用を検討す
るとよいでしょう（【参照】
41頁）。

●83【参照】28頁。

●84【参照】119頁。

◇85【裁判例】神戸地判平
成9年9月24日平成7（ワ）
1847号。

▶86【補足】物品は、ひも、
ロープなどにあたる細幅
レース地です。
　なお、この事件では意匠
権の侵害は認められていま
せんが、こうしたレース地
について意匠登録をしてお
くことが無意味ということ
ではありません。というの
も、レース地の意匠権者が
服などの完成品を販売して
いる場合には、そこに使用
しているレース地も自分の
意匠権に基づくものだとい
うことが証明できるからで
す。完成品を仕入れて販売
する会社にとっては、部品
として使用しているレース
地が他社の権利を侵害して
いない可能性が高いという
ことで、安心して取引でき
ます。これは、意匠権者自
身が完成品である服を製造
しないで、他社にレース地
を納品する場合も同じです。
服を製造する会社は、レー
ス地の意匠権の侵害を基本
的に心配する必要がないか
らです。

●87【参照】120頁。

細幅レース地 ✛88　　細幅レース地の基本パターン　　侵害として訴えられた製品の1つ

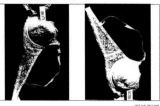

意匠公報　　　判決別紙
（LEX/DB文献番号28032667）

判決別紙
（LEX/DB文献番号28032667）

✛88【公報】意匠登録0856575号（すでに消滅）。栄企画株式会社（原告）の登録意匠です。

(2) 形態の類似

　では次に、物品が類似する場合で、さらに形態も類似するのは、どのような場合でしょうか。実際には物品が全く異なるのであれば通常は訴訟に発展することはないはずですので、物品が類似することを前提として、形態が似ているかが争われることになります▶89。

　ファッションデザインの形態の類否判断も基本的にプロダクトデザインと同じです●90。形態が類似するかについては、まず両意匠の基本的構成態様と具体的構成態様を明らかにします。そして、**両意匠の共通点と差異点を認定し、両商品の需要者の最も注意を惹く部分を意匠の〈要部（重要な部分）〉として把握して、要部において構成態様が共通しているかを観察し、両意匠が全体として需要者に共通の美感を与えるかどうか**に基づいて判断します。要部の把握の際には、意匠に係る物品の性質、用途、使用態様、さらに、公知意匠にはない新規な創作部分などが考慮されます。

　では、ファッションデザインの形態の類似について、類似を肯定した例から見てみましょう。

▶89【補足】細幅レース地事件は、テキスタイルデザインがほかのデザインにも用いられるという点でテキスタイルデザイン特有の事案です。

●90【参照】29頁。

◇91【裁判例】大阪地判平成10年1月29日平成6（ワ）7400号。

巫　形態の類似が肯定された例──肩掛けかばん事件◇91

　意匠権者は〈肩掛けかばん〉の意匠権を有しており、同様に肩掛けかばんを販売する被告らを意匠権侵害だと訴えました。裁判所は両意匠の形態は類似するとしました▶92。

　具体的には、熊の顔の大きな本体と手足の付属部分、そして肩掛け用ベルトが取りつけられているという基本的な構成と、熊の微笑

意匠権者の肩掛けかばん ✛93　　被告の肩掛けかばん

意匠公報　　　判決別紙（LEX/DB文献番号28032885）

▶92【補足】部分意匠の形態の類似が肯定された例もあります（東京地判平成25年4月19日平成24（ワ）3162号）。この部分意匠は、サンダル台部分が意匠登録を受けようとする部分ですので、サンダル台部分の形態が類似しているかが問題となりました。裁判所は、需要者の注意は縦と横に直行するリブと突起部材、そして円板状部材のデザインに向かい、それらのデザインについて両意匠は同じ美感を与えることから、両意匠は類似するとしました。
▼原告の意匠と被告の意匠

判決別紙
（LEX/DB文献番25445632号）

✛93【公報】意匠登録0654321号（すでに消滅）。株式会社丸加工芸（原告）の登録意匠です。

んだ愛らしい顔とがま口が〈要部〉であるとしました。そして、被告製品の熊の顔の表情を形成する目、鼻・口元の部分の形およびその配置が登録意匠とほとんど同じであり、本体部分の頭頂部にがま口がある点でも共通しており、両意匠の差異も熊の顔の表情に与える影響は非常に小さいとして、両意匠は類似するとしています▶94。

次に、形態の類似が否定された例を見てみましょう。

巫　形態の類似が否定された例——長靴事件◇95

　裁判所は、これらのロングブーツの形態は類似しないとしました▶96。

　具体的には、女性用ロングブーツの需要者である女性は、ロングブーツの筒部に着目するとしたうえで、原告の登録意匠であるロングブーツの絞りの数が５つあり、そして、絞りと絞りの間隔が狭くなり筒部が全体に引き締まって細身のある独特の美感がもたらされている点などを〈要部〉としました。一方で、被告らのロングブーツは筒部の絞りが３つであり、絞りと絞りの間隔が広く、その絞りと絞りの間には絞りに伴う自然な縦じわがあるだけで、原告のロングブーツのようなこぶ状の膨らみはなく、筒部の表面には織物素材の風合いがありビニール風の光沢はないとして、２つのブーツは要部において顕著な相違点があり、美感を異にするとして、両意匠は類似しないとしています。

原告のロングブーツ✛97　　被告らのロングブーツ

意匠公報　　　　　判決別紙（1審）

　以上のように、ファッションデザインについても意匠権の取得は可能で、不正競争防止法の形態模倣商品の提供行為が認められる３年を超えて保護したい場合に有効です。しかし、これまでに述べてきたように、ファッションデザインについては、流行性や物品ごとの権利取得、権利取得までに要する時間など、意匠権の取得と相性が悪い場合があります。また、意匠の類似についても、形態の類似性が認められない場合もあります。それらを考慮しつつ、ファッションデザインについて意匠権の取得を検討するとよいでしょう。

　他方で、意匠権の存続期間（出願から25年）を超えて、半永久的に

▶94【補足】結論として意匠権侵害と認められています。なお、原告は商品等表示に該当して不正競争行為にあたるとも主張していましたが、裁判所は、原告商品の形態に特別顕著性があるかは疑問であるし、周知性もないとして、不正競争行為にはあたらないとしています。意匠権を取得しておくことの大切さがわかる事例です。

◇95【裁判例】大阪地判平成21年11月5日平成21（ワ）2726号、大阪高判平成22年5月14日平成21（ネ）3051号。

▶96【補足】コンタクトレンズの形態が類似しないとされた例もあります（大阪地判平成27年12月22日平成26（ワ）11576号）。裁判所は、被告のコンタクトレンズは、原告のコンタクトレンズの要部である黒色環線の形状、配置などを備えているものの、内周部の点状の模様の色彩および形状が相当異なるだけなく、中心部におよんだぼかし模様も施されていないことから、全体的に需要者に異なる美感を与え、両コンタクトレンズは類似しないとしました。

▼原告のカラーコンタクトレンズ
（意匠登録1470103号）

意匠公報

▼被告のカラーコンタクトレンズの例

判決別紙

✛97【公報】意匠登録1339016号（すでに消滅）。大阪ケミカル工業株式会社（原告）の登録意匠です。

保護したいファッションデザインについては、商標権の保護が有効です。それを次に見てみましょう。

Ⅳ 商標法による保護━━━━━━━━━━━━

　ファッションデザインについては、**商標のブランドとしての平面のマークの保護や、立体的形状の保護**が考えられます。立体商標についての商標権の取得のハードルは高いですが、検討の余地があります。というのも、**商標権は商標権者が望む限り半永久的に更新可能**ですので、ブランドとして特定のファッションデザインを長年にわたって保護していきたいという場合には、商標権は有効な保護となるからです。

1 保護される商標と商標登録の要件

(1) 商標
　商標法で保護される商標には、平面と立体が含まれます[98]。そのため、2次元の図柄も、3次元の洋服、靴、バッグのデザインもともに商標にあたり、商標法の保護対象となります。

(2) 商標登録の要件
　商標登録を受けるためには、その**商標が自他商品・役務識別力を有し**、【商3条】**商標登録を受けることができない商標に該当しないなど、商標登録の登録要件を満たす必要**があります【商4条】[99]。

① 2次元の図柄の登録例
　まずは、2次元の図柄の登録例を見てみましょう。それぞれ有名なブランドの商標ですが、こうした平面の図柄が商標として登録されています。たとえば、ルイ ヴィトン マルチェはエピと呼ばれる地模様を登録しています[100]。また、伊藤忠商事株式会社はコンバースのマークを多数登録しています[102]。

ルイ ヴィトンの商標[101]　　伊藤忠商事の商標[103]

商標公報　　　　　　　商標公報

　他方で、一般的な市松模様については出願が拒絶された例もあります。〈鬼滅の刃〉の主人公・竈門炭治郎が着ている半纏の市松模様について、株式会社集英社がした出願は単に地模様（地紋）にすぎ

● 98【参照】79頁。

● 99【参照】80頁。

▶ 100【補足】このエビは商標3条2項の適用を受けて登録されていますが、裁判所まで争って認められたもので（東京高判平成12年8月10日平成11（行ケ）80号）、出願から登録まで7年半という非常に長い期間をかけて登録に至っています。それほどの時間と手間をかけても登録すべき図柄だということがわかります。

＋101【公報】商標登録4459738号。ルイ ヴィトン マルチェの登録商標です。

▶ 102【補足】伊藤忠商事株式会社は次頁でお話しするように位置商標も取得しています。また、仮想空間での靴の販売を想定し、仮想空間で対応できる指定商品などでも商標権（商標登録6671026号）を取得しています。このように、さまざまな商標権によってコンバースのマークの保護をはかっています。

＋103【公報】商標登録4914114号。伊藤忠商事株式会社（コンバースジャパン株式会社の親会社）の登録商標です。

ず自他商品識別力がないとして出願が拒絶されています▶104。同様【商3条1項6号】に、妹の禰豆子、我妻善逸の服の柄も拒絶されています▶105。

竈門炭治郎のもの✛106

公開商標公報

禰豆子のもの✛107

公開商標公報

我妻善逸のもの✛108

公開商標公報

　そのほかにも、色の商標が認められるようになったことから、たとえばクリスチャン ルブタンのレッドソールが商標登録出願されています▶109。ただし、このレッドソールには自他商品識別力がないとして出願が拒絶され、拒絶査定不服審判でも商標登録が認められず▶110、ルブタン側は裁判所に拒絶査定不服審判の取り消しを求めましたが、やはり登録は認められませんでした◇111。

ルブタンのレッドソール✛112

公開商標公報

　さらに、位置商標も認められていることから●113、ファッションの分野では位置商標の登録が多数存在しています▶114。
　たとえば、伊藤忠商事株式会社は靴の側面後方にコンバースのマークの位置商標を取得しています▶115。また、モンクレール ソチエタ ペル アツィオニは被服の左胸の部分の図形の位置商標を取得しています▶117。

伊藤忠商事の商標✛116

商標公報

モンクレールの商標✛118

商標公報

　このように、ファッションデザインについての平面商標の登録はたくさん存在しています。

② 立体商標の登録例

　次に立体商標の例を見てみましょう。立体商標の場合には、特に〈立体的形状の自他商品・役務識別力〉の要件が問題となります●119。
　ファッションデザインにおける立体的形状は、通常、商品の出所を表すものではなく、機能や美感の目的で採用されています。そのため、**立体的形状はその機能や美感のための形状だとわかるのであれば、自他商品・役務識別力を有しない**とされています。よって、

▶104【補足】商標審査基準では「商標が、模様的に連続反復する図形等により構成されているため、単なる地模様として認識される場合には、6号に該当すると判断する。ただし、地模様と認識される場合であっても、その構成において特徴的な形態がみいだされる等の事情があれば、6号の判断において考慮する」としています。

▶105【補足】他方で、冨岡義勇、胡蝶しのぶ、煉獄杏寿郎の着ている服の柄は、単なる地模様ではないと判断され登録されています。

▼冨岡義勇のもの
（商標登録6397486号）

商標公報

▼胡蝶しのぶのもの
（商標登録6397487号）

商標公報

▼煉獄杏寿郎のもの
（商標登録6397488号）

商標公報

　なお、本文の3つの模様は特別顕著性がないものの側注の3つの模様はそれぞれ単体で特別顕著性を有し、両者を合わせた6種類の模様の組み合わせ等も特別顕著性を有し、それぞれの模様は周知性を有していることから、そうした6種類の組み合わせ等について不正競争防止法2条1項1号の周知の商品等表示にあたるとした裁判例があります（名古屋地判令和4年12月16日令和3（ワ）1558号）。

✛106【公報】商標登録出願2020-078058号。

✛107【公報】商標登録出願2020-078059号。

✛108【公報】商標登録出願2020-078060号。

▶109【補足】位置商標ではなく、あえて色の商標として出願しているようです。

▶110【補足】欧州では、ルブタンのレッドソールは商標登録（EUTM 008845539）されています。

◇111【裁判例】知財高判令和5年1月31日令和4（行ケ）

その場合には、立体的形状が広く使用されて全国的に広く知られるようになることによって識別力を獲得してから商標登録出願をして、立体商標として登録を受けることになります。[商3条2項]

たとえば、エルメスのバーキンの商標が立体商標として登録されていますが、やはり有名ブランドであることがわかると思います。このように長く使用されていることが前提とされますので立体的形状について商標登録を受けることは大変ですが、逆に登録が認められれば半永久的に保護されることになるので、権利としては非常に強力なものとなります▶120。

エルメスのバーキン✛121▶122

商標公報

😊 **コラム** **パロディ商標**

　ファッションデザインの分野でも、パロディ商標が見られることがあります。

プーマ社の商標✛123　パロディ商標✛124　パロディ商標✛125

商標公報　　　　商標公報　　　　商標公報

KUmA、SHI-SAの商標はともに、著名なプーマ社の登録商標のパロディであることは容易に推察できます。両商標に対して商標登録の無効などをプーマ社が主張し、KUmAは公序良俗に反するとして（商標法4条1項7号）、また、出所混同を生じるとして（商標法4条1項15号）無効とされています◇126。しかし、SHI-SAは登録商標とは非類似であるなどとして有効な商標として維持されました（現在は放棄により抹消となっています）◇127。

　もう1つ、日本で話題となったのが、フランク三浦とフランクミュラーの時計に関する争いです。株式会社ディンクスの有するフランク三浦という登録商標は、フランクミュラーの時計を連想させるような時計に使われていました（フランク三浦もフランク　ミュラーおよびFRANCK MULLERも文字商標です）。

10089号。そこでは、自由選択の必要性などに基づく公益性の要請が特に強い単一の色彩のみからなる商標について、商標法3条2項の商標にあたるためには、特定の人による商標の独占使用を認めることが公益性の例外として認められる高度の自他商品識別力などを得ていること（独占適応性）が必要だとして、3条2項の適用に非常に高いハードルが課せられています。

✛112【公報】商標登録出願2015-29921号。

●113【参照】79頁。

▶114【補足】位置商標を取得しておくと、その商標登録は自他商品・役務識別力があるとして登録されていることになりますので、実際に侵害品でその位置に使用された場合には、その使用が商標的使用かが問題とされにくいというメリットが考えられます（【参照】230頁）。

▶115【補足】226頁で説明したように、伊藤忠商事株式会社は位置商標だけでなく、コンバースのマークについて通常の商標も取得しています。

✛116【公報】商標登録6103502号。伊藤忠商事株式会社の登録商標です。

▶117【補足】なお、モンクレール ソチエタ ペル アツィオニは被服の左腕上部の図形の位置商標も取得しています（商標登録5995042号）。

✛118【公報】商標登録5995041号。

●119【参照】138頁。

▶120【補足】実際に、この立体商標の商標権に基づいて、商標権侵害が認められています（東京地判令和2年6月3日平成31年（ワ）9997号、知財高判令和2年12月17日令和2（ネ）10040号）。

▼被告の販売していたバッグ

判決別紙

✛121【公報】商標登録5438059号。エルメス・アンテルナショナルの登録商標です。

▶122【補足】バーキンの形態は著名ですので、著名表示冒用行為（不正競争防止法2条1項2号）にあたる可能性もあります。

フランク三浦の
文字商標 +128

フランク ミュラーの
文字商標 +129

フランク三浦	FRANCK MULLER
商標公報	商標公報

　フランク ミュラーなどの商標権者はフランク三浦の商標登録の無効（商標法４条１項11号など）を主張しましたが、裁判所はフランク三浦とフランクミュラーおよびFRANCK MULLERは類似しないなどとして、商標登録の無効を認めませんでした▶130◇131。

　なお、このことは、フランク ミュラーなどの商標権者がフランク三浦に侵害を問えないことを意味しているわけではありません。たとえば、腕時計の形状やデザインについて、不正競争防止法の商品等表示にあたる可能性も考えられます。そのため、パロディを行う側は常に訴えられるリスクを頭に入れておくべきです▶132。

2　商標の類似

　商標の類似は、**両商標が同一・類似の商品・役務に使用された場合に取引者や需要者に商品・役務の出所の混同のおそれを生じるか否かで判断され、外観、称呼（呼び方）、観念、さらに取引の実情が考慮**されます●133。ここでも、平面商標と立体商標について見ておきましょう。

Ⅶ　模様が類似しないとされた例——ステップワン事件◇134

　原告は登録商標に類似する標章が利用されているとして被告を訴えました。裁判所は、登録商標と被告の使用する標章は類似しないとして、商標権侵害ではないとしています。

　具体的には、両商標を構成する各要素の形状は異なり、各要素の配列も異なっているから、両商標の外観は全体として異なる印象を需要者に与えるものであって、両商標は類似しないとしました。

原告のマーク +135　　　　被告のマーク

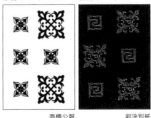

商標公報　　　　　　　　判決別紙

+123【公報】商標登録3324304号。プーマ エス イーの登録商標です。

+124【公報】商標登録4994944号。北海道デザイン会社（原告）の登録商標です。

+125【公報】商標登録5040036号。個人（原告）の登録商標です。

◇126【裁判例】知財高判平成25年6月27日平成24（行ケ）10454号。

◇127【裁判例】知財高判平成22年7月12日平成21（行ケ）10404号。

+128【公報】商標登録5517482号（すでに消滅）。

+129【公報】商標登録2701710号。エスエムティーエム ディストリビューションリミテッドの登録商標です。

▶130【補足】なお裁判所は、本文掲載の英文字の商標からはフランクミュラーの称呼が生じるとしています。

◇131【裁判例】知財高判平成28年4月12日平成27（行ケ）10219号。

▶132【補足】ただし、このようにニュースになってしまうとパロディを行う側の思うつぼ、というのもオリジナル商品側にあると思いますので、オリジナル側としてはさまざまな状況に鑑みて対策を検討すべきでしょう。

●133【参照】90頁。

◇134【裁判例】東京地判平成30年2月28日平成29（ワ）19011号。

+135【公報】商標登録5600088号。株式会社ステップワン（原告）の登録商標です。

立体商標の場合には、その立体的形状の360度全体を同時に見ることはできませんので、需要者が主として見る特定の方向を想定して、その外観が似ているかどうかで判断されます。

🏛 立体商標が類似するとされた例──バーキンタイプのバッグ事件◇136

実際、先にあげたエルメス・アンテルナショナルのバーキンのバッグについては、正面方向から観察して外観が類似するバッグの販売会社の商標権侵害が認められています。

エルメスのバーキン✛137　　被告のバッグ

商標公報　　　　　判決別紙

◇136【裁判例】東京地判平成26年5月21日平成25（ワ）31446号。

✛137【公報】商標登録5438059号。

3　商標の効力

商標権の効力は、指定商品・役務について登録商標の使用をする権利を専有することです●138。そのため、同一の商標を指定商品に使うことは商標権の侵害になります。そして、それだけではなく、類似の商標を指定商品や指定商品に類似する商品等に使うことも禁止しています▶139。

●138【参照】87頁。

(1) 商標的使用

Part 1では、**商標としての使用でなければ商標権侵害にはならない**と説明しました●140。つまり、**出所識別機能（自他商品・役務識別機能）を発揮しない状態での商標の使用であれば、商標権を侵害しません**。

装飾のために模様を使う場合には、出所識別機能を発揮する場合も出所識別機能を発揮しない場合もあるでしょう。具体例として裁判例を見てみましょう。

▶139【補足】廃棄物を利用したアップサイクル商品についても、登録商標を残したままアップサイクル商品としてしまうと、その商品を指定商品とする商標権が存在していれば商標権の侵害となります。

●140【参照】メタバースでのファッションデザインの使用について（89頁）。

🏛 模様の使用が出所識別機能を有するとされた例──ルイ・ヴィトン事件◇141

ルイ・ヴィトン・エス・アーのブランドのマークについてはご存知だと思います。裁判所は、このような模様をかばんに使用している場合でも、その模様が自他識別機能を有するものとして使用され

◇141【裁判例】大阪地判昭和62年3月18日昭和61（ワ）4147号。

るかぎり、商標としての使用にあたるとしています。結論として、このマークの使用について商標権侵害を認めています。

ルイ ヴィトンの商標 ✛142

商標公報

ルイ ヴィトンの商標 ✛143

商標公報

✛142【公報】商標登録1332979号（すでに消滅）。

✛143【公報】商標登録1446773号。

◇144【裁判例】東京地判平成24年9月6日平成23（ワ）23260号。

▶145【補足】文字の場合は商標的使用かの判断がむずかしい場面もありそうです。たとえば、Tシャツにおける次のような使用でも、LOVE BERRYという文字標章の商標的使用だと認められています（東京地判平成18年12月22日平成17（ワ）18156号）。

▼原告（有限会社ジェイ・エイ・シー）の登録商標（商標登録4294927号）

🜨 標章が出所識別機能を発揮していないとされた例 ——SURF'S UP事件◇144

他方で、出所表示機能を発揮していないとされた例を見てみましょう。原告の登録商標は文字商標ですが、被告はそれを含む標章をTシャツに使用していたという事案です▶145。

裁判所は、被告標章における〈SURF'S UP〉の表示は、商品の出所識別機能を果たす態様で使用されていないから、被告標章の使用は本来の商標としての使用にはあたらないとして商標権侵害を認めませんでした▶146。

原告の商標 ✛147

商標公報

被告のTシャツ

判決別紙

LOVEBERRY

商標公報

▼被告商品の例

判決別紙

他方で、文字標章でも、広くキャラクターの図柄とセットで使用されており、需要者がキャラクターの図柄と関連なく被告商品の出所を識別するとは考えにくい（＝商標的使用ではない（商標法26条1項6号該当））とした例もあります（大阪地判平成30年11月5日平成29（ワ）6906号）。

▼原告（個人）の登録商標（商標登録5316480号）

BELLO

商標公報

▼被告商品の例

判決別紙

▶146【補足】もしこの文字が胸にワンポイントのように入っていたとすると、商標としての使用として商標権侵害となる可能性が高いでしょう。【参照】309頁。

✛147【公報】商標登録4865480号。株式会社ブランク（原告）の登録商標です。

●148【参照】93頁。

(2) 権利者から購入した商品の再譲渡

商標権者から譲渡された商品を他人に譲渡しても商標権侵害となりません。これは商標機能論で説明され、**商標機能論とは、商標が有する出所表示機能や品質保証機能を害しない使用であれば、商標の使用に該当しても商標権侵害とはならないという理論**です●148。

よって、権利者から譲渡された商品については、商標権者の商品ですから、その商標が有する〈出所を表示する機能〉も〈品質を保証する機能〉も害することはないわけですが、ファッション業界では、シーズン終了後に売れ残った商品を回収し廃棄するということがあるようです。通常はそうした商品が流通しないように自社などで最後まで焼却処分などするようですが、仮にそうした商品が横流

しされ、ブランドの意思に反して流通に再度置かれた場合には、出所表示機能や品質保証機能を害する可能性があるので商標権侵害となるでしょう▶149。

▶149【補足】実際に、商標権者によって廃棄処分の対象となった旧品を回収して販売する場合には、それが商標権者の商品でも商標権侵害となるとする裁判例があります（大阪地判平成7年7月11日平成5（ワ）11287号）。

(3) 真正商品の並行輸入

ファッションデザインについては真正商品の並行輸入がよく行われます。真正商品の並行輸入の典型例は、外国で適法に標章が付されたブランド品を日本に輸入してくる場合です。真正商品の並行輸入は一定の条件のもとで認められています。Part 1 でも紹介しましたが●150、それを示した裁判例を見ておきましょう。

●150【参照】95頁。

巫 真正商品の並行輸入が認められた例──フレッドペリー事件◇151

実際の裁判で問題となったのは、フレッドペリーのポロシャツのシンガポールからの並行輸入でした。フレッドペリー（ホールディングス）リミテッドはシンガポールの会社にポロシャツの製造をライセンスしていました。しかし、シンガポールの会社はフレッドペリー（ホールディングス）リミテッドの許諾なく契約地域外の中国の工場にポロシャツを下請製造させていたことから、そのポロシャツはフレッドペリー（ホールディングス）リミテッドとの契約に違反する商品でした。そのポロシャツが日本に輸入されてきたところで、日本の商標権者（フレッドペリー（ホールディングス）リミテッドの親会社：ヒットユニオン株式会社）が商標権を行使したのです。

裁判所は、**標章が適法に付され、外国と国内の権利者が同一人と評価でき、商標権者の品質管理ができる場合には、並行輸入を可能**としました。商標権者が同一人であれば出所の混同が生じることはありませんし、商標権者の品質管理がおよんでいるのであれば、品質が害されないからです。

◇151【裁判例】最判平成15年2月27日平成14（受）1100号。

フレッドペリーの商標✛152　　フレッドペリーの商標✛153

商標公報　　　　　　　　　商標公報

✛152【公報】商標登録0650248号。

✛153【公報】商標登録1404275号。

フレッドペリー事件の概要

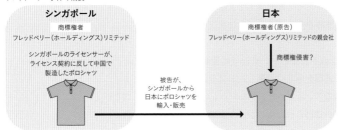

シンガポール

商標権者
フレッドペリー（ホールディングス）リミテッド

シンガポールのライセンサーが、
ライセンス契約に反して中国で
製造したポロシャツ

被告が、
シンガポールから
日本にポロシャツを
輸入・販売

日本

商標権者（原告）
フレッドペリー（ホールディングス）リミテッドの親会社

商標権侵害？

筆者作成

　しかし、この事件においては、輸入された商品は契約地域外で許諾なく製造された商品ですので、商標権者の商標の出所表示機能を害し、製造国の制限および下請の制限に反した商品であることから商標権者による品質管理がおよばず、商標権者の登録商標が保証する品質において差を生ずる可能性があるとして、商標権侵害だと判断しました。

　要するに、完全な偽物というわけでもないのですが、真正な商品ともいい難いという状況だったわけです。シンガポールで製造したポロシャツであれば真正商品ですので並行輸入されても問題ありませんが、商標権者が許可していない中国の工場で製造したポロシャツは真正商品とはいい難いので、それが日本に輸入されてきたのを止めることができるというわけです。

☺ **コラム** **デザイナーの名前と商標ブランド**

　ファッションデザインの場合には、そのデザイナーの名前をブランド名としてつけることがよくあります。その場合、他人の氏名を含む商標は登録を受けることができないとする商標法4条1項8号が問題となります。従来は柔軟に商標登録が認められていましたが、最近の裁判例は人の氏名が含まれていると、それだけで商標登録を受けることができないとしてきました◇154。これらの裁判例では、図形と組み合わせたり、名前に別の単語をつけても商標登録が認められませんでした。

Ken Kikuchiの例

判決別紙

TAKAHIROMIYASHITATheSolist.の例

TAKAHIROMIYASHITATheSoloist.

（標準文字のため出典なし）

◇154【裁判例】知財高判平成28年8月10日平成28（行ケ）10065号・10066号、知財高判令和元年8月7日平成31（行ケ）10037号、知財高判令和2年7月29日令和2（行ケ）10006号。

こうした状況では、自分の氏名をブランド名として商標登録してファッションビジネスを展開することが事実上できないことになります。そのため、ファッション業界を中心にこのような状況には懸念が表明されてきました。

　そうした状況も意識されたのか、直近では音商標の事例であるものの、4条1項8号の適用を厳しく判断し氏名は登録できないとしてきた従来の裁判例とは異なり、〈マツモトキヨシ〉という言語的要素を含む音商標について登録が認められたものがあります。特許庁では商標登録出願は拒絶されましたが、裁判所は氏名として認識されない（会社名やドラッグストアとして認識される）として、登録を認めています◇155。

◇155【裁判例】知財高判令和3年8月30日令和2（行ケ）10126号。

✢156【公報】商標登録6516931号。株式会社マツキヨココカラ＆カンパニーの登録商標です。

マツモトキヨシの音商標✢156

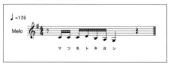

商標公報

　以上のような流れを受けて、他人の氏名については商標を使用する商品などの分野における一定の知名度など必要とすることなどによって、自己の氏名について登録が受けやすくなるように、令和5年に商標法が改正されました。

　以上のように、ブランドのマークや立体的形状などについて商標権を取得して保護をはかることが可能です。特に、長期間そのブランドマークを使用することも多いでしょうから、商標権による保護はとても有効になります。また、立体的形状についても、識別力を有するようになったのであれば立体商標として保護を受けることが可能です。

　最後に、著作権法によるファッションデザインの保護を見ておきましょう。

Ⅴ　著作権法による保護

　では、ファッションデザインは著作権法による保護を受けることができるでしょうか。

　著作権法は、著作物を「思想又は感情を創作的に表現したものであつて、文芸、学術、美術又は音楽の範囲に属するもの」と定義しています。
【2条1項1号】

著作権法が基本的に著作物と想定しているのは、絵画や彫刻など
で、美的鑑賞の対象となるものとして**純粋美術**と呼ばれています。
他方で、実用品に使用されるデザイン（ファッションデザインも含む）
は**応用美術**と呼ばれています。

　オートクチュールのようなファッションデザインの場合は一品製
作的なものであり、洋服という機能にとらわれない創作が付加され、
美的鑑賞の対象ともなることから著作物とされることも多いでしょ
う。しかし、ファストファッションのような大量に生産され実用品
として使用されるファッションデザインを、著作権法における美術
の著作物と認めることができるでしょうか[157]。**結論からいえば、そ
うしたファッションデザインを著作権法で保護するのは日本ではか
なりむずかしい**という状況です。

●**157【参照】**143頁。

　プロダクトデザインのところでも紹介した裁判例ですが、ここで
も紹介しておきましょう。

巫　ファッションデザインが著作物でないとされた例１ ──ファッションショー事件◇158

◇**158【裁判例】**知財高判平成26年8月28日平成25（ネ）10068号。

　この事件では、原告が、ファッションショーにおける化粧、髪型、
衣装、アクセサリーの選択とコーディネートが著作物であるとして、
被告を著作権侵害で訴えました。原告らはイベント等のコンサル会
社であり、原告らが開催したファッションショーは原告らの許諾を
得てファッション専門のテレビチャンネルが撮影し、被告らはその
会社からその映像を入手して、その映像の
一部を放送しました。そこで原告らは、
ファッションショーにおける化粧や髪型、
衣装やアクセサリーの選択とコーディネー
トなどが著作物であるとして、被告らを著
作権侵害で訴えたのです。

　裁判所は、衣服の選択とコーディネート、
およびアクセサリーの選択とコーディネー
ト、化粧および髪型のスタイリングについ
て、シティ（都市）やリゾートのパーティ
などで実用されることを想定するものであ
り、それ全体が美的鑑賞を目的とするもの
ではなく、また、実用目的のための構成と
分離して美的鑑賞の対象となり得る美的特

ファッションショーにおけるデザイン

⑦モデルの髪型、化粧、衣服の組み合わせ等

⑦ギフトを配布するポーズをとるモデル

⑦写しこんだ背景映像とモデル

判決別紙（1審、渡部友一郎「判批」
コピライト632号（2013年）33頁）

性を備えた部分を把握できるものでもないとして、著作物性を否定し著作権侵害を認めませんでした。

　要するに、そうしたコーディネートや化粧、髪型は、パーティなどでの実用目的であって、美的鑑賞の対象となるような部分を実用目的の部分から分離して把握できないとしたのです▶159▶160。

　著作権法による保護を認めないファッションデザインに関するいくつかの裁判例を見てみましょう。

巫　ファッションデザインが著作物でないとされた例2
　　──佐賀錦袋帯事件◇161

　この事件では、帯の図柄の著作物性が問題となりました。裁判所は、帯の図柄としてはそれなりの独創性を有するものの、帯の図柄としての実用性の面を離れて美術作品として美的鑑賞の対象となるほどではないとして、著作物とはならないとしています▶162。

原告の帯の図柄　　被告の帯の図柄

判決別紙　　　　　判決別紙
（判タ715 号239頁）（判タ715 号239頁）

巫　ファッションデザインが著作物でないとされた例3
　　──Chamois事件◇163

　この事件では、タンクトップに施された花柄刺繍のデザインの著作物性が争われました▶164。裁判所は、このデザインを著作物でないとしています。

　具体的には、花柄刺繍部分の花柄のデザインについて、5輪の花および花の周辺に配置された13枚の葉からなるデザインは、婦人向けの衣服によく用いられる花柄模様の1つであり、衣服に用いられるデザインであることを離れ独立して美的鑑賞の対象となりうるような創作性を備えていないとしました▶165。

原告のタンクトップ　　　刺繍の拡大図

判決別紙　　　　　　　　　判決別紙

　一方で、珍しい例ですが、著作物であると認められた例もあります。

▶159【補足】この判決は結論としては著作物性を否定しているものの、分離して把握できる場合にはファッションショーにおける化粧、髪型、衣装、アクセサリーの選択とコーディネートといったものも、著作権法上の保護を受けられる可能性がないわけではないことを示唆しています。

▶160【補足】なお、メイクアップも人の顔に施すデザイン、ヘアスタイルも人の髪に施すデザインですが、意匠法の保護対象に該当しないことから意匠法では保護されません。しかし、メイクアップやヘアスタイルが具体的表現として著作物性を満たせば、著作権法による保護を受ける可能性はあるでしょう。たとえばミュージカル〈CATS〉のように、人の顔に施された猫のメイクは著作物となる可能性がありそうです。

　なお、メイクアップとは異なりますが、人体に対する観音立像の入れ墨について著作物とした裁判例も存在しています（知財高判平成24年1月31日平成23（ネ）10052号）。

◇161【裁判例】京都地判平成元年6月15日昭和60（ワ）1737号。

▶162【補足】なお、この事件では図柄が奇想天外ではなく周知性もないとされ不正競争にはあたらないとしましたが、帯や裂地の模様の模様について商品等表示にあたるとした裁判例もあります（東京地判平成9年3月31日昭和63（ワ）4288号）。そこでは、帯や裂地の模様が周知商品表示として保護されるためには、ほかの帯地や裂地の模様と比べ独創的・印象的な意匠としての特徴があり、需要者が特定の営業主体の商品と理解できる識別力があって、その模様が長期間特定の営業主体の商品に排他的に使用され、または、商品や模様が短期間でも強力に宣伝広告されたことが必要としています。

◇163【裁判例】大阪地判平成29年1月19日平成27（ワ）9648号・平成27（ワ）10930号。

▶164【補足】量産衣料品の生地に用いるデザイン案に基づく量産品である布団の絵柄について、応用美術に該当し衣料製品（工業製品）

Ⅻ　Tシャツの模様の原画が著作物であるとされた例
——アメリカTシャツ事件◇166

　この事件では、Tシャツに描かれた模様の原画について著作物性が争われ、裁判所は著作物であるとしています。具体的には、Tシャツに模様として印刷するという実用目的のために、美の表現において実質的制約を受けることなく専ら美の表現を追求して制作されたものとして、美術の著作物であると認めました。

原告のTシャツの図案（原画）　　　　被告のTシャツの図案

判決別紙　　　　　　　　　　　判決別紙

　ただ、この例はTシャツ全体ではなく、Tシャツに描かれた模様の原画についての判断です▶167。

　このように裁判例を見てきますと、やはり一般的にはファッションデザインを著作権で保護するのはむずかしいといえます。プロダクトデザインについても著作権法の保護は期待できないので意匠権を取得しておくことが重要だと説明しましたが●168、先に説明したように、ファッションデザインの場合は、その流行性や意匠登録すべき物品が多数になることから、プロダクトデザインとは同じようにはいきません。ここがファッションデザインの保護のむずかしいところです。

　最後に、特許法によるファッションデザインの保護を見ておきましょう。

😊　**コラム**　**仮想空間での現実空間のファッションデザインの利用**

　仮想空間で、ファッションデザインがデジタルファッションとして取引が行われた場合にはどのように考えればよいでしょうか。

　意匠権については、物品の意匠の効力はデジタル空間での実施にはおよばないと考えられますし、画像の意匠は機器の機能との関係が問われますのでコンテンツ画像には権利取得が困難です。そのため、デジタルファッションについて意匠権による保護はむずかしいでしょう。

　著作権については、イラストのような美術の著作物がデジタル空間で

の絵柄に用いるという実用目的によって制約されていることが明らかであるから、実用品である衣料製品としての産業上の利用を離れて独立に美的鑑賞の対象となる美的特性を備えていない（＝著作物でない）とした裁判例があります（大阪高判令和5年4月27日令和4（ネ）745号）。

▼原告の絵柄の例

判決別紙
（高裁判決添付の参考原判決）

▼被告の絵柄の例

判決別紙

▶165【補足】なお、タンクトップ全体についても実用的機能を離れて独立した美的鑑賞の対象となりうるような創作性はないとしています。また、この事件で原告は、被告の行為は形態模倣商品の提供行為であるとも主張しましたが、裁判所には認められませんでした。裁判所は、ネックラインの形状、前身頃と後身頃の縫い合わせの仕上げの仕方、さらには襟首直下のレース生地による切り替え部分の有無で相違があり、形態は実質的に同一とはいえないとしています。

▼被告のタンクトップ

判決別紙

▼刺繍の拡大図

判決別紙

◇166【裁判例】東京地判昭和56年4月20日昭和51（ワ）10039号。

▶167【補足】同様に、原告が猫のイラストをTシャツ販売サイトに登録し、希望者はイラストを正面に印刷したTシャツを購入できるようにしていた場合に、イラストを応用美術ではなく通常

再現されている場合には著作権の効力がおよぶ可能性があります。他方、現実空間に存在し売られているファッションの場合には応用美術の問題となってしまうため、そもそもファッションデザインが著作物として保護されるのがむずかしく、仮想空間でファッションデザインが再現されたとしても著作権の効力がおよぶ場合は少ないでしょう。

商標権は、商品・役務を指定して取得しますが、指定商品〈被服〉に商標権を取得している場合には、その商品は形のある被服（有体物）が対象となります。では、形のある被服（有体物）とデジタル被服（より正確にはプログラム）は、商品として類似しているといえるのでしょうか。裁判所は、商品が同じ営業主により製造または販売されていることにより、同一営業主が製造などする商品と誤認されるおそれがある場合には、商品は類似するとしています◇**169**。そのため、仮想空間で販売されるデジタル被服が、あのブランドが売っているのだと思われれば商品は類似することになりますが、現状では、ほとんどの場合、デジタル被服（プログラム）をそのブランドが売っている実際の洋服と同じブランドが出しているからと思って買っているようには思われませんので、商品としては類似しないでしょう。そうすると、仮想空間への進出を考え、さらに仮想空間でファッションデザインを保護したいという場合には、登録区分の第9、41類などを指定商品・役務として商標権を取得しておくことが必要となると考えられます。

なお、不正競争防止法による形態模倣商品の提供行為については、仮想空間での形態模倣商品の提供行為にも対応可能なように、令和5年の法改正によって電気通信回線を通じた提供が追加されています。

仮想空間

Source: @ HyacintheLuynes(2014), Avatars socialising in the 2003 virtual world Second Life, CC BY-SA 3.0, Available via Wikimedia Commons. https://commons.wikimedia.org/wiki/File:Second_Life_11th_Birthday_Live_Drax_Files_Radio_Hour.jpg

の美術の著作物とした裁判例があります（大阪地判平成31年4月18日平成28（ワ）8552号）。裁判所は、原告はイラスト作成後それを広めるため、あるいは商業的に利用するために、Tシャツ販売サイトを介して原告イラストを付したTシャツを販売していましたが、これは原告が創作した美術の著作物を用いたTシャツを販売したにすぎず、原告イラストの著作物性を否定する理由とはならないとしています。なお、裁判所は、原告の猫のイラストを著作物であるとし、一部の被告のイラストについてイラストの類似性を認めて著作権侵害としました。

▼原告のイラスト

判決別紙

▼被告商品の例

判決別紙

そのほか、原告のマトリョーシカの人形のデザイン（図柄）を縫いつけた手提げ鞄を被告が製造・販売していた事案で、原告のマトリョーシカの人形のデザインを著作物とした裁判例があります（東京地判平成17年7月20日平成17（ワ）313号）。結論としても著作権などの侵害を認めています。

▼原告のマトリョーシカの
　人形のデザインの例

判決別紙

▼被告の手提げ鞄の例

判決別紙

● **168**【参照】149頁。

◇**169**【裁判例】最判昭和36年6月27日昭和33（オ）1104号。

VI　特許法による保護

ファッションデザインについても、**技術的な側面があれば、それ**

を**特許権**によって**保護**することが可能です。

この製品は、平らに折り畳むことを可能とし、かつ、衣服の外観デザインの視覚的アピールに寄与する衣服を提供するための技術的加工を施したプリーツ製品です。こうした技術的側面について、特許権が取得されています。

また、ジーンズなどはユーズド加工がなされたりしますが、そうした技術にも特許が取得されています▶171▶172。

三宅一生の
プリーツ製品✛170

特許公報

VII 知財ミックス

ファッションデザインにおいても、知財ミックスで保護をはかることが見られます。

たとえば、株式会社ワコールの機能性ウェアですが、関節などをサポートする機能を有している点について特許権、さらにそのデザインについて意匠権、商品名について商標権を取得しています。

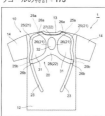

ワコールの特許✛173

特許公報

ワコールの意匠✛174

意匠公報

ワコールの商標✛175

商標公報

*　　　*　　　*

以上のように、ファッションデザインの保護は、デザインの保護を目的とする意匠権では適切な保護が得られない場面があることから、不正競争防止法の形態模倣商品の提供行為規制などを利用しつつ、長く保護したいデザインには意匠権、商標権の取得を考えることが必要になります。著作権法による保護はないわけではありませんが、あまり期待できないでしょう。技術的な側面については特許法による保護を受けられる可能性があることも、頭の片隅に置いておきましょう。

✛170【公報】特許4625878号。

▶171【補足】すでに失効していますが、たとえば、特許登録1812710号「ジーンズウオッシュ用研磨石の製造方法並びにジーンズウオッシュ方法」というものがあります。そのほか、島精機製作所のホールガーメントという一着丸ごと立体的に編み上げる縫い目のない製品に関する特許は累計2000件以上取得されているようです（https://gemba-pi.jp/post-182793）。

▶172【補足】お笑い芸人のロバートの秋山竜次さんの小道具（体モノマネTシャツ）も実は特許がとられています（特許6366202号）。課題は「自分の顔を瞬時に別人の顔に変えてみせるにおいて、観衆の興趣をより一層高めることができる小道具を提供することを目的とする」とされ、本発明によって「お面のような小道具を手にすることなく顔を変化させることができれば、観衆に更に意外性を感じさせて、より一層興趣を高めることができる」とされています。

▼体モノマネTシャツの特許

特許公報

✛173【公報】特許4061336号。

✛174【公報】意匠登録1324024号。

✛175【公報】商標登録4640682号。

建築・空間デザイン

　ここでは建築・空間デザイン、その中でも、建物や土木建築など
を含む建築物と、インテリアデザインや店舗デザインなどの内装デ
ザインを扱いたいと思います。

　実は、これまで建築物について知的財産法で保護をはかるのは、
なかなかむずかしい状況でした。しかし、意匠法が令和元年（2019
年）に改正され**建築物が意匠法で保護されることになりました**。そ
のため、今後は意匠法による保護が重要になります。また、その建
築物が自他商品・役務識別力を有する場合には、立体商標として登
録することも可能です。さらに、建築芸術のような建築については
著作権法による保護が、そして不正競争防止法による保護も考えら
れます。

　内装デザインについても、令和元年の意匠法改正により新たに**内
装の意匠が保護されることになりました**。内装デザインも建築物と
同様、商標法、著作権法、不正競争防止法による保護も考えられま
すが、意匠法による保護が最も重要になるでしょう。

　そのため、建築・空間デザインでは意匠法による保護を第一に考
えるようにしましょう▶1。

▶1【補足】Chapter 5建築・
空間デザインの目次。
　Ⅰ　建築デザイン
　Ⅱ　空間デザイン

Ⅰ　建築デザイン────────────────

　まずは、建物などの外観としての建築物から始めましょう。建築
物の最も有効な保護は上記のとおり意匠法ですので、意匠法による
保護から見ていきましょう。

1　意匠法による保護

(1) 令和元年の意匠法の改正

　Part 1でもお話ししていますが●2、従来の意匠法では、〈物品の意
匠〉しか保護されていませんでした。そして、物品は、動産を意味
し、不動産は含まれないとされていました。ただ、不動産として設
置する前の段階であれば、たとえば門扉や組立家屋は、物品の意匠

●2【参照】9頁。

として保護されていました。

　そのような保護しかなかったところに、新しく、**土地に定着した不動産も意匠法で保護する**ことが可能となりました。【意2条1項】

(2) 意匠法で保護される建築物

　では、意匠法で保護される建築物とは、どのような建築物なのでしょうか。意匠法には〈建築物〉と書いてあるだけで、建築物とは何かについての説明はありません【意2条1項】。建築物の解釈について、意匠審査基準では●3、**意匠法における建築物は、土地の定着物で人工構造物であること（土木構造物を含む）**とされています。たとえば、商業用建築物、住宅、学校、病院、工場、競技場、橋りょう、電波塔などです▶4。そのため、人工構造物ではない自然の山や、スキーゲレンデ、ゴルフコースなどの人の手が加えられているものの自然物を意匠の主な要素としている場合には、建築物にはあたりません▶5。

　それでは、新しく保護されるようになった建築物の意匠について、実際の登録例をいくつか見ていきましょう▶6。建築物の意匠として最初に登録されたのが、ファーストリテイリング株式会社の商業用建築物（ユニクロパーク）です。この建築物は、その店舗と組み合わせて、屋外で休憩したり遊んだりできるスペースになっています。そのため、あまり考えられないかもしれませんが、もし他社が同じような外観の建築物を建築すると、意匠権の侵害として訴えることができます▶7。

ファーストリテイリングの商業用建築物の意匠✛8

意匠公報　経済産業省ニュースリリース2020年11月2日「建築物、内装の意匠が初めて意匠登録されました」

ユニクロPARK 横浜ベイサイド店

　次の例は、東日本旅客鉄道株式会社の上野駅の駅舎の登録例です。

JR東日本の駅舎✛9

意匠公報　経済産業省ニュースリリース2020年11月2日「建築物、内装の意匠が初めて意匠登録されました」

上野駅公園口駅舎

●3【参照】意匠審査基準について48頁。

▶4【補足】意匠審査基準第Ⅳ部第2章5.1。

▶5【補足】微妙なラインとなるのは、庭園のようなものでしょうか。自然物そのままの庭園では人工構造物とはいえませんが、茶屋が置かれていたり池に橋が設置されていたりと人の手が多く加わっていれば、庭園も人工構造物として意匠登録の可能性があると考えられます。

▶6【補足】建築物の部分意匠や組物の意匠も登録可能です。

▼飲食店の例（外観）の部分意匠

特許庁審査第一部意匠課意匠審査基準室「意匠登録出願の基礎（建築物・内装）」（2020年）38頁

▼建築物の組物の例

特許庁審査第一部意匠課意匠審査基準室「意匠登録出願の基礎（建築物・内装）」（2020年）78頁

▶7【補足】ファーストリテイリング株式会社は建築物の意匠登録第1号であることをプレスリリースでアピールしていますので（2020年12月2日のプレスリリース）、模倣した人に権利行使したいというよりは、デザイン性の高い店舗であること、そして、その店舗の外観自体をブランドとしてアピールしているようにも思えます。

✛8【公報】意匠登録1671773号。

✛9【公報】意匠登録1671774号。

こうした大きな建築物だけでなく、ゼネコンや住宅メーカーもオフィスビルや住宅についてさまざまな意匠登録をしています▶10▶11。

大東建託の集合住宅╋12

意匠公報

大林組のオフィス╋13

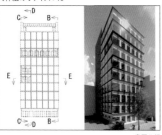

意匠公報

ミサワホームのマンション╋14

意匠公報

▶10【補足】今後はこうした意匠登録の存在を前提に、住宅などをデザインしないといけないということになりますので注意が必要です。

▶11【補足】住宅の出願が多い傾向にあるようです。

╋12【公報】意匠登録1672912号。大東建託株式会社の登録意匠です。大東建託株式会社は集合住宅を中心に建築物の意匠を70件以上登録しており、建築物の意匠の全登録数が現在960件程度であること踏まえると、集合住宅について積極的に権利取得を進める戦略のようです。

╋13【公報】意匠登録1674140号。株式会社大林組の登録意匠です。株式会社大林組は、オフィス、複合建築物、産業複合施設、駐輪場、駅舎など事業展開に合わせて幅広く権利取得をしています。

╋14【公報】意匠登録1673701号。ミサワホーム株式会社の登録意匠です。実際に建築されたマンションの登録のようで、共用部の内装の意匠【参照】260）と合わせて、マンション全体のデザインの保護を目的とするもののようです。

☺ **コラム　プロジェクションマッピング**

　建物の外観に映像を映し出すプロジェクションマッピングという技法があります。プロジェクションマッピングが建築物の外壁に模様や色彩が投影されている場合には、そのプロジェクター（照明器具）が建築物もしくは建築物が建っている土地に固定されていれば、建築物の模様や色彩となるとされています。ただし、プロジェクションマッピングによる映像がどんどん動いていくという場合には、変化の前後の模様や色彩に関連性がある場合にのみ1つの建築物として扱われますので、関連性なく映像がどんどん切り替わるプロジェクションマッピングでは建築物の模様や色彩として意匠法の保護を受けるのはむずかしいでしょう。なお、流れていく映像としてのプロジェクションマッピングは、著作物として著作権法による保護を受けられます。

九州大学大学院芸術工学研究院　Content Design
Lab.が制作したプロジェクションマッピング

九州大学大学院芸術工学研究院石井達郎准教授 提供

(3) 意匠登録の要件

建築物が意匠登録を受けるためには、登録要件、すなわち、1. **意匠であること**【意2条1項、3条1項柱書き】、2. **工業上利用可能性**【意3条1項柱書き】、3. **新規性**【意3条1項各号】、4. **創作非容易性**【意3条2項】、5. **他人が先にした出願に自己の出願した意匠が含まれていないこと**【意9条の2】、6. **先願**【意9条】、7. **意匠登録を受けることができない意匠でないこと**【意5条】、の要件を満たす必要があります●15▶16。

その中でも、創作が容易かどうかについては、いくつかの例が審査基準にあがっています▶17。たとえば、建築物の一部を置き換えた建築物、単なる寄せ集めの建築物、現存するモチーフなどをそのまま表したにすぎない建築物などは創作が容易であるとして、意匠登録は受けられません。

公知の商業用建築物を基本とし、オーニングテントについて、他の公知の商業用建築物のオーニングテントの色彩を変更し、置き換えて表したにすぎない意匠

公知の住宅とサンルームを寄せ集めて表したにすぎない意匠

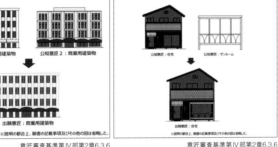

意匠審査基準第Ⅳ部第2章6.3.6 　　意匠審査基準第Ⅳ部第2章6.3.6

公然知られたソフトクリームの形状をほとんどそのまま販売店用建築物の形状としたもの表したにすぎない意匠

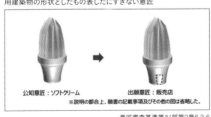

意匠審査基準第Ⅳ部第2章6.3.6

(4) 権利を取得できる人

意匠権を取得できるのは、意匠登録を受ける権利を有する人です。通常は意匠を創作した人（デザイナー）となります。

ただし会社のインハウスデザイナーの場合には、職務創作意匠の規定が適用され、インハウスデザイナーの所属する会社が意匠権を有することがあります●18。

●15【参照】13頁。

▶16【補足】このほかに、手続的な要件（出願形式など）も満たさないと意匠登録はされません。

▶17【補足】ほかの例として下記のようなものがあります。

▼公知の住宅の玄関庇（ひさし）を削除して表したにすぎない意匠

意匠審査基準第Ⅳ部第2章6.3.6

▼公知の事務所の出入口等の配置を変更して表したにすぎない意匠

意匠審査基準第Ⅳ部第2章6.3.6

▼公知の工場の幅と高さの構成比率を変更して表したにすぎない意匠

意匠審査基準第Ⅳ部第2章6.3.6

●18【参照】21頁。なお、意匠登録がされると、設計者（創作者）や建築主（権利者）の氏名などが記載されますので、意匠公報が作品集のような役割を果たすということもあるかもしれません。

(5) 手続的要件

意匠登録を受けるためには、特許庁に対して出願手続が必要です。意匠登録出願については、願書と図面を特許庁に提出します[19]。意匠に係る物品の欄には建築物や集合住宅と記載します。

●19【参照】24頁。

図面の記載例

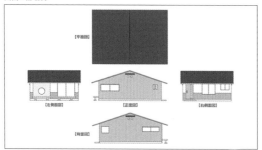

特許庁 意匠登録出願の基礎（建築物・内装）（2020年）57頁

(6) 意匠権の効力

意匠権は、意匠権者に無断で行われる登録意匠の実施を排除することができる権利です[20]。意匠権の効力は、登録意匠に同一・類似の意匠にまでおよびますが、**建築物の意匠が類似するかは、建築物の用途・機能が同一・類似しているか**、および、**建築物の形態が同一・類似しているか**、から判断されます[21]。建築物の用途・機能が異なる、もしくは、建築物の形態が異なると意匠としては非類似となります。

▶20【補足】建築物の意匠の実施については意匠法2条2項2号に規定されています。物品の意匠の実施には輸出と輸入がありましたが、建築物の意匠の実施にはありません。建築物は不動産なので輸入や輸出はないからです。

●21【参照】28頁。

① 建築物の用途・機能

では、建築物の用途・機能とはどのようなものでしょうか。たとえば、古民家について、最初は住宅として、次に事務所として、現在はカフェとして使用されている、ということもあるかもしれません。この場合、古民家の外観の形態は同じであるのに、住宅、事務所、カフェでは建築物の用途・機能は異なると考えると、古民家の意匠権は、ほかの事業者に事務所、カフェとして使われると効力がおよばないことになります。しかし、それでは建築物の意匠の効力はかなり弱いものになってしまいます。そのため、住宅も、事務所も、カフェも、人が一定時間立ち寄るものですので、建築物としての用途・機能は同じだと考えることになっています。

他方で、たとえば橋りょうと灯台では、人がそこで一定時間過ごすとしても、全く別の用途と機能がありますので、建築物としての

用途・機能は異なります。

② 建築物の形態

建築物の形態の類似は、プロダクトデザインの形態の類似と同様に判断されると考えられます[22]。形態が類似するかについては、まず両意匠の基本的構成態様と具体的構成態様を明らかにします。そして、**両意匠の共通点と差異点を認定し、両意匠の需要者の最も注意を惹く部分を意匠の〈要部（重要な部分）〉として把握して、要部において構成態様が共通しているかを観察し、両意匠が全体として需要者に共通の美感を与えるかどうか**に基づいて判断します。要部の把握の際には、意匠に係る物品の性質、用途、使用態様、さらに、公知意匠にはない新規な創作部分などが考慮されます。

また、意匠の類似を判断するのは需要者です[23]。たとえば商業施設の建築物の場合、需要者は建築主ですが、その商業施設を利用することになる消費者も需要者に含まれることになります。

建築物の意匠についてはまだ登録が開始されたばかりですので、実際に争われた裁判例はありません。そのため、建築物の意匠の類似が具体的事例においてどのように判断されるかはわかりません。ここでは、〈物品の意匠〉としての組立家屋の部分意匠について、意匠権の侵害が問題となった裁判例を紹介しておきましょう。

● 22【参照】29頁。

● 23【参照】28頁。

Ⅲ 組み立て家屋の部分意匠に基づいて意匠権侵害が認められた例 ──ログハウス1事件◇24

原告の意匠は組立家屋の部分意匠で、住宅の正面の梁と柱の部分を意匠権として登録しています。被告はその部分を利用した住宅を製造・販売などしていました。裁判所は、部分意匠にかかる意匠権の侵害を認めています。

具体的には、両意匠の形態としては、要部に関する柱の部分が中心から見て右寄りに位置するか左寄りに位置するかの違いはありますが、意匠としての美感に決定的な影響を与える違いではないことから両意匠は類似するとして、意匠権侵害だとしました[25]。

◇24【裁判例】東京地判令和2年11月30日平成30（ワ）26166号。

▶25【補足】この事件では登録意匠は〈組立家屋〉という動産、そして、被告の意匠は不動産として使われていました。そうすると、物品が類似しないのではないかと思われたかもしれませんが、裁判所は、被告の住宅は使用される時点では不動産として扱われるものの、使用する前には工業的に量産された材料を運搬して現場で組み立てるなど動産的に取り扱うことが可能な建物であるとして組立家屋に該当するとしました。なお、この意匠登録は令和元年改正前のものですので、当時は建築物としては意匠登録できず、物品の意匠として登録するしかありませんでした。

＋26【公報】意匠登録1571668号。株式会社アールシーコア（原告）の登録意匠です。

原告の部分意匠＋26	被告の住宅

意匠公報	判決別紙

このように、建築物が新たに意匠法の保護対象に加わったことから、建築物については意匠権による保護を考えるようにしましょう。

他方で、商標権による保護も考えられます。以下、商標法による保護を見ていきましょう。

2　商標法による保護

建築物は立体的な形状ですので、その形自体に自他商品・役務識別力があれば、立体商標としての登録が可能です。建築物の形状のみの立体商標についての商標権の取得は、自他商品・役務識別力の観点からハードルは高いですが、長くその建築物を使用している場合には検討の余地があります。それでは登録要件などを見ていきましょう。

(1)　商標

商標には、**文字、図形、記号、立体、色彩、音の商標など**があります。そして、文字や図形などが結合した結合商標もあります。このように商標法で保護される商標には、立体的形状が含まれることから、建築物は立体商標として登録可能です▶27。

【商2条1項】

(2)　商標登録の要件

建築物について立体商標として登録を受けるためには、立体商標**が自他商品・役務識別力を有し、商標登録を受けることができない商標に該当しないなど、商標登録の登録要件を満たす必要**がありま
【商3条】
【商4条】
す●28。

建築物は、通常、商品の出所を表すものではなく、その機能（オフィスビル、住宅）や美感（ランドマークとなるような建築物）の目的で採用されています。そうすると、基本的には自他商品・役務識別力がないということになります。では、建築物について立体商標として商標権を取得するためには、どうしたらよいでしょうか。

①　文字や図形と建築物を組み合わせるパターン

まず、文字や図形と建築物を組み合わせて、立体商標として登録する例が見られます▶29▶30。

具体例を見てみましょう。これらの登録例は、〈FamilyMartという文字とコンビニの建築物の形状〉、〈コメダ珈琲という文字とカフェの建築物の形状〉、〈磯丸水産という文字と居酒屋の形状〉を組み合

▶27【補足】立体商標登録が可能となる以前にも、建築物の形が商標として登録されることもありました。指定商品が模型などになっているので、ミニチュアなどに権利をおよぼしたいものと考えられます。

▼金刀比羅宮の商標
　（商標登録4232569号）

商標公報

●28【参照】92頁。

▶29【補足】これはプロダクトデザインでも同じです（【参照】139頁）。

▶30【補足】建築物にかかる商標については、位置商標としての登録も行われています。たとえば、コンビニの看板部分についての位置商標、またパン屋の看板部分、住宅の下部部分について位置商標が登録されています。

▼セイコーマートの位置商標
　（商標登録5805761号
　（黒い点線の範囲：白とオレンジの看板部分））

商標公報

▼に志かわの位置商標
　（商標登録6193779号
　（のれんの部分））

商標公報

▼ミサワホームの位置商標
　（商標登録6018352号
　（建物の下部部分））

商標公報

わせており、文字の部分に識別力があると判断されて登録されたと考えられます。そのため、これらの文字がない場合には、その形状は一般的な建築物の域をでませんので、商標登録を受けられなかった可能性が高いでしょう[31]。

ファミリーマートの立体商標[32]　コメダ珈琲の立体商標[33]　磯丸水産の立体商標[34]

商標公報　　　　　　商標公報　　　　　　商標公報

また、同じように、カルチュア・コンビニエンス・クラブの蔦屋書店も、図形と組み合わせた建築物として立体商標登録が認められています[35]。

カルチュア・コンビニエンス・クラブの立体商標[36]

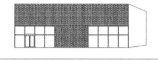

商標公報

② 建築物自体に自他商品・役務識別力があると考えられるパターン

他方で、例外的ではありますが、建築物に文字がついていなくとも、建築物の形状そのもので自他商品・役務識別力があるとされた例も存在します。この登録例はフジテレビの社屋ですが、建築物に文字はついていないものの、立体商標として登録されています[37]。

このように文字なしでも立体商標の登録例があるものの[38]、建築物としても特異な形状であると思われますので、例外的な事例といえるでしょう。よって、一般的な建築物では、文字などが付されていない状態で立体商標として登録を受けるのはかなり困難でしょう。

フジテレビの立体商標[39]

商標公報

③ 建築物自体が使用により識別力を獲得したパターン

そのため、文字などが付されていない建築物について立体商標を取得しようという場合には、建築物が使用されてその形状が全国的に知られるようになることによって自他商品・役務識別力を獲得し、立体商標として登録を受けることが一般的でしょう。

プロダクトデザインでもこの方法で立体商標として登録している例が見られましたが[40]、建築物でもそのような例が増えていくかもしれません。

▶31【補足】商標権の効力についても、文字がない状態でコンビニの形状やカフェの形状を使用したとしても、商標権の効力はおよばないということになります。

✚32【公報】商標登録5272518号。株式会社ファミリーマートの登録商標です。

✚33【公報】商標登録5851632号。株式会社コメダの登録商標です。

✚34【公報】商標登録6021151号。SFPホールディングス株式会社の登録商標です。

▶35【補足】なお、ファサードデザインについても商標登録がされています。

▼カルチュア・コンビニエンス・クラブの蔦屋書店のファサードデザインの商標（商標登録6014007号）

商標公報

✚36【公報】商標登録5916693号。カルチュア・コンビニエンス・クラブ株式会社の登録商標です。商標法3条1項の拒絶理由通知があったようですが、意見書などでその認定が覆り登録になったようです。

▶37【補足】この出願は特に拒絶理由通知を受けることなく登録されています。

▶38【補足】商標法3条1項3号の拒絶理由通知を受け、審判においてその認定が覆り登録が認められたものとして東京タワーの立体商標があります。

▼日本電波塔の東京タワーの立体商標（商標登録5302381号）

商標公報

✚39【公報】商標登録5751309号。株式会社フジテレビジョンの登録商標です。

●40【参照】140頁。

(3) 商標の類似

　商標の類似は、**両商標が同一・類似の商品・役務に使用された場合に取引者や需要者に商品・役務の出所の混同のおそれを生じるか否かで判断され、外観、称呼（呼び方）、観念、さらに取引の実情が考慮**されますが●41、立体商標の場合には、その立体的形状の360度全体を同時に見ることはできませんので、需要者が主として見るであろう特定の方向を想定して、その外観が似ているかどうかで判断されます。

●41【参照】90頁。

(4) 商標権の効力

　商標権の効力は、立体商標の場合も文字や図形の商標の場合と特にかわりません。商標権は、**自己の商標を指定商品に独占的に使いつつ他人の商標の無断使用を排除できる権利です**^[商25条]。登録要件でも問題となった、商品などが当然に備える特徴からなる商標●42には、たとえ商標登録が存在しても商標権の効力はおよびません。

●42【参照】88頁。

　以上のように、建築物についても識別力があれば立体商標として保護を受けることが可能です。商標権は何度でも更新可能ですので、建築物についてより長期の保護を望む場合には検討するとよいでしょう。

3　著作権法による保護

　次に建築物の著作権法による保護を見てみましょう。しかし、建築物について著作権法による保護を受けることはなかなかむずかしいという状況です。

(1) 著作物

　建築も著作物の例として著作権法に明示されています^[著2条1項1号、10条]ので、**建築物について建築の著作物として保護を受けることが可能です**▶43。

　しかし、**建築の著作物として保護されるためには、建築芸術に該当するようなものである必要がある**とされています。たとえば、国会議事堂、安藤忠雄の光の教会、スカイツリーのような建築物であれば建築芸術といえると思いますが、一般的な住宅やビルなどは建築芸術とはいえませんので、建築の著作物にあたりません。

判　建築の著作物に該当しないとされた例1──積水ハウス事件◇44

　建築の著作物の保護について争われた例を見てみましょう。原告

▶43【補足】建築の具体的表現を欠く構想段階のスケッチやエスキースでも、それ自体はイラストと同じように美術の著作物になり、そのスケッチなどを複製すると複製権の侵害となります。なお、建築の著作物自体は無体物ですので、設計図から建築の著作物を把握できれば、実際の建物がなくとも建築の著作物として認められます。

◇44【裁判例】大阪高判平成16年9月29日平成15（ネ）3575号。

の積水ハウス株式会社の〈グルニエ・ダインシリーズ〉の住宅はグッドデザイン賞の受賞実績もある住宅でした。被告が類似するモデルハウスを建築などしているとして、原告が被告を著作権侵害として訴えましたが、裁判所は、原告住宅は建築の著作物に該当しないとして著作権侵害を認めませんでした。

　裁判所は、一般住宅が建築の著作物といえるためには、客観的・外形的に一般住宅の建築において加味される美的創作性を上回り、居住用建物としての実用性や機能性とは別に、独立して美的鑑賞の対象となり、建築家・設計者の思想または感情といった文化的精神性を感じさせるような造形芸術としての美術性を備えることが必要だとしました。そして、原告建物はそうした美術性を備えていないから、著作権法上の〈建築の著作物〉に該当しないとしました。

原告住宅

被告住宅

判決別紙（1審）　　　　　　判決別紙（1審）

巫　建築の著作物に該当しないとされた例2——タコの滑り台事件◇45

◇45【裁判例】東京地判令和3年4月28日令和1（ワ）21993号、知財高判令和3年12月8日令和3（ネ）10044号。

　次にタコの滑り台についての著作物性が争われた例を見てみましょう。裁判所はこちらも著作物ではないとしています。

　具体的には、原告のタコの滑り台の形状は、頭部、足部、空洞部などの各構成部分も、全体も、遊具としての建築物の機能と密接に結びついており、この滑り台について、建築物としての実用目的を達成するために必要な機能にかかる構成と分離して、美的鑑賞の対象となりうる美的特性である創作的表現を備えている部分を把握できないとしています。そして滑り台の外観全体についても、美的鑑賞の対象となりうるものとは認めることはできないし、美的特性である創作的表現を備えるものと認めることもできないとしました▶46。

▶46【補足】なお、このタコの滑り台は美術の著作物にも該当しないとされています（むしろこの判決は応用美術との関係で有名な判決です）。

原告の滑り台

被告の滑り台1

被告の滑り台2

判決別紙　　　　　　判決別紙　　　　　　判決別紙

巫 建築の著作物であることが前提とされた例 ——STELLA McCartney事件◇47

このように、一般の建物に近い建築物が建築の著作物と認められる例はなかなかありませんが▶48、当事者が建築の著作物であることを争わなかったことから、建築の著作物であることを前提に裁判所で争われた例があります。

ステラ マッカートニー
青山の店舗

訴訟の対象となったのはステラ マッカートニーの青山の店舗ですが、原告も被告も建築の著作物であることを争わなかったので、建築の著作物であることを前提にして判決が下されています▶49。

筆者撮影

巫 建築の著作物と認められた例——版画美術館事件◇50

そして、一般の建物に近い建築物が著作物と認められた珍しい例があります。裁判所は、版画美術館について建築の著作物と認めました▶51。

具体的には、版画美術館の外壁の組み合わせなど、外壁のレンガ部分やコンクリートリブ部分、池、エントランスホールの吹き抜け部分について、建築物としての実用目的を達成するために必要な機能にかかる構成と分離して美術鑑賞の対象となる美的特性を備えている部分を把握できるとして、全体として美術の範囲に属する建築の著作物と認めました▶52。

町田市立国際版画美術館の外観とエントランスホール

Source:©Dddeco (2007), 国際版画美術館 エントランスホール, CC BY-SA 3.0, Available via Wikimedia Commons. https://commons.wikimedia.org/wiki/File:Hanga-museum2.JPG?uselang=ja

(2) 著作権の効力

実は、**建築の著作物については、その効力が大きく制限**されています。建築の著作物の著作権は、その建築を複製しまたはその複製物を公衆に提供すること、つまり、もう1つ同じような建築物を作り出すことや、その作り出した建築物を公衆に譲渡する場合にしか【著46条2号】およびません。そのため、建築の著作物については、その著作権を

◇47【裁判例】知財高判平成29年10月13日 平成29（ネ）10061号。

▶48【補足】なお、慶應義塾大学三田キャンパスに建築されたノグチ・ルームを含めた第二研究室棟と庭園が一体として1個の建築の著作物を構成するとされた例があります（【参照】251頁）。

▶49【補足】実際に著作物かどうかが争われていたら、建築の著作物と認められたかはわかりません。この事件で著作物かどうかが問題とならなかったのは、主に誰が著作者であるかなどが争われたためです。裁判所は同じサイズの組亀甲柄を等間隔で同一方向に配列するなどの原告デザイン案はアイデアにすぎず表現ではないとして、原告は著作者にはならないとしています。

◇50【裁判例】東京地決令和4年11月25日令和3（ヨ）22075号、知財高決令和5年3月31日令和5（ラ）10001号。

▶51【補足】なお、裁判所は、一般論として庭園も建物と同じく土地を基盤として設けられた建築物と場所的または機能的にきわめて密接したものということができ、著作権法上の建築の著作物に準じて、その著作物性が認められうるとしています（ただし、本件では庭園部分は著作物にはあたらないとしました）。

▼本件庭園

判決別紙
(LEX/DB文献番号25595689)

▶52【補足】ただし、版画美術館に対する工事については意に反する改変にあたるものの、建築の著作物の増築・模様替えに該当し（著作権法20条2項2号）、同一性保持権侵害とはならないとしました。そこでは、経済的・実用的見地から全く必要のない改変であったり、著作者に対する害意に基づくものなどの特段の事情がある場合は、建築物の模様替え等による改変の規定（著作権法20条2項2号）に該当しないとしています。

行使する機会は非常に少ないといえます。これはパノラマの自由と呼ばれ、風景写真を撮影するなどの行為に建築の著作物の著作権の効力がおよばないようにするためです⬆53。

　また、**著作者人格権についても、建築の著作物については大きく制限**されています。著作者人格権には同一性保持権という権利がありましたが●54、建築物は、たとえば経年劣化や使用状態によって修繕が必要となるので、修繕行為によって建築の著作物が改変された場合に同一性保持権がおよぶと修繕ができなくなり、建築物の所有者に不都合です。そのため、そのような行為には同一性保持権権は
【著20条2項2号】
およばないとしています。

⬆53【一歩先へ】撮影不可であることへの同意
　建築物については、広大な敷地内にある建築作品など、入場料を払ってその敷地に立ち入らないと見られないものもあります。入場料を支払う時点で写真撮影は不可であることに同意して入場した場合には、そのような約束のもとで入場していますので、その建築物を撮影することはできません。これは、著作権に基づいて撮影を禁止しているわけではなく、その敷地に立ち入るための条件として、敷地の所有権者と入場者の間で〈建築物の写真撮影はしない〉ということを約束（契約）しているためです。このように、〈敷地内の建築物を撮影するのであれば敷地に立ち入ることはできません〉とするのは土地の所有者の自由であり、土地の所有者がその建築物に著作権を有しているかとは関係ありません。

●54【参照】71頁。

◇55【裁判例】東京地決平成15年6月11日平成15（ヨ）22031号。

巫　同一性保持権を侵害しないとされた例──ノグチ・ルーム事件◇55

　建築の著作物について同一性保持権を侵害しないとされた例として、慶應義塾大学三田キャンパスの構内に製作された萬來舎のノグチ・ルームなどを、法科大学院校舎に移設する工事について差し止めなどが請求された事件があります▶56⬆57。

　具体的には、工事に伴いノグチ・ルームについて製作者の意図する特徴を一部損ない、庭園も製作者の意図が失われることから、建築の著作物としての同一性が損なわれる（同一性保持権を侵害する）ものの、法科大学院開設という公共目的、可能な限りノグチ・ルームを復元しようとしていることなどを考慮して、このような工事については建築物の増築、改築、修繕または模様替えによる改変のた
【著20条2項2号】
めの制限規定が適用され、同一性保持権は制限されるとしました。

▶56【補足】なお、〈ノグチ・ルームを含む建物全体、庭園および設置した影刻）を含めて1個の建築の著作物とされています。そのほか、本件は債権者ら（債権者はザ・イサム・ノグチ・ファウンデイション・インクと慶應義塾大学の教員11名）にそもそも保全される権利の存在について疎明していないとしています。

⬆57【一歩先へ】庭園デザインの改変
　複合施設に設置された庭園に、新しく壁を設けることに対して、庭園の著作者が庭園の所有者を同一性保持権の侵害として訴えた事件があります。新梅田シティ内の庭園に新たに〈希望の壁〉という工作物を設けることが同一性保持権の侵害だとして訴えられました（大阪地決平成25年9月6日平成25（ヨ）20003号）。
　裁判所はこの庭園を、旧花野、中自然の森、南端の渦巻き噴水、東側道路沿いのカナル、花海といった具体的施設の配置とそのデザインにより現実化したものであることから、設計者の思想、感情が表現されたものとして著作物と認めました。しかし、壁の設置は著

ノグチ・ルーム
移設前の状況

判決別紙

ノグチ・ルーム移設後の状況

判決別紙

　このように建築物については、そもそも建築の著作物と認められる可能性が低く、さらに建築の著作物と認められても著作権も著作者人格権も大幅に制限されています。

　そのため、建築物については著作権法による保護は事実上期待で

きませんし、たとえ建築の著作物であっても、建築物を写真などに撮って利用するだけであれば著作権については注意を払う必要はほとんどないということになります▶58。

> 😊 **コラム** **建築の著作物？美術の著作物？**
>
> 　岡本太郎作の太陽の塔は、建築の著作物なのでしょうか。それとも美術の著作物なのでしょうか。建築芸術といえるとすれば建築の著作物といえますし、芸術作品ともいえれば美術の著作物でもありそうです。建築の著作物だと、著作権も著作者人格権も大きく制限されますが、美術の著作物だと建築ほどの大きな制限はありません。このように、どのように対象物をとらえるかによって権利の効力も違ってきますので、何の著作物と考えるかはなかなかむずかしい問題です▶59。

大阪府吹田市の万博記念公園の太陽の塔

筆者撮影

4　不正競争防止法による保護

　次に、不正競争防止法に基づく建築物の保護を見ましょう。建築物についても、**他人の商品等表示と混同を生じさせる行為が行われる場合や、建築物の形態の模倣行為に対しては不正競争防止法による保護**が受けられる可能性があります●60。

(1)　周知表示混同惹起行為

　不正競争防止法は、他人の広く知られた商品等表示と同一・類似の商品等表示を使用して他人の商品や営業と混同を生じさせる行為を不正競争としています。〔不2条1項1号〕

①　商品等表示該当性

　商品等表示は、商品や営業の主体を示す自他識別機能を持つものでなければなりませんが●61、建築物はそのデザイン性にこそ価値があるのであって、通常は、自他識別機能の発揮を目的としているとは考えられません。

　そのため、建築物が商品等表示にあたるためには、**特別顕著性と周知性が必要になります**●62。特別顕著性というのは、〈**商品の形態が客観的にほかの同種の商品とは異なる顕著な特徴を有しているこ**

作者の意に反した庭園の改変にはあたるものの、建築物の模様替えによる改変の規定（著作権法20条2項2号）が類推適用されるとして、同一性保持権を侵害しないとしました。

▼〈希望の壁〉と呼ばれる巨大緑化モニュメント

筆者撮影

▼庭園における壁の設置場所

決定別紙

▶58【補足】現実の空間をそのまま仮想空間に移行することについても、建築物の外観の利用については著作権を考える必要はあまりありません（【参照】66頁）。

▶59【補足】〈建築物の著作物〉が同時に〈美術の著作物〉に該当する場合には、たとえば絵葉書やフィギュアにして販売する目的でその建築物（美術）を複製する行為は、著作権侵害となります（著作権法46条4号）。

●60【参照】97頁。

●61【参照】98頁。

●62【参照】98頁注10、131頁。

と〉です。周知性というのは、〈**商品の形態が特定の事業者によって長期間独占的に使用され、またはきわめて強力な宣伝広告や爆発的な販売実績等により、需要者においてその形態を有する商品が特定の事業者の出所を表示するものとして広く知られていること**〉です。要するに、特徴的な形態で、事業者の出所を示すものとして広く知られていればよい、ということです。

　しかし、建築物が特別顕著性を満たすのはなかなかむずかしいと考えられます▶63。具体例を見てみましょう。

▶63【補足】建築物という不動産が〈商品〉に該当するかを疑問に感じる方もいるかもしれません（意匠では不動産は物品に含まれないと解釈されていました（【参照】10頁）。この点は裁判例（東京地判平成16年7月2日平成15（ワ）27434号）があり、不動産であっても、大量生産ないし大量供給が行われるマンションなどの建築物は、一般に市場における流通が予定され、マンション自体に表示を使用してその出所が識別される性質を備えていることから、商品であるとされています。

◇64【裁判例】東京地判平成26年10月17日平成25（ワ）22468号。

▶65【補足】原告はこの住宅は建築の著作物であるとも主張していましたが、造形美術としての美術性は認められないとして、建築の著作物とは認められませんでした。

▶66【補足】なお、裁判所は、一般住宅が顕著な特徴を有するためには何らかの具体的に特定された形態であることが商品等表示にあたる前提として必要であるが、原告の主張する特徴をすべて備える建物を具体的に認識できないから商品の形態の特定に欠け、形態は顕著な特徴を有しないとしています。そのうえで、原告の主張する特徴をすべて備えた建物が写真の原告の建物の特徴と相まって商品形態に該当するとした場合について、顕著な特徴があるかを判断しています。

◇67【裁判例】名古屋地判平成30年9月13日平成29（ワ）1142号。

▶68【補足】このように内装も含めて特別顕著性が判断されています。

巫　住宅が商品等表示とされなかった例──ログハウス2事件◇64

　これは住宅の例ですが、原告が自身の住宅のデザインに基づいて被告を不正競争防止法で訴えた事件です▶65。裁判所は原告の建物について、特別顕著性も周知性も認めませんでした。

　具体的には、原告表示の建物の形態について▶66、片流れ屋根の形状や外壁の素材などがほかの住宅と比べて特徴的とはいえないなどとして、客観的にほかの同種建物と異なる顕著な特徴を有していないとしています。また、周知性についても、広告掲載の状況などから周知性を獲得したとはいえないとしています。

原告の住宅　　　　　　　被告の住宅

判決別紙　　　　　　　　判決別紙

巫　店舗の外観について商品等表示とされなかった例──磯丸すし事件◇67

　次の例は、店舗デザインの例ですが、原告が〈や台ずし〉の店舗デザインに基づいて、〈磯丸すし〉の店舗外観を不正競争防止法で訴えた例です。裁判所は、この店舗外観について特別顕著性を認めませんでした。

　具体的には、屋号の入った看板、メニューが表示された看板、店舗入口扉、暖簾、内装の各要素は▶68、和風料理を提供する居酒屋として一般的なものであり、それらの組み合わせからなる〈や台ずし〉の外観は、業種、雰囲気などを表示するためのありふれたものであり、原告店舗の外観について特別顕著性は認められず、商品等表示

にあたらないとしています[69]。

や台ずしの店舗（原告）

判決別紙
（LEX/DB文献番号25561515）

磯丸すしZ4店（被告）

判決別紙
（LEX/DB文献番号25561515）

巫　店舗デザインが商品等表示とされた例──コメダ珈琲事件◇[70]

　一方で、店舗デザイン（店舗の外装、店内構造および内装）について商品等表示であると認められた珍しい例もあります。コメダ珈琲店の郊外型店舗の店舗デザインについて問題となりました。裁判所は、この店舗デザインを商品等表示と認めています。

　具体的には、店舗の外装の特徴（黒色ストレート調の切妻屋根および段違いの切妻屋根、赤色の庇テントなど）や、店内構造・内装（壁面と天井が白壁材、無垢調の木質材料および赤茶色系のレンガ調パネルを基調としたライト調の色合いで構成されていること、半円アーチ状縁飾り付きパーティションなど）から、1つの店舗建物の外観としての一体性が観念でき、統一的な視覚的印象を形成しているから、客観的にほかの同種店舗の外観とは異なる顕著な特徴を有するとしました。そして、コメダ珈琲店の店舗デザインについて、被告のマサキ珈琲の店舗のある和歌山県を含む関西地方での周知性も認め、特別顕著性と周知性があることから商品等表示にあたるとしました[71]。

コメダ珈琲店岩出店

コメダプレスリリース2016年12月27日
「仮処分命令の発令に関するお知らせ」

マサキ珈琲中島本店外観

決定別紙

マサキ珈琲中島本店店内

決定別紙

マサキ珈琲中島本店店内

決定別紙

▶69【補足】建築物なのかは微妙ですが、人工魚礁について特別顕著性を認めなかった裁判例もあります（東京地判平成19年10月23日平成19（ワ）11136号、知財高判平成20年4月23日平成19（ネ）10096号）。裁判所は、原告が主張する原告製品の形態の特徴などは、原告製品の構造的・機能的な特徴を表したものにすぎず、それ自体が顧客吸引力を有する周知商品表示にはあたらないとしています。

▼原告の人工魚礁の例

判決別紙（1審）

▼被告の人工魚礁の例

判決別紙（1審）

◇70【裁判例】東京地決平成28年12月19日平成27（ヨ）22042号。

▶71【補足】両店舗デザインの類似性も混同のおそれも認めて、不正競争であるとしています（【参照】255頁）。

② 商品等表示の同一・類似

　店舗デザイン（建築物）の類似性についても問題となります。商品等表示が**類似かどうかは、取引の実情のもとで、需要者が2つの商品等表示の外観、称呼や観念に基づく印象、記憶、連想から全体的に類似していると受け取るかどうかで判断**されます。

　店舗デザインについて類似性が問題となった例がありますので、その具体例を見てみましょう。

巫　店舗の外観の類似性が認められなかった例——めしや食堂事件◇72

　この事件では、店舗の外観が商品等表示にあたるかの判断は避けられたうえで、両店舗の外観の類似性が認められないとして不正競争でないとされました。

　具体的には、店舗の外観が類似するかの判断においては、少なくとも需要者の目を惹く特徴的ないし主要な構成部分が同一であるか著しく類似することが必要であるとし、店舗看板、ポール看板は類似せず、木目調メニュー看板、ボード状メニュー看板、外装の配色にも軽視しえない相違点などがあり、両店舗の外観は全体として類似しないとされました。

◇72【裁判例】大阪地判平成19年7月3日平成18（ワ）10470号、大阪高判平成19年12月4日平成19（ネ）2261号。

原告店舗　　　　　　被告店舗

大阪弁護士会友新会『最新不正競争関係 判例と実務』
（3版、2016年、民事法研究会）322頁

巫　店舗デザインの類似性が認められた例——コメダ珈琲事件◇73

　先に紹介したコメダ珈琲の事件では、両店舗について、ライン飾り（化粧板）の形状およびデザイン、出窓レンガ壁部の形状および模様、屋根・壁・窓などの位置関係および色調、店内のボックス席の配置および半円アーチ状縁飾り付きパーティションの形状など多くの視覚的特徴が同一または類似しているとして、コメダ珈琲店岩出店とマサキ珈琲中島本店の店舗デザイン（店舗の外装、店内構造および内装）は類似するとされました。そして、（広義の）混同のおそれも存在するとして、不正競争に該当するとされています。

◇73【裁判例】東京地決平成28年12月19日平成27（ヨ）22042号。

このように、建築物や店舗デザインが商品等表示と認められる場合は多くなく、また類似性や混同のおそれも満たさなければなりませんので、その保護のハードルは高いでしょう。

(2) 形態模倣商品の提供行為

次に、**他人の商品の形態を模倣した商品の譲渡などの行為は不正競争**^{【不2条1項3号】}▶74となります。

建築物についても、この形態模倣商品の提供禁止の規定を利用することが可能です。しかし、形態模倣商品の提供行為となるためには、**模倣の存在が必要**で、模倣が成立するためには、**他人の商品に依拠したこと**と▶75、**形態の実質的同一性が必要**とされています●76。

形態の実質的同一性について判断した例を見てみましょう。

▶74【補足】その商品が日本国内で最初に販売された日から3年に限定されます。

▶75【補足】他人の商品にアクセスしたことです。

●76【参照】102頁。

◇77【裁判例】大阪地判平成15年10月30日平成14（ワ）6312号・平成14（ワ）1989号、大阪高判平成16年9月29日平成15（ネ）3575号。

巫 形態の実質的同一性を否定した例——積水ハウス事件◇77

先にも取り上げた積水ハウス事件では、建築物の形態の実質的同一性が否定されています。

裁判所は、建築物について、その形態を模倣したかどうかについては、玄関側（正面）の外観だけではなく、それ以外の部分の外観も考慮に入れて、全体として形態の同一性を判断すべきとしました。そして、両建物は、屋根と壁面の形状、屋根の大きさ、窓の個数・配置・大きさなどにおいて顕著に相違しており、少なくとも玄関側以外の外観上は両建物の形態は実質的に同一といえないとしました。さらに、玄関側の外観についても、片側大屋根の葺き下ろし具合、下屋屋根のスペース、窓の配置や大きさ、玄関の位置、壁面の出入りの具合、軒の深さ、下屋屋根の軒下のスペースの広さなどの違いがあり、印象も異なっていることから、実質的に同一といえないとしています。

原告住宅

被告住宅

判決別紙（1審）　　　　　判決別紙（1審）

このように、建築物が特別顕著性があるというのはむずかしく、かなり例外的な状況といえるでしょうし、形態模倣商品の提供行為としても実質的同一性のハードルも高いでしょう。よって、建築物

について不正競争防止法による保護を受けることはなかなかむずかしいでしょう。

　博多駅前広場のように、いくつかの建築物や広場、バスやタクシー乗り場からなるようなパブリックデザインがあります。これも建築・空間デザインですが、博多駅間広場のようなデザインを法で保護するのは困難そうです。

博多駅前広場

https://www.g-mark.org/gallery/
winners/9d8315a7-803d-11ed-862b-
0242ac130002,cc BY-ND 2.1 JPDEED

　意匠法では建築物は保護されますが、意匠登録出願においては1つの建築物として出願しなければなりません[78]。意匠審査基準では、学校の校舎と体育館、複数の棟からなる商業用建築物のような、近接して建設することを考慮して形状などの関連性を持たせるなど一体的に創作がなされている場合や、社会通念上一体的に実施がなされうるものである場合には、1つの建築物と判断するとしています（第Ⅳ部 第2章 建築物の意匠4.2）。しかし、博多駅前広場のような場合、歩道などはほかの土地にも続いていきますので境界が曖昧となってしまい、バスやタクシー乗り場も必ずしも社会通念上一体的に利用するとはいえないと思いますので、博多駅前広場が1つの建築物の意匠というのはむずかしいと思われます。

　また、著作権法による保護についても、先に紹介したイサム・ノグチらの設計したノグチ・ルームを含めた建物と庭園を一体として1個の建築の著作物として認めた例がありますが、博多口駅前広場のようなパブリックデザイン全体を1個の著作物と認めることは困難でしょう。そして、たとえ博多駅前広場全体を1つの著作物と認められたとしても、建築芸術といえるものでもないと思われますので、結局、著作権による保護はむずかしいでしょう。

　さらには、不正競争防止法によっても、博多駅前広場が商品等表示にあたるための特別顕著性および周知性の要件を満たすことはむずかしいでしょう（そもそも商品にもあたらないとも考えられます）。

● **78【参照】** 25頁。

＊　　　＊　　　＊

　このように、建築物については意匠法での保護が認められるようになったことから、従来より保護を受けやすくなりました。そのた

め、意匠法での保護を考えつつ、その建築物が識別力を有するのであれば立体商標として商標法での保護も検討するのがよいでしょう。不正競争防止法による保護を受けられる場合もありますが、ハードルは低くありません。また、著作権による保護は、芸術作品といえるもの以外は、望めないと考えて差し支えありません。

　では、次に、こうした建物の外観としての建築物ではなく、内観としての空間デザインについて、その保護はどのようになっているのかを見てみましょう。

Ⅱ 空間デザイン

　次に取り上げるのは空間デザインで、インテリアデザインのようなものがその典型例です。内装についても意匠法での保護が認められるようになったことから、従来より内装デザインの保護を受けやすくなりました。そのため、**内装デザインについては今後は意匠法での保護に重きを置くのがよい**でしょう。なお、その内装が自他商品・役務識別力を有するのであれば立体商標として商標法での保護も検討に値します。また、不正競争防止法による保護を受けられる可能性もあります。他方で、建築物同様、内装について著作権による保護は、ほぼ望めないと考えてよいでしょう。

1 意匠法による保護

　令和元年の改正により、内装について意匠法による保護が認められるようになりました【意8条の2】。どのような要件を満たせば〈内装の意匠〉と認められるかを見てみましょう。

(1) 内装の意匠の要件

　内装の意匠と認められるためには▶79、以下の３つの要件を満たすことが必要です▶80。

[内装の意匠の要件]

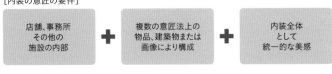

店舗、事務所その他の施設の内部　＋　複数の意匠法上の物品、建築物または画像により構成　＋　内装全体として統一的な美感

① 店舗、事務所その他の施設の内部であること

　内装である必要がありますので、店舗、事務所、住宅などの施設

▶79【補足】内装の部分意匠も登録可能です。この部分意匠の例では、矢印の床、机、座布団部分が部分意匠となっています。
▼内装の部分意匠

特許庁審査第一部意匠課意匠審査基準室『意匠登録出願の基礎（建築物・内装）』（2020年）38頁

▶80【補足】天井裏や床下、壁裏、パイプスペースなどの施設利用者に見えないものは内装とは認められません。

の内部であることが必要です。また、内装は動産の内装でもよいので、観光列車や客船の内装も保護対象になります。

　また、内装は閉じられた空間である必要はないので、オープンテラスなども〈店舗の内部につながった外部〉として、店舗の内部とされます。

②　複数の意匠法上の物品、建築物または画像により構成されるものであること

　内装の意匠といえるためには、複数の物品などの意匠で構成されている必要があります。そのため、室内の空間に椅子を１つ置いただけでは内装の意匠とはなりません。必ず複数の物品、たとえば机、椅子、スタンドなどで構成する必要があります。

　なお、内装に設けられたものは意匠法上の意匠でなければなりませんので、意匠ではない植物や蒸気などは内装の構成要素とは認められません●81▶82。

③　内装全体として統一的な美感を起こさせるものであること

　そして、最後の要件として、〈内装全体として統一的な美感を生じさせること〉が必要です。意匠審査基準にさまざまな例が上がっていますが、たとえば構成物に共通の形状がある場合や全体として１つのまとまった形状などを表している場合があります。

●81【参照】9頁。

▶82【補足】建築物の方は複数の構成物を含んでいる場合にも、それが固定されていれば建築物の一部となります（この場合はその構成物は意匠法上の意匠である必要はありません）。たとえば、ホテルに付随する前庭の木々などは建築物の一部とされています。逆に、それらが固定されていない場合には、建築物の一部とはなりません。そのため、ホテルのロビーに置かれたロビー装花は建築物の一部とはなりません。

構成物等に共通の形状等の処理がされているもの　　　　構成物等が全体として一つのまとまった形状又は模様を表しているもの

意匠審査基準第Ⅳ部第4章6.1.1.3　　　　意匠審査基準第Ⅳ部第4章6.1.1.3

　以下では、具体的な内装の意匠登録の例を見ていきましょう。店

舗やオフィス、マンション、自動車などの内装についての登録例が
見られます▶83。

カルチュア・コンビニエンス・クラブの書店の内装✦84

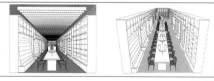

意匠公報　経済産業省ニュースリリース2020年
11月2日「建築物、内装の意匠が初め
て意匠登録されました」

オカムラの共創空間の内装✦85　ミサワホームのマンション共用部の内装✦86

意匠公報　　　　　　　　　　　　　　　　　　意匠公報

ピニンファリーナの車両用内装✦87

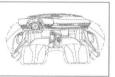

意匠公報

　さらに、商品陳列デザインを内装デザインとして保護しているよ
うに思われる例も存在しています。株式会社ポーラの化粧品店の内
装は、化粧品の並べ方とフォルムを内装として登録しており、黒い
フォルムとその店内における位置関係などを含めて、内装として保
護しているものと考えられます▶88。

ポーラの化粧品店の内装✦89

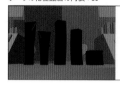

意匠公報

(2) 意匠登録の要件

　内装が意匠登録を受けるためには、先の内装の意匠の要件に加え、
登録要件、すなわち、1. 意匠であること、【意2条1項、3条1項柱書き】2. 工業上利用可能性、【第3条1項柱書き】3. 新
規性、【意3条1項各号】4. 創作非容易性、5. 他人が先にした出願に自己の出願した意

▶83【補足】ほかの店舗の
登録例として、ファースト
リテイリング株式会社の店
舗の内装の登録があります。
▼ファーストリテイリング
の店舗の内装
（意匠登録1673815号）

意匠公報

意匠公報

✦84【公報】意匠登録
1671152号。カルチュア・
コンビニエンス・クラブ株式
会社の登録意匠です。中
央に机、壁に書棚を配置し
た内装の意匠ですが、薄い
グレー部分は意匠の構成要
素ではないので椅子の有無
は意匠の類似に影響しませ
ん。
✦85【公報】意匠登録
1673698号。株式会社オカ
ムラの登録意匠です。ほか
にも共創空間について部分
意匠を含め何件か登録して
おり、意匠登録には共創空
間に関するブランド価値を
向上させる意図があると考
えられます。
✦86【公報】意匠登録
1671961号。ミサワホーム
株式会社の登録意匠です。
実際に建築されたマンショ
ンの共用部の登録のようで、
先に述べたマンション全体
の意匠【参照】242頁）と
合わせ、マンション全体の
デザインの保護を目的とし
ていると考えられます。
✦87【公報】意匠登録
1649600号。ピニンファリー
ナ・ソシエタ・ペル・アチ
オニの登録意匠です。EVハ
イパーカーの内装の部分意
匠のようで、内装の意匠と
して登録することでブラン
ド価値の向上も意図してい
るものと考えられます。
▶88【補足】もちろん、化
粧品売り場自体の内装の登
録意匠も見られます。むし
ろこの方が通常の内装とし
ての登録方法でしょう。
▼コーセーの化粧品売り場
（意匠登録1690192号）

意匠公報

匠が含まれていないこと、6.**先願**[意3条の2]、7.**意匠登録を受けることができな**[意9条]**い意匠でないこと**[意5条]、の要件を満たす必要があります●90▶91。

創作が容易かどうかについては、審査基準にいくつか例があがっており▶92、たとえば、公知の意匠などを寄せ集めた内装、配置変更による内装について意匠登録を受けることができないとされています。

寄せ集めの意匠（公知の部屋とテーブルセットを寄せ集めて表したにすぎない意匠）

配置の変更による意匠（公知の教室における机の配置を、その他に公知の執務室の机の配置に従って、変更したにすぎない意匠）

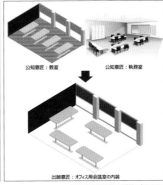

意匠審査基準第Ⅳ部第4章6.3.6.1　　　意匠審査基準第Ⅳ部第4章6.3.6.1

(3) 権利を取得できる人

意匠権を取得できるのは、意匠登録を受ける権利を有する人です。通常は意匠を創作した人となります。ただし会社のインハウスデザイナーの場合には、職務創作意匠の規定が適用され、インハウスデザイナーの所属する会社が意匠権を有することがあります●93。

(4) 手続的要件

意匠登録を受けるためには、特許庁に対して出願手続が必要です。意匠登録出願については、願書と図面を特許庁に提出します●94。

透視図法と正投影図法を組み合わせて表した例（内装の意匠）

特許庁 意匠登録出願の基礎（建築物・内装）（2020年）62頁

▼資生堂の化粧品売り場
（意匠登録1701736号）

意匠公報

意匠公報

╋89【公報】意匠登録1684868号。

●90【参照】13頁。

▶91【補足】このほかに、手続的な要件（出願手続など）も満たさないと意匠登録はされません。

▶92【補足】ほかの例として、たとえば下記のものがあります。

▼連続する単位の数の増減による意匠（公知のオフィス用トイレの洗面を、ほとんどそのまま、洗面の数を増やして表したにすぎない意匠）

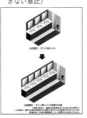

意匠審査基準第Ⅳ部第4章6.3.6.6

●93【参照】21頁。

●94【参照】24頁。

(5) 意匠権の効力

　意匠権は、意匠権者に無断で行われる登録意匠の実施を排除することを可能にする権利です。意匠権の効力は、登録意匠に同一もしくは類似の意匠にまでおよびますが、内装の意匠が類似するかは、**内装の用途・機能が同一もしくは類似しているかと、内装の形態が同一もしくは類似**しているか、から判断されます●95。

●95【参照】28頁。

　内装の意匠の場合は、内部において人が一定時間を過ごすために用いるのであれば、内装としての用途・機能は類似すると判断されます。たとえば、レストランの内装、オフィスの執務室の内装、ホテルの客室の内装、住宅用リビングの内装、診療室の内装、空港ターミナルロビーの内装は、すべて内装の用途・機能において共通しています。

　また、組物の意匠と同じように●96、**内装の意匠権の効力は、内装を構成する物品などの1つ1つのデザインに権利がおよぶわけではありません**。内装は、統一的な美感を保護していますので、その統一的美感を構成する1つの物品を実施する人に権利行使を認めるのは適切ではないからです▶97。

●96【参照】43頁。

▶97【補足】1つ1つの物品等については別個に権利取得することが可能です。

2　商標法による保護

　内装は立体的形状ですので、その形状そのものの保護をはかりたいという場合には、商標法による保護も考えられます。その場合には、立体商標制度を利用することになります▶98。ただ、内装について商標権の取得のハードルは建築物同様、高いと考えられます。

▶98【補足】プロダクトデザインについては、商品名などの商標を取得することもあります。その場合には文字商標を取得することになります。

(1) 商標

　商標には、**文字、図形、記号、立体、色彩、音の商標**があります【商2条1項】。そして、文字や図形などが結合した結合商標もあります。このように商標法で保護される商標には、立体的な形状が含まれることから、内装は立体商標にあたります。

(2) 商標登録の要件

　内装についても、立体商標として登録を受けるためには、**立体商標が自他商品・役務識別力を有し**【商3条】、**商標登録を受けることができない商標に該当しないなど、商標登録の登録要件を満たす必要**があります●99。

●99【参照】80頁。

　建築物と同じように、文字や図形と内装を組み合わせて登録する

ことは可能ですが、内装単独では、その形状が全国的に広く知られて識別力を有する状態にならないと登録は困難でしょう。

① 文字や図形と内装を組み合わせるパターン

下記は株式会社キャメルコーヒーの内装の立体商標です。KALDI COFFEE FARMという文字を含んでいますので、文字部分に識別力が認められて登録されたものと考えられます▶100。

▶100【補足】その場合は文字がない状態で模倣されたとしても商標権の権利行使はできないでしょう。ただし、権利があるというだけで少し抑止力にはなるかもしれません。

キャメル珈琲の内装の商標✛101

商標公報

✛101【公報】商標登録6535338号。

② 内装自体に識別力がないと判断されているパターン

他方で、文字が含まれていないパターンの内装についての商標登録出願も見られます。内装の意匠権を取得しているカルチュア・コンビニエンス・クラブ株式会社の内装の商標登録出願については、前者の2つは自他商品・役務識別力がないものとして拒絶され、後者の2つも拒絶査定がされ、拒絶査定不服審判が係属中です。

カルチュア・コンビニエンス・クラブの商標登録出願✛102

公開商標公報

カルチュア・コンビニエンス・クラブの商標登録出願✛103

公開商標公報

✛102【公報】商標登録出願2020-35436号。

✛103【公報】商標登録出願2020-35437号。

カルチュア・コンビニエンス・クラブの商標登録出願✛104

公開商標公報

カルチュア・コンビニエンス・クラブの商標登録出願✛105

公開商標公報

✛104【公報】商標登録出願2020-35438号。

✛105【公報】商標登録出願2020-36012号。

(3) 商標権の効力

商標の類似は、商標の外観、観念、称呼によって取引者に与える印象を総合し、商品の取引の実情を明らかにして判断されますが●106、立体商標の場合には、その立体的形状の360度全体を同時に見ることはできませんので、需要者が主として見るであろう特定の方向を想

●106【参照】90頁。

定して、その外観が似ているかどうかで判断されます。

3　著作権法による保護

　内装についても、建築の著作物の一部として著作物となりえます。そのため、内装芸術といえるような内装であれば、著作物として保護を受けることができるでしょう▶107。

4　不正競争防止法による保護

　最後に、不正競争防止法に基づく内装の保護を見ましょう。**内装についても、他人の周知な商品等表示と同一・類似の商品等表示を使用し他人の商品や営業と混同を生じさせる行為が行われる場合には不正競争防止法による保護が受けられる可能性があります**[不2条1項1号]●108。

　この商品等表示には、商標、商号、商品の容器などが含まれていますが、内装は商品等表示に該当するのでしょうか。理論的には**内装デザインも商品の形態と同じように、特別顕著性と周知性があれば商品等表示にあたる**と考えられます。実際の事件として、ユニクロの店舗の内装が問題となった例があります。ユニクロの店舗の内装について、ファーストリテイリング株式会社がダイエーの店舗の内外装や商品構成などが類似しているとして訴えました。ただ、この事件は和解で終わってしまったので、裁判所の判断はなされていません。そのため、ユニクロの店舗の内装が商品等表示にあたるかどうかは判断がされていないのでわからない、ということになります▶109。

　他方で、商品陳列デザインも内装の一部として、店舗で多用することで消費者にそうした陳列を認知してもらおうということが行われています。では、商品陳列デザインは商品等表示に該当するでしょうか。商品陳列デザインは、消費者にとって商品を選択しやすく手にとりやすい配置を実現する、または、いかに多くの種類・数量の商品を効率的に配置するかなどの観点から選択されますので、本来は商品等表示にはあたらないと考えられます。そうすると、**商品陳列デザインが商品等表示にあたるためには、顧客によって営業主体との関連性において認識・記憶され、やがて営業主体を想起させる必要**があります。

　商品陳列デザインが商品等表示にあたらないとされた例ですが、実際の裁判例を見てみましょう。

▶107【補足】なお、建築の著作物で見られた著作者人格権については建築物同様に修繕や模様替えについて権利が制限されますが、内装は建築物の外観とはいえないと思われるので、著作権の権利制限規定の適用が受けられない可能性があります（著作権法46条）【参照】66頁）。公開されていない内装を写真にとって雑誌に載せるなどの利用を権利者に無断で行うような場合はあまりないようにも思いますが、注意しておく必要があるでしょう。

●108【参照】98頁。

▶109【補足】建築物のところで紹介したコメダ珈琲事件では内装も含めて商品等表示と認められています。

巫　商品陳列デザインが商品等表示にあたらないとされた例 —— 西松屋事件◇110

◇110【裁判例】大阪地判平成22年12月16日 平成21（ワ）6755号。

商品陳列デザインが問題となった株式会社西松屋チェーンが運営する西松屋（原告）の陳列について、裁判所は、この商品陳列デザインは商品等表示（営業表示）にあたらないとしました。

具体的には、商品陳列デザインだけで営業表示性を取得する場合があるとすれば、**商品陳列デザインそのものが、看板やサインマークと同じように、それだけで売場のほかの視覚的要素から切り離されて認識記憶されるようなきわめて特徴的なものであることが必要**であるとしました。そして、西松屋の商品陳列デザインは看板などと同じように認識記憶されるとはいえないから、独立して営業表示とはならないとしています。

そのうえで、仮に、西松屋の商品陳列デザインが、それ自体で売場のほかの構成要素から切り離されて認識・記憶される対象であるとしても、西松屋の商品陳列デザインは、西松屋独自の営業方法もしくはノウハウの一端が具体化したものであり、そうした営業方法やアイデアの独占は認められないから営業表示（商品等表示）にあたらず、不正競争防止法による保護は与えられないとしています▶111。

西松屋の陳列

アフロ

▶111【補足】商品形態が商品等表示にあたるかどうかにおいても、商品が本来有している形態やそれによって達成される実質的機能、効用を独占利用させ、同一商品についての事業者間の競争を制約することになることから、商品の機能・効用を発揮するための不可欠な形態は除かれていました。陳列デザインにおいても、それと同じ考慮が働いていると考えてよいでしょう。

このように、商品陳列デザインは商品等表示にはなりうるものの、それだけで売場のほかの構成要素から切り離されて認識・記憶されるようなきわめて特徴的なものでなければ商品等表示にはならないとされています。こうした基準からすると、商品陳列デザインが商品等表示にあたる場合はほとんど考えられないように思われますので、商品陳列デザインを不正競争防止法で保護してもらうことはかなりむずかしいでしょう。

☺ コラム　インスタレーション

空間デザインという意味では、インスタレーションもその1つかもしれません。インスタレーションはデザインではなくアートにカテゴライズがされるかもしれませんが、空間デザインをされている方は興味があるかもしれませんので取り上げておきましょう。

インスタレーションは空間や場所を作品として体験させるものです。その構成要素は物だけではなく、光や音、デジタルコンテンツが組み合わされている場合が多く見られます。もちろん、個々の技術、物、音楽、デジタルコンテンツなどは、特許法や意匠法そして著作権法などで保護されます。

　たとえば、インスタレーションで著名なチームラボ株式会社は、バルーン照明システムに特許権を取得しています。

特許4693930号

特許公報

　また、さまざまな要素が組み合わされて１つの空間が作り出されることにインスタレーションの意味があるのだとすれば、その全体の雰囲気を含めて保護してほしいという要望があるかもしれません。全体の表現については著作物として保護されますが、光や音を使ってインスタレーションを創作すること自体はアイデアの領域ですので、著作権がおよぶのはあくまで同じような表現が再現されている場合に限られます。

＊　　　＊　　　＊

　このように、空間デザインについては意匠法での保護が認められるようになったことから、まず意匠法での保護を検討するのがよいでしょう。内装が自他商品・役務識別力を有するのであれば立体商標として商標法での保護も考える余地があります。他方で、不正競争防止法による保護を受けられる場合もありますが、ハードルは決して低くはありません。また、著作権による保護はほぼ望めないと考えてよいでしょう。

インターフェースデザイン

I　はじめに

　ここでは、インターフェースデザインの保護について扱います▶1。ここでいうインターフェースデザインのイメージは、たとえばGUI（グラフィカルユーザーインターフェース）など、**PCやスマートフォンの画面に表示されるデザインのこと**です。技術が発達し、スクリーン上に表示される画像デザインが増えてきました。スクリーン上に映し出されるということは、プロダクトデザインのように現実空間に形あるものとしては存在していないことになります。そうした画像デザインはどのように保護されているのでしょうか▶2。

　インターフェースデザインについては、今後は**意匠法による保護が重要**となります。というのも、令和元年（2019年）の意匠法改正により、物品から独立した画像、すなわち**画像デザインそのものが新たに意匠法の保護対象となった**からです。また、インターフェースデザインは商標法による保護や、著作権法による保護も考えられます。さらに、不正競争防止法による保護もありうるでしょう。そのほか、インターフェースデザインを含むソフトウェアや機器等については、その技術的な側面から特許法の保護も受けられます。

　このように、インターフェースデザインもさまざまな法律で保護されることになります。重要度を明確に順位づけることはむずかしいですが、意匠法、商標法、著作権法が特に重要でしょう。不正競争防止法はその次といったところです。

　基本的な事項はすでにPart 1でお話ししていますので、それを確認しながら、本章ではインターフェースデザイン特有の点をお話ししていきましょう。

II　意匠法による保護

1　令和元年の意匠法改正

　令和元年に意匠法が改正されました。**それまで意匠というのはプ**

▶2【補足】タイプフェイス（デジタルフォント含む）はグラフィックデザインの章で扱います（【参照】194頁）。

ロダクトデザインのような物品に関する意匠しか認められていませんでした。そのため、令和元年の改正までは、インターフェースの画像デザインは物品の部分（部分意匠）として保護されるのみで、物品から独立した画像そのものについては意匠法の保護対象となっていなかったのです。

しかし、最近では、GUIが機器を離れて独自の付加価値を持つようになっており、PCやスマートフォン、タブレットなどさまざまな機器で同じGUIが使用されることが多くあります。そして、そうした画像デザインを含むアプリやソフトウェアが、クラウドを通じて提供されています。

そのため、物品の部分として画像デザインを保護するのみでは十分ではないとして、**物品から独立した画像そのものを保護することにした**のです。

2　意匠法で保護される画像デザイン

よって、意匠法でインターフェースの画像デザインを保護しようという場合には2つの方法があることになります。すなわち、令和元年改正前まで認められていた〈物品の部分として画像を含む意匠による保護〉（以下、**物品画像意匠**と呼びます▶3）と、令和元年改正で認められた〈物品から独立した画像意匠としての保護〉（以下、**独立画像意匠**と呼びます▶4）です▶5。

では、具体的にどのような画像デザインが意匠法で保護されるのでしょうか。実は、**物品画像意匠としても、独立画像意匠としても、**それぞれ**表示画像**と**操作画像**が保護されることになっています。そうすると、次頁の図のように、4つの保護パターンがあることになります。これだけでも複雑だと思われるかもしれませんが、さらにややこしいのが、物品画像意匠の場合と独立画像意匠の場合とで、表示画像と操作画像の定義が微妙に異なっていることです。これは、先に説明した令和元年改正における独立画像意匠の保護が新たに入ったことによって起こってしまったことで、インターフェースデザインの意匠法による保護の全体像の理解を非常にむずかしくしてしまっています。

▶3【補足】令和元年改正で建築物も新たに意匠法の保護対象となりました。そのため、建築物の部分としての画像も保護対象となります（【参照】240頁）。

▶4【補足】独立画像意匠の部分意匠もあります。

▶5【補足】令和元年改正後も物品画像意匠の出願は、改正前の3分の1から4分の1程度の出願数があるようです。

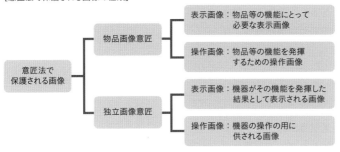

（1）物品画像意匠

　まず、物品または建築物（以下、物品等とします）の部分としての画像を含む意匠についてです。このタイプの意匠として、**表示画像**と**操作画像**が保護されます。

　そして、ここでの表示画像は**物品等の機能にとって必要な表示画像**、操作画像は**物品等の機能を発揮するための操作画像**です▶6。また、これらの画像は、〈物品等に画像デザインが記録され、物品等の表示部分に示されたものである必要〉があります▶7。つまり、保護されるためには、物品等に画像が記録されていて、それが液晶時計やスマートフォンのスクリーンに表示されることが必要となるのです▶8。

　では、物品画像意匠の実際の登録例を見てみましょう。

①　表示画像

　この意匠の物品は〈地図表示機能付き電子計算機〉で、言い換えれば〈地図表示できるPC〉のようなものです。〈地図表示できるPC〉であるためには、〈地図、行先案内等の情報を表示する地図表示機能〉が必要ですので、〈地図表示〉は〈地図表示機能付き電子計算機〉という**物品等の機能にとって必要な表示画像**となっています。

物品等の機能にとって必要な表示画像の例＋9

意匠公報

　次の例の物品は、〈投資信託残高損益グラフ表示機能付き電子計算機〉です。これも言い換えれば、〈投資信託残高損益グラフを表示できるPC〉です。〈投資信託残高損益グラフを表示できるPC〉であるためには、〈投資信託残高損益グラフを表示する機能〉が必要ですの

▶6【補足】意匠審査基準では、それぞれを「画像を表示する物品の機能を果たすために必要な表示を行うもの」と「画像を表示する物品の機能を発揮できる状態にするための操作の用に供されるもの」と定義しています（意匠審査基準第Ⅳ部第1章3.2.1）。なお、建築物についても同様に定義されています（意匠審査基準第Ⅳ部第1章3.2.2）。

▶7【補足】独立画像意匠では、物品などの部分に表示されない壁に投影した画像なども保護されます。

▶8【補足】なお、表示された画像デザインであっても、映画やコンテンツの物品画像意匠は保護されないとされています。映画やコンテンツの画像は著作権法で保護されます。

＋9【公報】意匠登録1656655号（意匠に係る物品：地図表示機能付き電子計算機）。アップル インコーポレイテッドの登録意匠です。

で、〈投資信託残高損益グラフ〉は〈投資信託残高損益グラフが表示できるPC〉という**物品等の機能にとって必要な表示画像**となります。

② 操作画像

次に操作画像について見てみましょう。この意匠の物品は〈通信機能付き電子計算機〉ですので、言い換えれば〈通信機能のあるPC〉です。画像部分には〈TALK〉の表示があり、これを操作すると〈音声コミュニケーションの送受信などの通信機能〉を発揮できるようになっているので、〈TALK〉の表示は〈通信機能付き電子計算機〉という**物品等の機能を発揮するための操作画像**となります。

次の例の物品は、〈ホームメニュー機能付き電子計算機〉です。言い換えれば〈ホームメニュー機能があるPC〉です。この画像は、〈PDFファイルの閲覧機能、メール機能、カメラ機能、電話機能などの機能を発揮できる状態にする操作に用いられるもの〉であり、操作することで〈ホームメニュー機能付き電子計算機〉という**物品等の機能を発揮するための操作画像**となります。

物品の機能を発揮するための操作画像の例╋12

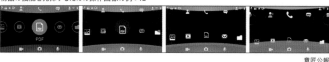

意匠公報

このように、ここで保護される操作画像は〈物品の機能を発揮できる状態にするための操作の用に供されるもの〉に限られます。つまり、**物品の機能を発揮している状態での操作画像ではなく、物品の機能を発揮できる状態にするための操作画像**です。たとえば、切符販売機でタッチパネルのような画面上のボタンを押すと切符の発券ができるような画像ボタンが操作画像に該当します╋13。要するに、**物品を操作する物理的なボタンをタッチパネルの画像に置き換えたような操作画像**が保護されるのです。先ほどの〈通信機能付き電子計算機〉の〈TALK〉ボタンも同じで、通話するための物理的なボタンをタッチパネル上のボタンに置き換えたものだといえます。

物品等の機能にとって必要な表示画像の例╋10

意匠公報

物品等の機能を発揮するための操作画像の例╋11

意匠公報

╋10【公報】意匠登録1590796号（意匠に係る物品：投資信託残高損益グラフ表示機能付き電子計算機）。楽天株式会社の登録意匠です。

╋11【公報】意匠登録1661433号（意匠に係る物品：通信機能付き電子計算機）。右図の画像は表示部拡大図。アップル インコーポレイテッドの登録意匠です。

╋12【公報】意匠登録1597305号（意匠に係る物品：ホームメニュー機能付き電子計算機）。東芝クライアントソリューションの登録意匠です。

⬆13【一歩先へ】「物品の操作……の用に供される画像」の解説

令和元年改正前に存在した規定（意匠法旧2条2項）においては、物品の部分の操作画像は「物品の操作（当該物品がその機能を発揮できる状態にするために行われるものに限る。）の用に供される画像」と規定されていました（旧2条2項は令和元年改正で削除されました）。

当時の規定についての裁判例があるので見ておきましょう（知財高判平成29年5月30日 平成28（行ケ）10239号・10240号・10241・10242号）。この事件の画像は、自動車の停車状態を表示し、運転者がそれを参考にアクセルなどを操作するための画像でした。

▼原告の出願意匠の例

判決別紙

裁判所は、この「物品の操作……の用に供される画像」とは家電機器や情報機器に用いられてきた操作ボタン等の物理的な部品に代わって、画面上に表示された図形等を利用して物品の操作を行うことができるものを指すというべきであるから、特段の事情がない限り、物品の操作に使用される図形等が選択又は指定可能に表示されるものをいうものと解される」と判示しました。

このように、裁判所は、まさに物理的なボタンをタッ

〈ホームメニュー機能付き電子計算機〉のPDFファイルの閲覧ボタンも同じで、PDFファイルを見られるようなボタンをPC上のボタンに置き換えたものです▶14。

(2) 独立画像意匠

以上のように、物品画像意匠は物品の存在を前提としたものでした。そうなると、保護される画像デザインの範囲は狭すぎるのではないか、と思ったのではないでしょうか。それを解消するために、令和元年改正によって**物品から独立した画像そのものも保護される**ことになりました。

この独立画像意匠についても、物品画像意匠の場合と同じく**表示画像**と**操作画像**が保護されます。ただし、先に説明したように、**物品画像意匠における表示画像、操作画像とは定義が異なっています**▶15。

① 表示画像

独立画像意匠としての表示画像は、**機器がその機能を発揮した結果として表示されるもの**です▶16。たとえば、医療用情報を表示する画像や、壁に投影した時刻表示画像が表示画像にあたります。

物品画像意匠の表示画像は**物品等の機能にとって必要な表示画像**でしたが、独立画像意匠の表示画像は、**機器がその機能を発揮した結果として表示される画像**で足ります。たとえば液晶時計という物品の機能には時計の液晶表示が必要といえるので▶17、物品画像意匠の表示画像として保護を受けることができますが、それ以外の画像は保護を受けられない可能性があります。他方で、独立画像意匠の表示画像は、物品の機能にとって必要なものでなくてもよいので、そうした時計の液晶表示以外の表示画像（下の時計表示画像でいえば月のような画像部分）でも、物品から独立した表示画像として保護されます▶18。実際の登録例としては情報表示用画像や加速度表示用画像があります。

表示画像に該当する画像の例

「医療用測定結果表示画像」　「時刻表示画像」（壁に投影された画像）

意匠審査基準第IV部第1章3.1

情報表示用画像＋19

意匠公報

加速度表示用画像＋20

意匠公報

▶14【補足】よって、家庭用ゲーム機という物品の機能を発揮した状態にあるゲームソフトによって表示されている画像や、PCの表示部に表示された画像は操作画像にあたりません。そのため、映画やコンテンツの物品画像意匠は意匠法では保護されないということになります。

▶15【補足】なお、独立画像意匠についても、映画やゲームなどのコンテンツ画像、デスクトップの壁紙などの装飾画像などは、画像意匠としての保護を受けることはできません。

▶16【補足】意匠審査基準はそれを「何らかの機器の機能と関わりのある表示画像であり、画像の中に機器の何らかの機能と関わりのある表示を含むもの」と定義しています（意匠審査基準第IV部第1章6.1.1.1）。

▶17【補足】液晶時計に液晶の時計表示がなければ液晶時計たりえませんので、液晶時計には時計の液晶表示が必要だといえます。

▶18【補足】変化する画像も登録可能です。
▼三菱電機のマスクの着用を促す変化する画像
（意匠登録1678246号）

意匠公報

＋19【公報】意匠登録1691897号。アップル インコーポレイテッドの登録意匠です。

＋20【公報】意匠登録1690021号。株式会社ブリヂストンの登録意匠です。

チパネルの画像に置き換えたようなものが、ここでいう操作画像にあたるとしています。この考え方は、令和元年改正後の物品画像意匠の操作画像にも引き継がれると考えられます。

② 操作画像

次に、独立画像意匠として**機器の操作の用に供されるもの**、すなわち**操作画像**が保護されます▶21。たとえば、商品購入用画像やアイコン用画像が操作画像の例です。

ここでの操作画像は**機器の操作の用に供される画像**とされ、物品画像意匠の操作画像のような**物品等の機能を発揮できる状態にするための操作の用に供されるもの**とはされていません。そのため、物品等の機能を発揮できる状態にするためでなくても、機器の操作の用に供されるものであれば保護されます。言い換えれば、**物理的なボタンをタッチパネルの画像に置き換えたような操作画像でなくても**、すなわち下記に実際に登録されているアイコンといったような画像も、**機器の操作の用に供されるものとして、物品から独立した操作画像として保護される**ことになります。

操作画像に該当する画像の例

「商品購入用画像」
（ウェブサイトの画像）

「アイコン用画像」
（クリックするとソフトウェアが立ち上がる操作ボタン）

意匠審査基準第Ⅳ部第1章3.1

アイコン用画像✛22

意匠公報

アイコン用画像✛23

意匠公報

車庫用シャッター装置用画像✛24

意匠公報

（3） 今後はどうすべきか

では今後、ある画像デザインを創作した場合には、物品画像意匠と独立画像意匠のどちらの方法で出願して意匠権を取得すればよいでしょうか。もちろん、両方の画像意匠の要件を満たせば、両方の画像の意匠として登録を受けることが可能です。しかし、手続的・金銭的な負担も増えることになりますので、どちらか一方ということであれば、保護の戦略にもよりますが、基本的には**独立画像意匠として権利を取得することになりそう**です▶25。

というのも、独立画像意匠の場合には、操作画像と表示画像の区別はあまりないように思われ、また、独立画像意匠の操作画像の場合、物品画像意匠としての操作画像の〈物品の機能を発揮させる〉という要件は問題となってこないので、権利を取得しやすいと考え

▶21【補足】意匠審査基準は、この操作画像を「対象の機器が機能にしたがって働く状態にするための指示を与える画像であり、特段の事情がない限り、画像の中に何らかの機器の操作に使用される図形等が選択又は指定可能に表示されているもの」と定義しています（意匠審査基準第Ⅳ部第1章6.1.1.1）。

✛22【公報】意匠登録1692293号。株式会社ソニー・インタラクティブエンタテインメントの登録意匠です。

✛23【公報】意匠登録1681248号。TOTO株式会社の登録意匠です。

✛24【公報】意匠登録1684394号。文化シャッター株式会社の登録意匠です。

▶25【補足】物品画像意匠として権利を取得することもありえます。たとえば、画像デザインが物理的な形状などと一体としてデザインされている場合には、物品などの部分としての画像として権利取得することも有効かもしれません。たとえば、次の例は、右手で持ったときに親指で操作しやすいなど、画面が小型であることが操作性に影響を与えているのかもしれません。

▼ソニーグループのデジタルカメラの部分意匠としての画像
（意匠登録1717245号）

意匠公報

また、同じ画像デザインについて、物品画像意匠と独立画像意匠の両方を権利取得することも可能です。その際、両画像デザインが類似する場合には関連意匠制度を利用することになります。

▼三菱電機ビルテクノサービスの〈ロープ張力測定機能付き電子計算機〉の物品画像意匠（意匠登録1675446号（本意匠））

意匠公報

られるからです。また、権利の範囲についても、独立画像意匠として権利をとった方が、どのような物品に表示されるかも問われず、類似の範囲などからして、物品画像意匠よりも広く保護できる可能性があります。

　ただし、どのように出願するかは権利行使も含めた戦略によりますので、専門家に相談した方がいいでしょう。

意匠公報

　また、物品画像意匠は画像を表示する物品を描いて出願しますので、画像を表示する物品を描くことが求められる外国でも出願する場合には、物品画像意匠を利用して出願しておくということもあるかもしれません。

😊 **コラム** **ARやVR、仮想空間のインターフェースデザイン**

　拡張現実（AR）やバーチャルリアリティ（VR）、仮想空間の画像デザインも意匠登録されています。物品から独立した画像についても意匠権で保護されることになったことで、下記の登録例のように今後はこうした登録も増えていくかもしれません▶26。

東芝テックのARを利用した商品確認用画像✛27

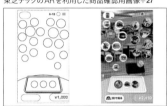

意匠公報

ソニー・インタラクティブエンタテインメントのVRを利用した
コンテンツ選択操作用画像✛28

意匠公報

三菱電機の発表状況表示用画像✛29

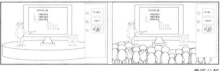

意匠公報

▶26【補足】そのほかにも、VRを使ったエレベーターなどのバーチャル商談で、VRゴーグルを装着した者の視野を第三者が把握できるようにモニタ画面に表示される画像（VR視野確認用画像）についての登録も見られます。

▼三菱電機らのVR視野確認用画像（意匠登録1691745号）

意匠公報

意匠公報

✛27【公報】意匠登録1677371号。東芝テック株式会社の登録意匠です。

✛28【公報】意匠登録1691956号。株式会社ソニー・インタラクティブエンタテインメントの登録意匠です。

✛29【公報】意匠登録1692265号。三菱電機株式会社の登録意匠です。

3　手続的要件

　保護されるインターフェースデザインとしての画像デザインの話が長くなってしまいましたが、手続の話に移りましょう。画像デザインについて意匠権を取得する場合にも、**願書と図面などを特許庁に提出（出願）**しなければなりません●30。ただ、ここでも、物品画

●30【参照】24頁。

像意匠の場合と独立画像意匠の場合とでは、願書と図面などの記載が一部異なってきます。

たとえば、**物品画像意匠の場合には〈カメラ機能付き電子計算機〉のように物品名を記載しますが、独立画像意匠の場合は、物品名ではなく〈情報表示用画像〉〈コンテンツ視聴操作用画像〉などと記載します**▶31。物品画像意匠はあくまで物品の部分としての登録なので、物品名を記載する必要がありますが、独立画像意匠は画像そのものの名前を記載します。

▶31【補足】細かな内容は意匠審査基準を参照してください。

4　意匠登録の要件

意匠登録を受けるためには、登録要件、すなわち、1. **意匠であること**、2. **工業上利用可能性**、3. **新規性**、4. **創作非容易性**、5. **他人が先にした出願に自己の出願した意匠が含まれていないこと**、6. **先願**、7. **意匠登録を受けることができない意匠でないこと**、の要件を満たす必要があります●32▶33。

●32【参照】13頁。

▶33【補足】意匠権を取得できるのは、意匠登録を受ける権利を有する人です。通常は意匠を創作した人（デザイナー）となります。ただし会社のインハウスデザイナーの場合には、職務創作意匠の規定が適用され、インハウスデザイナーの所属する会社が意匠権を有することがあります（【参照】21頁）。

（1）画像デザインと創作非容易性

画像デザインとの関係で創作非容易性が問題となった例を見ておきましょう。

巫　画像デザインが創作容易とされた例――携帯情報端末事件◇34

この例は、〈携帯情報端末の部分意匠の画像デザイン（物品画像意匠）〉として出願されたものです。左が出願された物品画像意匠ですが、右のすでに知られた公知意匠を含め、いくつかの公知の画像に基づいて創作容易な意匠と判断されています▶35。

◇34【裁判例】知財高判平成26年9月11日平成26（行ケ）10072号。

▶35【補足】意匠審査基準にあげられている例も見ておきましょう。この例では、公然知られた画像の一部をほかの画像の一部にそのまま置き換えて1つの画像を構成したにすぎないとして、創作容易だとされています。
▼画像を含む意匠の分野における軽微な改変の例（置き換えにより容易に創作された意匠の例）

携帯情報端末の出願意匠　　　　公知意匠の1つ

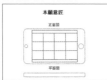 

判決別紙　　　　　　　　　　アサヒカメラ92巻9号
（LEX/DB文献番号25446649）　（2007）164頁

意匠審査基準第Ⅳ部
第1章6.3.2.4

（2）物品等の機能を確保するために不可欠な形状、画像の用途にとって不可欠な表示のみからなる意匠

意匠登録を受けることができない画像デザインについても見ておきましょう。

物品画像意匠の場合には**物品等の機能を確保するために不可欠な形状のみからなる意匠**、独立画像意匠の場合には**画像の用途にとって不可欠な表示のみからなる意匠**は意匠登録を受けることができません。そして、独立画像意匠の場合の画像の用途にとって不可欠な表示のみからなる意匠には、〈必然的に定まる表示のみからなる画像〉と、〈規格化・標準化された画像〉があります▶36。

①　必然的に定まる表示のみからなる画像

　画像の用途などに照らして必然的に定まる表示のみからなる、つまり用途からしてそのような表示になるしかない独立画像意匠は、意匠登録を受けることができません🔺37。これは、画像デザインの創作活動や市場の経済活動に支障がないようにするためです。たとえば、道路標識表示部分について、〈8〜10時まで車両侵入禁止〉はこのような道路標識用画像にしなければなりませんので、画像の意匠としては登録を受けられません。

画像の用途にとって不可欠な表示のみからなる意匠▶38

意匠審査基準第Ⅲ部第6章3.4

②　規格化・標準化された画像

　また、規格化・標準化されていることにより、それに準拠して作らざるを得ない表示のみからなる独立画像意匠は意匠登録を受けることができません。標準化された規格を使えないとそれを利用したい人が困ることになるのは明らかですので、意匠登録を受けることができないとされています。たとえば、右のような自動車用状態表示画像は意匠登録を受けることができません。

画像の用途にとって不可欠な表示のみからなる意匠▶39

意匠審査基準第Ⅲ部第6章3.4

5　画像デザインの類似の判断

　では、インターフェースデザインである画像デザインの類似はどのように判断されるのでしょうか🔺40。プロダクトデザインのところでも、意匠が類似するかどうかは非常に重要な問題でした●41。そのため、画像デザインの類似についても、どのように類似が判断されるのかをしっかり理解しておく必要があります。ただ、ここでも物品画像意匠と独立画像意匠の2つがあることで、その類似の理解が非常にむずかしくなっています。

▶36【補足】意匠審査基準第Ⅲ部第6章3.4。

🔺37【一歩先へ】画像の用途にとって不可欠な表示のみからなる意匠の判断基準

　物品の機能を確保するために必然的形状に定まる形状か否かについては、「その物品の機能又は建築物の用途を確保できる代替可能な形状が他に存在するか否か」および「必然的形状等以外の意匠評価上考慮すべき形状を含むか否か」を特に考慮するとされています（意匠審査基準第Ⅲ部第6章3.4）。

　しかし、画像の用途に不可欠な表示のみからなる意匠については、同じような記載はされていないため、どのように判断されるのか実はよくわかりません。意匠審査基準WG（第17回意匠審査基準ワーキンググループ議事録）ではこの画像の用途にとって不可欠な表示のみからなる意匠は「審査においては厳しく判断する必要があると考えております」との発言が事務局からなされています。そうすると、この要件はかなり厳格に判断されることになるのかもしれません。

▶38【補足】道路標識表示部分について意匠登録を受けようとする〈道路標識用画像〉の意匠です。

▶39【補足】公的な標準化機関により規格化された表示のみについて意匠登録を受けようとした〈自動車用状態表示画像〉の意匠です。

🔺40【一歩先へ】需要者は誰なのか

　意匠の類否判断は、〈需要者〉の視覚を通じて起こさせる美感に基づいて行われます（意匠法24条2項）。令和元年改正前の意匠法においては、意匠は物品に係る意匠（プロダクトデザイン）に限定され（旧2条1項）、意匠の類似に物品の同一・類似が前提とされていましたので、物品の需要者が異なるということは基本的に想定されてきませんでした。たとえば、自動車と自動車のおもちゃは、用途・機能が違いますので物品が非類似となります。もちろん自動車の需要者と自動車のおもちゃの需要者は基本的に違うのですが、意匠として非類似となりますので、需要者の違いを考える必要がなかったのです。

(1) 画像デザインの類似の判断方法

意匠審査基準においては、画像デザインは、**両意匠の意匠全体の用途・機能が同一または類似であること**、**両意匠の画像の用途・機能が同一または類似であること**、**両意匠の形状などが同一または類似であること**をすべて満たした場合に類似する、とされています[▶42]。

[画像デザインの類否判断]

具体的には、物品画像意匠同士の場合には、その**両意匠の物品等の用途・機能と**、**物品の部分意匠としての画像の用途・機能を認定**し、**両意匠の用途・機能が類似しているか**を判断します。独立画像意匠同士の場合には、それらが表示される物品等の用途・機能は考慮せず、**画像の用途・機能だけを認定**し、**両意匠の用途・機能が類似しているかを判断します**[▶43]。

そして、最後に物品画像意匠同士であっても、独立画像意匠同士であっても、両意匠の**画像の形状などが類似するか**が判断されますが、プロダクトデザインの意匠でいえば形態の類似に該当します[●44]。そのため、形状についての基本的な判断は、**物品の意匠の形態の類否判断と同じ**になります[▶45]。

以上のような判断基準に基づいて画像デザインが類似するかどうかが判断されますが、以下では、具体的に画像デザインの類似について意匠審査基準にあがっている例について見てみましょう。

(2) 物品画像意匠同士の類似

最初に、物品画像意匠同士の類似を見てみましょう。

まず、その画像を含んでいる物品、すなわち、願書の意匠に係る物品の欄に記載されている物品に基づいて、物品の用途・機能が認定されます。この例は音楽を再生する際に端末に表示される画像意匠ですが、公知意匠は〈音楽再生機〉、出願意匠の物品は〈携帯情報端末機〉です。携帯情報端末機はさまざまな用

物品画像意匠同士の類似（用途及び機能が類似する例）

意匠審査基準第Ⅳ部第1章6.2.2.1

しかし、画像デザインの場合はそうはいかなそうです。独立画像意匠の需要者は画像（ソフトウェア）の需要者ですが、物品画像意匠については物品の需要者が需要者となるからです。車庫用シャッター装置用画像であれば、独立画像意匠の場合は車庫用シャッター装置用画像の需要者、物品画像意匠の場合は車庫用シャッター装置用画像を部分とする電子計算機の需要者が、果たしてその需要者は同じ人なのでしょうか。同じ人なら問題ないのですが、もし違うのであれば、どちらの需要者を基準として意匠の類似を判断したらいいのでしょうか。

実は、欧州ではこの点についてさまざまな議論がなされています。というのも、欧州では物品（製品）の類似が意匠の類似の前提とはなっていないため、登録意匠が車で、被疑侵害意匠が車のおもちゃの場合に、どのように需要者（欧州では〈情報に通じた使用者(informed user)〉という概念です）を把握するかが問題となるからです。欧州では、両方の製品を使用する1人の需要者とする立場が強く主張されています。

●41【参照】28頁。

▶42【補足】意匠審査基準第Ⅳ部第1章6.2.2。

▶43【補足】物品画像意匠と独立画像意匠は、お互いに意匠全体として用途・機能が類似することもあります（（4）で後述する独立画像意匠と物品画像意匠の類似です）。

●44【参照】29頁。

▶45【補足】形態が類似するかは、両意匠の共通点と差異点を認定し需要者の最も注意を惹く部分を意匠の要部（重要な部分）として把握し、その要部において意匠の構成態様が共通しているかを観察し、両意匠が全体として需要者に共通の美感を与えるかどうかに基づいて判断が行われます。この形態の類似の判断が、画像の形状にも適用されます。

途・機能を含みますが、音楽再生画像を表示しているときは、〈音楽再生機〉と〈携帯情報端末機〉の両意匠の用途・機能は類似します。そして、画像の用途は音楽再生で同一、画像の形状（表示）も同一もしくは類似です。以上から、両意匠は類似します▶46。

(3) 独立画像意匠同士の類似

独立画像意匠同士の場合は、物品から独立していますので物品の用途・機能を考える必要はなく、画像の用途・機能だけを比較することになります。

たとえば、すでに知られた〈入退室管理用パスワード入力用画像〉があるとします。一方で出願された意匠は、独立画像意匠である〈電話番号入力用画像〉です。この場合、パスワード入力と電話番号入力という点は異なりますが、いずれも数字を入力するものであるから、画像の用途・機能は類似し、両意匠の用途・機能は類似します。そして、画像の形状（表示）も類似しています。以上から、両意匠は類似します▶47。

(4) 独立画像意匠と物品画像意匠の類似

最後に、独立画像意匠と物品画像意匠の類似について見てみましょう。

ここでは、独立画像意匠〈電子メール送受信用画像〉が公知意匠であり、物品を〈電子メール送受信機能付き電子計算機〉（要するにメールを送れるPCです）として、電子メール送受信用画像を含む物品画像意匠が出願されたような場合を想定してみましょう。

〈電子メール送受信機能付き電子計算機〉は電子メール送受信機能に加え情報処理機能を持ちますが、情報処理機能はスマートフォンなどのほかの物品も持っている一般的な機能ですので、意匠全体の用途・機能の比較にほとんど影響を与えません。そうすると、電子メール送受信のための画像を表示させているときの〈電子メール送受信機能付き電子計算機〉の用途・機能は、公知の〈電子メール送受信用画像〉の用途・機能と同じといえますので、両意匠の用途・機能は類似します▶48。そして、画像の形状（表示）も同一もしくは類似です。以上から、両意匠は類似します▶49。

独立画像意匠同士の類似（用途及び機能が類似する例）

意匠審査基準第Ⅳ部第1章6.2.2.1

▶46【補足】こうした類似が認められる場合は関連意匠制度を用いることが可能です。次の例は携帯情報端末との肌撮影用レンズ付きデジタルカメラ（肌に当てて肌の画像の撮影に用いられるデジタルカメラ）の物品画像意匠の登録例です（灰色の3枚の花びら状の画像と花びら状のシルエットの部分のところが意匠登録を受けようとする部分です）。この例では、物品としては、携帯情報端末は撮影を行うときは肌撮影用レンズ付きデジタルカメラと用途・機能が共通します。そして画像の用途も、肌状態のスコアが高いほど花びら状の画像が大きく表示されるという用途で同一です。そして、画像の形状（表示）も同一なので、2つの意匠は類似すると考えられます。

▼ソニーの携帯情報端末の物品画像意匠（意匠登録1543076号（本意匠）（すでに消滅）

意匠公報

▼ソニーの肌撮影用レンズ付きデジタルカメラの物品画像意匠（意匠登録1574914号（関連意匠）（すでに消滅）

意匠公報

▶47【補足】独立画像意匠についても関連意匠制度を用いて意匠登録を行うことが可能です。

▼清水建設の工事用エレベータ揚重モニタリングシステム用画像（意匠登録1733777号（本意匠）

意匠公報

▼清水建設の工事用エレベータ揚重モニタリングシステム用画像（意匠登録1733879号（関連意匠）

意匠公報

▶48【補足】このように、物

独立画像意匠と物品画像意匠の類似（用途及び機能が類似する例）

公知意匠	出願の意匠
	〔正面図〕
電子メール	電子メール
「電子メール送受信用画像」	【意匠に係る物品】電子メール送受信機能付き電子計算機 ※説明の都合上、願書の記載事項及びその他の図は省略した。

意匠審査基準第Ⅳ部第1章6.2.2.1

6 画像デザインにかかる意匠権の効力

意匠権は、**意匠権者に無断で行われる登録意匠の実施を排除できる権利**です[50]。そして意匠権は、同一の意匠だけでなく類似する意匠にまで権利の効力がおよびます。

(1) 画像デザインの実施

物品画像意匠を実施する行為とは、画像を含む物品の製造、使用、譲渡などをさします。【意2条2項1号】

他方で、独立画像意匠についての実施は、画像そのものの実施が問題となります。【意2条2項3号】画像の作成は実質的にはその画像を表示するためのプログラムの作成にあたりますので、**画像を表示するためのプログラムの作成も画像の作成**になります。また、画像を記録した記録媒体（USBなど）を譲渡、輸出するような行為も独立画像意匠の実施となります。このように、独立画像意匠については、画像の作成や使用する行為[51]、その画像を記録したUSBなどを譲渡する行為が実施に該当します[52]。

(2) 利用関係

プロダクトデザインの章などで、**意匠の利用**という概念についてお話ししました[53]。たとえば、先に登録された意匠（ハンドル）をそのまま含んだ後願の登録意匠（そのハンドルを含んだ自転車）が実施されている場合には、**後願の意匠は先の意匠を利用している**といいます。画像デザインでも、利用関係は成立します。

たとえば、先願が〈アイコン用画像（独立画像意匠）〉で、後願がその〈アイコン用画像を一部に含む電子計算機（物品画像意匠）〉の意匠である場合や、先願が〈アイコン用画像〉で、後願がその〈アイコン用画像を一部に含む独立画像意匠〉である場合には、利用関

品画像意匠は物品の存在を前提としているので、物品の用途・機能として、画像の用途・機能以外の異なる使用目的など考慮した方がよい用途・機能がある場合には、それを考えるべきということになります。そのため、物品画像意匠と独立画像意匠では、画像の形状（表示）が同一でも、当該画像の用途・機能以外に考慮すべきほかの用途・機能がある場合には、両意匠の用途・機能は非類似と判断されることがあります。

たとえば、以下の例の〈電子メール送受信用画像（独立画像意匠）〉と〈電子メール送受信機能付き冷蔵庫（物品画像意匠）〉とでは、〈電子メール送受信機能付き冷蔵庫〉は、食品などを保管し冷蔵するという用途・機能も有している点で〈電子メール送受信用画像〉の用途・機能とは異なる点があります。よって、この場合は、両意匠の用途・機能は類似しないと判断されます。

▼独立画像意匠と物品画像意匠が類似しない例（用途及び機能が類似しない例）

意匠審査基準第Ⅳ部
第1章6.2.2.1

▶49【補足】物品画像意匠と独立画像意匠について類似と認められ、関連意匠制度を用いて登録されている例があります（先に紹介したロープ張力測定機能付き電子計算機とロープ張力測定用画像の例も同様の事例です。【参照】273頁注25）。この例では、一度デジタルカメラと設定用画像の意匠全体の用途・機能は類似しないとして設定用画像の意匠登録出願は拒絶査定を受けましたが、拒絶査定不服審判ではそれが覆り登録に至っています。

▼ソニーグループのデジタルカメラの物品画像意匠（意匠登録1682233号（本意匠））

意匠公報

係が成立することがあり、先願権利者の許諾を得ない後願意匠の実施は、いわゆる利用による侵害が成立することがあります●54。

以上のように、インターフェースの画像デザインについては意匠法での保護が有効です。新しく独立画像意匠が導入されたことにより保護が拡大していますので、その保護を念頭に置きつつ、必要な画像デザインを意匠権で保護することを考えましょう。

▼ソニーグループの設定画像としての独立画像意匠（意匠登録1720189号（関連意匠））

意匠公報

●50【参照】26頁。

▶51【補足】物品から独立しているため、インターネットを通じた画像の提供も実施行為に含まれます。

▶52【補足】他方で、意匠にかかる画像を用いたアプリケーションがアップロードされたサーバーを管理する行為などは実施行為には含まれません。

●53【参照】120頁。

●54【参照】どのような場合に利用関係とみなされるかは、120頁、223頁で確認してください。

●55【参照】79頁。

✛56【公報】商標登録5615488号。トゥイッターインコーポレイテッドの登録商標です。この鳥は「空高く飛び立っていく青い鳥は自由と希望と無限の可能性を持って」いるとされています（https://blog.twitter.com/ja_jp/a/ja/2012/twitter-9）。

✛57【公報】商標登録5385019号（すでに消滅）。クックパッド株式会社の登録商標です。「クックパッドのシンボルでもあるコック帽のロゴマーク」とされています（https://techlife.cookpad.com/entry/2014/09/05/114440#:~:text=ロ ゴマークとの共通、思いを込めています %E3%80%82）。

✛58【公報】商標登録6291202号。RIZAP株式会社の登録商標です。黒色背景と金色のロゴには「どんな暗闇のなかにいてもその人が望む限り、必ず光り輝く未来は訪れる」という意味があるとのことです（https://www.rizapgroup.com/about/identity/）。

✛59【公報】商標登録5933288号。アップル インコーポレイテッドの登録商標です。

●60【参照】80頁。

●61【参照】81頁。

▶62【補足】商標登録5891180号。グーグル エルエルシーの登録商標です。審査においては一般的に使用される商標であって識別力がない商標（商標法3条1

Ⅲ　商標法による保護

次に、商標法についてお話しします。インターフェースデザインについては、商標法による保護を受けることが可能です。

1　保護される商標と商標登録の要件

(1)　商標

商標には、**文字、図形、記号、立体、色彩、音の商標など**があります。そのため、**商標法で保護される商標には、インターフェースデザインのような図形が含まれています**●55。実際、アイコンなどは多く商標登録されています。

旧Twitterの旧商標✛56　　クックパッドの商標✛57　　ライザップの商標✛58　　アップルの商標✛59

商標公報　　　　　　　商標公報　　　　　　　商標公報　　　　　　　商標公報

(2)　商標登録の要件

画像デザインも**登録を受けるためには、商標が自他商品・役務識別力を有し、商標登録を受けることができない商標に該当しないなど、商標登録の登録要件を満たす必要**があります●60。画像デザインで問題となるのは自他商品・役務識別力です●61。

商標法は出所表示、つまりはその商品の出所がどこであるかを示すことを保護するものであることから、出所表示機能を発揮しないものは自他商品・役務識別力がなく商標としては保護されません。電話マークのアイコンや再生ボタンのアイコンなどの画像デザインは、機能や状態を示していますので▶62、商品・役務との関係で出所

表示機能の発揮を目的とするものではないことが多いでしょう。そうすると、こうした画像デザインは自他商品・役務識別力がない商標にあたるとして、商標法で保護されない可能性があります▶63。他方で、トゥイッター インコーポレイテッドの旧アイコンやクックパッド株式会社、RIZAP株式会社のアイコンなどは、機能や状態を示すものではないので、識別力があるとされることが多いでしょう。

商標法においては、意匠法で保護されないPCの画面上の壁紙やコンテンツ画像のような画像デザインでも保護を受けられます●64。また、〈動き商標〉の導入に伴い▶65、動く画像デザインも商標として保護されます。

携帯電話の
画面デザインの商標＋66

商標公報

PCの画像デザイン
としての壁紙＋67

商標公報

PCの画像デザイン
としての壁紙＋68

商標公報

ゲームキャラクターの動き商標＋69　ゲームの画面デザイン＋70

 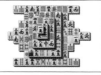

商標公報　　　　　　　　　　　商標公報

2　商標の類似

商標の類似は、**両商標が同一・類似の商品・役務に使用された場合に取引者や需要者に商品・役務の出所の混同のおそれを生じるか否かで判断され、外観、称呼（呼び方）、観念、さらに取引の実情が考慮されます**●71。

画像デザインの場合はアイコンのように図形などの商標が通常でしょうから、図形の外観を中心として類似かどうかが判断されるでしょう。

具体例で見てみましょう。次のように、同じような再生ボタンを意味するアイコンがそれぞれ登録されていることから、特許庁は両商標は類似しないと判断したことになりますが、これらの商標では観念や称呼は生じないと思いますので、外観に基づいて両商標は類似しないと判断したといえるでしょう▶72。

項6号）にあたるとされましたが、拒絶査定不服審判（拒絶2016-006412）において認定が覆された商標登録されています。

商標公報

▶63【補足】もちろん、全国的に知られる自他商品・役務識別力を有するようになれば商標登録を受けることが可能です（商標法3条2項）。先に紹介したアップルの電話のアイコンは、商標法3条1項各号の拒絶理由通知はあったようですが、最終的には商標法3条2項の適用なく登録されています。このように具体的な商品・役務との関係で識別力があれば3条2項の適用を受けずとも登録されます。

●64【参照】268頁。

▶65【補足】なお、単色の色彩商標について、「インターネット上に設置された不動産に関するポータルサイトにおける建物又は土地の情報の提供」に対する登録が認められなかった例があります（知財高判令和2年3月11日令和1（行ケ）10119号）。

▼出願された商標

判決別紙

▼原告ウェブサイトにおける本願商標の橙色の使用例

判決別紙

＋66【公報】商標登録5215980号。アップル インコーポレイテッドの商標登録です。意匠登録もされています（意匠登録1356982号）。

意匠公報

＋67【公報】商標登録4872529号（すでに消滅）。マイクロソフトコーポレーションの登録商標です。

＋68【公報】商標登録5090766号（すでに消滅）。マイクロソフトコーポレーションの登録商標です。

＋69【公報】商標登録

6166669号。株式会社タイ
トーの登録商標です。

╋70【公報】商標登録
5556898号。サン電子株式
会社の登録商標です。

●71【参照】90頁。

▶72【補足】なお、指定商
品などはともに第9類で、類
似群コードは11C01が同じ
であり、具体的な指定商品
を見ても類似していると考
えられます。

╋73【公報】商標登録
5756879号。アップル イン
コーポレイテッドの登録商
標です。

╋74【公報】商標登録
5891180号。グーグル エル
エルシーの登録商標です。

●75【参照】93頁。

▶76【補足】その場合はや
はり意匠登録を受けるなど
の対応が必要でしょう。

アップルの商標╋73   グーグルの商標╋74

商標公報   商標公報

3 商標権の効力

　画像デザインを商標登録したとしても、どのような使用方法であっ
ても商標権がその画像デザインを守ってくれるわけではありません。
**というのも、出所表示機能などを発揮するような態様での使用（商
標的使用態様）でなければ、商標権侵害とはならない**からです▶75。
よって、特に再生ボタンのアイコンのような商標権の侵害が疑われ
る画像デザインが意匠的効果を狙ったものにすぎず、その使用が出
所を表示するものとならなければ、商標権の行使はできません▶76。

　以上のように、自他商品・役務識別機能があるインターフェース
デザインは商標権でも保護が可能です。自他商品・役務識別機能が
あれば意匠法では保護されなかった画像デザインも保護されますの
で、意匠権の存続期間（出願日から25年）を超えて使用したいような
場合や、画像デザインの用途・機能が類似しない場合などで意匠権
の効力がおよばない場合なども考えて、商標法での保護を検討する
とよいでしょう。

Ⅳ 著作権法による保護─────────────

1 著作物

　次に著作権法によるインターフェースデザインの保護を見てみま
しょう。

　著作権法は、著作物を「思想又は感情を創作的に表現したもので
あって、文芸、学術、美術又は音楽の範囲に属するものをいう」と
定義しています【著2条1項1号】。ここでは機器などの画面に表示されたインター
フェースデザインそのものが、著作物として保護される場合につい
て扱います▶77。

　インターフェースデザインは、**美術の著作物**として、また、表計
算ソフトのような場合には**学術的な性質を有する図面・図表の著作
物**として、さらには、動きがあるゲームのような場合には**映画の著**

▶77【補足】画像デザイン
を表示させるプログラムも
著作権法で保護されます。
（【参考】50頁）。

作物にあたる可能性があります。

　なお、GUIのような画像は、創作においてユーザーの利便性のために表現が標準化されるような傾向があります。そうした表現はありふれた表現となりますので、著作物として保護を受けられる可能性は限られるでしょう▶78。

▶78【補足】意匠法で保護されるような画像デザインは実用目的に利用されるものですので、応用美術と扱われる可能性もなくはありません。ただし、次に述べるように、これまで裁判所はソフトウェアの画像などについては、応用美術とは扱ってきていません。なお、意匠法で保護される独立画像意匠について、今後裁判所がどのように扱うかはまだよくわかりません。応用美術とされても、実用的機能から分離して美的鑑賞の対象となるとされ、通常の著作物と同じように著作物性が判断される可能性もあるでしょう（【参照】287頁）。

2　さまざまなインターフェースデザインと著作権法による保護

　では、実際にはインターフェースデザインとしてどのような画像デザインが著作物となるかが争われたのでしょうか。裁判例においては、これまでソフトウェアの表示画面、ゲームの表示画面、ホームページの表示画面などについて著作物かどうかが争われてきました。それぞれの裁判例を見てみましょう。

(1) ソフトウェアの表示画面

　まずは、ソフトウェアの表示画面の例です。ソフトウェアの表示画面については著作権法による保護は否定されませんが、かなりむずかしいという状況にあります。

巫　ソフトウェアの表示画面の著作権侵害を認めなかった例1 ──積算くん事件◇79

◇79【裁判例】大阪地判平成12年3月30日平成10（ワ）13577号。

　PC用の建築積算アプリケーションソフトの表示画面の著作権侵害が争われた事件があります。原告のソフトウェア〈積算くん〉はPCで意匠内外装積算などを可能とするソフトウェアであり、被告の〈WARP〉も同様の建築積算アプリケーションソフトです。

　裁判所は、一般論としてソフトウェアの表示画面が著作物となる可能性を認めつつも▶80、原告ソフトウェアと被告ソフトウェアの表示画面が共通する部分は、著作者の思想または感情が創作的に表現されていないとして、著作権侵害を認めませんでした。

▶80【補足】裁判所は、あえて分類するとすれば、この表示画面は図面・図表の著作物（著作権法10条1項6号）であるとしています。

原告の積算くん画面の例

判決別紙

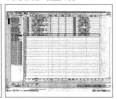

被告のWARPバージョン2.00および2.02の画面の例

判決別紙

巫　ソフトウェアの表示画面の著作権侵害を認めなかった例2
──サイボウズ事件◇81

　ほかにも、ソフトウェアの表示画面などが問題となった裁判例があります。債権者（原告）のソフトウェアも債務者（被告）のソフトウェアも、ウェブグループウェアと呼ばれるスケジュール、アドレス帳、施設管理などのアプリケーションの集合体でした。債権者は、ソフトウェアの個別の表示画面と、相互に牽連関係にある各表示画面の集合体としての全画面▶82について、著作物であると主張しました。

　仮処分★83の段階において裁判所は、債権者のソフトウェアには創作性があり著作権法で保護されるとしたうえで、類似する各画面の配列・牽連性のもとで、機能的に選択・配置された各画面が全体として類似する各画面表示をもって表現されているとして、債務者の〈アイオフィス2.43〉は債権者ソフトの翻案であると認め、著作権侵害であるとしました。

　しかし、その後の本案訴訟★84においては、表示画面についても、表示画面の選択・配列についても一般論としては著作物となりうるとはしつつも▶85▶86、ビジネスソフトウェアに要求されるさまざまな制約から、著作権侵害となるのはいわゆるデッドコピー★87に限られるとしました。そして、この事案では原告と被告の両画面が共通する部分については複製でも翻案でもなく、表示画面の選択・配列については、両者の選択・配列は異なり、さらに表示画面の選択・配列が共通する部分に創作性は認められないから複製でも翻案でもないなどとして著作権侵害を否定しました▶88。

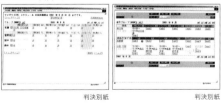

債権者（原告）のサイボウズ・　　　　債務者（被告）のi office2000
オフィス2の画面の例　　　　　　　　v.2.43の画面の例

判決別紙　　　　　　　　　　　　　判決別紙

巫　ソフトウェアの表示画面を著作物と認めなかった例
──ProLesWeb事件◇89

　もう1つ事件を見ておきましょう。この事件では、裁判所はソフトウェアの表示画面を著作物と認めませんでした▶90。

◇81【裁判例】東京地決平成13年6月13日平成13（ヨ）22014号、東京地判平成14年9月5日平成13（ワ）16440号。

▶82【補足】各画面はクリックすれば一定の秩序に基づいて画面が転換されていくので、それら全部の画面の選択・配列のことです。

★83【用語説明】〈仮の地位を定める〉仮処分とは、争いがある権利関係について権利者に生じる著しい損害や差し迫った危険を避けるために、本案訴訟（次の注で用語解説）までの仮の地位を定めるものです。

★84【用語説明】本案訴訟（本案の訴え）とは、仮処分の主目的である訴訟で、本案訴訟の結果が最終的な結論となります（そのため、本文に記載したように、仮処分の結論が本案訴訟で覆されることもあります）。

▶85【補足】ここでは濾過テスト（【参照】76頁注84）が用いられており、原告ソフトウェアの表示画面についても、表示画面の選択・配列についても、創作性を認めることができるかについては判断されていません。

▶86【補足】裁判所は、表示画面上に表現される影像は、美術の著作物（著作権法10条1項4号）や図形の著作物（同項6号）に該当しうるとしています。

★87【用語説明】デッドコピーとは、そっくりそのまま模倣することです。

▶88【補足】ほかにも、スケジュール管理ソフトウェアの表示画面などの複製または翻案を否定して、著作権侵害でないとした例があります（東京地判平成15年1月28日平成14（ワ）10893号）。

▼原告と被告の表示画面
（Weekly表示）

判決別紙

◇89【裁判例】東京地判平成16年6月30日平成15（ワ）15478号、知財高判平成17年5月26日平成17（ネ）10055号。

▶90【補足】なお、判決文では表示画面ではなく画面表示とされていますが、意味は変わらないため表示画面としています。

たとえば、原告のソフトウェアは、データベースのデータとエクセル上のレポート▶91を相互に関連させて、データベースのデータをエクセルに書き出したり、エクセル上の入力を読みとってデータベースのデータに書き込むものです。裁判所は、各表示画面に創作的な表現は認められず著作物ではないとしました。当然、結論として著作権侵害も認めていません。

▶91【補足】帳票など、データベースのデータを一定の法則にしたがって、エクセル上に表として作成するものです。

原告の画面の例　　　　　　　被告の画面の例

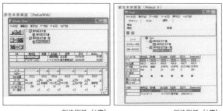

判決別紙（1審）　　　　　　判決別紙（1審）

◇92【裁判例】東京地判令和3年9月17日平成30（ワ）28215号、知財高判令和4年3月23日令和3（ネ）10083号。

巫　ソフトウェアの表示画面について編集著作物と認めなかった例
——Book Answer 3 事件◇92

　ソフトウェアの表示画面については、各表示画面の画面の選択・配列に創作性があるので、全体として編集著作物だと主張されることもあります▶93。この事件では、裁判所は、一般論としてはソフトウェアの表示画面が全体として編集著作物にあたる場合もありうるとしつつも、原告のソフトウェアの表示画面について全体として編集著作物にはあたらないとしました▶94。

　具体的には、画面の最上部にメニュータグを常に表示し、いずれの画面からも次の業務に移行できるようにすることや、画面の中央にサブメニュー画面を用意して画面の遷移なしに情報を表示することは、ビジネスソフトウェアにおいてはありふれた構成や工夫にすぎないから、原告製品の表示画面の選択や相互の牽連性などに創作性はなく、編集著作物には該当しないとして著作権侵害を認めませんでした▶95。

▶93【補足】編集物でその素材の選択または配列によって創作性を有するものは、著作物として保護されます（著作権法12条）。

▶94【補足】一般論として、ビジネスソフトウェアについて、一定の業務目的に使用される各表示画面を素材と考え、各画面の選択とシステム全体における配置、さらには画面相互間の牽連性に創作性が認められる場合には、ソフトウェアの表示画面が全体として編集著作物にあたる場合もありうるとしています。

▶95【補足】なお、この事件では表示画面自体について通常の著作物としても著作権侵害が争われています。裁判所は、両製品の画面表示を図形の著作物（著作権法10条1項6号）に似たものとしつつ、両画面の共通部分は、いずれもアイデアに属するか、書籍の特定に関する情報や業務に必要なものとして想定される一般的な情報などにすぎず、各表示項目の名称の選択・配列順序・レイアウトなどの具体的な表現においても創作者の思想・感情が創作的に表現されているとはいえず、両表示画面の配色の差違により利用者が画面全体から受ける印象も相当異なるとして、著作権侵害を認めませんでした。

原告の表示画面の例　　　　　被告の表示画面の例

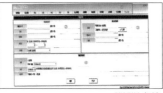

判決別紙（1審）　　　　　　判決別紙（1審）

　これらの裁判例を見てみますと、ソフトウェアの表示画面は、→

般論としてその著作物性は否定されないにしても、現実的には、**著作権に基づく権利行使は相当むずかしい**といえるでしょう。そっくりそのまま模倣するというようなデッドコピーのような場合には権利行使が認められそうですが、実際にはデッドコピーをすることはさすがに少ないでしょうから、権利行使は非常に困難であると考えられます。

(2) ゲーム画像を含むビデオゲーム（ゲームソフト）の画面

　次に、ゲーム画像が画像デザインとして保護されるかを見てみましょう。ゲーム画像を含むビデオゲーム（ゲームソフト）というのは通常、動きを持った影像であることに特徴があります。

巫　ゲームの影像を著作物と認めた例——パックマン事件◇96

◇96【裁判例】東京地判昭和59年9月28日昭和56（ワ）8371号。

　まずは、おそらく読者の皆さんもご存知の〈パックマン〉に関する裁判例です。裁判所は、ビデオゲーム〈パックマン〉は映画の著作物であるとしました。

　具体的には、「パックマンは円形で一方向に口と目があり、口は進むのにあわせてパクパクと開閉し旺盛な食欲で次々にエサを食べていくこと、4匹のモンスターはそれぞれの進み方に規則性があり、ヒラヒラした裾と目があり、それぞれが別の彩色を施され、ユーモラスな印象を与える表情をしていること、そしてパックマンがエサを食べる際のしぐさ、あるいはモンスターに食べられて消滅する際の有様、またモンスターが逆にパックマンに食べられて目だけになって巣に逃げ帰る際のしぐさ等の影像の動的変化」などから、ビデオゲーム〈パックマン〉を映画の著作物であるとしています▶97。

パックマンのゲーム画面

判決別紙

▶97【補足】この事件では、被告が被告の喫茶店に無断でパックマンのビデオゲーム機を設置し上映していたとして、上映権侵害が認められています。

　このように動きがある場合は映画の著作物となりますが、静止画に近いようなゲームもあります。その場合は、パックマンのように映画の著作物とはされないかもしれませんが、美術や図形の著作物として保護される可能性があります▶98。

　次に、ゲーム画面について著作権侵害が認められなかった例を見てみましょう。

▶98【補足】たとえば、本件【ファイアーエムブレム】「のようないわゆるコンピュータゲームないしテレビゲームにおいて画面上に表示される影像などには美術の著作物に該当するものが存在すると考えられる」とする裁判例があります（東京地判平成14年11月14日平成13（ワ）15594号）。

巫 ゲームの表示画面について著作権侵害を認めなかった例
──釣りゲーム事件◇99

◇99【裁判例】東京地判平成24年2月23日平成21（ワ）34012号、知財高判平成24年8月8日 平成24（ネ）10027号。

次に、魚釣りゲームに関する事件を見てみましょう。携帯電話で遊べるようなゲームだと、画面があまり動かないということがあります。この裁判例はそのようなゲームの例でした。この事件では、携帯電話用の釣りゲームの魚の引き寄せ画面、主要画面の変遷について著作権侵害が争われました▶100。裁判所は、著作権を侵害しないとしています。

▶100【補足】この事件では、東京地裁と知財高裁の結論が異なっています。東京地裁は魚の引き寄せ画面について著作権侵害を認めましたが、知財高裁は著作権侵害を否定しています。本文で紹介しているのは最終的な結論である知財高裁の判断です。

具体的には、原告と被告らのゲーム画面は、水中のみが真横から水平方向に描かれ、水中の画像には画面の中央に中心から等間隔で三重の同心円と黒色の魚影および釣り糸が描かれ、背景は静止している点などが共通するものの、これらの共通部分は、表現ではなかったり表現上の創作性がない部分にすぎず、また、その具体的表現も異なるとしました。そして、画面の変遷や素材の選択・配列についても表現ではなかったり表現上の創作性がない部分で被告作品と原告作品の同一性があるにすぎないとして、著作権侵害を認めませんでした。

原告と被告らのゲーム画面

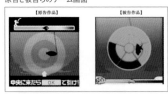

判決文（1審）

この事件では裁判所は著作権侵害を認めませんでしたが、こうした携帯ゲームなどは画面もそれほど大きくないことから画面表示にもさまざまな制約があると思います。そうすると似たような表現にならざるを得ませんが、無用な争いを避けるためにも、少しでも異なるような画面構成にしておくことが必要でしょう。

☺ コラム **ゲーム実況**

このように、一般にゲームの画像は映画の著作物などになりますので、ゲームをインターネットで配信しゲーム実況を行うような場合には、ゲーム会社の著作権を侵害してしまいます。

ただし、最近ではこうしたゲーム実況によってゲーム会社にもゲームの宣伝などの利益があることから、ガイドラインなどを設けて一定の

ゲーム配信を可能としています。たとえば、任天堂は〈ネットワークサービスにおける任天堂の著作物の利用に関するガイドライン〉を公表しています。

(3) ホームページの画面

最後にホームページの表示画面について、著作物性を判断したものを見てみましょう。

◇101【裁判例】京都地判平成13年5月31日平成10（ワ）3435号。

巫　ホームページの画面を著作物であると認めた例
——高校総体ホームページ事件◇101

このホームページの表示画面について▶102、裁判所は、この画面は、画像、文字情報、動画（JavaScript対応版トップページ）などが組み合わされて表現されたものであり、著作物であるとしました▶103。

CD-ROMに格納されたホームページの表示画面の例

判決別紙（LEX/DB文献番号28072681）

この事件ではホームページの表示画面は著作物であるとされましたが、一般的には、ウェブサイトのウェブページの画面構成などについてはありふれた表現となる場合も多いかもしれません。

(4) アイコン

インターフェースの画像デザインの1つとしてアイコンも重要でしょう。スマートフォンではアイコンがまさに利用するアプリケーションの入り口になっています。

意匠法による保護のところで見たように、アイコンは画像意匠として保護されることになります●104。

この点、機器の操作をするためのボタン（たとえば洗濯機を作動させるためにインターフェースにあるデジタルボタン）のように、機器の機能との関係がある場合には、その画像デザインは応用美術と扱われる可能性もあるでしょう▶105。他方で、機器の機能とは関係ない

▶102【補足】このホームページにある、全域図上に表示された特定のポイントをクリックすると、そのポイント近辺の詳細地図が表示され、そこで表示された特定のポイントをクリックすると、そのポイントに関する観光情報が表示されるマップナビゲーションシステムについては、詳細地図にどのようなサイズを選択するか、観光情報として何を選択するかについては制作者の個性の発揮を認めることができることから、編集著作物だと認められています。
また、ホームページ内の個別の画像についても著作物と認められているものがあります。
▼著作物とされた画像の例

判決別紙
（LEX/DB文献番号28072681）

▶103【補足】この事件では高校総体のホームページを制作した原告が、ホームページなどをCD－ROM化した被告を著作権などの侵害で訴えていましたが、マップナビゲーションシステム以外の複製・改変行為（サンプル的な一部複製行為）は、原告の包括的な許諾に基づく行為として、その改変にも違法性はないと判断されています。

●104【参照】268頁。

▶105【補足】他方で、ソフトウェアの表示画面の著作物性のところで見たように、アイコンが必ず応用美術だとされるわけではないと考えられます。

絵のようなアイコンも存在しており、そのような場合には、たとえ応用美術だとされたとしても、実用的機能から分離して美的鑑賞の対象ともなりそうです。たとえば、SNSのアイコンなどは、著作権法で保護される場合もあるでしょう▶106。

▶106【補足】絵文字も著作物として保護されますが、Unicodeの仕様にしたがって作られる場合はその制約やサイズ、認識の容易性などの観点から、創作性が発揮できる余地は少ないと考えられます。

　以上のように、インターフェースの画像デザインについては一般的に著作物として保護を受けられると考えられます。しかし、ありふれた部分などが真似されていても著作権侵害とはなりません。ソフトウェアやアイコンなどさまざまな画像デザインがあると思いますので、模倣されていると感じた場合は専門家に相談しながら対応を決めるとよいでしょう。

Ⅴ　不正競争防止法による保護

　次に、不正競争防止法に基づくインターフェースデザインの保護を見ましょう。

　インターフェースデザインとしての画像デザインについても、**他人の周知な商品等表示と同一・類似の商品等表示を使用して他人の商品や営業と混同を生じさせる行為**が行われる場合には不正競争防止法による保護が受けられる可能性があります●107。また、画像デザインが商品形態に該当すれば、不正競争防止法による保護の可能性があります。

●107【参照】98頁。

1　周知表示混同惹起行為

　不正競争防止法は、**他人の周知な商品等表示と同一・類似の商品等表示を使用して他人の商品や営業と混同を生じさせる行為を不正競争**としていました。[不2条1項1号]

　画像デザインとの関係では、画像デザインが商品等表示にあたるかが問題となります。まずはその点から見ていきましょう。

(1)　画像デザインの商品等表示該当性

①　商品

　通常、商品というと**有体物**●108、つまり形のある物を思い浮かべそうです。しかし、不正競争防止法にいう商品等表示の商品には**無体物**●109、つまり形のないものも入ります▶110。ソフトウェアなどを想像してもらえば、形のないものも商品として取引されていることが

●108【参照】10頁。

●109【参照】10頁注4。

▶110【補足】書体という無体物（有体的な形がないもの）についても、商品にあたるとした裁判例があります（東京高決平成5年12月24日平成5（ラ）594号）（【参照】196頁）。

わかると思います。

　そうすると、画像デザインと商品との関係が問題となるパターンには、2つのパターンがあることになります。すなわち、商品である有体物の一部に画像デザインが表示される場合、そして、無体物である画像デザインそのものが商品となる場合です。

（i）　画像デザインが表示される機器が商品である場合

　まず、〈**画像デザインが表示される機器が商品**〉といえる場合があります。たとえば、昔の喫茶店にあったような、〈テーブル型の業務用ビデオゲーム機〉という有体物が商品として想定できるような場合です。

巫　有体物に表示された画面が商品等表示とされた例
　　——スペース・インベーダー事件◇111

　実際に、それが争われた事件があります。インベーダーゲームの筐体に表示されるゲーム画面が商品等表示かどうかが争われました。この場合は、このゲームができるテーブルという筐体が商品です。裁判所は、原告商品の受像機に映し出されるインベーダーを主体とする各種影像とゲームの進行に応じたこれら影像の変化の態様は、従来のテレビ型ゲームマシンの影像の変化の態様には見られない特殊かつ新規なものであり、周知でもあるとして、商品等表示にあたるとしています▶112。

◇**111【裁判例】**東京地判昭和57年9月27日昭和54（ワ）8223号。

▶**112【補足】**結論としても、被告商品と原告商品は混同を生ずるとして、不正競争行為であると認めています。

原告商品の筐体　　　　被告商品の筐体　　　　原告のインベーダーゲームの影像

判決別紙　　　　　　　判決別紙　　　　　　　判決別紙

（ii）　画像デザインそのものが商品となる場合

　もう1つのパターンとして、〈**画像デザインそのものが商品**〉となる場合があります。たとえばPCやスマートフォンなど、どのような機器でも利用できるインターフェースの画像デザインに関しては、画像デザインそのものまたはそのデザインの用いられるソフトウェアが商品となると考えられます。先ほどの著作権法の説明の際にでてきたビジネスソフトウェアのようなものが典型です。

　このように、画像デザインは、それが表示される機器を商品とす

るか、画像デザインもしくはソフトウェアが商品とされます。ただし、現在では、インベーダーゲームのように、かつて喫茶店にあったようなテーブル型の業務用ビデオゲーム機のようなものはほぼなく、画像デザインもしくはソフトウェアとして取引されているのが普通でしょう。そのため、以下では、無体物である画像デザインを前提として話を進めたいと思います。

②　特別顕著性と周知性

では、ある画像デザインが商品等表示にあたるかどうかの具体的な判断は、どのようにされているのでしょうか。**商品等表示は、商品や営業の主体を示す自他識別機能を有するものでなければなりません**が[113]、画像デザインはそのデザイン性にこそ価値があるのであって、普通は、自他識別機能の発揮を目的としているとは考えられません[114]。

そのため、画像デザインが商品等表示にあたるためには、プロダクトデザインでそうであったように[115]、**特別顕著性**と**周知性**が求められることになります[116]。特別顕著性というのは、〈**商品の形態が客観的にほかの同種の商品とは異なる顕著な特徴を有していること**〉です。周知性というのは、〈**商品の形態が特定の事業者によって長期間独占的に使用され、またはきわめて強力な宣伝広告や爆発的な販売実績などにより、需要者においてその形態を有する商品が特定の事業者の出所を表示するものとして広く知られていること**〉です。要するに、特徴的な形態で、事業者の出所を示すものとして広く知られていればよい、ということです。

巫　特別顕著性も周知性も認められなかった例1──サイボウズ事件[117]

たとえば、先にあげたサイボウズ事件では、ソフトウェアの表示画面は、一般論としては特別顕著性と周知性があれば商品等表示にあたるとしつつも、サイボウズのビジネスソフトウェアの個々の表示画面はグループウェアとしての機能に伴う構成を出ないものであり（＝特別顕著性がない）、また、表示画面自体が需要者の間に広く知られているともいえない（＝周知でない）として、商品等表示にはあたらないとしています[118]。

巫　特別顕著性も周知性も認められなかった例2─釣りゲーム事件[119]

さらに、先にあげた釣りゲーム事件では、一般論として、ゲーム

●113【参照】98頁。

▶114【補足】商標のところで説明したように、旧トゥイッター インコーポレイテッド社の旧アイコンなどのような出所を識別するような画像デザインもあるでしょうから、必ず特別顕著性と周知性が必要だということではありません。

●115【参照】131頁。

●116【参照】98頁注10、131頁。

◇117【裁判例】東京地判平成14年9月5日平成13（ワ）16440号。

▶118【補足】先に著作権法のところで紹介したBook Answer 3事件でも、ソフトウェアの表示画面の特別顕著性と周知性について検討し、商品等表示にあたらないとしています。特別顕著性について、仕入部門で使用するメニューと店売部門で使用するメニューが統合されている点などは表示画面自体の顕著な特徴を基礎づけるとはいえないとし、周知性についても出版業界および書店業界において広く認識されていたといえないとしました。

◇119【裁判例】知財高判平成24年8月8日平成24（ネ）10027号。

の影像がほかに例を見ない独創的な特徴を有する構成であり、そのような影像が特定のゲームの全過程にわたって繰り返されつつ長時間にわたって画面に表示され、その影像が周知である場合には商品等表示にあたるとしつつも、本件ではゲーム画面について全過程にわたって繰り返し表示されておらず、広告宣伝においても多くの画面の１つとして使用されているにすぎないとして、周知の商品等表示とはいえないとしています▶120。

③ 商品の機能・効用を発揮するための不可避な形態

　商品の機能・効用を発揮するために避けられない形態が商品等表示としての保護を受けられないという点は●121、インターフェースデザインでも同様です。この**機能を達成するためにこの形態以外に考えられない（代替的形態がない）というような場合には、画像デザインは商品等表示にはなりません。**

　先にあげたサイボウズ事件でも、ソフトウェアの機能に伴う必然的な画面の構成は商品等表示とならないとされています◇122。

(2) 周知性

　この不正競争が認められるためには、他人の商品等表示の周知性も要求されますが●123、画像デザインの場合は前述のとおり、そもそも商品等表示にあたるための特別顕著性と周知性が求められることも多いでしょう。その場合には、商品等表示該当性に加えて周知であることは別個には要求されず、商品等表示にあたるかどうかの判断の中で周知性があるとされれば足りることになります。

(3) 同一・類似の商品等表示の使用

　画像デザインが商品等表示に該当したうえで、その画像デザインと同一・類似の画像デザインが販売され、需要者に他人の商品や営業と混同が生じていれば、その行為は不正競争行為となります。**画像デザインが類似するかどうかは、通常の商品等表示と同じように、取引の実情のもとで、外観などに基づく印象、記憶、連想などから全体的として類似していると需要者が受け取るおそれがあるかを基準に判断**されます●124。

　また、この商品等表示の使用については、出所識別機能を発揮する使用である必要があります●125。そのため、商品の内容を示すような使用は商品等表示の使用にあたりません。

▶120【補足】この事件では、原告影像はゲームの途中で登場する一画面またはそれに類似する画面にすぎないとされています。なお、ゲームの影像とその変化の態様について商品等表示にあたるかは、ゲームの全過程で長時間にわたって繰り返し使用されていることがほかの裁判例でも重視されています（東京地判平成25年11月29日平成23（ワ）29184号）。

●121【参照】133頁。

◇122【裁判例】東京地判平成14年9月5日平成13（ワ）16440号。

●123【参照】98頁。

●124【参照】98頁。

●125【参照】99頁。

巫 ゲーム画面の使用は商品等表示の使用でないとされた例
——釣りゲーム事件◇126

先にあげた釣りゲーム事件では、被告作品を表示しているのは〈釣りゲータウン２〉のロゴとその下のリンクの〈釣りゲータウン２〉という文字であり、被告作品の魚の引き寄せ画面の影像は被告作品の内容を紹介するための画像の１つとして使用されているにすぎないから、商品または営業を表示し自他を識別する商品等表示として使用されていない、としています。

◇126【裁判例】知財高判平成24年8月8日平成24（ネ）10027号。

2 著名表示冒用行為

画像デザインも、著名性を有すれば著名な商品等表示を自己の商品等表示として使用する行為は不正競争となります。ただ、この著名性は全国的に知られている必要がありますので、画像デザインが著名性を有するというのは非常にまれだと思います●127。

【不2条1項2号】

●127【参照】100頁。

3 形態模倣商品の提供行為

不正競争防止法では**形態模倣商品を提供する行為も不正競争**だとされていました▶128。では画像デザインも、形態模倣商品の提供行為に対する不正競争防止法の保護を受けることができるでしょうか●129。

【不2条1項3号】

▶128【補足】その商品が日本国内で最初に販売された日から3年に限定されます。

●129【参照】102頁。

(1) 商品の形態

商品の形態といえば、通常は、椅子や洋服のような有体物の形態を思い浮かべるでしょう。実際、この規定が作られた際には、模倣される商品の形態は有体物の形態が想定されていましたが、現在では無体物も含まれるとされています。無体物の形態の保護について検討した裁判例を見ておきましょう。

巫 ソフトウェアの表示画面を商品形態と認めた例
——ロイロノートスクール事件◇130

この事件では、教育用アプリケーションソフトウェアの表示画面が問題となりました。原告は、被告の製造販売する教育用教材のソフトウェアは原告の製造販売するソフトウェアの形態を模倣した商品であるから、不正競争防止法で禁止される形態模倣商品の提供行為であると主張しました。裁判所は、ソフトウェアの表示画面などは商品形態にあたるとしました▶131。

◇130【裁判例】東京地判平成30年8月17日平成29（ワ）21145号。

▶131【補足】ただし、後述のように、形態は実質的に同一でないとして、不正競争とは認められませんでした。

具体的には、原告ソフトウェアは独立して取引の対象となるから商品ということができ、ソフトウェアを起動する際にタブレットに表示される画面や各機能を使用する際に表示される画面の形状、模様、色彩などは形態にあたりうるとしています。

原告ログイン画面

判決別紙

ソフトウェアの画像デザインがソフトウェアという商品の形態にあたると、次に問題となるのは商品形態の**模倣**です●132。

●132【参照】103頁。

(2) 商品形態の模倣

　形態模倣商品の提供行為が成立するためには、**商品の形態を模倣する行為であることが必要**です。模倣とは、他人の商品の形態に依拠して実質的に同一の形態の商品を作り出すことです。【不2条5項】そのため、模倣が成立するためには、**他人の商品に依拠したこと**と、**形態の実質的同一性**が必要とされています。

巫　**ソフトウェアの表示画面の実質的同一性を認めなかった例**
──ロイロノートスクール事件◇133

　先に紹介したロイロノートスクール事件では、商品の形態は実質的に同一でないとされました▶134。

　具体的には、たとえば次頁のようなメイン画面について、原告の方はカード右上に円で囲まれた黄色の矢印が表示されるのに対し被告の方にはそのような表示はない、連結されたカードは原告の方はカードがフィールド領域に曲線または直線の矢印で連結されるのに対し、被告の方はフィールド領域に平行かつ一直線の形で各カードが直線で連結されることなどから、両画面表示は実質的に同一とはいえないとしました。

　そして、その他の両者の具体的な画面表示についても異なるか、ありふれた表現が一致するにすぎないなどとして▶135、両ソフトウェアの形態は実質的に同一でないとしています。

◇133【裁判例】東京地判平成30年8月17日平成29（ワ）21145号。

▶134【補足】そのほか、スケジュール管理ソフトの表示画面について実質的同一性を否定した例があります（東京地判平成15年1月28日平成14（ワ）10893号）。そこでは、たとえば月表示画面について、画面の中央の大部分を月のカレンダーが占めていることはスケジュール管理ソフトとしては当然であり、原告製品と同種の商品が通常有する形態を除外して実質的同一性が判断されています。結論として形態の実質的同一性は否定されています。
▼原告と被告の表示画面（Monthly表示）

判決別紙

▶135【補足】商品のありふれた形態も商品形態から除かれるとされています（【参照】102頁）。

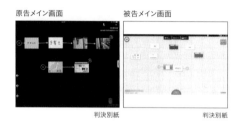

原告メイン画面　　　　　　被告メイン画面

判決別紙　　　　　　　　　判決別紙

　以上のように、インターフェースデザインとしての画像デザインについては、他人の商品等表示と混同を生じさせる場合や、形態模倣商品の提供行為にあたる場合に、不正競争防止法による保護が可能です。ただ、画像デザインが商品等表示に該当しない場合には不正競争防止法による保護は受けられませんし、商品形態としても画像デザインの形態（表示）が異なる場合には形態の実質的同一性が認められないこともあるでしょう。画像デザインについては不正競争防止法による保護はそれほど期待できないかもしれません。

VI　知財ミックス

　インターフェースデザインについても、さまざまな知的財産権を組み合わせて保護がはかられています。その具体的を見ておきましょう。

1　三菱電機株式会社の例

　インターフェースの画像デザインそのものではなく、その**技術的側面に着目した特許権による保護**も考えられます。たとえば、画像デザインを実現するソフトウェアとして、または、画像デザインに関連する装置の発明や画像表示方法の発明として、特許権を取得することが考えられます。

　そのため、**画像デザインの広い保護のためには、特許権と意匠権の両方を取得するという方策**が考えられます。

　たとえば、画像デザインに関する発明として、自分の自動車との接触の危険性を他人に伝える発明があります▶136。これは、画像デザインそのものの保護ではなく、ほかの車や歩行者に自分の車の危険性を知らせるための表示を車から投影する技術を含めた車両制御装置を保護するものです。よって、この技術を使用して車の外部に画像を表示する場合には特許権侵害を問えますが、異なる技術を用

▶136【補足】より正確には「自分の車両と他人の車両又は歩行者が接触する危険性がある場合に、ほかの車両の運転手や歩行者に接触の危険性を知らせることにより、危険な状況を防止することができる車両制御装置および車両制御方法」です。そして、本特許の説明においては、「図5Aはドアを開けることを予告するための予告情報の表示データの一例を示す説明図、図5Bは左折又は右折することを予告するための予告情報の表示データの一例を示す説明図、図5Cは発進することを予告するための予告情報の表示データの一例を示す説明図、図5Dは道を譲る意思があること知らせるための予告情報の表示データの一例を示す説明図である、図6は車両に対する操作が『ドア開操作』である場合の制御例を示す説明図である」とされています（特許6400215号）。

いて同じように車の外部に画像を表示されても特許では保護されません。

三菱電機の特許╬137

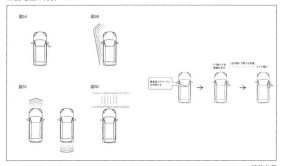

特許公報

╬137【公報】特許
6400215号。

　他方で、同じように画像デザインを用いつつ、自動車による第三者に対する危険の回避を目的とする画像デザインが、物品（映像装置付き自動車）の部分意匠（物品画像意匠）として登録されています。**意匠権に基づくと、技術がどのようなものであっても関係なく、画像デザインそのものを保護すること**が可能となります。

三菱電機の意匠╬138　　　　三菱電機の意匠╬139　　　　三菱電機の意匠╬140

　　　意匠公報　　　　　　　　意匠公報　　　　　　　　意匠公報

╬138【公報】意匠登録
1610445号。

╬139【公報】意匠登録
1610446号。

╬140【公報】意匠登録
1612570号。

　このように特許権と意匠権を組み合わせることで、同じ技術を使っていれば画像デザインが違っても特許権で保護でき、違う技術が使われていても画像デザインを真似するものであれば意匠権（物品画像意匠もしくは独立画像意匠）によって保護ができる▶141、というわけです。

　この例では特許権と意匠権ともに同じ三菱電機株式会社が権利者であり、自動車の動作を第三者に知らせて危険を回避するという画像デザインについて、特許権と意匠権を取得することにより広く保護をはかることを意図していると考えられます。

▶141【補足】この意匠登録
のデザインが出願されたの
は令和元年改正前ですので、
独立画像意匠としては出願
できず、物品画像意匠とし
て画像デザインを意匠登録
しています。

2　アップル インコーポレイテッドの例

　画像デザインについては、意匠権と商標権による保護もしばしばはかられています。アップル インコーポレイテッドのタブレット端

末について、意匠権として、画面全体の形態およびアイコン配置の部分意匠が取得され、商標権として、画面全体について権利取得されています。**画像デザインという見た目は意匠法で、画像デザインが有する自他商品・役務識別機能は商標で、という形で保護を受ける**ことができ、画像デザインをさまざまな法律で保護しているといえます▶142。

▶142【補足】商標法による保護は権利者が望む限りの半永久的なものですので（【参照】88頁）、商標登録を受けることには大きな意味があります。

画面全体の部分意匠＋143	アイコンの配置の部分意匠＋144	画面全体の商標＋145

意匠公報	意匠公報	商標公報

＋143【公報】意匠登録1449560号。

＋144【公報】意匠登録1447062号。

＋145【公報】国際商標1038970号。

　また、アップル インコーポレイテッドは特許権と意匠権の双方でインターフェースとしての画像デザインを保護している例も見られます。これはロック解除用の画像デザインですが、特許権でも意匠権でもその保護をはかっています。

＋146【公報】特許5457679号。

＋147【公報】意匠登録1356981号。

アンロック画像上で ジェスチャを行うことによる 機器のアンロッキング＋146	携帯電話機の部分意匠＋147
特許公報	意匠公報

＊　　　＊　　　＊

　このように、インターフェースデザインとしての画像デザインについては、1つの法律での保護はなかなかむずかしく、保護したい画像デザインの使用方法などを想定しながら、第一に意匠法での保護を考え、さらに商標法や著作権法による保護を考えましょう。そして、それらの権利の確保を前提としつつ、不正競争防止法による保護可能性も検討するということになります。意匠法の法改正から間もないこともあり、どのような保護が適切かは今後も変わってくる可能性もあるので、専門家に相談しながら、適切な保護をはかる必要があります。

キャラクターデザイン

I はじめに ―――――――――――――

本章ではキャラクターデザインを扱います▶1。キャラクターデザインには、大きく分けてイラストのような２次元のデザインと、人形や着ぐるみのような３次元のデザインが存在しています。本章では、それぞれに分けてその保護を見ていきましょう。

キャラクターデザインで最も重要なのは著作権法による保護でしょう。それから、**長く利用するキャラクターデザインについては商標法による保護が有効**です。また、**意匠法による保護も３次元のキャラクターの場合には有効です。そして、不正競争防止法による保護を受けることも可能**です▶2。

キャラクターといっても定義はなかなかむずかしいので、本章ではぬいぐるみやマスコットのようなものもキャラクターデザインに含めたいと思います。基本的な事項はすでに Part 1 でお話ししていますので、必要な場合はそこを確認していただくことにしつつ、本章ではキャラクターデザイン特有の点をお話ししていきましょう。

> 😊 **コラム** **人物イメージとしてのキャラクターは著作物にはならない**
>
> 漫画やアニメに登場する人物（ドラゴンボールの孫悟空や、SPY&FAMILYのアーニャなど）についての〈強い〉や〈可愛いらしい〉という人物イメージ（人物像や人格）については、著作権法で保護してもらえるのでしょうか。
>
> 実は、それが問題となった裁判例があります。被告がポパイの絵をモチーフとした絵をネクタイにつけて販売していたことから、ポパイの著作権者が著作権侵害だと訴えたという事件です◇3。
>
> 裁判所は、人物イメージとしてのキャラクターについては具体的な漫画を離れたキャラクターであるので著作物ではない、としています。なぜなら、そうしたキャラクターは、漫画の具体的表現から昇華した登場人物の人格という抽象的概念であって、具体的表現ではなく、思想または感情を創作的に表現したものといえないからです。要するに、キャラ

▶2【補足】この章では、キャラクターが有する人物イメージという意味ではなく、あくまで表現されたものをキャラクターデザインと呼んでいます。また、キャラクターデザインは、漫画で元々描かれているキャラクターや（ドラゴンボールのキャラクターなど）、原作はなくオリジナルで創作されたキャラクター（サンリオのキャラクター、スポーツチームのキャラクターなど）、小説の登場人物として描かれたものを図案化したキャラクター（シャーロック・ホームズのキャラクターなど）といったさまざまな形で創作されます。

◇3【裁判例】最判平成9年7月17日平成4（オ）1443号。

クターという人物イメージ（人物像や人格）は著作権法では保護されず、著作権法が保護するのはキャラクターの具体的表現としての〈イラストや絵そのもの〉ということになります[4]。

このように、著作権で保護されるのかどうかが変わりますので、キャラクターという用語が、人物イメージを意味するのか、イラストを意味するのか、明確にして使用するようにしましょう。

ポパイのキャラクターの絵

判決別紙（1審）

▶4【補足】結論としては、第1回作品のポパイを描いた絵の著作権は消滅しているとして、著作権侵害は認められませんでした。

☺ コラム　トレパク

キャラクターそのものではなくとも、他人の著作物である写真や絵などをそのままトレースしてパクる（盗作する）こと——トレパク——が話題になることがあります。細部にわたってトレースしてしまえば、他人の著作物を複製したとして著作権の侵害となってしまいます。トレースが問題となった事件を紹介しておきましょう。

この事件は、被告が原告の販売する写真を参考にイラストを描き、小説同人誌の裏表紙の一部に掲載して同人誌を販売していたという事件です[5]。裁判所は、写真素材における被写体と光線の関係はイラストには表現されておらず、むしろ写真素材にはない薄い白い線（雑誌を開いた際の歪みによって表紙に生じる反射光を表現したもの）が人物の顔面中央部を縦断して入れられており、その他の色彩の配合や被写体の背景のコントラストなどが異なるから、このイラストは原告写真の複製にも翻案にもあたらず著作権を侵害しないとしました。

この程度改変すれば他人の写真をイラスト化することはセーフという判断ですが、やはり写真はあくまで参考程度にとどめ、元の写真を真似したといわれないようにしておくことが必要でしょう。裁判で勝てたとしても、訴えられたことへの対応の時間と手間は避けたいところです。

◇5【裁判例】東京地判平成30年3月29日平成29（ワ）672号・14943号。

原告の写真　　　被告の同人誌と拡大図

判決別紙　　　　　　　　　　　判決別紙

また、インターネット上にあるイラストを安易に利用する場合も注意が必要です。猫のイラストの頭部を切り取り、フラダンスの衣装などを組み合わせた場合に、猫のイラストレーターの著作権の侵害だと認められた例があります◇6。

◇6【裁判例】大阪地判平成27年9月10日平成26（ワ）5080号。

原告のイラスト　　被告らのイラストの例

判決別紙　　　　　　判決別紙

II 著作権法による保護

　著作権法は、著作物を「思想又は感情を創作的に表現したものであつて、文芸、学術、美術又は音楽の範囲に属するもの」と定義しています。
【著2条1項1号】

　イラストのような2次元のキャラクターデザインと、人形などの3次元のキャラクターデザインが著作物となるかを見てみましょう。

1　2次元のキャラクターデザインの保護

　漫画などのイラストとして描かれているキャラクターデザインは、基本的に著作物となります▶7。

▶7【補足】SNSのアイコンなどに漫画やアニメのキャラクターを使うのは著作権を侵害する行為です。

⚖ 2次元のキャラクターデザインが著作物とされた例 ——サザエさん事件◇8

◇8【裁判例】東京地判昭和51年5月26日昭和46（ワ）151号。

　この事件は、バス会社が無断でバスの車体に〈サザエさん〉に登場する人物の絵を描いて観光バスを営業していたという事件です。漫画〈サザエさん〉の作者から著作権侵害だと訴えられたわけですが、このようなキャラクターの絵が著作物となることに疑いはありません。結論としても、著作権侵害が認められています。

▶9【補足】ここでは実際に図柄や構図を被告が参考にしたのではないかと思われる例を筆者が引用しており、実際の裁判では、どこのコマに書かれているかを対比するまでもなく、著作権侵害だとされています。

バスの車体に使われた
〈サザエさん〉のキャラクター

原告漫画の例▶9

判決別紙　筆者撮影（長谷川町子『サザエさん 3巻』
（朝日新聞出版、復刻版、2020年、初版1950年））

☺ **コラム** **キャラクターの絵がだんだん変わってる**

　長期間にわたる連載漫画のような場合、開始当初のキャラクターの絵と現在のキャラクターの絵が結構変わっているということがあると思います。しかし、基本的には当初の絵と現在の絵は同じキャラクターを意図して書かれており、現在の絵を見て当初のキャラクターの絵の表現の本質的特徴を感得できれば現在の絵は当初の絵の複製といえます。

　また、もしかすると現在の絵には当初の絵にはない創作的表現が加わっているということもあるかもしれません。その場合には、現在の絵は開始当初の絵の二次的著作物となります。ただし、その場合でも二次的著作物の著作権は、二次的著作物において新たに付与された創作的部分のみについて生じるとされています◇10。

　そのため、逐次公表される一話完結の連載漫画で、法人著作のような場合には●11、著作権の保護期間は各著作物の公表後70年となりますが、キャラクターの絵の保護期間は、先行する漫画に登場する人物と同一と認められる限り、その登場人物については、最初に掲載された漫画の保護期間によることになります（著作者が個人の場合には、死後70年まで著作権がおよぶので、絵が変わっても保護期間が終わる時期に相違はありません）。

◇10【裁判例】最判平成9年7月17日平成4（オ）1443号。

●11【参照】54頁。

●12【参照】73頁。

▶13【補足】本を擬人化したイラストの著作権侵害が争われた例もあります。日本電信電話株式会社（NTT）が発行するタウンページやそのCMのキャラクターのイラストについて、ある個人が自身のイラストの著作権侵害の確認を求めた事例です（東京地判平成11年12月21日平成11（ワ）20965号、東京高判平成12年5月30日平成12（ネ）464号）。

　裁判所は、本の形状、目の配置、鼻の存在、腕の位置、タウンページという文字の存在などから、両イラストのキャラクターは類似しないとしました。なお、「本を擬人化したという点は共通しているが、それ自体はアイデアであって、著作権法で保護されるものではない」ともしています。

▼原告（個人）のイラスト

判決別紙（1審）

▼被告（NTT）のイラスト

判決別紙（1審）

　では、こうしたキャラクターデザインが著作物となるとして、著作権侵害についてはどうでしょうか。著作権侵害が成立するためには依拠性と類似性を前提とした利用行為などが必要ですが●12、ここでは特に類似性が問題となります。

　キャラクターデザインは人間や動物をモチーフとすることが多いかもしれません▶13。たとえば動物などをモチーフにしたキャラクターデザインの場合、その動物を表現するための表現方法にそれほど多くの選択肢はなさそうです。ウサギであればウサギであることがわからなければなりませんので、ウサギの特徴を残しつつ創作をしなければならないからです。そうなると、何かをモチーフとしたイラストのキャラクターデザインの場合には、創作性を発揮する余地が少ないので、著作権の効力がおよぶ範囲（類似の範囲）もそれほど広くないということになりそうです。

　それでは、2次元のキャラクターデザインについて、著作物として類似しているかどうかが争われた例をいくつか見てみましょう。

◇14【裁判例】東京高判平成13年1月23日平成12（ネ）4735号。

巫　2次元のキャラクターデザインについて非類似とした例1 ——ケロケロケロッピ事件◇14

　この事件は、個人である原告が自身が作成したイラストに基づいて、株式会社サンリオの〈ケロケロケロッピ〉のイラストを著作権侵害だと訴えた事件です●15。裁判所は、両イラストは類似しないとして著作権侵害を否定しています。

　具体的には、輪郭の線の太さ、目玉の配置、瞳の有無、顔と胴体のバランス、手足の形状、全体の配色などにおいて、表現を異にしているから類似しないとしました▶16。

●15【参照】複製権または翻案権の侵害であるとしています。複製権と翻案権については58頁、60頁。

原告（個人）のキャラクターの例　　サンリオ（被告）のイラストの例

判決別紙（1審）　　　　　　　　　判決別紙（1審）

▶16【補足】もう1つ、キャラクターデザインが似ていないと判断された例を見てみましょう（東京地判令和2年10月14日令和1（ワ）26106号）。
　この事件では、被告がさまざまなイラストを用いてLINEのスタンプやグッズを販売していたことに対して、原告が自身の漫画のキャラクターデザインの著作権侵害であると訴えました。裁判所は、両イラストは類似しないとして著作権侵害を認めませんでした。
　具体的には、たとえば次のイラストについて、頭部が半楕円形で髪がない点や腕を組んでいる点などの共通点はありふれた表現であり、原告のイラストでは斜め上方を見上げながら、考え込むような表情で腕組みをする様子が描かれているのに対し、被告のイラストではくちばしをとがらせて、不満そうな表情をしながら〈つかえねぇ　ケッ〉といって口から何かを吐き出している様子が表現されている点が異なるとしています。
▼原告のイラストの例

判決別紙
▼被告のイラストの例

判決別紙

◇17【裁判例】大阪地判平成21年3月26日平成19（ワ）7877号。

巫　2次元のキャラクターデザインについて非類似とした例2 ——マンション読本事件◇17

　次に、人間のキャラクターのイラストが問題となった例を見てみましょう。原告は自身のイラストに類似するイラストが被告の小冊子に複製されているなどと訴えました。裁判所は、イラストは類似しないとしています。

　具体的には、原告イラスト1と被告イラストは眉や瞳のぬりつぶし、髪の毛の描き方や顔の輪郭が相違し、特徴的な部分が相当異なるとしました。また原告イラスト2と比較しても、服装が赤いワンピースであること、頭髪が薄地に3本の上下の線で表現されているほかは原告イラスト1と原告イラスト2はほぼ同じであるとして、被告イラストから原告イラストの表現上の特徴を感得できないとしています。

原告イラストの例1　　　原告イラストの例2　　　被告イラストの例

判決別紙　　　　　　　判決別紙　　　　　　　判決別紙

巫 2次元のキャラクターデザインについて類似とした例1 ——パンダイラスト事件◇18

他方で、キャラクターデザインが似ていると判断された例を見てみましょう▶19。この事件では、原告のイラストが被告らの商品パッケージに使用されているとして、原告が著作権の侵害だと訴えました。裁判所は両イラストは類似する（表現上の本質的特徴が同一である）として、著作権侵害を認めています。

具体的には、2頭のパンダの姿勢、表情、大きさの比などを含めた構成が類似しており、表現上の本質的特徴が同一であって、同一性の程度は非常に高いとしました。

原告イラスト　　　　　被告パッケージ（表面）　　被告パッケージ（裏面）

判決別紙　　　　　　　判決別紙　　　　　　　判決別紙

巫 2次元のキャラクターデザインについて類似とした例2 ——パンシロントリム事件◇20

次に、人間のキャラクターデザインが類似するとした例を見てみましょう。被告のイラストは、被告が制作を委託した会社のデザイナーがあるデザイン集のイラストを参照して作ったものでしたが、参照されたイラストは原告のイラストに基づいてデザイン集に掲載されたものでした。裁判所は、被告が使用したイラストは、原告のイラストの二次的著作物だとしています。

具体的には、被告が参照したデザイン集のイラストは原告のイラストの複製物であり、被告が使用したイラストには原告のイラストの創作的表現が再生されているから、被告の使用したイラストは少なくとも原告のイラストの二次的著作物だとしました▶21。

原告イラストの例　　　　被告が参照したデザイン集　被告が使用したイラストの
　　　　　　　　　　　　のイラスト　　　　　　　例

判決別紙　　　　　　　判決別紙　　　　　　　判決別紙

◇18【裁判例】東京地判平成31年3月13日平成30（ワ）27253号。

▶19【補足】もう1つ、キャラクターデザインが類似するとした例を見てみましょう（東京地判平成10年3月30日平成2（ワ）4247号、東京高判平成11年11月17日平成10（ネ）2127号）。この事件は、絵本で有名な〈ノンタン〉の作者が、次のような商品を販売していた被告を著作権侵害で訴えた事件です。裁判所は、元夫は補助的作業をしただけと判断し原告（作者）が著作者で著作権を有するとしたうえで、原告のイラストと被告商品のイラストは類似であると認め、著作権侵害だとしています。

具体的には、ノンタンのイラストの特徴として、たとえば「身体、顔、尻尾等の輪郭がいずれも黒く、毛糸が縮れたような（震えたような）太い波線をもって描かれ、柔らかな感じを表現している。毛の色は白一色である」として、被告商品のイラストでもその特徴が備えられているから、ノンタンの複製であり著作権侵害だとしました。

▼原告のノンタンの絵本の例

筆者撮影（キヨノサチコ『ノンタンぶらんこのせて』（偕成社、1976年））

▼被告の商品の例

判決別紙（1審、LEX/DB文献番号28032940）

◇20【裁判例】大阪地判平成11年7月8日平成9（ワ）3805号。

▶21【補足】結論として、被告イラストを被告医薬品の包装箱などに使用した被告の行為は、二次的著作物に関する原告の複製権を侵害

以上のように 動物を擬人化したキャラクターデザインについて類似しているとして著作権侵害が認められた例もありますが、あかちゃんパンダの場合はイラストとして相当類似しているから侵害が認められたように思えます▶22。そうすると、やはり**動物を擬人化したキャラクターデザインは創作の余地も狭く、著作権侵害となる範囲はあまり広くない**と考えられます。

また、人物のキャラクターの場合も著作権侵害が認められた例がありますが、その人物のイラストは人物のイラストとしては相当特徴があるイラストに見えます。その意味で、**人物のキャラクターデザインについても、やはり著作権侵害となる範囲はあまり広くない**と考えられるでしょう▶23。

▶22【補足】そのほか、熊のイラストについて類似性が争われ、いずれも2本足で直立する熊のイラストで、熊の顔、耳の大きさ、手足の長さ・形を含めた体形、タオルの形が同じであり、熊の色やタオルの色も同じであるとして、翻案を認めた例があります（東京地判令和3年1月28日平成30（ワ）38078号など）。

▼原告のイラストの例

判決別紙

▼被告のイラストの例

判決別紙

▶23【補足】Part 1のパッケージデザインの章で紹介していますが、博士イラスト事件（東京地判平成20年7月4日平成18（ワ）16899号）では侵害とは認められず、LEC出る順シリーズ事件（東京地判平成16年6月25日平成15（ワ）4779号）では侵害と認められました【参照】179頁。

▼博士イラスト事件
原告のイラスト

判決別紙

被告のイラスト

判決別紙

▼LEC出る順シリーズ事件
原告イラストの例

判決別紙

被告イラスト1の例

判決別紙

😊 **コラム** **キャラクターと二次創作**

キャラクターのイラストなどを用いて二次創作が行われることは多くあります。同人誌がその典型ですが、日本では二次創作は基本的に著作権侵害（複製権と翻案権、さらには著作者人格権である同一性保持権）となってしまいますので、著作者・著作権者が黙認しない限りなかなかむずかしいところがあります。

一方で、そうしたキャラクターのイラストなどを自由に使えるようにしてビジネスを展開することもあります。たとえば初音ミクは、そのキャラクターの絵や映像は一定の条件下で自由に使えるようにして、初音ミクを使った創作を促しています。著作権を有するクリプトン・フューチャー・メディア株式会社がピアプロキャラクターライセンスを公表し、非営利・無償の場合を中心に二次創作を自由とすることで、初音ミクにネギを持たせたキャラクターが一般化するなど自由な創作が見られています。

初音ミク　　　　　　はちゅねミク

https://piapro.net/pages/　https://dic.nicovideo.jp/
character　　　　　　oekaki/25017.png

2　3次元のキャラクターデザインの保護

次に3次元のキャラクターデザインについて見ていきましょう。3次元のキャラクターデザインについても、著作権法による保護の

したとしています。

可能性があります。しかし、著作権法が基本的に著作物と想定しているのは絵画や彫刻などであり、そうした美的鑑賞の対象となるものとして**純粋美術**と呼ばれています。他方で、実用品に使用されるデザインは**応用美術**と呼ばれています。

　３次元のキャラクターデザイン、たとえば人形などの場合には、それが手作りの一品製作的なものでなく大量生産され実用目的である場合には応用美術に該当し、著作権法で保護されるかどうかが問題となります。この点は、**純粋美術と同視できるような、実用目的に必要な構成と分離して美的鑑賞の対象となる美的特性を備えている部分を把握できる場合には、応用美術も美術の著作物として著作権法による保護を受けることができるとされています**●24。

　そして、結論からいえば、応用美術となる３次元のキャラクターデザインについては**著作権法により保護するのはかなりむずかしい**という状況です。具体的に見てみましょう。

巫　人形の著作物性が否定された例——ファービー人形事件◇25

　この事件は、被告人らがファービー人形の容姿を真似た人形を販売していたことに対して、著作権法違反が問われた刑事事件です▶26。被告人らの弁護人は、ファービー人形は美術の著作物ではないと主張しました。裁判所は、ファービー人形は著作物ではないとして被告人らを無罪としています。

　具体的には、ファービーには電子玩具としての実用性や機能性保持のための要請が表れ、それにより美感がそがれており、ファービーの形態は美術鑑賞の対象となる審美性がないことから、純粋美術と同視できず著作物ではないとしています。

ファービー人形

判決別添写真（山形地判平成13年9月26日平成11（わ）
184号：判例時報1763号215頁）

巫　人形の著作物性が肯定された例——トントゥぬいぐるみ事件◇27

　他方で、人形が一品製作的なものであったのでその著作物性が認められた例もあります▶28。この人形は、フィンランド在住の人形作家が、フィンランドなどで語り継がれているトントゥの寓話から創

◆24【参照】143頁。

◇25【裁判例】仙台高判平成14年7月9日平成12（う）63号、平成13（う）177号。

▶26【補足】このファービー人形は、内蔵されたセンサーにより外部からの刺激で耳や瞼を動かしたり音声を発したりするもので、音声の使用を継続すると次第に日本語もしくは英語の熟語に変化するという機能によって、使用者にあたかも成長するペットを飼っているかのような感情を抱かせる玩具です。

◇27【裁判例】東京地判平成14年1月31日平成13（ワ）12516号。

▶28【補足】そのほか、人形師に粘土で原型を創作させ、素焼きの後、人形絵師に彩色させた工芸品（博多人形）について美術工芸品だとして著作物と認めた裁判例があります（長崎地佐世保支判昭和48年2月7日昭和47（う）53号）。

▼博多人形

判決別紙
　また、妖怪フィギュアの模型原型について、純粋美術と同じ美的創作性を有するとして応用美術の著作物だと認めた例があります（大阪高判平成17年7月28日平成16（ネ）3893号）。

▼妖怪フィギュア

上野達弘「応用美術の著作権保護」別冊パテント11号（2014）104頁

304　Part 2　さまざまなデザインの保護

作したトントゥのオリジナル人形です。原告はこの人形作家から著作権管理を委ねられているとして、被告らがトントゥ人形に類似するぬいぐるみを製作し配布したことに対して著作権侵害であると訴えました。裁判所は、著作権侵害の検討の前提として、このトントゥ人形を著作物と認めました。

　具体的には、この人形は、1体1体手作りされており、人形作家がトントゥの寓話をもとに自らの感覚でその容貌、形状、色彩を具体化して人形としたものであるから、その姿態、表情、着衣の絵柄・彩色などに人形作家の感情の創作的表現が認められ、かつ美術工芸品的な美術性も備えていることから著作物であるとしました▶29。

　ただし、この例は、人形が1体1体手作りされている例であり、工業的に大量生産された実用品であったファービー人形とは事情が異なります▶30。

原告のトントゥ人形
判決別紙

被告らのぬいぐるみ
判決別紙

▶29【補足】なお、この訴訟では、被告らのぬいぐるみは原告人形の複製物とされましたが、原告は、人形作家からライセンス許諾の業務とライセンシー（ライセンスを受けた人）からのロイヤリティ（実施料）の徴収業務を委任されていただけで、著作権を行使することはできないとされています。

▶30【補足】なお、キューピーイラストの著作者が戯れに彫ったキューピーイラストを立体的に表現した小さなキューピー人形について、キューピーイラストの有する表現上の特徴をすべて具備していることに加え、これを変形して立体的に表現したという点において新たな創作性が付与されていることから、キューピーイラストの二次的著作物だとする裁判例があります（東京高判平成13年5月30日平成11（ネ）6345号・平成12（ネ）7号）。

▼著作者のイラスト原画

判決別紙
▼キューピーの人形

判決別紙

　以上のように、大量生産される人形のような3次元のキャラクターデザインについては応用美術となってしまい、著作権法による保護を受けるのはむずかしいでしょう▶31。

(2) 3次元のキャラクターデザインの類似性

　次に、3次元のキャラクターデザインについての類似性の判断についても見ておきましょう。

巫 3次元のキャラクターデザインについて類似するとした例 ——ライダーマン事件◇32

　この事件では、連続テレビ映画の〈仮面ライダーV3〉に登場するキャラクターであるライダーマンの子供用お面を無断で製造販売したことに対して、原告が被告（著作権者）に対し映画の著作権の著作権侵害に基づく差止請求権がないことの確認を求めた事件です。裁判所は、原告のお面は被告のライダーマンと類似することから映画の著作物の著作権を侵害すると判断しました。

　具体的には、被告のライダーマンと原告のお面の両者は、口との周辺部以外の頭部と顔面を全体的に覆う特異な構成のヘルメットを被っていること、そのヘルメットは、大きく前面に出た楕円半球

▶31【補足】そうすると量産品としてのディズニーのミッキーマウスの人形も著作権で保護されないのかと思われるかもしれませんが、2次元のイラストとしての絵（美術の著作物としてのイラストなど）を複製もしくは変形した人形であるとして著作権法による保護を受けているものと考えられます。
　たとえば、〈たいやきくん〉の原画をぬいぐるみにした行為に対して、原画を変形（著作権法27条）したものとした裁判例があります（東京地判昭和52年3月30日昭和51（ワ）3895号）。

状の赤い眼を持ち、大、中、小の３つのＶ字状輪郭を小さい輪郭が大きな輪郭内になるように描いていることなどにおいて同一の特徴を備え、ともに昆虫を連想させる独特の印象を与え、児童は〈仮面ライダーＶ３〉のテレビ映画に登場する〈ライダーマン〉と認識するとしています。

被告のテレビ映画に登場するライダーマン
判決別紙

原告の子供用お面
判決別紙

▼原告の原画
最新著作権関係判例集Ⅰ 719頁

▼被告のぬいぐるみ
最新著作権関係判例集Ⅰ 719頁

Ⅻ ３次元のキャラクターデザインについて類似しないとした例 ——猫のぬいぐるみ事件◇33

この事件では原告の手作りのぬいぐるみと被告のぬいぐるみの類似性が問題となりました▶34。裁判所は両ぬいぐるみは類似しないとしています。

具体的には、原告作品の本質的特徴は、顔が横に扁平な楕円形であること、両目がやや離れており両目と鼻が水平でほぼ同一線上にあること、両目と鼻が顔のやや上に位置することにあるが、被告製品は、頭部全体の形状が三日月を横倒しにしたようなお椀型であること、目鼻が顔の下方についているから、被告製品は原告作品の本質的特徴を備えておらず原告作品と類似していないとして、著作権侵害を否定しています。

また、キン肉マンの映画の著作権に基づいて、キン肉マンの軟質プラスチック製人形を販売した行為を著作権侵害とした裁判例があります（東京地判昭61年9月19日昭和60年（ワ）7392号）。

▼被告のキン肉マンの人形
特許と企業216号89頁

◇32【裁判例】東京地判昭和52年11月14日昭和49（ワ）5415号。

◇33【裁判例】大阪地判平成22年2月25日平成21（ワ）6411号。

▶34【補足】手作りのぬいぐるみなので、著作物であることが前提に争われています。

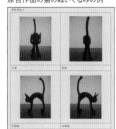
原告作品の猫のぬいぐるみの例
判決別紙

被告製品の猫のぬいぐるみの例
判決別紙

☺ **コラム** 映画に出てきたキャラクター（俳優）を使ってよいか

たとえば、映画〈ハリー・ポッター〉に登場する主人公（俳優）の写真やそのイラストを使って、商品を広告宣伝することはできるでしょうか。映画〈ハリー・ポッター〉に登場する主人公の写真やそのイラストを使う場合には、俳優などの人を対象とするので、著作権とは別の権利

を侵害しないかも考える必要があります（原作品、映画、写真や肖像の
イラストなどの著作権侵害はまた別の話です）。

　主に問題となるのはパブリシティ権と呼ばれる権利（法律に直接規定
されている権利ではありません）で、俳優や著名人の氏名や肖像の利用
については、〈専ら肖像等の有する顧客吸引力の利用を目的とする〉場
合には、パブリシティ権を侵害するとされています◇35。裁判例では具体
的な例も示されていて、①肖像等それ自体を独立して鑑賞の対象となる
商品等として使用する場合、②商品等の差別化をはかる目的で肖像等を
商品等に付す場合、③肖像等を商品等の広告として使用する場合があげ
られています。

　そのため、映画〈ハリー・ポッター〉に登場する主人公の肖像を写真
集にするとか、クリアホルダーにつけるとか、商品の宣伝に使用すると
いった行為はパブリシティ権を侵害することになります。

　なお、物に対するパブリシティ権は存在しないとされています◇36。
法律上は人以外は物となりますので、動物のパブリシティ権は問題とな
りませんが、そのキャラクターデザインにはこれまで見てきたように著
作権による保護がある場合もあるので、人でないからパブリシティ権が
問題にならず自由に利用できる、というわけではありません。

◇35【裁判例】最判平成24年2月2日平成21（受）2056号。

◇36【裁判例】最判平成16年2月13日平成13（受）866号など。

☺ **コラム　バーチャルYouTuber（Vチューバー）**

　最近ではバーチャルキャラクターを用いてYouTubeで活動するバー
チャルYouTuber（Vチューバーとも呼ばれます）が登場しています。
キズナアイがその先駆者のように思いますが、キズナアイはそのバー
チャルキャラクターの中に人がいることを前提としないキャラクター設
定がされているようです。他方で、実際の人が自分の容姿に近いバー
チャルキャラクターを用いている場合もあるかもしれません。

　これらのバーチャルキャラクターの映像やイラストなどは著作権で保
護されますが、パブリシティ権で保護さ
れるでしょうか。キズナアイのような特
定の有名人の容姿を表したものではない
という場合は、パブリシティ権による保
護は考えられないでしょう（ただし、不
正競争防止法で保護される商品等表示と
して保護される可能性はあります：後述）。

　他方で、バーチャルキャラクターが有
名人の容姿に非常に近い場合などは、そ

キズナアイ

Source:© Kizuna AI, SCP Foundation. CC BY-SA 3.0. Available via Wikimedia Commons. https://commons.wikimedia.org/wiki/File:Kizuna_AI_-_SCP_Foundation_2.png

の特定の人の肖像が使われていると考えられますので、パブリシティ権の保護を受けられるでしょう（芸能人の肖像をイラスト化したものと同じと考えられるでしょう）。

このように、キャラクターデザインは著作権法による保護が有効でしょう。2次元のものであれば、基本的に著作権法による保護を受けられると考えられます。3次元のキャラクターデザインで実用品の場合は応用美術が問題となりなかなか保護はむずかしいでしょう。

III 商標法による保護

次にキャラクターデザインの商標法による保護について見てみましょう。キャラクターデザインについては商標権の保護は著作権とともに有効に機能します。

キャラクターデザインは2次元の図柄であれば平面商標として、3次元の立体形状であれば立体商標として保護を受けることが可能です。

1 2次元のキャラクターデザインの保護

さまざまな商品やサービスを展開していくうえで、キャラクターデザインについて商標権を取得しておくことは重要です。商標登録を受けるためには、その**商標が自他商品・役務識別力を有し、商標登録を受けることができない商標に該当しないなど、商標登録の登録要件を満たす必要**があります ●37 ▶38。

2次元のキャラクターデザインの商標登録の例を見てみましょう。たとえば、サンリオのキャラクターである〈ハローキティ〉や、熊本県のゆるキャラである〈くまモン〉、そして漫画やゲームのキャラクターである〈ピカチュウ〉などが商標登録されています。また、最近ではLINEスタンプのキャラクターなども商標登録されています。

商標権は商品・役務との関係が重要ですので、キャラクターをどのような商品・役務に使用するのかをしっかりと考えて商標登録を行う必要があります。

●37【参照】80頁。

▶38【補足】もちろん、著名なキャラクターと似ているキャラクターデザインは商標登録を受けることができません。実際にミッキーマウスに似ているような商標について、商標登録が無効とされた例（無効2007-890003号）があります（商標法4条1項15号に違反）。

▼無効とされた個人の登録商標（商標登録4718494号）

Ai♥Yuu

商標審決公報

▼無効のために引用された商標

商標審決公報

▼ミッキーマウスとミニーマウスの態様の例

Dear Mickey & Minnie 2

商標審決公報

他方で、商標登録が認められている例もあります（全部異議2003-90107号）。特許庁は、顔の輪郭、耳の描き方、頬の描き方などの特徴が相違し、その印象を著しく異ならせるから図形は類似しないとし、混同を生じるおそれもないとしています（商標法4条1項11号、15号、19号に違反しない）。

▼取り消されなかったナルミヤインターナショナルの登録商標（商標登録4624750号（すでに消滅））

マウスくん

商標決定公報

▼異議申立てのために引用された商標の例

MICKEY MOUSE

商標決定公報

ハローキティの商標✛39　　くまモンの商標✛40　　ピカチュウの商標✛41　　LINEスタンプの商標✛42

商標公報　　　　　　　商標公報　　　　　　　商標公報　　　　　　　商標公報

✛39【公報】商標登録
3233872号。株式会社サン
リオの登録商標です。

✛40【公報】登録商標
5540074号。熊本県の登録
商標です。もちろん、文字
商標〈くまモン〉について
も商標登録がされています
（商標登録5387806号）。

✛41【公報】商標登録
4397232号。任天堂株式会
社の登録商標です。

✛42【公報】商標登録
5739845号。LINE株式会社
の登録商標です。

　また、**商標権の効力は、指定商品・役務についての登録商標の使用におよびます**[【商25条】]✛43。そのため、同一の商標を指定商品などに使うことは商標権の侵害になります。そして、それだけではなく、類似の商標を指定商品や指定商品に類似する商品等に使うことも禁止されています[【商37条1号】]。

●43【参照】87頁。

　キャラクターデザインとの関係では、商標が商標的使用であるかが特に重要になります。Part 1で、**商標としての使用でなければ商標権侵害にはならない**と説明しました✛44。つまり、**出所識別機能を発揮しない状態での商標の使用であれば、商標権を侵害しません。**キャラクターデザインの場合は、特に図柄のようなデザインとして使用すると商標的使用かどうかが問題となる場合があります。具体的に問題となった例を見てみましょう。

●44【参照】93頁。

巫　キャラクターデザインを商標的使用ではないとした例 ——ポパイ・アンダーシャツ事件◇45

　この事件は、商標権者が文字と図形からなるポパイの商標権に基づいて、被告が大きく〈POPEYE〉の文字と図形をあしらったアンダーシャツの製造・販売をしていることに対して商標権侵害だと訴えた事件です。裁判所は、被告のこのような使用は、商標的使用ではないとして商標権侵害を認めませんでした。

　具体的には、このシャツに付された図柄が、装飾的・意匠的の効果である〈面白い感じ〉、〈楽しい感じ〉、〈可愛い感じ〉などに惹かれてその商品の購買意欲を喚起させることを目的として表示されており、この表示は商品の製造源あるいは出所を知る〈目じるし〉ではないとしたのです▶46。

◇45【裁判例】大阪地判昭和51年2月24日昭和49（ワ）393号。

▶46【補足】なお、この事件で裁判所は、商標が「シャツ等商品の胸部など目立つ位置に附されることがあるが、それが『本来の商標』として使用される限り、世界的著名商標であっても、商品の前面や背部を覆うように大きく表示されることはないのが現状である」としています。当時（昭和51年）ではそうだったかもしれませんが、現在では、ワンポイントマークが前面に大きく表示されている場合もあり、この衣服を見ればあの会社の衣服ということがわかるような商標としての機能を発揮しているといえることも多そうです。そのため、商標権者に無断でのそうした使用は避けた方が無難でしょう。

✛47【公報】商標登録0536992号（すでに消滅）。大阪三恵株式会社（原告）の登録商標です。

原告の登録商標✛47　　　被告の販売するシャツの例　　被告のシャツ記載のポパイの例

商標公報　　　　　　　判決別紙（1審）　　　　　判決別紙（1審）

このように、シャツに付された図柄の使用は意匠的な使用（デザインとしての使用）であり、商標としての使用ではないということで商標権侵害とならない場合があります。

◇48【裁判例】大阪高判昭和60年9月26日昭和59（ネ）1803号、最判平成2年7月20日昭和60（オ）1576号。

☺ **コラム** 　**別のポパイ事件**◇48

　実は、ポパイの商標権に関する事件は別にもあります。商標権者（原告）は、ポパイの著作権者とは全く関係のない人でしたが▶49、被告はポパイの著作権者からマフラーを含むスポーツ用品についてのライセンスを得て製造した人から仕入れて販売していた人でした。

　このような状況で、被告は原告から商標権侵害として訴えられたわけですが、マフラーの隅のPOPEYEの文字とマフラーにつけられた吊り札のポパイの図柄は、一般的な商標としての使用態様（出所表示機能を発揮している使用態様）ですので、形式的には商標権侵害です。

　しかし、原告の主張する商標権侵害を認めることには誰しもが躊躇を覚えるのではないでしょうか。裁判所もそう考えました。裁判所は、POPEYEの文字を使用する被告に対して商標権の侵害を主張することは、この商標がポパイの人物像の著名性を無償で利用するものであり〈客観的に公正な競業秩序を乱す〉ことから〈権利の濫用〉★50である、として商標権の行使を認めませんでした。

　このように著名な商標は正当な権利者とは無関係の者によって取得されている場合もあり、正当な権利者から許諾を得ている人が商標権侵害として訴えられてしまうことがあります。現在では、立法によってできる限りこのような商標登録が生じないように手当てされていますが（商標法4条1項19号の適用や、7号の運用）、こうして不正な経緯があるにもかかわらず商標登録がされてしまう可能性は完全には排除されていません。しかし、そのような場合にもし商標権侵害だと訴えられたとしても、このポパイ事件のように、裁判所が商標権の侵害の主張は〈商標権の権利の濫用〉だとして、商標権侵害とならないと判断してくれる可能性は残されています。

▶49【補足】ポパイ・アンダーシャツ事件の原告もこの事件（地裁）の原告も同じ人です。実はこの商標はポパイの著作権者とは関係のない人が出願し、原告（地裁）が譲り受けたものでした（この原告は高裁の段階で脱退し、その商標権をさらに譲り受けた人が訴訟を継続しました）。最高裁でこの商標はポパイの人物像の著名性を無償で利用するものとされていますが、そもそもの商標権の取得状況にポパイの著名性にタダ乗りしようという意図が見え隠れしている状況だったといえます。その意味で、原告は真っ当に保護してあげるべき人ではない状況ではあったようです。

★50【用語説明】権利の濫用とは、権利の行使のように見えても状況と結果からして権利の行使と法律上認めることが適当でない権利行使のことをいいます。

原告の
登録商標✛51　被告の販売するマフラー

被告のマフラーのPOPEYEの文字と、
吊り札のポパイの図柄

商標公報

判決別紙

判決別紙

✛51【公報】商標登録536992号（すでに消滅）。株式会社松寺（原告）の登録商標です。

　３次元のキャラクターデザインの場合には、立体商標として保護を受けることができます。立体商標として登録を受けるためには**立体的形状の自他商品・役務識別力**[商3条]が必要とされます。そのため、たとえば〈まんじゅう〉を指定商品として、ひよこの形を出願したという場合にはまんじゅうに採用しうる一形状を表したものと認識される立体的形状であることから識別力を有さず、登録を受けられないでしょう▶52。

　他方で、企業のキャラクターやゲームのキャラクターなどの場合には、その形状は指定商品・役務と直接関係しないことから通常は自他商品・役務識別力があり、立体商標として商標登録を受けることが可能でしょう。実際、多くの企業のキャラクターが立体商標として登録されています。

Pepperの立体商標▶53

商標公報

くいだおれ人形の
立体商標▶54
商標公報

マリオの商標▶55

商標公報

カーネルサンダースの
立体商標▶56
商標公報

ペコちゃんの
立体商標▶57

商標公報

キョロちゃんの
立体商標▶58

商標公報

キューピーの
立体商標▶59

商標公報

> ©　コラム　**商品化権**
>
> 　〈キャラクターを商品としてグッズ販売などを行うには商品化権に注意が必要です〉、というように、商品化権という表現を聞いたことがあるかもしれません。しかし、実は商品化権そのものを規定している法律はありません。キャラクターグッズを販売するために、意匠権、商標権、著作権などについて権利処理されて商品化できる状態になっている

▶**52【補足】**その場合でも、全国的に広く知られ識別力がある場合には商標法3条2項の適用を受けることが可能です（**【参照】**83頁）。なお、これは実際に争われた事件で、裁判所は3条2項の適用を認めませんでした（知財高判平成18年11月29日平成17年（行ケ）10673号）。

▼立体商標が無効とされた例（商標登録4704439号：株式会社ひよ子の登録商標です）

商標公報

また、レゴジュリス エー／エスのミニフィギュアの立体商標について、頭髪などの部品がついていない状態ではレゴの販売する商品の形状と認識することは例外的な場合を除きないとして、商標法3条2項の適用が認められなかった例があります（東京高判令和4年12月26日令和4（行ケ）10050号）。

▼登録が認められなかったレゴミニフィギュア（商標登録出願2017-138422号）

公開商標公報

✛**53【公報】**商標登録6081795号。ソフトバンクロボティクスグループ株式会社の登録商標で、商標法3条2項の適用なく登録されています。

✛**54【公報】**商標登録4365296号。株式会社くいだおれの登録商標で、商標法3条2項の適用なく登録されています。

✛**55【公報】**商標登録5794508号。任天堂株式会社の登録商標で、商標法3条2項の適用なく登録されています。

✛**56【公報】**商標登録4153602号。ケンタッキーフライド チキン インターナショナル　ホールディングスインコーポレーテッドの登録商標で、商標法3条2項の適用なく登録されています。

✛**57【公報】**商標登録4157614号。株式会社不二家の登録商標で、商標法3条2項の適用なく登録されてい

ことを、〈商品化権を有している〉と呼んでいます。

このように、キャラクターデザインについては商標権の取得は常に考えておくとよいでしょう。著作権でも対応可能な場合も多いですが、マスコットなど3次元のキャラクターデザインの場合には応用美術の問題も出てきますので、商標権を取得しておくとよいと考えられます。

Ⅳ 意匠法による保護 ─────────────

キャラクターデザインについても、意匠登録を受けることが可能です。意匠登録を受けるためには、登録要件、すなわち、1. **意匠であること**〔意2条1項、3条1項柱書き〕、2. **工業上利用可能性**〔意3条1項柱書き〕、3. **新規性**〔意3条1項各号〕、4. **創作非容易性**〔意3条2項〕、5. **他人が先にした出願に自己の出願した意匠が含まれていないこと**〔意3条の2〕、6. **先願**〔意9条〕、7. **意匠登録を受けることができない意匠でないこと**〔意5条〕、の要件を満たす必要があります●60 ▶61。

1 2次元のキャラクターデザインの保護

意匠法の場合、2次元のキャラクターについては、**キャラクターの絵それ自体ではなく、キャラクターグッズのように物品などと組み合わせた状態で保護をはかる**ことになります●62。たとえば、以下のように物品の意匠として意匠登録を受けることが可能です。

ですが、意匠権は物品ごとに権利をとらなければなりませんので、このピカチュウのスプーンとフォークのように、1つ1つのグッズに対して意匠権を取得する必要があります。しかし、あらゆるグッズについて意匠権を取得するのは現実的ではないことからすると▶65、2次元のキャラクターについては、あまり意匠権の保護は有効ではないと考えられます。

ピカチュウをあしらった食器✚63 ピカチュウをあしらった食器✚64

意匠公報　　　　　意匠公報

2 3次元のキャラクターデザインの保護

意匠権は3次元のキャラクターデザインについても取得すること

ます。

✚58【公報】商標登録4539270号。森永製菓株式会社の登録商標で、商標法3条2項の適用なく登録されています。

✚59【公報】商標登録5594471号。キユーピー株式会社の登録商標で、商標法3条2項の適用なく登録されています。

●60【参照】13頁。

▶61【補足】このほかに、手続的な要件（出願手続など）も満たさないと意匠登録はされません。

●62【参照】9頁。

✚63【公報】意匠登録1057903号（すでに消滅）。株式会社小学館プロダクションの登録意匠です。

✚64【公報】意匠登録1057904号（すでに消滅）。株式会社小学館プロダクションの登録意匠です。

▶65【補足】そのため、商品区分で権利をおよぼすことが可能な商標権の方が、意匠権よりもキャラクターの保護には有効でしょう。なお、イラストを複製することは著作権侵害ともなります。

が可能です。特に、キャラク
ターデザインは次のように人形
として意匠登録されています。

　3次元のキャラクターデザイ
ンをそのまま模したぬいぐるみ
の販売などが行われることがあ
りますので、その場合には意匠
権は有効に機能すると考えられ
ます。

ファービー人形の
意匠✛66

意匠公報

ウルトラマンシリーズの
人形の意匠✛67

意匠公報

✛66【公報】意匠登録
1056700号（すでに消滅）。
ハスブロ インコーポレイテッ
ドの登録商標です。

✛67【公報】意匠登録
1488942号（すでに消滅）。
株式会社円谷プロダクション
の登録意匠です。

<u>⚖</u>　**ぬいぐるみの意匠権侵害を認めた例──スヌーピーぬいぐるみ事件**◇68

　実際に、次のスヌーピーのぬいぐるみについて、被告によるぬい
ぐるみの製造・販売などが意匠権侵害だと認められています。

スヌーピーのぬいぐるみの意匠✛69

意匠公報

◇68【裁判例】東京地判昭
和58年6月3日昭和56（ワ）
7672号、名古屋地判昭和61
年2月28日 昭 和59（ワ）
2636号。

✛69【公報】意匠登録
310781号（すでに消滅）。
ユナイテッド フィーチャー
シンデイケイト インコーポ
レーテッド（原告）の登録
意匠です。

　もちろん、こうしたぬいぐるみの意匠権の登録においても登録要
件を満さなければなりません。他人の業務に係る物品と混同を生ず
るおそれがある意匠^{【意5条2号】}として、意匠登録が無効とされた例を見ておき
ましょう。

<u>⚖</u>　**人形について他人の業務に係る物品と混同を生ずるおそれが
　ある意匠とされた例──ジェニー審決**◇70

　この事件は、個人によって意匠登録された人形について、株式会
社タカラが無効審判を請求したものです。特許庁の無効審判では、
株式会社タカラのジェニー（旧名バービー）という人形が需要者の間
で広く知られていたことから、この意匠登録は他人（株式会社タカ
ラ）の業務に係る物品と混同を生ずるおそれがある意匠であるとし
て、無効とされました。

◇70【審決例】無効審判平
成7年10月26日平成5年審
判9511号。

意匠権者の登録意匠＋71

タカラの人形

意匠公報

意匠審決公報別紙

＋71【公報】意匠登録
866095号（すでに消滅）。
個人の登録意匠です。

●72【参照】41頁。

▶73【補足】現在は株式会
社タカラトミーです。

▶74【補足】同様に、関連
意匠制度を用いて、大きさ
や形が微妙に異なる人形に
ついて意匠登録をして、意
匠権の類似範囲を明確にし
ている例があります。

▼村田製作所の人形
（意匠登録1544041号
（基礎意匠））

意匠公報

▼村田製作所の人形
（意匠登録1544417号
（関連意匠））

意匠公報

　また、こうした人形の保護については関連意匠制度●72が用いられ
ることがあります。関連意匠制度を利用すると、本意匠（基礎意匠）
に類似する関連意匠は特許庁が類似していると認めたということで
すので、登録意匠の**類似範囲を明確にすること**ができます。

　たとえば、次の株式会社タカラトミーの人形について▶73、本意匠
の人形と髪型が違う関連意匠として多くの人形が登録されていま
す。この一連の登録によって、髪型が違っても人形として類似して
いるということが示されています▶74。

タカラトミーの人形＋75

意匠公報

タカラトミーの人形＋76

意匠公報

タカラトミーの人形＋77

意匠公報

タカラトミーの人形＋78

意匠公報

タカラトミーの人形＋79

意匠公報

タカラトミーの人形＋80

意匠公報

＋75【公報】意匠登録
1236563号（基礎意匠）（す
でに消滅）。

＋76【公報】意匠登録
1236900号（関連意匠）（す
でに消滅）。

＋77【公報】意匠登録
1236901号（関連意匠）（す
でに消滅）。

＋78【公報】意匠登録
1236902号（関連意匠）（す
でに消滅）。

＋79【公報】意匠登録
1236903号（関連意匠）（す
でに消滅）。

＋80【公報】意匠登録
1236904号（関連意匠）（す
でに消滅）。

●81【参照】39頁。

＋82【公報】意匠登録
1368163号。株式会社村田
製作所の登録意匠です。

＋83【公報】意匠登録
1368164号（部分意匠）。株
式会社村田製作所の登録意
匠です。

　そのほかにも、部分意匠制度を用いて●81、その人形の**重要な部分
のデザインもあわせて保護**する例も見られます。この人形について
は、人形全体の意匠だけでな
く、人形の顔と胴体部分も部分
意匠として取得することで、手
や足の形、一輪車の部分の形態
が異なる人形が製造等されても
意匠権の効力がおよぶようにし
ています。

村田製作所の人形＋82

意匠公報

村田製作所の人形＋83

意匠公報

そして、関連意匠制度と部分意匠制度を組み合わせて、人形全体について権利保護をはかる例も見られます。トヨタ自動車株式会社の人形の例ですが、関連意匠制度を利用し、足の部分の形態は意匠の類似には影響していないことを明らかにすることで、座り方が違う人形が出てきても人形が類似すると主張できるようにしています。また、部分意匠制度を利用して、胴体部分の形態、頭についているマーク、口の形については部分意匠の範囲から除外することで、それらの形が違う人形が出てきても類似すると主張できるようにしています。さらに、頭の部分だけの意匠権も取得しておくことで、頭の部分だけが販売されるような状況にも意匠権を行使できるようにしています。

トヨタ自動車の人形＊84　トヨタ自動車の人形＊85　トヨタ自動車の人形＊86　トヨタ自動車の人形の頭＊87

意匠公報　　　　　意匠公報　　　　　意匠公報　　　　　意匠公報

＊84【公報】意匠登録
1558630号（基礎意匠）。

＊85【公報】意匠登録
1559276号（関連意匠）。

＊86【公報】意匠登録
1558631号（部分意匠）。

＊87【公報】意匠登録
1558632号。

　このように、特に３次元のキャラクターデザインである人形などには意匠登録も有効です。著作権法における応用美術や商標法における自他商品・役務識別力などが問題となることはありませんので、３次元のキャラクターデザインの場合には意匠登録を受けておくということを考えておきましょう。

V　不正競争防止法による保護

　最後に、不正競争防止法によるキャラクターの保護を見てみましょう。キャラクターデザインについて著作権や商標権、意匠権などの何らの権利を有していなくても、不正競争防止法による保護を受けることができる場合があります。

1　２次元のキャラクターデザインの保護

（1）周知表示混同惹起行為

　他人の周知な〈商品等表示〉を使用し他人の商品や営業と混同を生じさせる行為は不正競争行為となり【不2条1項1号】、差止請求や損害賠償請求の対象となります●88。

●88【参照】98頁。

　よって、キャラクターデザインのイラストなどが不正競争防止法

による保護を受けるためには、まずはイラストなどが商品等表示にあたらなければならず、商品等表示は商品や営業の主体を示す表示でなければなりません●89。

●89【参照】98頁。

巫 キャラククターデザインが商品等表示と認められた例 ——ミッキーマウス衣類事件◇90

この事件では被告らがミッキーマウスの図柄などを衣類に使用し販売したことが問題となりましたが、裁判所は、特に商品等表示にあたるかを問題とすることなく、ミッキーマウスとMICKEY MOUSEの表示を原告（ザ・ウォルト・ディズニー・カンパニー）らの商品等表示と認めています▶91。

被告の使用した標章

標章目録（1）

判決別紙（判タ724号258頁）

◇90【裁判例】東京地判平成2年2月28日昭和61（ワ）5911号、東京高判平成3年1月30日平成2（ネ）991号。

なお商品等表示にあたるかについて、キャラクターの描かれ方が問題となる場合があります。この点が問題となった裁判例がありますので、見ておきましょう。

▶91【補足】ポパイも同様に商品表示と認められています（東京地判平成2年2月19日昭和59（ワ）10103号、東京高判平成4年5月14日判決平成2（ネ）2007号・平成2（ネ）734号。これらは最判平成9年7月17日平成4（オ）1443号の地裁と高裁です）。【参照】原告（著作権者）のポパイの絵は298頁。
▼被告の使用したポパイのキャラクターの絵

判決別紙（1審）

巫 イラストのキャラクターの絵について商品等表示にあたらないとされた例——博士イラスト事件◇92

この事件では、幼児向けの教育DVDのパッケージカバーで利用されているイラストが商品等表示にあたるかが争われました▶93。原告は被告が使用する博士のイラストが原告の周知の商品等表示に該当し、原告のイラストと類似し原告商品と混同が生じているとして不正競争だと主張しました。しかし、裁判所は、この博士のイラストは商品等表示にあたらないとしています。

具体的には、商品等表示にあたるためには、この博士のイラストが商品等表示として商品の外装やパッケージに記載されている必要があり、原告の商品のパッケージからは、博士のイラストはコンテンツの主題となる絵や写真のいわば脇役として描かれているものにすぎないため、商品等表示とはいえないとしました▶94。

◇92【裁判例】東京地判平成20年7月4日平成18（ワ）16899号。

▶93【補足】著作権侵害でも争われましたが、両イラストは類似しないとして著作権侵害が否定されました（【参照】75頁、179頁）。

▶94【補足】さらに、もし博士のイラストが原告の商品等表示として周知であったとしても、結局は原告と被告の博士のイラストは類似しないともしています。

原告のイラスト	原告商品のパッケージの例	被告のイラスト

判決別紙	筆者撮影 （VHS『楽しいおべんきょう あいうえおってなあに？』(PSG)	判決別紙

　そのため、商品等表示にあたるためには、こうしたパッケージソフトであれば博士のイラストによって商品の出所がわかるように描いておくなどが必要となるでしょう。

(2) 著名表示冒用行為

　自己の商品等表示として、他人の著名な商品等表示と同一・類似のものを使用などすることも、不正競争にあたるとされています。[不2条1項2号]
キャラクターデザインの場合は、キャラクターデザインが著名であると、この不正競争防止法の規定を使うことができる場合があります。それが問題となった例を見てみましょう。

**巫　キャラクターのコスチュームなどの利用が不正競争とされた例
　　──マリカー事件◇95**

◇95【裁判例】知財高判令和元年5月30日（中間判決）、知財高判令和2年1月29日平成30（ネ）10081号・平成30（ネ）10091号。

　この事件は、有名なゲームの〈マリオカート〉が問題となった事件です。被告会社の利用客は被告が貸したキャラクターのコスチュームを着て、コスチュームを着た被告会社の従業員の先導で公道カートで走り、被告のホームページにはその写真や映像が掲載され、被告店舗の入口付近にはマリオの人形が設置されていました。原告の任天堂株式会社は、マリカーなどの文字表示などの使用、マリオなどの表現物などの宣伝行為（ウェブサイトへの掲載行為、従業員のコスチューム着用行為、店舗における人形の設置行為からなる行為）を不正競争行為であると訴えました。裁判所は、被告らの行為は不正競争にあたるとしました。

　具体的には、文字表示〈マリオカート〉などは、マリオなどのキャラクターが登場する任天堂株式会社の人気カートレーシングゲームシリーズを表すものとして著名であり、被告会社が使用するマリカーなどの表示と類似するとしました。また、任天堂株式会社の表現物であるマリオなどもマリオカートのゲームの商品等表示として著名であり、ウェブサイトへの写真や動画の掲載、コスチュームの貸し

出し店舗におけるマリオ人形の設置行為、従業員にコスチュームを
着用させてカートツアーのガイドをさせる行為は、各行為における
被告会社の表示がマリオなどに類似していることから、不正競争行
為にあたるとしています▶96。

▶96【補足】なお、任天堂
株式会社は、被服、カート
の貸与、被服の貸与などを
指定商品などとして、マリ
オの赤い帽子やルイージの
緑の帽子の立体商標を取得
しています。立体商標を取
得することで、被告が行っ
ていたような行為に商標権
を行使することができます
が、任天堂の権利はあくま
で帽子だけの権利にすぎま
せん。全キャラクターのコ
スチュームすべてに商標権
を取得するのは手間などを
考えると現実的でないので、
著名なキャラクターの場合
には不正競争防止法の規定
の活用は今後も有効でしょ
う。

任天堂（原告）のキャラクター（原告表現物）

判決別紙（1審）

▼マリオの赤い帽子の立体
商標
（商標登録5929954号）

商標公報

被告が貸与したコスチューム

判決別紙（1審）

▼ルイージの緑の帽子の立
体商標
（商標登録5929870号）

商標公報

被告の店舗入り口に設置
されたマリオの人形　　　利用客の着用例

判決別紙（1審）　　　　　　　判決文（2審）

😊 **コラム** **コスプレ**

　人気キャラクターの服装などを再現して、コスプレを楽しむことがあ
ります。では、たとえば漫画のキャラクターが着ている服のデザインを
再現して、コスプレをすることは法的に可能なのでしょうか。
　まず、漫画のキャラクターの服のデザインが、そもそも、著作物であ
るかが問題となります。この場合、漫画のキャラクターはイラストです
ので、そのイラストに描かれている服は、創作的表現として著作物とな
ることもあるでしょう。そのため、そのイラストを立体化してコスプレ
衣装化した場合に、コスプレ衣装においてイラスト（もしくはキャラク
ター）の衣装の表現上の本質的特徴を感得できてしまうと複製や変形、

翻案などということになり、著作権侵害となってしまう可能性があります。

しかし、実際には、〈私的な範囲〉でコスプレを楽しむことに問題はありません。というのも、著作権法では、個人的に使用するための複製や変形などは著作権侵害とならないとされているからです（著作権法30条1項、47条の6第1項1号）。

では、自分だけがコスプレを楽しむのであれば何をしても安心かというと、そうでもありません。コスプレをして、その画像をSNSにアップすることはよく行われていると思いますが、そのような行為は公衆送信となり、公衆送信には私的な複製などと違って著作権が制限されるという規定が存在していませんので、著作権侵害となってしまうのです。

著作権侵害の場合、SNSなどにアップするというのは現在の状態では権利者から黙認されているにすぎませんので、コスプレを楽しむのであれば、SNSなどには投稿しない範囲で楽しむというのがよいでしょう。もちろん、権利者から許諾を受ければ著作権の問題はクリアできます。

2　3次元のキャラクターデザインの保護

次に、3次元のキャラクターデザインの不正競争防止法による保護について見てみましょう。

(1)　周知表示混同惹起行為

他人の周知の〈商品等表示〉を使用し他人の商品や営業と混同を生じさせる行為は不正競争行為となり〔不2条1項1号〕、差止請求や損害賠償請求の対象となります●97。しかし、3次元のキャラクターデザインの場合、その人形などの形態が、商品や営業の主体を示す商品等表示にあたる必要があります。一般に人形などの形態は機能やかわいらしさのために採用されていることから、人形などの形態が特別顕著性と周知性を備え、商品等表示に該当しなければ保護されません。それが実際に問題となった例を見てみましょう。

🐢　人形の形態が商品等表示と認められなかった例
──オビツボディ事件◇98

この事件においては、被告の女性ドール素体が商品等表示にあたるかが問題となりましたが▶99、裁判所は商品等表示にあたらないとしています▶100。

具体的には、女性ドール用素体はその性質上、商品の形状は女性

●97【参照】98頁。

◇98【裁判例】知財高判平成18年1月25日平成17（ネ）10060号・10064号。

▶99【補足】この事件は甲事件と乙事件の2つの事件が判断されており、乙事件の方で商品等表示かが問題となったため、原告ではなく被告となっています。

▶100【補足】女性ドール素体がキャラクターデザインかは異論があると思いますが、人形に近いものとしてここで取り上げています。また、同じ当事者同士でカスタマイズドールについて争われた別の裁判例があり（東京地判平成24年11月29日平成23（ワ）6621号）、そこでも原告商品（本文紹介の事件とこの事件の原告が同じ人です）は特別顕著性がないなどとして商品等表示に該当しない、原告商品と被告商品の形態の実質的同一性がない（不正競争防止法2条1項3号に規定する形態模倣商品の提供行為にあたらない）、原告各商品は美術の著作物ではないとされています。このようなドール素体に保護を受けたければ意匠権や商標権を取得するしかなさそうです。

▼商品等表示該当性が否定された原告のカスタマイズドールの例

判決別紙

▼形態の実質的同一性が否定された原告のカスタマイズドール

判決別紙

▼被告のカスタマイズドール

判決別紙

の人体に限定され、機能面では女性の人体にできるだけ近い自然な姿勢や動作をとりうる構造が求められ、商品として選択しうる形態には制約があり、被告が特徴と主張する胴体部、脚部、肘・膝関節の構成は、女性の人体がとりうる動作を実現するための機能的な理由に基づくか、女性の体型の特徴をできるだけ忠実に表現しようとするものであって、独自の特徴はなく、その形態は商品識別力を有しないとしました。よって、被告商品は商品等表示に該当しないとしています▶101。

被告商品の例　　原告商品▶102

判決別紙（1審）　　判決別紙（1審）

▶101【補足】高裁の判決文では被控訴人（原告）商品となっていますが、控訴人（被告）商品だと思われます。

▶102【補足】地裁の判決別紙第1目録では被告商品となっていますが、判決文からすると原告商品です。同様に別紙第3目録で原告商品となっているものは被告商品です。

(2) 形態模倣商品の提供行為

他方で、**他人の商品の形態を模倣した商品の譲渡などの行為は不正競争**となります^{［不2条1項3号］}▶103。

キャラクターデザインでも、この形態模倣商品の提供禁止の規定を利用することが可能ですが、形態模倣商品の提供行為にあたるためには、商品形態の**模倣**の存在が必要です。そして、模倣が成立するためには、**他人の商品に依拠したこと**と▶104、**形態の実質的同一性が必要**とされています●105。

そして、形態模倣商品の提供行為については、商品の機能を確保するために不可欠な形態は除かれます。この点について、争われた例がありますので見ておきましょう。

▶103【補足】その商品が日本国内で最初に販売された日から3年に限定されます。

▶104【補足】著作権法と同じで、他人の商品にアクセスしたことです（【参照】103頁）。

●105【参照】103頁。

◇106【裁判例】東京地判平成20年7月4日平成19（ワ）19275号。

> 亟 ぬいぐるみの形態について商品の機能を確保するために不可欠な形態でないとした例──プチホルダー事件◇106

この原告商品は、プードルのぬいぐるみと小物入れを組み合わせたものでした。裁判所は、この商品について、商品の機能を確保するために不可欠な形態ではないとしました。

具体的には、プードルのぬいぐるみに小物入れを組み合わせた商品形態について、その組み合わせの方法や個々の部分の形状などによりさまざまなものが考えられるから必然的に導かれる形態ではなく、特定の効果を奏するための必須の技術的形態でもないとして、このプードルのぬいぐるみは商品形態として保護されるとしています▶107。

▶107【補足】ただし、結論としては、被告は被告商品の購入時にそれが原告商品の形態を模倣したものであることを知らず、知らなかったことにつき重大な過失はなかったとして、不正競争とはならないとしています（不正競争防止法19条1項6号ロ）。なお、このぬいぐるみについて著作物かどうかも争われましたが、裁判所は著作物とは認めませんでした。このぬいぐるみは、小物入れの機能を備えた実用品であり、プードルの顔の表情や手足の格好などの点に純粋美術や美術工芸品と同視することができるような美術性を認めることは困難だとしています。

原告商品 　被告商品

判決別紙　　　　　　　　　　　　　　　判決別紙

　ぬいぐるみについてはさまざまな形態がありますので、商品の機能を確保するために不可欠な形態にあたることは滅多にないでしょう。

　では、最も問題となる形態の実質的同一性について、ぬいぐるみを例にとって見てみましょう。

巫　ぬいぐるみの形態の実質的同一性が認められた例 ——ハッピー★ベアー事件◇108

◇108【裁判例】大阪地判平成26年8月21日平成25（ワ）7604号。

　このぬいぐるみは、胴体内に内蔵した装置により言葉を再生しながら頭などを上下に動かす機能を有するぬいぐるみです。原告のぬいぐるみの形態と似た形態のぬいぐるみを被告が販売していることに対して、原告が形態模倣商品の提供行為であると訴えました。裁判所は、両ぬいぐるみの形態を実質的に同一と認めています。

　具体的には、形態全体にわたり多数の共通点が認められ、できあがった原告商品と被告商品の全体の寸法もほぼ同じであり、全体の
つくりと顔のつくりが酷似して
いることから、形態は実質的に
同一であるとしました。結論と
しても不正競争行為であると認
めています。

原告のぬいぐるみ　　被告のぬいぐるみ

判決別紙　　　　　　判決別紙

　他方で、ぬいぐるみの形態の実質的同一性が認められなかった事件もあります。

巫　ぬいぐるみの形態の実質的同一性が認められなかった例 ——キューティーベアー事件◇109

◇109【裁判例】大阪地判平成26年4月22日平成25（ワ）6750号。

　この事件でも、原告のぬいぐるみは言葉を再生しながら頭などを上下に動かす機能を有するぬいぐるみでした。原告は、被告の行為を形態模倣商品の提供行為だと訴えましたが、裁判所は、形態が実質的に同一でないとして原告の訴えを認めませんでした。

具体的には、原告商品は、口鼻部の突出を容易に認識できるから原告商品を熊のぬいぐるみと認識すると考えられるが、被告商品は、口鼻部の突出の程度が小さいことに加え、顔全体を毛が深く覆っているため顔全体が平らな印象を与え、さらに、目、口、鼻が長い毛である程度覆われているため、被告商品の形態は毛むくじゃらの種類不明の動物と認識しうるとしても、熊と識別しうるようなものではないとして、両商品の形態の実質的同一性は認められないとされました▶110。

原告商品の例

判決別紙

被告商品の例

判決別紙

このように、何らかの権利がなくとも不正競争防止法によってキャラクターデザインを保護することは可能です。ただし、商標権や意匠権があった方が権利行使は簡単だと考えられますので、不正競争防止法で対処できる場合があるとしても、守りたいキャラクターデザインについては商標権や意匠権などの権利取得をしておくことが重要でしょう▶111。

Ⅵ 知財ミックス

キャラクターデザインについても、複数の知的財産権で保護することが行われています。

1 興和株式会社の例

たとえば、キューピーコーワゴールドやキャベジンなどの商品で有名な興和株式会社は、ケロちゃんとコロちゃんのキャラクターについて、意匠権と商標権（平面および立体商標）を取得しています。平面商標を取得して他社が同じキャラクターをパッケージなどに使用できないように、さらに意匠権と立体商標としての商標権を取得することで、3次元での利用にも権利行使できるようにしています。また、立体商標としての商標権を取得することで意匠権消滅後も権利行使できるようにしています。

▶110【補足】なお、両ぬいぐるみは、全体が毛で被われた動物の座った状態のぬいぐるみであり、首付近に設けられたリボンの形状および色彩や全身を覆う毛の色や巻の態様、目の位置、形状および色彩、口鼻の位置および形状に共通点があるものの、これらの点は既に市場に存在した同種商品にも認められるから、これらの点が共通しても形態は実質的に同一とはいえないともされています。

▶111【補足】著作権は何らの手続なく創作と同時に発生します。

興和のキャラクター人形の意匠 +112

意匠公報

興和のキャラクター人形の意匠 +113

意匠公報

興和のキャラクター人形の商標
（平面商標） +114

商標公報

興和のキャラクター人形の商標
（立体商標） +115

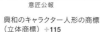

商標公報

興和のキャラクター人形の商標
（平面商標） +116

商標公報

+112【公報】意匠登録
1344387号。

+113【公報】意匠登録
1344388号。

+114【公報】商標登録
2494842号。

+115【公報】商標登録
4427227号。

+116【公報】商標登録
6642686号。

2　ソフトバンクロボティクスグループ株式会社の例

　また、ソフトバンクロボティクスグループ株式会社が開発したロボットPepperについても、意匠権と商標権の双方によって保護がはかられています。

ソフトバンクの
ロボットの意匠 +117 　　ソフトバンクの
ロボットの商標 +118

意匠公報　　　　　　商標公報

+117【公報】意匠登録
1498059号。

+118【公報】商標登録
6081795号。

＊　　＊　　＊

　このように、キャラクターデザインについては、著作権、商標権、意匠権によって権利保護を十分にはかることができると考えられますので、不正競争防止法の適用も含めて、どのような場面で権利行使をするかも想定しながら権利の取得を考えておくとよいでしょう。

おわりに

　いかがでしたでしょうか。やはり法律はむずかしいと感じたでしょうか。確かに法律論はむずかしいのですが、実際に多くのデザインに関して訴訟が起こっていることを知ることで、デザインを保護する法律の重要性が伝わったのではないかと思います。権利を取得したい場合やトラブルに巻き込まれた場合には、個人でも企業でも専門家（弁理士、弁護士）に相談しながら解決策を探すことになります。本書で権利取得できそうな場面とトラブルになりそうな相場観というものをなんとなくわかってもらえたら、本書の目的は達成できたものと思います。

　その意味で、より詳細なデザインの法的保護や知的財産法について知りたいという方もいらっしゃるかもしれません。そこで、最後にいくつかこれらの点に関する書籍を紹介しておきたいと思います。

　これらの書籍では、本書でいえば【一歩先へ】の内容を含めて体系的に解説されています。なお、全書に共通しますが、法改正などに伴い改訂版がでていることがありますので、購入される場合は、出版社のホームページを確認して最新のものを購入してください。

・デザインの法的保護のより詳しい法律論について知りたい方

　茶園成樹＝上野達弘編著『デザイン保護法』（勁草書房、2022年）をお薦めします。筆者も参画している書籍ですが、本書に含めていない内容まで含めて体系的に解説されています（たとえば本書は判決の別紙などに写真や図がない場合は取り上げていませんが、『デザイン保護法』では各デザイン分野の裁判例が体系的に整理されたうえで網羅的に取り上げられています）。

・デザイナーだけでないクリエイターの方々が注意すべき点
**　について知りたい方**

　著作権が中心となりますが、大串肇ほか著『著作権トラブル解決のバイブル！クリエイターのための権利の本』（ボーンデジタル、改訂版、2023年）をお薦めします。本書と内容が重複するところもありますが、業務委託契約書のサンプルや少額訴訟のやり方なども書か

れていて、より実務的な観点が参考になると思います。

・知的財産法に興味を持たれた方

　最初のステップとして、前田健＝金子敏哉＝青木大也編『図録 知
的財産法』（弘文堂、2021年）をお薦めします。こちらも筆者が参画
していますが、知的財産法全体や最新の話題などを含めておおまか
な内容がわかりやすく書かれています。

　さらに詳しく知的財産法について知りたいという方には、多くの
よい本がありますが、知的財産法の入門編として茶園成樹編『知的
財産法入門』（有斐閣、3版、2020年）、コンパクトな解説に加え勉強
を深めたい場合の文献も載っているものとして小泉直樹『知的財産
法』（弘文堂、2版、2022年）、直近の改正まで含めた解説として愛知
靖之＝前田健＝金子敏哉＝青木大也著『知的財産法』（有斐閣、2版、
2023年）をお薦めしたいと思います（令和5年改正は含まれていませ
ん）。

　本書の作成においては、デザインを専門とする九州大学大学院芸
術工学研究院の先生方に多くの教えをいただきました。また、院生
の皆さんには草稿を読んでいただき、非常に多くのコメントや修正
提案をもらいました。学部生の皆さんには授業で草稿を使用し、さ
まざまなコメントをもらいました。こうした環境になければ本書は
日の目をみることはなかったと思います。改めてお礼申し上げたい
と思います。

　また、これまでにいただいた、そして、現在いただいている科学
研究費（26282006、17H01942、21H03763）で行われてきたデザインと
法律との関係の研究は、本書に直接的または間接的に大きな影響を
およぼしています。本書は研究書そのものではありませんが、これ
まで助成いただいた科学研究費の成果が前提となっているという意
味で、成果の一部とも位置づけられるものです。その助成にもお礼
申し上げたいと思います。

　最後に、本書のコンセプトから内容までさまざまな提案をいただ
いた弘文堂編集部の登健太郎さんにもお礼申し上げたいと思いま
す。法律的な文章になりがちな筆者の原稿のわかりづらい点を忍耐
強くご指摘いただきました（それでもなおわかりづらい部分はすべて筆
者の責任です）。

知的財産法は毎年のように改正があり、新たな裁判例もでてきます。ですが、本書で説明したような相場観が大きく変わることは、保護対象が新たに法律で加わる場合などを除き、基本的にはありません。

　どんなに素晴らしいデザインも、知的財産法による保護を受けておかなければ、他人による模倣を自由に許してしまうことになります。一方で、他人が知的財産権などを持っているデザインは、その権利などを侵害しないように利用しなければなりません。デザインを知的財産法を使って守る、そして、デザインや作品の利用について他人の知的財産権などを侵害しないようにする、ということを知っておくことはやはりとても大切です。

　社会のルールとしての知的財産法とデザインの関係について、少しでもお伝えできたなら嬉しく思います。

2023年11月
九州大学大橋キャンパスの研究室にて

索　引

麻生　典（あそう・つかさ）

【略歴】
1983年　生まれ
2005年　慶應義塾大学法学部法律学科卒
2012年　慶應義塾大学大学院法学研究科
　　　　民事法学専攻後期博士課程　単位取得後退学
2013年　博士（法学）（慶應義塾大学）
2013年　九州大学大学院芸術工学研究院　助教
2019年　九州大学大学院芸術工学研究院　准教授
現　在　九州大学大学院芸術工学研究院　准教授

【主要著作】
・『デザイン保護法制の現状と課題-法学と創作の視点から』
　（共編著・日本評論社・2016）
・『Japanese Design Law and Practice』（共編著・Max Planck Series on Asian
　Intellectual Property Law Volume 18, Kluwer Law International・2020）
・『History of Design and Design Law - An International and Interdisciplinary
　Perspective - 』（共編著・Springer・2022）

デザインに関わる人のための知的財産法入門
プロダクト／パッケージ／グラフィック／ファッション／
建築・空間／インターフェース／キャラクター

2024（令和6）年2月28日　初版1刷発行

著　者　麻生　典
発行者　鯉渕　友南
発行所　株式会社　弘文堂　　　101-0062　東京都千代田区神田駿河台1の7
　　　　　　　　　　　　　　　TEL 03(3294)4801　振替 00120-6-53909
　　　　　　　　　　　　　　　https://www.koubundou.co.jp

ブックデザイン　宇佐美純子
印刷・製本　　　株式会社ブックグラフィカ

ISBN978-4-335-35965-1